KB030423

심리검사

개발부터 활용까지

윤명희 · 서희정 · 김경희 · 구경희 공저

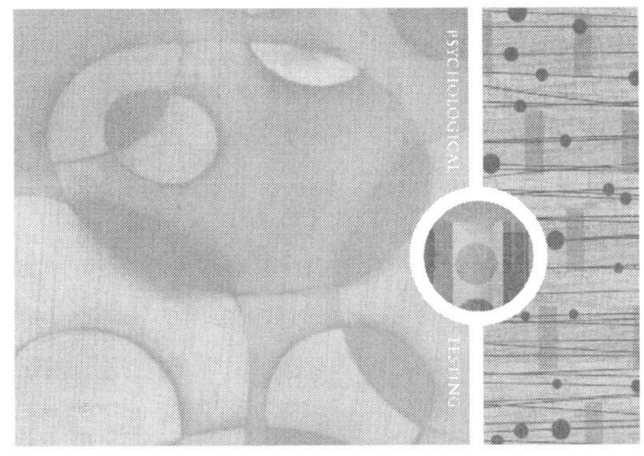

학지사

머리말

내가 좋아하는 것은 무엇이고, 잘할 수 있는 것은 무엇일까? 남과 다른 나만의 특성이 있을까? 나의 특성이 지금의 인간관계와 앞으로의 진로에 어떤 영향을 미칠까? 우리는 살면서 문득 이런 생각들과 마주하곤 한다. 심리검사는 이러한 궁금증에서부터 시작되었다고 볼 수 있다. 나와 너, 그리고 우리의 특성을 정의할 수 있는 다양한 요인을 확인하고, 각 요인을 명확히 측정할 수 있는 검사도구를 만들어 개인에게 적합한 검사를 선정하고 실시하며, 검사점수의 해석과 결과를 활용하는 일련의 과정에 심리검사가 존재한다.

일반적으로 심리검사에 대한 책은 크게 심리검사 개발 과정 및 평가 방법에 대한 내용과 심리검사 활용 방법에 대한 내용으로 나뉜다. 전자를 강조한 책은 어떠한 과정을 거쳐서 심리검사가 개발되고 각 과정에서 요구되는 기법이 무엇인지에 대한 것을 주된 내용으로 담고 있으며, 후자를 강조한 책은 심리검사를 다양한 상황에 맞게 활용한 후 해석하는 방법을 자세히 다루고 있다. 저자들은 이 책을 집필하며 심리검사를 과학적으로 개발하고 체계적으로 평가하는 방법뿐 아니라, 이를 현장에서 활용하고 적절하게 해석하는 두 영역 모두를 포괄적으로 담고자 하였다.

이러한 저자들의 노력으로 구체화된 이 책의 내용은 다음과 같다. 제1장과 제2장에서는 심리검사에 대한 기본 개념과 검사를 개발하는 과정 및 해석 시 요구되는 전문 지식에 대해 다루었다. 제3장부터 제7장까지는 인간의 특성을 영역별로 분류하여 지능, 학습, 적성, 성격 및 인성, 기타 영역에 대한 개념 이해 및 이를 측정하는 대표적인 심리검사를 활용하는 방법에 대해 설명하였다. 그리고 제8장에서는 심리검사를 실시한 후 이를 기록하거나 보고하기 위해 작성하는 심리평가 보고서에 대한 내용을 자세히 소개하였다.

심리검사에 대해 처음 입문한 사람은 검사와 관련된 기본 개념과 특성을 이해할 수 있도록 체계적으로 교재를 읽기 바란다. 만약 이해가 가지 않는 부분이 있다면 여러 번 읽거나 본문에 삽입된 실제 예시를 통해 기본 개념을 충분히 이해하도록 한다. 그 후 다양한 심리검사도구를 살펴보면서 자신이 활용할 수 있는 도구를 파악하고, 실제 현장에서 어떻게 활용할지를 탐색해 가는 것이 바람직하다. 특정 심리검사의 경우, 전문자격을 갖춘 사람에게만 구입과 활용의 권한을 주기도 하므로, 관련 지식을 이해하는 것에서만 그치지 말고 한 단계 더 나아가 전문자격연수나 워크숍 등에 참여하여 심리검사에 필요한 전문자격을 갖추길 바란다.

이 책은 주로 심리검사를 통해 학교교육, 평생교육, 청소년지도, 사회복지 등과 관련된 전공 학생은 물론, 관련 분야의 연구자와 현장 전문가들에게 필요한 지식을 제공하고자 작성되었다. 그러므로 이 책은 심리학과, 상담학과, 교육학과, 청소년학과 등 사회과학 분야의 전공교육 과정이나 평생교육사, 전문상담교사, 청소년상담사, 청소년지도사, 사회복지사 등의 국가자격증 취득을 위한 자격 과정의 전문교재로도 활용할 수 있을 것이다.

대학 강단에서 심리검사란 교과목을 강의한 지 25년이 지났다. 대학원 시절 아나스타시(Anastasi)의 『Psychological Testing』을 접하고 매료되어서 언젠가는 심리검사 책을 출판하고 싶다는 바람이 있었는데 이제야 출판하게 되었다. 4명의 공동연구진이 머리를 맞대고 좀 더 풍부하고 유용한 내용을 담아 보려고 최선을 다해 노력하였으나 여전히 부족한 점이 많다. 여기에서 머무르는 것이 아니라 미흡한 부분들에 대해서는 지속적으로 수정과 보완을 해 나아갈 것이다.

마지막으로, 이 책을 읽는 독자들이 심리검사에 대한 기본 개념을 이해할 뿐 아니라 시의적절하게 심리검사를 선택하고 활용할 수 있는 전문성을 갖추어 나아갈 수 있기를 기대해 본다.

2019년 3월

엄광산 기슭에서 저자 일동

차례

제 8 장 심리평가 보고서 339

제1장

심리검사의 이해

1. 심리검사의 개념
   1) 심리검사의 의미
   2) 심리검사의 목적
   3) 심리검사의 역사
2. 심리검사의 분류
   1) 객관적 검사와 투사적 검사
   2) 개별검사와 집단검사
   3) 인지적 검사와 정의적 검사
   4) 최대수행검사와 전형적 수행검사
   5) 속도검사와 역량검사
   6) 표준화 검사와 비표준화 검사
   7) 규준지향검사와 준거지향검사
   8) 언어성 검사와 비언어성 검사
   9) 지필검사, 도구검사, 컴퓨터검사
3. 좋은 심리검사의 조건
   1) 타당도
   2) 신뢰도

사람들의 외모가 모두 다르듯 지능, 성격, 적성, 흥미, 가치관 등 개인의 특성도 모두 다르다. 같은 부모에게서 태어나 함께 성장한 형제자매, 심지어 일란성 쌍생아도 능력이나 선호도가 서로 다른 것을 보면 이 세상에 존재하는 모든 사람 중 같은 특성을 가진 사람은 아무도 없을 것이다. 그렇기 때문에 이러한 개인의 다양한 특성은 정확하게 판단하기 쉽지 않다.

따라서 개인의 행동 및 심리적 특성을 신뢰롭고 타당하게 측정하며, 이를 토대로 개인을 이해하고 예측할 수 있는 과학적 방법에 많은 관심이 생겨나게 되었다. 이를 해결할 수 있는 방법 중 하나가 심리검사(psychology test)이다.

1. 심리검사의 개념

1) 심리검사의 의미

(1) 심리검사의 유사 개념

심리검사의 의미를 정확히 이해하기 위해서는 검사(test)와 유사한 개념으로 사용되고 있는 측정, 평가, 사정의 의미를 먼저 이해할 필요가 있다.

검사(test)라는 용어는 라틴어의 테스튜움(testum)에서 기인한다. 이 단어는 오늘날 금속공학 또는 화학 실험실에서 광물의 매장량을 추정하는 데 사용되는 도가니같이 생긴 금속정련기, 크루시블(crucible)을 의미한다. 따라서 라틴어로 풀이하면 'test'는 금속정련기라고 할 수 있고, 'testing'은 금속을 정련하는 일련의 과정이라 할 수 있다. 카텔(Cattell, 1890)은 크루시블로 물질을 분해 · 추출하여 그 물질의 성분과 함량을 측정하는 것과 같은 원리로 인간의 정신능력도 측정할 수 있다는 논문을 발표하면서 처음으로 정신검사(mental test)라는 용어를 사용하였다. 그 후 심리학에서는 인간의 정신능력이나 행동 경향성을 측정하기 위해 일련의 질문이나 과제를 통일된 양식으로 제시한 체계적 절차 또는 도구를 검사(test)라고 부르게 되었다(김영환, 문수백, 홍상황, 2012).

측정(measurement)은 일정한 법칙에 따라 어떤 사물이나 속성에 대해 수치를 부여하는 것이다(Stevens, 1946). 이는 사물의 높이나 무게를 수량적으로 표현하는 것과 같이 개인의 특성을 계량적으로 나타냄을 의미한다. 예를 들어, 공간지각력이 90이거나, 어휘력 검사에서 정답률이 60이라고 하는 것과 같이 인간의 특성을 수치로 표현하는 것을 측정이라 한다. 일반적으로 개인의 특성을 쉽게 이해하는 방법 중 하나는 결과를 수치로 나타내는 것이기 때문에 대부분의 심리검사에서는 결과를 수량적으로 표시하고 있다. 그러나 측정은 수량화된 결과가 무엇을 의미하는지에 대한 정보는 포함하지 않는다. 즉, 얻어낸 결과에 대한 가치판단은 내리지 않는다.

반면, 평가(evaluation)는 사물 또는 속성에 대한 가치판단을 포함한다. 예를 들어, 어휘력 검사의 정답률이 80 이상이면 어휘력이 뛰어나고, 65 이상 80 미만에 해당되면 보통, 65 미만은 어휘력이 떨어진다고 하는 것과 같이 수량화된 결과에 대한 가치판단을 하는 것이 평가이다. 따라서 평가는 측정과 검사를 모두 포함하는 개념으로서 필요한 정보를 결정하고 수집하여 가치를 판단하는 과정이라 할 수 있다.

마지막으로, 총평이라고도 하는 사정(査定, assessment)은 어떤 개인이 가지고 있는 특성의 질적 · 양적 수준을 풍부한 자료를 이용하여 다각적 · 객관적으로 추정(estimating), 감식(appraising), 평가(evaluation)하는 것을 의미한다. 사정의 어원인 'assess'는 제2차 세계대전 당시 미국 국방부의 특전사령부에서 첩보요원을 선발할 때 지원자별 각종 누가기록, 신체검사, 심리검사, 면접조사를 비롯하여 여러 가지 실제 상황검사를 통해 수집한 모든 자료를 심리학자와 정신과 의사들이 4~5일간 검토하고 평정하는 일련의 과정을 거친 것에서 처음 사용되었다고 전해진다(김영환, 문수백, 홍상황, 2012). 이처럼 사정은 심리검사뿐 아니라 면담, 행동 관찰, 전문가적 식견 등 다양한 방법을 활용하여 개인의 특성을 다각적으로 이해해야 함을 강조한 개념이다. 최근에는 개인을 제대로 이해하기 위해 사정의 관점을 가지는 것이 바람직하다고 제기되고 있다.

(2) 심리검사의 정의

검사가 다양한 용어와 의미로 표현될 수 있기 때문에 학자들이 내린 심리검사의 정의도 용어의 선택이나 강조점이 조금씩 다르다. 먼저 도구의 사용을 강조한 검사의 관점에서 심리검사를 정의하고 있는 학자로는 서스턴(Thurstone, 1925), 아이젱크(Eysenck, 1967), 아나스타시와 어비나(Anastasi & Urbina, 1997)가 대표적이며, 위키백과(https://ko.wikipedia.org)에서도 검사의 관점을 취하고 있다. 또한 크론바흐(Cronbach, 1960), 그레고리(Gregory, 1992)와 프리덴버그(Friedenberg, 2004)는 수량화를 강조한 측정의 관점에서, 길퍼드(Guilford, 1954)는 평가의 관점에서 심리검사를 정의내린 대표적인 학자이다.

검사 관점에서의 정의 방식

- 서스턴(1925): 인지적 · 정의적 · 심동적 · 사회적 특성이나 특징을 객관적으로 정확하게 측정하는 데 사용하는 방법
- 아이젱크(1967): 표준화된 조건에서 특수한 기능, 행동, 일련의 심리적 특징을 재는 객관적, 조직적, 통계학적인 도구 또는 방법
- 아나스타시와 어비나(1997): 어떤 행동표본(behavior sample)에 대한 객관적이고도 표준화된 측정도구
- 위키백과: 능력, 성격, 흥미, 태도 등과 같은 심리적 구성개념(psychological constructs)을 수량화하기 위해서 표준화된 측정도구

측정 관점에서의 정의 방식

- 크론바흐(1960): 두 사람 이상의 행동을 서로 비교하는 조직적 절차
- 그레고리(1992): 검사하고자 하는 행동을 일부 표집하여 체계적으로 면밀히 관찰한 행동표본의 특징을 유목 또는 점수로 기술하는 표준화된 절차
- 프리덴버그(2004): 정보를 얻어 내고 또 얻은 정보를 수치 또는 점수로 전환하기 위해 구체적인 절차를 이용하는 측정의 한 유형

평가 관점에서의 정의 방식

- 길퍼드(1954): 비교적 연속적으로 나타나는 어떤 심리적 특성의 기능을 중심으로 개인과 집단의 행동에 대한 평가

이들의 정의를 종합해 볼 때, 심리검사는 확인하고자 하는 개인의 인지적 · 정의

적・행동적 특성을 객관적이고 표준화된 방법으로 측정하여 평가하는 일련의 과정이라고 할 수 있다. 이러한 이유로 심리검사는 학교, 상담센터, 병원, 군대, 기업체 등의 현장에서 개인의 심리적 특성과 행동 특징을 진단하고 이해하기 위한 기본적인 방법으로 다양하게 활용되고 있다.

2) 심리검사의 목적

심리검사는 개인의 특성에 대한 개인 간의 차이와 개인 내적인 차이를 측정하여 현재 상태나 전체 행동을 이해, 설명, 예언하는 데 필요한 중요한 지표를 제공해 준다. 학교에서는 학생의 지능 수준이나 지적 잠재력, 각종 인지적 기능 등을 평가하거나 학교생활에 잘 적응하지 못하는 학생의 성격이나 적응양식을 파악하여 적절한 도움을 주고자 할 때 심리검사를 활용하기도 한다. 또한, 상담현장에서는 상담자가 내담자의 문제를 이해하고 적절한 도움을 주기 위해 필요한 정보와 관련성이 높은 심리검사를 사용한다. 각종 적성검사, 흥미검사와 같은 심리검사를 통해 학생들의 진로준비에 도움을 주는 대학도 있으며, 기업 구성원의 채용, 승진, 퇴직 등과 같은 인사관리에 활용하기 위해 심리검사를 사용하는 기업체도 있다. 이처럼 여러 현장에서 다양한 목적으로 심리검사를 활용하고 있는데, 일반적으로 자기이해, 선발, 배치, 검증, 평가 등의 목적으로 활용되고 있다.

(1) 자기이해

전통적으로 심리검사는 검사자가 피검사자에 대한 정보를 이해할 수 있다는 측면이 강조되어 왔다. 예를 들어, 임상심리 전문가는 심리검사를 통해 담당환자의 상태를 파악하여 적절한 조치를 취할 수 있고, 상담자는 내담자의 문제나 특성을 여러 가지 방법으로 분석, 탐색, 진단하여 상담을 실시해 왔다. 또한, 교사는 학생에게 지원해야 할 도움의 요소를 도출하며, 기업체는 직원의 개인차를 이해할 수 있도록 심리검사가 도움을 제공해 온 것이 사실이다.

그러나 심리검사는 검사자뿐 아니라 피검사자 모두에게 많은 정보를 제공해 주고 있다. 즉, 피검사자는 자신을 더 잘 이해하고 미래를 계획하는 데 심리검사의 정보를 활용할 수 있다. 무엇보다 최근에는 심리검사가 대중화되면서 자신을 보다 정확하게 이해하기 위해 자발적으로 심리검사를 받아 보는 사람들이 증가하고 있다.

(2) 선발

심리검사는 많은 사람 중에서 특정 사람을 선발하고자 할 때 자주 이용되고 있다. 기업체 또는 특정 직무에 적합한 직원을 결정할 때, 학교에서 지원자의 입학여부를 결정할 때, 장학생을 추천할 때와 같은 상황에서 선발을 위한 하나의 준거로 심리검사를 이용하기도 한다. 이처럼 선발은 학생의 입학허가, 피고용자 채용, 그리고 책임감 있는 사람의 선택 등과 같이 여러 사람 중에서 일부를 탈락시키고 필요한 인원만을 뽑는 결정을 내리는 것을 의미한다. 이와 같은 선발장면에서 사용되는 심리검사는 선발 후에 수행의 성공 가능성이 가장 높은 사람들을 구별하기 위한 선별도구로도 이용된다(Friedenberg, 2004).

(3) 배치

배치 또는 정치(placement)는 심리검사를 통해 개인의 특성을 평가하고, 이를 토대로 가장 적절한 서비스나 환경을 연결해 주는 과정을 의미한다. 기업체에서 적성검사 결과를 토대로 부서 또는 업무를 정하거나 학교에서 학생들의 적성이나 능력을 토대로 심화반 또는 보충반으로 배치하는 것과 같이 심리검사 결과를 토대로 적재적소에 배치하는 것이라 할 수 있다.

(4) 검증

과학적 연구에서 연구가설의 진위를 밝히기 위해 각종 심리검사로 자료를 수집하고, 이를 분석하여 가설을 검증하는 경우가 많다. 예를 들어, 개인의 우울 정도가 학교적응에 미치는 영향을 밝힐 목적으로 벡(Beck)의 우울검사를 실시하거나 개인의 성격이 대인관계에 미치는 영향을 밝히기 위해 MBTI 성격유형검사를 실시한 후 가설의 진위를 통계적으로 검증하였다면 심리검사가 과학적 연구의 목적으로 사용된 것이라 볼 수 있다.

(5) 평가

심리검사는 앞에서 제시된 바와 같이 개인에 초점을 둔 목적으로 많이 활용되고 있으나, 특정 프로그램이나 제품, 치료기법의 성과 또는 효과를 평가하는 목적으로 활용되기도 한다. 특정 프로그램의 효율을 확인하여 지속 여부를 결정하는 경우, 다양한 교수법의 효과성을 비교하는 경우, 신제품의 효과를 객관적으로 확인하는 경우에 심리검사를 활용하였다면, 이는 심리검사의 평가 기능에 해당된다.

3) 심리검사의 역사

심리검사 분야는 19세기 말의 지능검사의 태동과 제1, 2차 세계대전을 통해 획기적으로 발달하였으나, 그 근원은 훨씬 오래전부터 시작되었다. 인류 역사가 시작된 이후 인간의 인지능력, 성격, 행동 등과 같은 개인차에 대한 관심은 약 2,500년 전 플라톤(Platon)과 아리스토텔레스(Aristoteles)에서부터 시작되었다고 할 수 있다. 그리고 심리검사의 역사적 기원은 중국에서 황제가 관료를 선발하기 위해 시험을 실시하던 과거제도에서 찾아볼 수 있다. 이는 수세기에 걸쳐 필기시험의 형태로 발전하게 되었고, 오늘날 지필형 심리검사의 기원으로 보기도 한다(김영환, 문수백, 홍상황, 2012; Anastasi & Urbina, 1997; Bowman, 1989; Green, 1991). 또한, 고대 그리스 국가들에서는 검사를 이용하여 지적 기술은 물론 신체적 기술의 숙달 수준을 평가했으며(Doyle, 1974), 중세의 유럽 대학들은 공식적인 시험을 통해 학위나 포상을 수여하기도 하였다(Anastasi & Urbina, 1997).

이와 같이 고대부터 심리검사가 초보적으로 활용되어 왔으나 오늘날과 같은 형태의 심리검사는 19세기경부터 시작되었다고 볼 수 있다. 따라서 이 절에서는 현대 심리검사의 역사적 기원이라고 볼 수 있는 19세기경부터의 주요 역사적 사건들을 전반적으로 고찰해 보고자 한다. 이를 통해 심리검사에 대한 통찰과 최근의 심리검사들에 대한 이해의 폭을 넓힐 수 있을 것이다.

(1) 정신의학 분야의 기여

19세기는 정신병자나 정신지체아에 대한 개념이 변화되면서 이들에 대한 진단과 치료의 중요성이 강하게 부각되었던 시기이다. 정신이상자를 올바르게 치료하자는 것에 대한 관심이 커지면서 이를 감별하고 분류하기 위한 객관적인 준거가 필요하게 되었으며, 이 과정에서 다양한 심리검사가 개발되었다.

프랑스의 내과의사인 스갱(Seguin)은 정신지체가 치료 불가능하다는 당시의 생각을 거부하면서 1837년에 정신지체아 훈련원을 처음 설립하였다. 그는 다양한 형태의 블록을 형태와 일치하는 구멍에 얼마나 빨리 끼워 맞추는지를 측정하는 검사를 개발하였는데, 이것은 정신지체아를 위한 시설 및 기관에서 많이 활용되었다. 그가 개발한 검사 내용 중 일부는 오늘날 동작성 또는 비언어적 지능검사로 흡수되어 여전히 사용되고 있다(Anastasi & Urbina, 1997). 또한, 독일의 내과의사인 그레시(Grashey)는 'memory drum'을 개발하였다. 구멍이 난 종이를 움직여서 구멍 사이로 단어, 상징, 그림 등을 볼 수 있도록 구성된 이 도구는 뇌손상 환자들을 검사하는 데 활용되었다(김영환, 문수백, 홍상황, 2012).

이처럼 정신병과 뇌손상 환자들에게서 나타나는 특성을 밝히기 위해 노력한 초기의 정신의학적 연구들은 정신검사 발전에 크게 공헌하였다.

(2) 실험심리학 분야의 기여

실험심리학이 번성한 1800년대 말, 심리학자들은 개인의 정신 과정을 파악하기 위해 자신의 마음속에서 일어나는 것들을 성찰하게 하는 주관적인 내성법을 버리고, 인간의 능력은 실험실에서 제대로 검사할 수 있다는 관점을 취하게 되었다. 이러한 사고는 인간의 다양한 특성이 객관적 방법을 통해 측정 가능하다는 것에 초점을 두었기 때문에 이후의 심리검사 발전에 크게 기여하는 결과를 가져왔다. 즉, 이 시기의 실험심리학은 인간의 정신이나 마음이 측정 가능한 대상이며, 과학적 연구의 대상이 된다는 점을 강조하였다. 이 시기의 대표적인 학자로 분트(Wundt), 갈톤(Galton), 카텔(Cattell)이 있다.

분트는 독일의 라이프치히(Leipzig) 대학교에서 심리학 실험실을 최초로 설치하였다. 이곳에서 인간의 정신 과정을 측정하기 위해 사고측정기(thought meter)를 개발하여 사용하였다. 이 도구는 추가 앞뒤로 움직이면서 소리를 내도록 되어 있다. 소리가 날 때 추의 위치를 물어본 후, 피검사자가 보고한 추의 위치와 실제 추의 위치의 차이를 확인하여 사고의 신속성을 검사하였다. 사고의 속도는 사람마다 다르다는 것을 확인한 분트의 연구는 인간의 정신 과정을 측정하고 개인차를 인정한 점에서 심리검사 발전에 기여한 바가 크다.

19세기 영국의 실험심리학을 주도한 생물학자 갈톤은 유전과 진화에 관심이 많았다. 인간의 심리적 특성에서 보이는 개인차가 유전에 의한 것이라 믿었기 때문에 부모와 자녀, 형제와 자매, 사촌 간 또는 쌍생아 간의 유사성 정도를 찾아내는 연구를 활발하게 실시하였다. 그는 존재하는 모든 것은 측정할 수 있다는 신념을 가지고 매우 다양한 검사도구를 개발하기도 하였다. 길이에 대한 시각적 변별력을 측정하는 갈톤 막대, 피검사자가 들을 수 있는 음정의 높이를 측정하는 갈톤 호루라기, 운동감각의 변별력을 측정하기 위한 서로 무게가 다른 일련의 추 세트 등과 같이 무수히 많은 측정도구를 개발하였다. 또한 그는 반응시간과 감각변별력을 재는 검사들이 지능을 측정하는 수단이 된다고 믿어 간단한 감각-운동 검사를 개발하여 개인차를 연구하였다. 이뿐 아니라 감각능력을 측정하는 것에 평정 척도와 설문지를 처음으로 사용하였고, 자유연상 기법을 활용한 검사운동의 선구자로서, 심리검사의 발전에 미친 영향력이 매우 크다.

카텔은 분트의 지도를 받아 학위를 받았고, 케임브리지(Cambridge) 대학교에서 연구원 생활을 하는 동안 갈톤의 영향도 많이 받았다. 갈톤이 사용한 인체측정 방법에 감명을 받아 그와 유사한 방법을 활용하여 감각운동의 반응과 심리적 과정을 측정하였다. 이는 카텔이 작성한 '정신검사와 측정(Mental Tests and Measurements)'이라는 논문에 자세히 소개되어 있다. 그는 이 논문에서 '정신검사(mental test)'라는 용어를 처음 사용하였으며(Cattell, 1890), 개인차를 측정할 수 있는 열 가지 정신검사를 자세히 소개하였다.

▌개인차를 측정할 수 있는 카텔의 정신검사 방법

- 근육 강도: 악력계로 악력의 강도를 측정
- 움직임의 속도: 50cm의 거리를 두고 손을 움직이는 빈도
- 감각-범위: 피부의 두 곳을 자극하여 거리를 탐지하는 촉각 식역(absolute threshold)
- 고통에 대한 예민성: 고무지우개 같은 것을 이마에 눌러서 통증을 유발하는 데 필요한 압력의 정도
- 최소한의 무게 차이 인식: 모양이 똑같은 100~110그램 무게의 상자를 1그램 단위로 늘리면서 차이를 감별하는 정도
- 소리에 대한 반응 속도: 소리에 반응하는 시간

- 색깔을 명명하는 속도: 색채를 말하는 데 걸리는 시간
- 길이에 대한 지각: 선을 50cm 길이로 절단하기
- 10초의 판단: 10초의 시간 경과를 판단하기
- 한 번에 기억하는 문자의 개수: 한쪽 귀에 반복해서 제시되는 철자의 수를 알아맞히기

이와 같은 기능들을 통해 기본적인 정신능력을 측정하면 그 사람의 능력 수준도 알 수 있다고 보았다. 카텔의 검사 방법이 비록 단순한 기능이나 능력으로 복잡한 지능을 확인하려 하였다는 점에서 한계가 있으나, 지능을 측정할 수 있는 가능성을 제시하였다는 점에서 심리검사 영역에 미친 영향은 크다고 볼 수 있다.

(3) 지능검사의 발전

현대적인 지능검사는 비네(Binet)와 그의 동료들에 의해 개발되었다. 비네는 소르본(Sorbonne) 대학교의 조교로 근무하면서 다양한 정신검사에 관심을 가지고 일련의 연구를 수행하였다. 카텔이 제안한 형태와 같이 두개골, 안면, 손 모양, 습자(hand writing) 분석 등을 통해 지적 기능을 유추하기도 하였고, 두 딸을 대상으로 반응시간과 감각의 정확성을 측정하기도 하였다. 다양한 시도를 반복 시행한 결과, 카텔의 정신검사와 같은 측정 방법으로는 고차원적 정신 과정인 지능을 측정하기 어렵다는 결론을 내렸다. 즉, 지능은 반응시간과 같은 기초적인 감각 과정이 아니라 고차원적인 심리 과정으로 측정될 수 있기 때문에, 기억력, 상상력, 주의집중력과 같은 보다 복잡한 기능을 통해 측정하는 것이 더 타당하다고 하였다(Binet, 1895).

이러한 노력을 통해 1905년, 최초의 지능검사인 비네-사이몬 척도(Binet-Simon Scale)가 개발되었다(Binet & Simon, 1905). 이 척도는 단순한 감각 기능 검사에서부터 복잡한 언어적 추상작용까지를 묻는 30개의 문항이 난이도 순서로 배열되어 있다. 검사 문항은 감각 및 지각능력을 측정하는 검사가 들어 있으나, 판단력, 이해력, 추리력 등을 측정할 수 있는 언어적 내용의 비율이 훨씬 높았다. 이러한 특성으로 인해 이 검사는 지능보다 언어능력을 측정하는 것으로 해석하는 것이 더 타당하다는 비판도 있었으나(Thorndike, Hagen, & Sattler, 1986), 각국 심리학자들의 이목을 끌었다. 여러 나라 말로 번안되고, 수많은 개정이 이루어지기도 하였는데, 가장

유명한 것은 스탠포드(Stanford-Binet) 대학교에서 터만(Terman)의 지도하에 개발된 스탠포드-비네(Stanford-Binet) 검사이다. 스탠포드-비네 검사에서 정신연령과 생활연령의 비율을 의미하는 지능지수(Intelligence Quotient: IQ)가 처음으로 사용되었는데, 이는 비율 지능지수(Ratio IQ)를 의미한다.

다양한 지능검사와 각 검사의 특성 및 개정 등에 대한 내용은 제3장에 구체적으로 제시하였다.

(4) 집단검사의 개발

1917년 미국이 제1차 세계대전에 참전하자 미국 국방부는 단기간에 많은 병사를 선발하고 적재적소에 배치해야 할 필요가 생겼다. 당시 미국심리학회 회장인 여키즈(Yerkes)가 위원장이 되어 한 번에 많은 병사의 지적 능력을 쉽고 빠르게 측정할 수 있는 지필형 집단지능검사를 개발하였다. 이 검사가 최초의 집단지능검사로, 현재 미국에서는 군대검사(Army Test)라 한다. 군대검사는 영어를 해독하는 사람에게 실시할 수 있는 언어성 지능검사인 'Army Alpha' 검사와 영어해독이 불가능한 사람에게 실시할 수 있도록 숫자, 기호, 도형을 통해 구성된 비언어성 지능검사인 'Army Beta' 검사가 있다.

이 군대검사들은 다른 집단검사를 개발할 수 있는 가능성을 보여 주었다. 실제로, 제1차 세계대전이 끝나면서 미취학 아동에서부터 대학원생에 이르기까지 다양한 연령과 유형의 사람에게 사용될 수 있는 집단지능검사들이 개발되었다.

(5) 적성검사의 등장

심리학자들은 주로 언어적 능력을 중심으로 전반적인 지적 능력을 측정하는 지능검사를 보완해 줄 검사가 필요하다는 점을 인정하기 시작했다. 사회적으로는 제1, 2차 세계대전이 종료되고 전쟁에 참여한 군인들이 학교 및 직장으로 돌아가면서 학교 및 직업에서의 적응할 수 있는 개인의 잠재력을 확인해야 할 필요성도 발생되었다. 즉, 단일한 측정치를 산출하는 지능검사와 달리 기계, 사무, 음악, 미술 등과 같이 구체적 분야에서의 능력을 의미하는 적성(aptitude)에 관심을 갖기 시작한 것이다. 일부 임상가들은 한 개인의 심리적 특성을 통찰하기 위해 지능의 총체적인 점수뿐 아니라 하위 검사들의 점수를 검토하여 이를 보완하기도 하였는데, 안정되고 신뢰로운 추정치를 산출하는 것이 어렵기 때문에 이런 작업이 권장되지는 않았다(Anastasi & Urbina, 1997).

이러한 상황에서 다중적성검사(multiple aptitude tests)를 제작하는 방법들이 하나 둘씩 등장하기 시작하였다. 대표적인 방법이 요인분석 기법이다. 요인분석(factor analysis)은 인간의 심리적 특성을 규명하기 위하여 개발된 통계적 방법으로, 문항이나 변수 간의 상호관계를 분석하여 상관이 높은 문항이나 변수들을 모아 하나의 요인으로 규명하고 그 요인의 의미를 부여하는 통계적 방법이다(성태제, 시기자, 2006). 이 기법을 통해 지능이란 이름 아래 한 데 묶여 있던 상이한 능력들이 더 체계적으로 정리되고 분류되기에 이르렀다.

(6) 표준화 성취도검사의 개발

지능검사와 적성검사가 발전됨과 동시에 전통적인 학교시험제도에서도 여러 가지 변화가 있었다. 1845년 보스턴의 공립학교들이 구술시험(oral interrogation)을 필기시험(written examination)으로 대체하면서 필기시험이 가진 강점들이 부각되었으며, 20세기 초에는 학교교육의 성과를 측정할 수 있는 표준화 성취도검사들이 나타나기 시작하였다. 또한, 주관식 검사 문항에 대한 교사들의 채점이 일관적이지 않다는 증거가 하나 둘씩 축적되면서 표준화 성취도검사에 객관식 문제 유형을 더 많이 이용하게 되었다. 이에 따라 지식의 이해와 응용, 기타 여러 가지 교육적 목표를 검사하는 양호한 문항제작의 중요성이 강조되었으며, 1930년대에는 객관식 검사의 채점을 위해 검사채점 기계(test-scoring machine)가 도입되기도 하였다.

이러한 과정 속에서 20세기 초에는 미국 전역의 대학이 공통적으로 사용할 수 있는 대학입학시험 프로그램이 대학입시위원회(Colleg Entrance Examination Board: CEEB)의 주관하에 수립되었다. 1947년 CEEB의 검사 기능은 카네기재난(Carnegie Corporation)과 미국교육심의회(American Council on Education)의 기능과 통합되어 미국교육검사연구소(Education Testing Service: ETS)를 출범시켰다(Anastasi & Urbina, 1997). 이 후 ETS는 대학과 전문학교, 정부대행기관 및 기타 시설 등의 다양한 검사 프로그램에 대한 책임을 맡게 되었으며, 현재 미국의 대학진학능력 기초시험인 SAT(Scholastic Assessment Test), 영어가 모국어가 아닌 사람들의 영어능력평가를 위한 TOEFL(Test of English as a Foreign Language) 등을 개발하고 있다.

(7) 성격검사

심리검사의 중요한 영역 중 하나는 정서적 또는 비지적인 측면과 관련된 성격검사 영역이다. 일반적으로 성격검사의 선구자는 정신과 환자를 상대로 자유연상검사를 활용한 크레펠린(Kraepelin)을 들 수 있는데, 그는 엄선된 자극단어들을 피검사자에게 제시하면서 제일 처음 떠오르는 단어를 말하도록 하였다(Kraepelin, 1892). 이처럼 성격검사는 자유연상을 사용한 검사에서 비롯되었다고 볼 수 있으며, 자기보고식 성격검사, 행동 또는 상황검사, 투사기법 등으로 발전되어 왔다.

자기보고식 성격검사는 제1차 세계대전 중 우드워즈(Woodworth)가 병역의무 이행에 부적합한 중증의 정신장애자들을 감별하기 위해 개발한 성격자료 기록지(Personal Data Sheet)를 원형으로 보고 있다(김영환, 문수백, 홍상황, 2012; Anastasi & Urbina, 1997). 이 검사를 기초로 다양한 지필형 성격검사들이 개발되었는데, 오늘날 전 세계적으로 널리 사용되고 있는 MMPI, CPI, MBTI 등이 대표적이라 할 수 있다.

행동 또는 상황검사는 검사목적을 위장시켜 놓고 피검사자가 과제를 수행하도록 하는 방법이다. 이 방법의 대표적인 검사로는 하트숀(Hartshorne)과 메이(May)가 초등학교 학생을 대상으로 속이기, 훔치기, 거짓말하기, 협동하기, 인내하기 등과 같은 행동을 알아보기 위해 실시한 수행검사가 있다(Hartshorne & May, 1928). 또한, 제2차 세계대전 중에 미국 국방부 특전사령부가 복잡 미묘한 사회적 행동과 정서적 행동들을 평가하기 위해 개발한 일련의 상황검사가 있다(OSS, 1948).

투사기법을 통한 성격검사는 피검사자에게 비구조화된 과제를 주어 개인의 독특한 반응양식을 그 과제에 투사할 수 있도록 개발된 것이다. 행동 또는 상황검사와 마찬가지로 자체의 검사의도를 다소 은폐하고 있어야만 피검사자의 의도적인 응답을 줄일 수 있다. 이와 같은 투사기법으로는 성격검사 초기에 활용된 자유연상검사, 문장완성검사, 그림검사, 로르샤흐 검사 등이 있다.

2. 심리검사의 분류

심리검사는 어떤 준거를 토대로 분류했는가에 따라 다양한 형태로 유형화될 수 있다. 이 절에서는 자극구성, 검사인원, 검사 내용, 수행양식, 시간제한, 표준화 여부, 평가 기준, 문항 형식, 검사도구의 형태 등에 따라 심리검사를 분류해 보고자 한다.

1) 객관적 검사와 투사적 검사

심리검사를 구성하고 있는 자극의 구조화 정도에 따라 객관적 검사(objective test)와 투사적 검사(projective test)로 분류된다. 객관적 검사는 개인의 독특성보다는 공통적으로 지니고 있는 특징이나 차원을 기준으로 하여 개인을 상대적으로 비교하려는 목적을 가지고 있다(김현주, 김혜숙, 박숙희, 2009). 따라서 객관적이고 구조화된 검사자극을 통해 측정할 수 있도록 검사 문항이 준비되어 있기 때문에 시행하기가 비교적 간편하다. 또한 집단적으로 실시할 수 있고, 검사 결과를 토대로 상대적인 비교도 가능하다.

투사적 검사는 개인의 내면을 검사도구에 투사할 수 있도록 비구조화된 자극으로 구성되어 있다. 즉, 모호하고 불분명한 검사자극에 대해 피검사자가 자유롭게 응답하는 방식이기 때문에 개인별로 실시해야 한다. 이 검사는 피검사자가 자신의 의도에 맞추어 방어적으로 반응하는 것이 어렵기 때문에 검사를 통해 개인의 독특성을 확인할 수 있다.

오늘날 대부분의 지능검사 및 적성검사는 객관적 검사로 구성되어 있으며, 성격검사 중 MMPI 및 MBTI 등이 객관적 검사의 대표적인 형태이다. 또한 투사적 검사에는 로르샤흐 검사, 주제통각검사, 문장완성검사, 그림검사 등이 있다.

2) 개별검사와 집단검사

검사상황에서 한 명의 검사자가 상대하는 피검사자의 수에 따라 개별검사와 집단검사로 구분된다. 즉, 한 명의 검사자가 한 명의 피검사자를 대상으로 실시하는 검사는 개별검사(individual test)에 해당되며, 한 명의 검사자가 두 명 이상의 피검사자를 모아 놓고 동시에 검사를 실시할 수 있는 검사는 집단검사(group test)에 해당된다.

개별적으로 실시하는 검사는 대부분 자유반응이나 투사적인 문항을 이용하므로, 피검사자의 독특한 반응과 반응시간을 확인할 수 있다. 또한 검사 과정에서 보이는 피검사자의 행동도 관찰할 수 있으므로 검사 결과를 해석하는 데 많은 도움을 준다. 반면, 개별검사는 많은 사람을 단기간 내에 선별해야 하는 상황에서는 실용적이지 못하며, 실시절차를 표준화하기 어렵다는 문제점이 있다. 그럼에도 불구하고 내담자의 특이한 반응들을 발견하기 위해 임상상황에서 많이 활용되고 있다. 예를 들어, 내용의 난이도에 따라 문항을 배열한 뒤 쉬운 문항부터 차례로 제시하여 더 이상 정답을 말하지 못할 때까지 검사를 실시하는 웩슬러 지능검사, 투사적 자극을 통해 피검사자의 성격을 진단하는 로르샤흐 검사 등이 개별검사의 대표적인 형태라 할 수 있다.

이러한 개별검사에서는 피검사자의 특성에 따라 사용되는 문항이나 과정이 달라질 수 있으므로, 검사가 왜곡되지 않기 위해서는 검사자의 적절한 역할과 검사 실시 및 해석에 대한 전문성을 갖추는 것이 매우 중요하다. 무엇보다 검사자의 행동이 피검사자의 수행에 영향을 미칠 수 있으므로 검사 과정에 대한 구체적인 지침과 명확한 채점규칙이 마련되어 이를 최소화할 수 있어야 한다. 더불어 검사자에 대한 체계적인 교육과 훈련이 반드시 필요하다.

대부분의 표준화된 적성검사나 성취도검사는 집단검사를 실시할 수 있도록 개발되어 있다. 집단으로 검사가 실시되기 때문에 피검사자의 문항별 반응시간과 같은 특이점을 관찰하거나 기록할 수는 없다. 즉, 검사 과정에서 도출할 수 있는 피검사자의 태도와 반응에 대한 추가적인 정보는 얻을 수 없고, 오로지 여러 검사 문항에 어떻게 반응했는가에 대해서만 알 수 있다는 단점이 있다.

반면, 많은 사람을 검사하는 데 필요한 시간을 최소화해 주므로 비용적인 측면에서는 매우 효율적이다. 특히 검사자의 역량이 영향을 많이 미치는 개별검사에 비해 대부분의 집단검사는 피검사자에게 간단한 지시사항을 읽어 주고 시간을 정확히 지킬 수 있도록 안내하는 정도로만 개입하게 된다. 물론 검사에 대해 미숙한 검사자는 검사 결과에 영향을 주기도 하고 결과를 잘못 해석할 수 있으므로 사전에 훈련을 받는 것이 바람직하지만, 개별검사에 비해 검사자의 역할이나 전문성에 대한 요구가 최소화된 상태라 할 수 있다.

3) 인지적 검사와 정의적 검사

심리검사가 측정하려는 검사 내용에 따라 인지적 검사(cognitive test)와 정의적 검사(affective test)로 구분된다. 일반적으로 인지적 검사는 지식 또는 기술과 같이 지적인 능력을 평가하기 위한 검사로서, 지능검사, 적성검사, 성취도검사 등이 이에 속한다. 일반적으로 문항의 정답이 있고, 시간제한이 있으며, 피검사자의 능력을 최대한 발휘할 것을 요구하기 때문에 다음에 제시된 최대수행검사 또는 능력검사(ability test)로 볼 수 있다.

반면, 정의적 검사는 성격, 정서, 동기, 흥미, 태도, 가치관 등을 측정하는 비인지적 검사로서 정답이 없기 때문에 '목록(inventory)'라는 용어를 사용하기도 한다. 정답이나 시간제한 없이 자신의 일반적이고 전형적인 행동을 선택하도록 한다는 면에서 이후에 제시된 전형적 수행검사라고도 한다(전진수, 김완석, 2001).

4) 최대수행검사와 전형적 수행검사

피검사자의 지식이나 기술의 최상한계, 즉 최대로 가능한 수행을 확인하고자 하는 최대수행검사(maximal performance test)와 일상적 또는 습관적인 생각, 감정, 행동 등을 측정하는 전형적 수행검사(typical performance test)가 있다(Friedenberg, 2004).

최대수행검사는 일정한 시간 내에 최대한의 능력을 측정하고자 하므로 피검사자에게 가능한 한 많은 문항에 정답을 하여 최고 점수를 얻는 것이 목적임을 강조한다. 즉, 각 문항마다 정답이 있기 때문에 정답률로 피검사자의 능력을 파악할 수 있다. 일반적으로 지능검사, 적성검사, 성취도검사와 같이 지식과 기술의 수준을 측정하기 위한 일종의 능력검사가 이에 해당된다.

전형적 수행검사에서는 성격, 흥미, 태도, 가치관, 행동양식 등과 같이 일상적인 특징과 행동들을 측정하고자 한다. 따라서 이 검사에서의 수행점수는 피검사자가 일상적으로 어떻게 생각하고 행동하는가를 있는 그대로 나타내고자 하므로, 결과에 따라 피검사자들을 특정한 특성을 가진 집단으로 분류할 수 있다.

5) 속도검사와 역량검사

피검사자의 능력, 예를 들어 피검사자의 지식과 기술의 수준을 측정하기 위해 구성된 검사는 일반적으로 속도와 역량 중 하나에 초점을 두고 개발된다. 즉, 정해진 시간동안 피검사자가 올바르게 답할 수 있는 문항의 개수를 통해 능력을 확인하는 검사는 속도검사(speed test)에 해당되며, 피검사자가 올바르게 답을 한 문항의 개수뿐 아니라 문항의 특성에도 관심을 두는 검사는 역량검사(power test)에 해당된다.

속도검사는 반응의 신속성 및 숙련도 등을 측정하고자 하기 때문에 비교적 쉬운 문항들로 구성되며 시간제한이 엄격하게 이루어진다. 예를 들어, 창의성 검사의 하위영역 중 유창성을 측정하는 경우나 지능검사 중 어휘력을 측정하는 경우가 이에 해당된다.

이와 달리 역량검사는 피검사자의 문제해결력을 측정하고자 하므로 검사 문항들의 난이도가 다양하며 시간제한이 없을 수도 있다. 만약 시간제한이 있는 경우라면, 대부분의 피검사자가 모든 문항을 풀 수 있을 만큼의 충분한 시간이 주어진다. 일반적으로 전통적인 학교에서 강조되어 온 실력을 기반으로 한 성취도검사가 역량검사의 대표적인 형태라 할 수 있다.

6) 표준화 검사와 비표준화 검사

검사도구의 표준화 여부에 따라 표준화 검사와 비표준화 검사로 구분된다. 표준화 검사(standardized test)란 모집단을 대표하는 피검사자를 표집하여 동일한 지시와 절차에 따라 검사를 시행한 후 객관적 채점 방법에 의하여 규준이 만들어진 검사를 의미한다. 즉, 검사도구의 표준화, 절차의 표준화, 채점 및 해석의 표준화를 포함하고 있어서(강봉규, 2004), 언제, 어디서, 누가 실시해도 검사의 실시, 채점, 해석이 동일하게 이루어지도록 모든 과정이 엄격하게 통제된 검사를 말한다(성태제, 시기자, 2006).

반면에 비표준화 검사(non-standardized test)는 엄격하고 체계적인 표준화 절차를 거쳐 제작되지 않은 검사를 말한다. 연구를 위해 개발한 심리검사나 학생들의 학업성취도를 평가하기 위해 교사들이 자가제작한 시험문제 등과 같은 형태가 비표준화 검사라고 할 수 있다. 이러한 검사는 흔히 비형식적 검사(informal test)라고도 한다. 표준화 검사와 달리 체계적 절차를 거치지 않았고, 타당한 규준이 마련되어 있지 않기 때문에 검사를 선택하거나 결과를 해석할 때 주의를 기울여야 한다.

7) 규준지향검사와 준거지향검사

검사 결과를 어떻게 사용할 것인가에 따라 평가 기준이 결정되는데, 이는 규준지향검사(norm-referenced test)와 준거지향검사(criterion-referenced test)로 구분된다.

규준지향검사는 피검사자 집단의 구성원이 서로와 비교하여 상대적으로 어떤 위치에 있는가를 확인하고자 한다. 따라서 검사의 채점 기준을 통해 개인의 검사총점을 산출한 뒤, 검사를 받은 다른 사람들의 수행에 대한 정보를 포함하는 새로운 형태로 검사총점을 전환 또는 변환시켜 해석하게 된다. 예를 들어, 개인이 받은 검사점수를 있는 그대로 해석하는 것이 아니라 백분위(percentile rank)와 같이 상대적인 정보를 확인할 수 있는 점수로 변환시켜 해석하는 것을 말한다. 따라서 검사점수가 높더라도 다른 구성원의 점수에 따라 그다지 높은 점수가 아니라는 결과가 도출될 수도 있다. 이와 같은 규준지향검사는 선발 또는 배치를 위해 검사를 사용하는 경우에 많이 활용되고 있으며, 대부분의 표준화 검사가 이에 해당된다.

준거지향검사는 피검사자들의 수행을 각각 독립적으로 평가하기 위해 고안되었다. 여기에서 준거(criterion)는 피검사자의 수행을 판단하게 될 기준을 뜻하는 것으로, 이를 토대로 개인이 어떠한 위치에 있는지를 확인할 수 있다. 예를 들어, 특정 기업체의 입사 기준인 직무역량검사의 75점을 준거로 하여 합격 및 불합격을 결정한다면, 75점 이상의 점수를 받은 사람은 합격이지만 그에 미치지 못한 사람은 불합격에 해당된다. 이처럼 준거지향검사는 다른 사람들이 어떤 점수를 받았는지가 개인의 결과에 영향을 미치지 않는다. 정상에서 벗어나는 심리적 특성을 확인하고자 하는 MMPI 검사와 같이 특정 기준을 중심으로 결과를 평가하는 심리검사가 이에 해당된다.

8) 언어성 검사와 비언어성 검사

검사매체에 따라 언어성 검사와 비언어성 검사로 구분된다. 언어성 검사(verbal test)는 문자를 매개로 한 지필검사의 형식으로, 집단용 표준화 검사에 널리 사용된다. 검사를 활용하는 것이 매우 편리하지만 이해력이 떨어지는 어린이나 문맹자에게는 사용할 수 없다는 한계가 있다.

이를 보완하기 위해 활용되는 것이 비언어성 검사(non-verbal test)이다. 이는 검사 문항과 응답 방식이 문자가 아닌 상징, 기호, 도형 등으로 구성되어 있어 문맹자나 어린 유아를 대상으로 실시할 때 유용하다. 예를 들어, 로르샤흐 검사 및 TAT와 같은 투사검사, HTP 검사 등이 대표적인 비언어성 검사에 해당된다.

9) 지필검사, 도구검사, 컴퓨터검사

자료를 수집하는 방법에 따라 지필검사, 도구검사, 컴퓨터검사로 분류할 수 있다. 먼저, 지필검사(paper-pencil test)는 종이에 인쇄된 검사 문항에 펜으로 응답하는 형태로서 가장 보편적으로 사용되고 있는 검사형태이다. MMPI, CPI 등과 같이 대부분의 자기보고식 검사가 이에 해당된다.

도구검사(apparatus test)는 직업적성검사처럼 특수한 장치, 도구, 기계를 이용하여 동작의 민첩성, 협응성, 근력 등을 측정하는 검사를 의미한다. 한국판 웩슬러 지능검사의 블록디자인, 차례맞추기, 모양맞추기 검사가 대표적인 도구검사에 해당된다. 이처럼 도구검사는 피검사자가 가지고 있는 지식이나 기능이 도구의 조작 과정에서 자연스럽게 나타나도록 구성되어 있기 때문에 일종의 수행검사(performance test)라 할 수 있다.

컴퓨터검사(computer-based test)는 컴퓨터 화면에 문항을 하나씩 차례로 제시하고 키보드를 눌러 답하게 하며, 채점, 해석, 검사 결과도 컴퓨터로 안내하는 검사이다. 최근 많은 심리검사가 지필검사와 컴퓨터검사를 동시에 시행할 수 있도록 개발되어서 피검사자가 보다 편리하게 검사에 대한 서비스를 제공받을 수 있게 되었다. 이러한 컴퓨터검사가 처음 도입된 1960년대에는 채점과 분석만 컴퓨터의 도움을 받는 수준이었으나, 1990년대 이후 컴퓨터의 사용이 대중화됨에 따라 채점뿐 아니라 검사 실시도 컴퓨터를 이용하게 되었다. 오늘날에는 웹브라우저를 통해 검사를 실시하고, 서버에서 바로 채점이 이루어지기 때문에 피검사자는 기다리지 않고 온라인상에서 즉시 결과와 해석을 통보받을 수 있게 되었다. 지필검사나 도구검사가 피검사자의 검사수행 과정을 해석하기 위해 응답자료를 코딩하거나 채점하는 과정이 별도로 필요한 반면, 컴퓨터검사는 이 모든 과정이 자동화되어 있어 최근 이에 대한 활용빈도는 더욱 늘어나고 있다.

3. 좋은 심리검사의 조건

인간의 다양한 특성을 확인할 수 있는 심리검사의 종류는 많지만, 모든 심리검사가 좋은 검사는 아니다. 심리검사가 좋은 검사로서 제 기능을 발휘하기 위해서는 기본적으로 갖추어야 하는 조건이 있다. 이는 검사의 타당도, 신뢰도, 객관도, 실용도이다. 타당도는 한 검사가 측정하는 내용을 특정한 목적에 비추어 충실하게 측정하고 있는 정도를 말하며, 신뢰도는 한 검사가 측정하고자 하는 내용을 오차 없이 정확하고 일관성 있게 측정하는 정도를 의미한다. 또한, 객관도는 한 검사에서 여러 채점자의 채점 결과가 일치하는 정도를, 실용도는 검사의 실시와 채점 및 해석이 용이하고 비용이 적게 드는 정도를 의미한다. 일반적으로 어떤 측정도구나 검사가 이 네 가지 특성을 확보할 때 비로소 그 검사의 질은 양호하다고 말할 수 있다(강승호 외, 1999).

이 중, 특히 타당도와 신뢰도는 심리검사가 갖추어야 할 필수적인 요소라고 할 수 있다. 만약, 연구자가 자신의 연구에 사용한 검사의 타당도와 신뢰도에 대한 정보를 구체적으로 모르고 있다면, 그 검사를 통해 도출된 결과에 대해 확신을 갖기 어렵기 때문이다(강승호, 김양분, 2004). 즉, 검사는 검사의 목적을 달성할 수 있는 타당한 문항으로 구성되어야 하며, 피검사자의 특성이 안정감 있게 확인될 수 있도록 신뢰로워야 한다.

1) 타당도

타당도(validity)란 심리검사가 측정하고자 하는 것을 충실하게 잘 측정하고 있는지의 정도를 의미한다. 즉, '이 검사는 검사목적에 비추어 적절한가?' '이 검사는 확인하고자 하는 특성을 잘 측정하고 있는가?'를 설명하는 개념이다. 예를 들어, 지능을 검사하는 방법으로 머리둘레를 측정한다면 이는 타당도가 떨어진 검사 방법이라고 할 수 있다. 왜냐하면, 머리둘레는 체격을 측정하기에는 적절한 방법이지만 인간의 지적 능력을 측정하는 검사로서는 적합하지 않기 때문이다.

이처럼 타당도는 심리검사가 개발된 목적에 부합하는 정도를 말하고, 검사의 목적과 관련된 증거에 따라 평가된다. 따라서 어떤 검사의 타당도가 '있다' 또는 '없다'고 평가하기보다는 검사가 측정하려고 하는 특정한 목적 및 용도에 비추어 볼 때 타당도가 '높다' 또는 '낮다'고 표현하는 것이 정확한 표현이다.

심리검사의 영역이 발달되고 확장됨에 따라 타당도의 개념도 달라지고 있으며(Anastasi, 1988; Messick, 1989), 많은 학자에 의해 다양한 타당도가 제안되어 왔다. 이 책에서는 교육 및 심리검사 강령(AERA, APA, & NCME, 1985)에서 제안하고 있는 타당도의 유형, 즉 내용타당도, 준거 관련 타당도, 구인타당도로 분류하여 설명하고자 한다.

(1) 내용타당도

내용타당도(content validity)는 검사를 구성하고 있는 문항들이 검사목표에 충실한 문항으로 구성되었는가의 정도를 의미한다. 이론적으로 볼 때, 검사를 구성하고 있는 문항들이 어떤 특성과 관련하여 개발 가능한 모든 문항으로 구성된 모집단을 잘 대표할 수 있다면 내용타당도가 있는 검사라고 판단할 수 있다(김영환, 문수백, 홍상황, 2012). 즉, 내용타당도는 검사가 측정하고자 하는 특성을 잘 대표하는 문항으로 구성되어 있는지를 전문가가 체계적이고 논리적으로 평가하는 타당도이다(김석우, 최태진, 2011).

예를 들어, 우울을 측정하는 검사를 개발할 경우, 우울이라는 심리적 특성을 측정할 수 있는 모든 문항으로 구성된 모집단 속에서 우울을 가장 잘 반영하고 있는 문항들을 추출하여 심리검사로 개발하였다면, 이 검사는 내용타당도가 높을 것이다. 따라서 검사 개발자가 선택한 문항을 다른 전문가에게 확인받는 과정이 반드시 필요하다. 다시 말해서, 검사 개발자가 선택한 문항을 또 다른 전문가들도 적합한 것으로 판단할 때, 비로소 검사의 내용타당도가 있다고 보는 것이다.

이러한 내용타당도는 포함된 문항들이 검사의 목적에 부합하는지의 여부를 비교적 편리하게 검증할 수 있다는 장점이 있다. 반면, 동일한 검사 문항에 대해 전문가들의 판단이 다를 수 있기 때문에 전문가에 따라 내용타당도의 결과가 다르게 나올 수 있다는 단점도 있다. 이럴 경우에는 전문가들의 판단 정도를 합리적으로 종합할 수 있어야 한다.

로쉬(Lawshe, 1975)는 여러 전문가에 의해 판단된 결과를 이용하여 검사 전체의 내용타당도를 추정할 수 있는 통계적 방법으로 CVR(Content Validity Ratio, 내용타당도 비율)을 제안하였다. CVR의 산출 방식을 통해 도출된 값은 전체 전문가 평정자들이 특정 문항에 대하여 '타당하다'고 응답한 비율을 의미한다. 따라서 CVR 값이 높을수록 해당 문항에 대해 적합하다고 응답한 전문가가 많음을 의미하며, 이는 곧 내용타당도가 높다고 말할 수 있다.

$$\text{CVR} = \frac{(n_e - \frac{N}{2})}{\frac{N}{2}}$$

n_e: 특정 문항이 타당하다고 평가한 전문가 평가자 수
N: 전체 전문가 평가자 수

간혹 내용타당도를 안면타당도(face validity)와 혼동하기도 한다. 검사의 문항이 측정하고자 하는 것을 제대로 측정하고 있는지를 확인하고자 한다는 점에서 안면타당도와 내용타당도가 유사하다. 그러나 안면타당도는 문항의 적절성에 대한 판단이 일반인인 피검사자에 의해 이루어진다는 점에서 내용타당도와 다르다. 즉, 안면타당도는 일반인이 보기에도 한눈에 파악할 수 있는 하위영역이나 문항 사이의 관계 정도 등으로 검사의 타당성을 판단하지만, 내용타당도는 문항의 내용뿐 아니라 검사의 형식과 하위주제의 분포 등과 같이 좀 더 폭넓은 접근을 통해 검사의 타당성을 검증한다.

(2) 준거 관련 타당도

준거 관련 타당도(criterion-related validity)는 어떤 외적 준거와의 관련성을 분석하여 검사의 타당도를 검토하는 방법을 의미한다. 이때 준거란 검사를 사용하는 사람들이 관심을 가지는 속성이나 결과를 말한다. 예를 들어, 학업성적에 관심 있는 경우엔 학업성취도가 준거가 되며, 직무에 만족하는 정도에 관심 있는 경우엔 직무만족도가 준거가 된다.

이러한 준거 관련 타당도를 추정할 때, 타당성의 준거가 피검사자의 미래의 어떤 행동이나 특성일 경우는 예측타당도라 하며, 이미 타당도가 공인된 검사일 경우는 공인타당도라고 한다. 피검사자의 미래 행동이나 이미 타당성이 검증된 도구와 관련시켜 타당도를 검증하는 특성 때문에 이를 경험적 타당도(empirical validity)라 부르기도 한다(김석우, 최태진, 2011).

① 예측타당도

예측타당도(predictive validity)는 특정 검사의 결과가 응답자의 미래 행동을 어느 정도로 정확하게 예측하느냐를 의미하는 것으로, 검사를 통해 얻은 점수와 미래의 어떤 행위, 예를 들어 적응, 성취도, 성공 여부 등과의 관계로 추정되는 타당도이다.

검사점수가 미래의 특정 수행을 얼마나 잘 예측하는가를 경험적으로 밝히는 것이 목적이기 때문에, 예측타당도를 측정하기 위해서는 일정한 시간이 경과해야 한다. 예를 들어, 대학수학능력시험과 대학생활적응 사이의 상관관계를 산출하여 이들 간의 예측타당도를 확인할 수 있다. 즉, 대학수학능력시험에서 높은 점수를 획득한 사람일수록 대학에서의 학업성취도가 높거나 대인관계 및 대학환경에서의 적응이 원만하게 이루어지고 있을 때, 대학수학능력시험의 예측타당도가 높다고 할 수 있다. 또 다른 예로, 입사시기에 실시한 적성검사와 입사 이후 직무능력평가 결과와의 상관관계가 높으면 예측타당도가 높다고 말할 수 있다. 이처럼 예측타당도는 측정점수와 미래의 준거 간의 상관계수를 통해 추정하는 방법으로, 상관계수가 클수록 예측의 정확성이 커지는 반면 오차는 적어진다고 볼 수 있다.

한편, 예측타당도를 확보한 심리검사는 미래의 행동 특성을 예측할 수 있으므로 선발, 채용, 배치를 위한 상황에서 유용하게 사용된다. 그러나 예측타당도를 산출해 내려면 준거가 되는 미래의 행동 특성을 측정하기까지 일정한 시간이 소요된다는 단점이 있다.

② 공인타당도

공인타당도(concurrent validity)는 이미 타당성을 인정받고 있는 기존의 심리검사를 통해 타당성을 입증하는 방법이다. 연구자가 자체적으로 검사를 제작하였을 경우, 이 검사의 타당성을 검증하기 위하여 이미 타당성을 인정받고 있는 다른 검사 결과와의 유사성 또는 연관성을 확인하는 방법이다.

예를 들어, 연구자가 제작한 지능검사의 타당도를 확인하기 위해 이미 타당성이 입증된 K-ABC 지능검사와의 상관성을 산출하였다고 가정해 보자. 그 결과, 연구자가 제작한 지능검사와 K-ABC 지능검사 사이의 상관계수가 높다면, 이 두 검사는 공통된 요인을 가지고 있다고 할 수 있으며 새로 개발된 지능검사는 공인타당도가 높다고 말할 수 있다.

공인타당도는 현재 공인된 도구와의 공통성 또는 일치성을 다룬다는 면에서 앞서 언급한 예측타당도와 차이가 있다. 공인타당도는 상관계수를 통해 객관적으로 정보를 산출할 수 있으며, 예측타당도와 같이 오랜 시간이 걸리지 않고 확인할 수 있다는 장점이 있다. 그러나 새로 개발된 검사와 비교할 수 있는 공인된 기존의 검사도구가 없을 때는 추정이 곤란하다는 단점이 있다.

공인타당도를 확인하기 위해 산출하는 타당도 지수에 대한 절대적 기준은 없으나, 보편적으로 다음 〈표 1-1〉과 같이 해석한다(성태제, 1995).

〈표 1-1〉 상관계수 추정에 의한 타당도 표현 기준

상관계수에 의한 타당도 지수	언어적 표현
.00 ~ .20	타당도가 매우 낮다
.20 ~ .40	타당도가 낮다
.40 ~ .60	타당도가 있다
.60 ~ .80	타당도가 높다
.80 ~ 1.00	타당도가 매우 높다

(3) 구인타당도

구인타당도(construct validity)는 검사가 측정하고자 하는 어떤 특성이 있을 때 이와 관련된 개념(구인)을 얼마나 제대로 측정하고 있는지의 정도를 통해 타당도를 산출하는 방법이다. 다시 말해서 검사가 측정하고자 하는 인간의 특성이나 성질에 대해 조작적 정의를 내리고, 이를 얼마나 제대로 측정하고 있는지를 검정하는 방법이다. 여기에서 구인(construct)이란 구성개념을 의미하는 것으로서, 검사에 반영되어 있다고 가정하는 유기체의 행동을 조직하고 설명하기 위해 이론적으로 설정한 개념이다(김석우, 최태진, 2011).

창의력 검사를 개발하고자 할 때, 창의력이 독창성, 민감성, 과제집착력, 상상력, 모험성, 융통성 등의 구인으로 구성되어 있다고 조작적 정의를 내린 후 검사를 개발하였다고 가정해 보자. 이후 완성된 창의력 검사의 분석을 통해 포함된 문항들이 각 구인들을 잘 측정하고 있다고 판단된다면, 이 검사는 구인타당도를 확보하고 있다고 할 수 있다. 반대로 창의력을 설명하는 구인 중 일부만 포함하거나 암기력과 같은 불필요한 구인을 포함하고 있다면 구인타당도가 낮다고 말할 수 있다. 이와 같이 구인타당도는 측정하고자 하는 특성의 구성요인을 충실하게 이론적으로 잘 설명하여 경험적으로 측정하느냐의 문제와 관련된다.

구인타당도를 검정하기 위하여 가장 일반적으로 사용되는 통계적 방법은 요인분석(factor analysis)이다. 요인분석이란 복잡하고 정의되지 않은 많은 변수 사이의 상호관계를 분석하여, 상관이 높은 변수들을 모아 요인으로 밝히고 그 요인의 의미를 부여하는 통계적 방법이다. 예를 들어, 어떤 심리검사가 A와 B라는 특성으로 구성되어 있는데, A는 a, b, c라는 하위영역으로, B는 d, e, f라는 하위영역으로 구성되어 있다고 가정해 보자. a, b, c, d, e, f는 모두 동일한 특성을 측정하기 위해 개발되었기 때문에 6개 사이에 어느 정도의 상관은 있을 것이다. 특히 구인타당도가 확보된 검사라면, A의 하위영역인 a, b, c 간의 상관은 B의 하위영역과의 상관보다 높을 것이며, B의 하위영역인 d, e, f 간의 상관은 A의 하위영역과의 상관보다 높을 것이다.

		A			B		
		a	b	c	d	e	f
A	a	1					
	b	.64	1				
	c	.56	.68	1			
B	d	.38	.32	.41	1		
	e	.40	.33	.28	.66	1	
	f	.38	.28	.30	.60	.70	1

[그림 1-1] 상관분석의 예시

또한, 6개의 하위영역 간의 상관계수를 이용하여 요인분석을 실시할 경우, 6개의 하위영역이 2개로, 즉 a, b, c와 d, e, f가 각각 하나의 요인으로 묶인다면 구인타당도가 높다고 볼 수 있다.

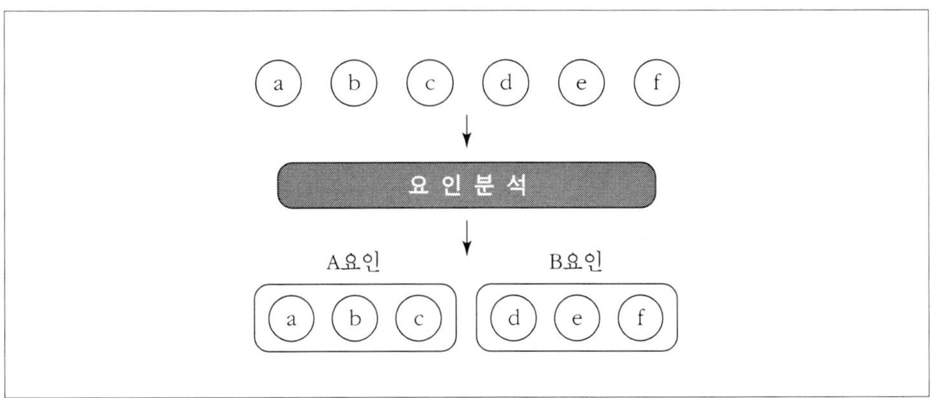

[그림 1-2] 요인분석의 예시

이처럼 구인타당도는 요인분석과 같이 응답자료를 기초로 한 계량적 방법에 의해 과학적이고 객관적인 방법으로 검증이 가능하고, 주요 개념에 대한 조작적 정의의 타당성을 밝혀 주므로 많은 연구의 기초가 되고 있다. 그러나 안정적인 구인타당도 계수를 얻기 위해서는 많은 연구대상이 필요하다는 단점이 있다.

〈표 1-2〉 타당도의 종류

구분	내용타당도	준거 관련 타당도		구인타당도
		예측타당도	공인타당도	
정의	• 검사 내용의 속성을 논리적으로 판단	• 미래 행동 특성에 대한 현재 검사 결과의 예측 정도	• 새로 개발된 검사의 결과와 현재 공인된 검사와의 상관 정도	• 검사에서 측정하고자 하는 구인에 대한 확보 정도
방법	• 검사 내용 전문가의 전문가적 소견에 의한 주관적 판단	• 검사 실시 • 일정 기간 경과 후 관련 행위 측정 • 검사 결과와 행위 간의 상관 산출	• 새로 개발된 검사 및 타당도가 확보된 기존 검사를 동시 실시 • 두 검사 결과 간 상관 산출	• 구인의 조작적 정의 • 구인을 측정할 수 있는 검사 제작 • 검사 실시 • 통계적 방법을 통한 구인 확인
장점	• 전문가에 의해 이루어지므로 검증 방법이 비교적 용이함	• 선발, 채용, 배치 등의 상황에 활용도가 높음	• 계량화된 객관적 정보 제공 • 현재 공인된 검사를 활용하므로 예측타당도에 비해 신속한 산출 가능	• 과학적, 객관적 접근 • 많은 연구의 기초가 됨
단점	• 전문가의 주관적 견해에 따라 상이한 검증 결과가 산출되기도 함 • 수량화되지 않음	• 시간의 흐름에 따른 피검사자의 자연스러운 변화로 타당도가 과소 추정될 가능성 있음	• 공인된 검사가 존재하지 않을 때 추정이 어려움	• 요인분석을 통해 추정할 경우 많은 사례 수 필요

2) 신뢰도

좋은 심리검사는 타당도뿐 아니라 신뢰도가 확보되어야 한다. 타당도가 측정하고자 하는 것을 얼마나 충실히 측정하고 있는가의 정도를 의미한다면, 신뢰도(reliability)는 검사가 측정하고자 하는 것을 얼마나 일관성 있게 측정하고 있는가를 의미한다고 볼 수 있다. 커링거(Kerlinger, 1986)가 신뢰도의 동의어로 신뢰 가능성, 안정성, 일관성, 예언 가능성을 제시한 것처럼, 신뢰도는 피검사자들에게 동일한 검사를 반복 실시하였을 때 확인할 수 있는 측정의 일관성 또는 검사의 안정성 정도를 말한다.

또한, 신뢰도는 오차 없이 정확하게 측정한 정도를 의미하기도 한다. 일반적으로 검사를 통해 측정한 관찰점수는 피검사자가 지니고 있는 진짜 특성을 의미하는 진점수와 측정 과정에서 발생하는 오차점수로 구성된다. 동일대상을 무한히 반복 측정하였을 때 관찰점수가 늘 동일하다면 측정오차가 전혀 없다고 할 수 있으나, 이는 현실적으로 불가능하기 때문에 관찰점수에서 진점수가 차지하는 비중이 크고 오차점수가 차지하는 부분이 작을수록 신뢰도가 높다고 할 수 있다(성태제, 시기자, 2006).

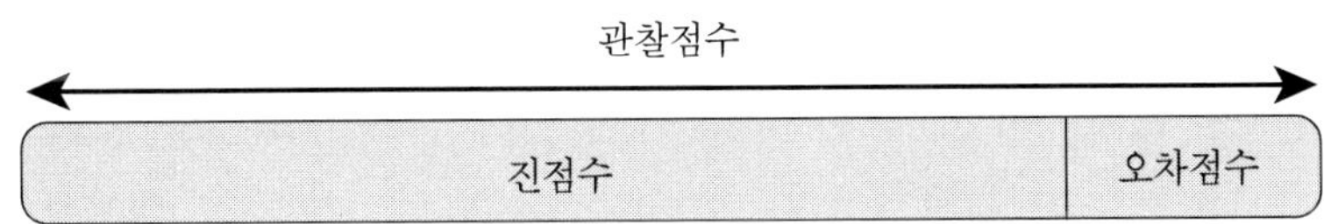

[그림 1-3] 관찰점수의 진점수와 오차점수

따라서 신뢰도를 높이기 위해서는 측정오차를 최소화하는 노력이 필요하다. 일반적으로 검사의 과정에서 측정오차를 유발하는 요인으로 검사를 구성하고 있는 문항, 조사 방법, 조사 상황(소음, 날씨 등), 응답자의 다양한 정서 상태 등이 있다(Borg, Gall, & Gall, 1996). 이를 고려하여 검사의 신뢰도를 높일 수 있는 방법은 다음과 같다(성태제, 2015).

첫째, 검사의 문항 수가 많을수록 신뢰도 확보에 도움을 준다. 문항 수가 적은 검사보다 많은 검사로 측정하는 것이 측정오차를 줄일 수 있고 신뢰도를 높일 수 있기 때문이다. 단, 검사의 문항은 문항 작성 절차와 원리에 준하여 개발된 양질의 문항이어야 한다.

둘째, 문항의 난이도가 적절하고 가능한 한 명확하게 기술되어 모호하지 않아야 한다. 문항의 내용이 모호하면 응답자는 정확한 뜻을 알 수 없어 임의로 해석할 가능성이 있으므로 응답의 신뢰도가 낮아지게 된다.

셋째, 검사자의 태도와 진행 방법에 일관성이 있어야 한다. 이는 검사자의 태도가 친절한 경우와 그렇지 않은 경우에 따라 다른 응답이 나올 수 있기 때문이다.

넷째, 시간이 충분해야 한다. 충분한 시간이 주어져야 응답자가 편안하게 응답할 수 있기 때문이다.

앞에서의 내용을 토대로, 검사의 신뢰도란 동일한 검사나 동등한 검사를 반복했을 때 동일한 사람에게서 관찰된 점수들의 일관성 또는 오차 없이 정확하게 측정한 정도를 의미한다고 볼 수 있다. 이러한 개념적 특성을 반영하여 신뢰도를 추정하는 방법에는 검사의 안정성을 측정하는 재검사신뢰도, 두 검사 간의 유사성을 측정하는 동형검사신뢰도, 검사의 내적 속성을 고려한 반분검사신뢰도와 문항내적 합치도가 있다.

(1) 재검사신뢰도

재검사신뢰도(test-retest reliability)는 동일한 검사를 동일한 피검사자 집단에게 어느 정도 시간 간격을 두고 두 번 실시한 다음, 두 검사점수의 상관계수를 산출하여 추정하는 방법이다. 재검사신뢰도는 피어슨(Pearson, 1896)의 단순적률상관계수 추정공식에 의해 산출되며, 이는 검사점수가 일상적인 환경이나 응답자의 정서적 조건 등에 영향을 적게 받는 안정된 점수라는 것을 의미하므로 '안정성 계수(coefficient of stability)'라고도 한다(김석우, 최태진, 2011). 이는 곧 검사도구의 안정성에 대한 지표가 된다.

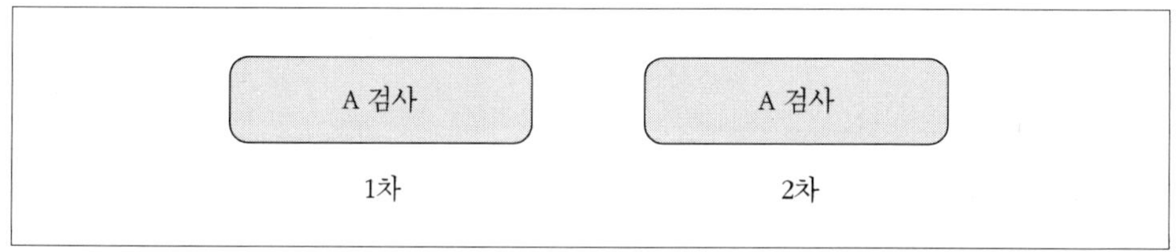

[그림 1-4] 재검사신뢰도

실제로 재검사신뢰도를 산출해 보면 1보다 작게 나타난다. 이는 검사도구 자체의 문제도 있지만, 첫 번째 검사 이후 재검사를 실시하는 기간 동안 여러 가지 요인이 검사점수에 영향을 미치기 때문이다. 예를 들어, 재검사를 실시하는 간격을 너무 짧게 잡으면 피검사자가 첫 번째 검사의 내용을 기억하고 있거나 연습효과가 발생하여 재검사 결과에 영향을 주게 된다. 반대로 간격을 너무 길게 잡으면 피검사자의 자연스러운 발달이나 성숙으로 인해 재검사 결과에 영향을 주게 된다.

일반적으로는 피검사자의 기억이 소멸된다고 여겨지는 2주에서 4주로 실시 간격을 설정하지만(성태제, 시기자, 2006), 검사의 목적이나 피검사자 집단의 성격을 고려하여 조정하는 것이 바람직하다. 만약 유아나 어린 아동을 대상으로 하는 검사라면, 이들의 발달속도가 빠른 점을 고려하여 실시 간격을 짧게 잡는 것이 적절하다. 또한, 지능이나 직업적성과 같이 비교적 안정적인 특성을 검사하는 경우라면 실시 간격이 길어도 무방할 것이다.

이처럼 재검사신뢰도는 한 가지 측정도구를 사용하여 일정한 시간 간격을 두고 반복 측정한 후 측정점수 간의 상관계수를 산출하기 때문에 분석 방법이 비교적 간편한 편이다. 그러나 검사를 두 번 시행해야 하는 것이 번거롭고, 첫 번째 검사와 재검사 간의 시간 간격으로 인해 측정 결과가 영향을 받을 수 있으며, 검사환경, 검사에 대한 피검사자의 동기와 태도 등 검사가 실시되는 여건을 동일하게 만드는 것이 어렵기 때문에 실제로는 잘 활용되지 않는다.

(2) 동형검사신뢰도

동형검사신뢰도(equivalent-form reliability)는 처음부터 두 개의 동형검사를 제작한 후 동일 피검사자를 검사하여 얻은 두 점수 간의 상관계수를 산출하는 방법이다. 이때 동형검사는 검사를 통해 측정하고자 하는 영역과 내용이 동일해야 하며, 동일한 문항 형태와 문항 수, 그리고 동일한 문항난이도와 문항변별도를 가진 검사를 의미한다. 즉, 두 검사의 내용뿐 아니라 구성 및 형태 등 모든 측면에서 동등성이 보장되어야 한다. 따라서 이론적으로 볼 때, 사례 수가 충분하다면 두 동형검사의 평균과 표준편차와 같은 통계적 특성도 동일하다고 가정할 수 있으나(한국교육평가학회, 2004), 실제로는 이러한 요건을 갖춘 동형검사를 제작하는 것이 쉽지 않다.

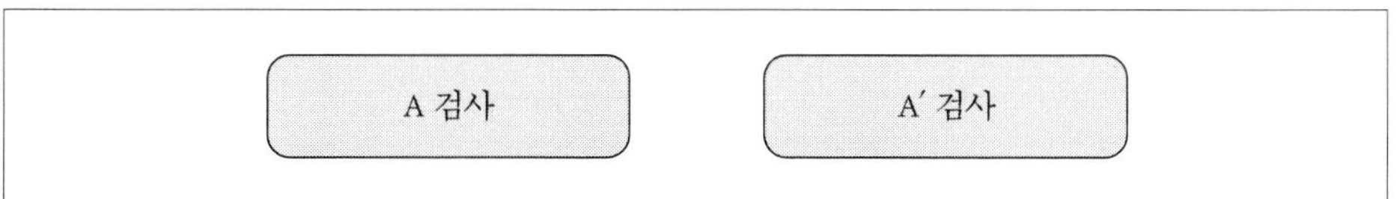

[그림 1-5] 동형검사신뢰도

동형검사신뢰도는 재검사신뢰도의 제한점을 줄이기 위해 활용되었기 때문에 동일한 검사를 반복적으로 실시해야 하는 불편함이나 연습의 효과 및 실시 간격에 따른 측정오차를 줄일 수 있다는 장점이 있다. 그러나 앞에서도 언급한 것과 같이 동형인 두 검사를 개발하는 것이 결코 쉽지 않으며, 동형의 검사를 제작하고 실시하는 데 시간과 비용이 많이 필요하다는 문제점이 있다. 또한, 재검사신뢰도만큼은 아니지만 연습효과로 인한 영향력을 완전히 배제할 수 없다는 한계점을 가지고 있다.

(3) 반분검사신뢰도

재검사신뢰도는 동일한 피검사자에게 두 번에 걸쳐 동일한 검사를 실시해야 하고, 동형검사신뢰도는 동형의 검사를 개발하여 피검사자에게 두 가지 검사를 실시해야 한다는 문제점을 가지고 있다. 검사와 재검사 간의 실시 간격과 검사의 동형성 정도에 따라 신뢰도 계수가 변화되는 제한점을 보완할 수 있는 신뢰도 추정 방법 중 하나가 반분검사신뢰도이다. 반분검사신뢰도(split-half reliability)는 1개의 검사를 어떤 집단에게 실시한 다음, 그것을 두 부분으로 분할하여 2개의 독립된 검사로 간주한 후, 두 부분검사를 통해 측정된 점수 간의 상관계수를 산출하여 신뢰도를 추정하는 방법이다(김석우, 최태진, 2011).

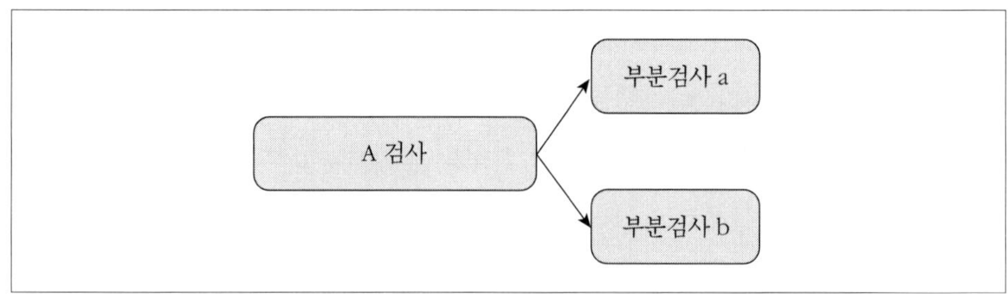

[그림 1-6] 반분검사신뢰도

반분검사신뢰도를 추정하기 위해 가장 먼저 해야 할 일은 한 검사를 두 부분으로 나누어 평형검사를 얻는 과정이다. 일반적으로 가장 많이 사용되는 방법은 기우 절반법, 전후 절반법, 짝진 임의배치법이 있다.

- 기우 절반법(odd-even method): 짝수 문항과 홀수 문항으로 반분하는 방법

- 전후 절반법(first-second half method): 전 · 후반으로 반분하는 방법
- 짝진 임의배치법(method of matched random subsets): 동급의 문항이라 판단되는 문항을 임의로 짝을 지어 반분하는 방법

이와 같이 반분검사신뢰도는 한 번의 검사를 통해 신뢰도를 추정할 수 있으므로 실시 간격이나 동형검사 제작에 대한 문제는 고려할 필요가 없다. 그러나 엄격하게 말해서 반분검사신뢰도는 검사도구 전체의 신뢰도라기보다 반분된 검사의 신뢰도라 할 수 있다. 예를 들어, 20개 문항으로 구성된 검사를 10문항씩 양분한 후 두 부분검사 간 상관계수를 추정하였다면, 이는 엄격하게 말해서 10문항으로 제작된 동형검사의 신뢰도를 산출한 것이다. 이러한 경우 문항 수 감소로 인해 신뢰도가 과소 추정되는 경향이 있으므로, 스피어만과 브라운이 제안한 아래의 공식을 사용하여 원래 문항 수로 환원해서 신뢰도를 추정해야 한다(성태제, 시기자, 2006).

$$\rho_{XX'} = \frac{2\rho_{YY'}}{1+\rho_{YY'}}$$

$\rho_{XX'}$: 반분검사신뢰도 계수

$\rho_{YY'}$: 반분된 검사점수의 상관계수

이처럼 반분검사신뢰도는 검사를 양분하는 방법에 따라 신뢰도 계수가 다르게 추정되는 문제점이 있다. 따라서 문항분석 과정을 통해 문항의 내용과 난이도 및 변별도가 동등하다고 판단되는 문항끼리 짝을 지어 양쪽에 균등하게 배치하는 방법을 활용하는 것이 가장 바람직하다.

(4) 문항내적 합치도

문항내적 합치도(inter-item reliability)는 검사의 개별 문항을 독립된 검사로 간주하고 각 검사 간의 동질성, 일관성, 일치성 등을 종합적으로 추정하는 신뢰도를 말한다(김영환, 문수백, 홍상황, 2012). 즉, 검사를 두 번 실시하거나 두 부분으로 나누지 않고 검사를 한 번만 실시한 후 단일한 신뢰도를 추정하므로 재검사신뢰도, 동형검사신뢰도, 반분검사신뢰도가 지닌 단점을 극복할 수 있다.

문항내적 합치도를 산출하는 대표적인 방법으로는 KR-20과 Cronbach α가 있다. KR-20은 쿠더와 리차드슨(Kuder & Richardson, 1937)이 개발한 것으로, 진위형과 같이 정답-오답 또는 예-아니요 등 이분문항의 경우에 사용하는 방법이다. KR-20은 이분문항에만 적용되고 신뢰도를 추정하는 방법이 복잡하게 여겨져 보편화되지 않았으나, Cronbach α는 이분문항뿐 아니라 연속적으로 점수가 부여되는 평정형 문항의 신뢰도를 추정하는 것도 가능하여 보다 많이 사용되고 있다.

Cronbach α는 크론바흐(Cronbach, 1951)에 의해 개발된 것으로 전형적으로 리커트 척도를 사용하는 정의적 영역의 검사와 같은 상황에서 신뢰도를 추정할 때 가장 많이 사용되고 있다. Cronbach α의 경우, 동일한 개념을 측정하는 항목은 그 측정 결과에 일관성이 있어야 한다는 논리에 따라 일관성이 떨어지는 문항, 즉 신뢰성을 저해하는 문항을 제거하면 신뢰도 계수가 높아진다. 이처럼 Cronbach α는 검사를 양분하지 않아도 되고, 문항 간의 일관성에 의하여 단일한 신뢰도 추정 결과를 얻을 수 있다는 장점이 있다. 또한, 검사의 신뢰도를 과소 추정하는 경향이 있지만, 검사의 질을 분석함에 있어서는 어느 정도의 엄격성이 요구되기 때문에 과소 추정되는 정보가 오히려 더 바람직하다는 점에서 많이 활용되고 있다(성태제, 시기자, 2006).

참고로, Cronbach α의 계산은 다음의 공식과 같이 총점 분산과 문항점수 분산의 비를 이용하여 계산된다(한국교육평가학회, 2004).

$$\alpha = \frac{K}{K-1}\left[1 - \frac{\sum_{i=1}^{n}\sigma^2_i}{\sigma^2_X}\right]$$

K : 문항 수

σ^2_i : i번째 문항에 응답한 피험자 점수의 분산

σ^2_x : 피험자들의 총점의 분산

앞에서 제시된 신뢰도의 종류와 특성을 정리하면 다음의 〈표 1-3〉과 같다.

〈표 1-3〉 신뢰도의 종류

구분	재검사신뢰도	동형검사신뢰도	반분검사신뢰도	문항내적 합치도
정의	• 동일한 검사를 동일한 피험자 집단에 일정 시간 간격을 두고 두 번 실시하여 얻은 검사점수의 상관계수 산출	• 두 개의 동형검사를 동일 피검사자에게 실시한 후 두 검사점수의 상관계수 산출	• 검사를 실시한 후 두 부분으로 분할하여 이들 간의 상관계수 산출	• 검사 속의 문항을 각각 독립된 1개의 검사 단위로 생각한 후 이들 간의 합치도, 동질성, 일치성 등 추정
장점	• 분석 방법이 간단	• 검사 실시 간격으로 인한 문제 극복	• 한 번만 검사 실시 • 연습효과, 반복검사로 인한 문제 극복	• 한 번만 검사 실시 • 문항 간의 일관성에 의하여 단일한 신뢰도를 얻음
단점	• 검사를 두 번 실시해야 함 • 검사 실시 간격 설정에 따른 문제 발생	• 동형검사의 제작이 어려움	• 검사를 적절하게 양분하는 과정이 어려움	• 검사도구의 신뢰도를 과소 추정하는 경향 있음

» 참고문헌

강봉규(2004). 심리검사의 이론과 기법(증보판). 서울: 동문사.

강승호, 김명숙, 김정환, 남현우, 허숙(1999). 현대 교육평가의 이론과 실제(개정판). 서울: 양서원.

강승호, 김양분(2004). 신뢰도. 경기: 교육과학사.

김석우, 최태진(2011). 교육연구방법론. 서울: 학지사.

김영환, 문수백, 홍상황(2012). 심리검사의 이론과 실제. 서울: 학지사.

김현주, 김혜숙, 박숙희(2009). 심리검사의 이해. 경기: 교육과학사.

성태제(1995). 타당도와 신뢰도. 서울: 양서원.

성태제(2015). 교육평가의 기초(2판). 서울: 학지사.

성태제, 시기자(2006). 연구방법론. 서울: 학지사.

전진수, 김완석(2001). 직업상담을 위한 심리검사. 서울: 학지사.

한국교육평가학회(2004). 교육평가용어사전. 서울: 학지사.

AERA, APA, & NCME (1985). *Standard for Educational and Psychological Testing*. Washington, DC: American Psychological Association.

Anastasi, A., & Urbina, S. (1997). *Psychological Testing* (7th ed.). New York: Macmillan.

Anastasi, A. (1988). *Psychological Testing* (5th ed.). New York: Macmillan.

Binet, A., & Simon, T. M. (1905). Methods nouvelles pour le diagnostic du niveau intellectuel des anormaux. *L'Annee Psychologique*, *11*, 191-244.

Binet, A. (1895). La Peur Chez les enfants. *L'Anné Psychologique*, *2*, 223-254.

Borg, W. R., Gall, M. D., & Gall, J. P. (1996). *Educational Research: An Introduction* (6th ed.). New York: Longman.

Bowman, M. L. (1989). Testing individual differences in ancient China. *American Psychologist*, *44*, 576-578.

Cattell, J. M. (1890). Mental tests and measurement. *Ming*, *15*, 373-381.

Cronbach, L. J. (1951). Coefficient alpha and the internal structure of test. *Psychometrika*, *16*, 297-334.

Cronbach, L. J. (1960). *Essentials of Psychological Testing*. New York: Harper & Row.

Doyle, K. O. (1974). Theory and practice of ability testing in ancient Greece. *Journal of the History of the Behavioral Sciences*, *10*, 202-212.

Eysenck, H. J. (1967). Intelligence assessment: A theoretical and experimental approach. *British Journal of Educational Psychology*, *37*, 81-98.

Friedenberg, L. (2004). *Psychological Testing: Design, Analysis, and Use.* Boston: Allyn and Bacon.

Green, B. F. (1991). Guidelines for Computer Testing, In T. B. Gutkin & S. L. Wise(Eds.). *The Computer and the Decision-making Process* (pp. 245-273). Hillsdale, NJ: LLawrence Erlbaum.

Gregory, R. J. (1992). *Psychological Testing* (2nd ed.). Boston: Allyn and Bacon.

Guilford, J. P. (1954)). *Psychometric Methods* (2nd ed.). New York: McGraw-Hill.

Hartshorne, H., & May, M. A. (1928). *Studies in Deceit.* New York: Macmillan.

Kerlinger, F. N. (1986). *Foundations of Behavioral Research* (3th ed.). New York: Holt, Rinehart & Winston.

Kraepelin, E. (1892). *Uber die Beeinflussung Einfacher Psychischer Vorgange Durch Einige Arzneimittel.* Jena: Fischer.

Kuder, G. F., & Richardson, M. W. (1937). The theory of the estimation of reliability. *Psychometrika, 2,* 151-160.

Lawshe, C. H. (1975). A quantitative approach to content validity. *Personnel Psychology, 28,* 563-575.

Messick, S. (1989). Validity. In R. L. Linn (Ed.). *Educational Measurement* (3th ed.). New York: American Council on Education & Macmillan.

OSS Assessment Staff. (1948). *Assessment of Men: Selection of Personnel for the Office of Strategic Services.* New York: Rinehart.

Pearson, K. (1896). Mathematical contributions to the theory of evolution: III. Regression, heredity and panmixia. *Philosophical Transaction, A*(187), 253-318.

Stevens, S. S. (1946). On the theory of scales and measurement. *Science, 103,* 677-680.

Thorndike, R. L., Hagen, E. P., & Sattler, J. M. (1986). *The Stanford-Binet Intelligence Scale: Fourth Edition, Guide for administering and scoring.* Chicago: Riverside.

Thurstone, L. L. (1925). A method of scaling psychological and educational tests. *Journal of Educational Psychology, 16,* 433-451.

위키백과. https://ko.wikipedia.org

제2장

심리검사의 개발과 해석

1. 심리검사 개발 과정
   1) 검사목적의 구체화
   2) 심리적 구인의 조작적 정의
   3) 문항개발
   4) 예비검사 실시
   5) 문항분석
   6) 본 검사 실시
   7) 검사도구의 양호도 검토
2. 심리검사 결과 해석
   1) 원점수와 규준점수
   2) 규준의 종류

인간의 다양한 인지적 · 정의적 · 행동적 특성을 검사하기 위해서는 확인하고자 하는 대상을 측정할 수 있어야 하며, 측정을 통해 도출된 결과를 해석할 수 있어야 한다. 특히 인간의 심리적 특성 대부분이 직접 관찰하기 어려운 구성개념(construct)이라는 점에서 타당한 검사도구를 잘 선택하여 실시해야 할 것이다. 이러한 필요성에 따라, 이 장에서는 심리검사의 일반적인 개발 과정을 이해하고 개발된 검사의 측정을 통해 도출되는 원점수 및 규준점수에 대한 개념을 정리하여 좋은 심리검사의 선택과 활용에 도움을 주고자 한다.

1. 심리검사 개발 과정

심리검사를 제작하거나 표준화하는 과정에 대한 지식은 검사 개발자뿐 아니라 검사 이용자에게도 필요하다. 심리검사가 어떤 과정을 거쳐 개발되는지 알아야만 실시목적에 맞는 검사를 선택할 수 있고, 정확하게 검사하고 채점하며, 도출된 측정 결과를 제대로 해석할 수 있기 때문이다(김영환, 문수백, 홍상황, 2012).

심리검사를 개발할 때는 가장 먼저 검사의 목적을 분명하게 설정해야 한다. 또한, 검사로 개발하고자 하는 구성개념, 즉 심리적 구인을 관찰 및 측정이 가능하도록 조작적으로 정의하는 과정을 거쳐야 한다. 그 후, 검사의 목적과 측정하고자 하는 심리적 구인에 적합한 검사 문항을 개발하여 예비검사를 실시한다. 예비검사 결과를 토대로 개별 문항의 양호도를 분석하여 부적절한 문항을 제거하거나 수정 · 보완하면 양호한 문항으로 구성된 본 검사가 완성된다. 다음으로 모집단을 잘 대표하는 규준집단을 표집하여 본 검사를 실시하고, 그 결과를 토대로 신뢰도 및 타당도 등과 같은 검사의 양호도를 확인한다. 또한, 다양한 통계적 분석을 통해 규준을 작성하고, 검사 실시를 위한 요강을 작성하면 심리검사의 개발이 완료된다.

일반적으로 심리검사를 개발하는 과정은 [그림 2-1]과 같다.

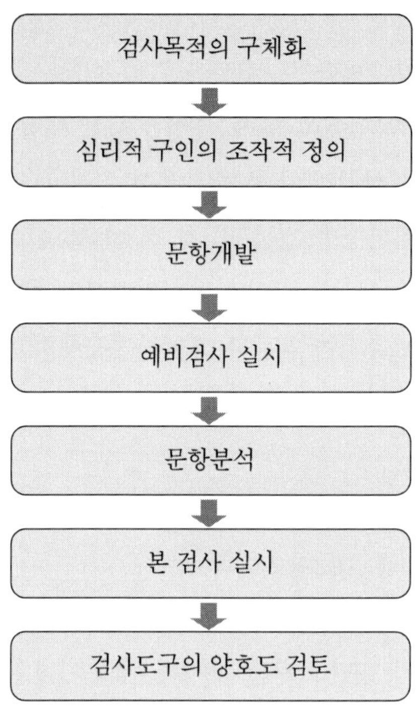

[그림 2-1] 심리검사의 개발 절차

1) 검사목적의 구체화

검사의 목적이 무엇이냐에 따라 검사 개발의 전반적인 틀과 방향이 결정되기 때문에 새로운 심리검사를 개발하고자 할 때는 검사의 목적을 명확하게 하는 것이 우선되어야 한다. 예를 들어, 개인차를 변별하기 위한 목적으로 검사를 개발한다면 피검사자 간의 상대적인 위치를 확인할 수 있는 규준지향검사를 만들어야 할 것이며, 어떤 목표 또는 내용의 달성여부나 숙달 정도를 알아보려는 목적으로 검사를 개발하고자 한다면 개인이 어느 정도 도달하였는지를 확인할 수 있는 준거지향검사를 만들어야 할 것이다. 규준지향검사를 개발하는지, 준거지향검사를 개발하는지에 따라 이후의 검사 개발 과정이 달라져야 한다.

따라서 검사 개발자는 심리검사를 통해 측정하고자 하는 심리적 특성이 무엇이며, 검사의 대상은 누구이고, 검사의 결과가 어떻게 쓰일 것인가 등의 내용을 검사의 목적에 분명하게 밝혀야 한다(이종승, 2005). 이때 주의할 점은 최근의 검사 제작 현황이나 관련 선행연구를 꼭 살펴보아야 한다는 것이다. 간혹 절실히 필요하다고 판단되어 심리검사를 제작하고자 결정하였으나, 이와 유사한 검사가 이미 개발되어 있는 경우도 있기 때문이다.

개발하고자 하는 심리검사의 목적이 구체화되었다면, 향후 어떻게 전개해 나갈 것인지에 대해 전반적인 계획을 수립한 후 이에 따라 검사를 개발해 나가도록 한다.

2) 심리적 구인의 조작적 정의

심리검사를 통해 측정하고자 하는 인간의 심리적 특성은 신체적 특성과 달리 구체적인 실체를 확인하기 어렵고, 추상적인 속성을 지닌다. 이를 구인 또는 구성개념이라고 하는데, 검사를 통해 구인을 확인하기 위해서는 이에 대한 개념적 합의가 명확히 이루어져야 한다. 이는 측정을 통해 확인하고자 하는 구인에 대한 개념적 정의(conceptual definition)와 조작적 정의(operational definition)를 통해서 가능하다.

일반적으로 측정 분야에서 개념적 정의는 구인이 가지고 있는 가장 일반적인 속성을 사전적으로 규정하는 정의 방식이며, 조작적 정의는 개념적 정의에 의해 정의된 구인을 측정 가능하도록 가시적으로 구체화하여 정의하는 방법을 의미한다. 예를 들어, 지능은 '어떤 문제에 대해 합리적으로 사고하고 해결하는 인지적인 능력과 학습능력을 포함하는 개인의 총체적인 능력(한국심리학회, 2014)'이라고 개념적으로 정의할 수 있다. 그러나 이러한 정의는 추상적이고 보편적인 경향이 있어서 어떻게 측정할 것인지에 대한 문제가 발생한다. 따라서 'IQ Test를 통해 산출된 점수'와 같은 형태의 조작적 정의가 필요하다.

이처럼 심리검사는 행동적 용어를 사용하여 조작적으로 정의 내리는 과정을 통해 추상적인 인간의 심리적 특성을 구체적으로 측정할 수 있게 한다.

3) 문항개발

개발하고자 하는 검사의 목적이 명확하고, 측정하고자 하는 구인에 대한 조작적 정의가 내려졌다면, 이를 토대로 검사 문항을 개발해야 한다. 일반적으로 심리검사에서 의미하는 문항(item)이란 피검사자가 반응해야 하는 개별적인 질문이나 문제를 일컫는 것으로, 채점의 기본 단위가 된다(이종승, 2005). 대부분의 심리검사 문항은 전후 관계나 상황에 대한 맥락이 포함되지 않으며, 내용을 이해하는 데 도움이 되는 단서가 주어지지 않은 채 오로지 문항만 제시되기 때문에 검사에서 의도하는 바가 충분히 전달될 수 있도록 최대한 간결하면서도 명확하게 진술되어야 한다. 이러한 점을 볼 때, 문항의 제작은 세심한 주의가 요구되는 과정이다.

또한, 검사가 어떤 심리적 특성을 측정하려는가에 따라 문항의 형태가 달라져야 한다. 검사 개발자에 따라 이에 대한 접근이 다양하게 이루어지고 있지만 이 책에서는 보편적으로 활용되고 있는 최대수행검사와 전형적 수행검사로 구분하여 문항 형태를 정리하였다. 이전의 제1장에서 살펴보았듯이, 최대수행검사는 피검사자의 지식이나 기술의 최상한계, 즉 최대로 가능한 수행을 확인하는 검사를 말하며, 전형적 수행검사는 일상적 또는 습관적인 생각, 감정, 행동 등을 측정하는 검사를 의미한다(Friedenberg, 2004). 최대수행검사는 적성이나 성취도와 같은 지적 특성을 측정하는 검사에, 전형적 수행검사는 태도나 성격과 같은 특성을 측정하는 검사에 해당된다. 각 검사 방법은 측정하고자 하는 심리적 특성이 다르므로, 가장 효율적으로 측정할 수 있는 문항 형식을 취하여 심리검사를 개발하는 것이 바람직하다.

(1) 최대수행검사의 문항 형식

최대수행검사에는 여러 가지 유형의 문항 형식이 사용되고 있다. 일반적으로 2개 이상의 선택지 중에서 가능한 것을 선택하도록 하는 선택형과 피검사자의 직접적인 반응 생성을 요구하는 서답형으로 나뉜다. 또한 선택형에는 진위형, 다지선다형, 배합형이, 서답형에는 단답형과 자유응답형 등이 많이 사용되고 있다.

▮ 진위형

- 진술문의 '참-거짓' 또는 '○-×'를 판단하도록 하는 문항 형식
- 다른 방법에 비해 문항제작이 비교적 용이하고, 대답하기도 쉽고, 주어진 시간 안에 다수의 문항으로 많은 내용을 측정할 수 있다는 장점이 있음
- 반면, 문항에 대한 이해가 부족하거나 중립적인 입장에 있을 경우 응답하기 곤란하며, 추측에 의해 정답을 맞힐 확률이 높음

[문항 예] 다음은 일상생활에서 흔히 접하는 현상입니다. 제시된 문항이 참인지 거짓인지 판단해 보세요.

	문항	참	거짓
1.	긴장하면 혈압이 증가되고 체온이 올라가 땀이 난다.		
2.	사과를 깎아 놓으면 폴리페놀이라는 성분이 산소와 접촉하여 갈변 현상이 발생한다.		

다지선다형

- 2개 이상의 선택지 중에서 적절한 것을 선택하도록 하는 문항 형식
- 점수화가 쉽고 선택지가 많아짐에 따라 추측에 의한 정답률이 감소됨
- 좋은 질문과 매력적인 답지를 만드는 것이 쉽지 않고, 문항개발에 많은 노력과 시간이 요구됨

[문항 예] '컴퓨터를 밀어버린다.'라는 표현은 하드디스크에 이 프로그램을 실행하여 파티션을 새롭게 설정하고 포맷하는 것을 말합니다. 논리적인 파티션 관리에 사용되는 이 프로그램은 무엇인가요?

① FDISK ② SCANDISK
③ PDISK ④ DEFRAG

배합형

- 용어, 명칭, 구, 개념, 정의 등 일련의 질문과 답지 중 서로 관련이 있는 것을 연결하도록 하는 문항 형식

[문항 예] 다음은 국제기구에 대한 종류입니다. 왼쪽의 국제기구 약자와 오른쪽의 한국어 명칭이 바르게 연결되도록 해당 번호를 쓰세요.

____ UN ① 세계무역기구
____ WTO ② 국제연합교육과학문화기구
____ APEC ③ 아시아태평양경제협력기구
____ UNESCO ④ 국제연합

단답형

- 질문을 의문문이나 명령문으로 제시한 다음 한두 개의 단어, 숫자, 기호, 짧은 문구, 문장 등으로 답하도록 하는 문항 형식

> [문항 예] 1분 동안 '어'자로 시작하는 단어를 최대한 많이 쓰세요.

자유응답형

- 질문에 대한 답을 자유롭게 기술하도록 하는 문항 형식
- 피검사자의 다양한 의견을 얻어낼 수 있음
- 응답의 표현상 차이로 전혀 다른 해석이 이루어질 수 있고, 평가 시 검사자의 주관 및 편견이 개입될 수 있음
- 표현능력이 부족한 피검사자는 응답하기 어려워함

> [문항 예] ○○유기농 식품 매장에 근무하는 K씨에게 계란 알레르기가 있는 고객이 제품에 대해 문의를 해 왔습니다. K씨가 제품에 부착된 다음 설명서를 참조하여 고객에게 어떤 말로 안내해야 할까요?
>
> - 제품명: 든든한 현미국수
> - 식품의 유형: 면-국수류, 스프-복합조미식품
> - 내용량: 95g(면 85g, 스프 10g)
> - 원재료 및 함량
>   - 면: 무농약 현미 98%(국내산), 정제염
>   - 스프: 멸치 20%(국내산), 고춧가루, 정제소금, 마늘분말, 생강분말, 표고분말, 간장분말, 된장분말, 양파분말, 새우분말, 건미역, 건당근, 건파, 김, 대두유
> - 보관장소: 직사광선을 피하고 서늘한 곳에 보관
> - 이 제품은 계란, 메밀, 땅콩, 밀가루, 돼지고기를 이용한 제품과 같은 제조시설에서 제조하였습니다.
> - 본 제품은 공정거래위원회 고시 소비분쟁해결 기준에 의거 교환 또는 보상받을 수 있습니다.
> - 부정불량식품신고는 국번없이 1399
>
> ※ 출처: 고용노동부, 한국산업인력공단(2015). 직업기초능력검사(의사소통능력).

(2) 전형적 수행검사의 문항 형식

태도나 성격과 같은 특성을 측정하기 위한 전형적 수행검사에서는 일치-불일치형, 평정 척도형, 의미분석 척도형, 완성형이 많이 쓰인다.

일치-불일치형

- 진술문에 대해 피검사자가 '찬성-반대'의 반응을 통해 자신의 생각이나 느낌과 일치하는지 여부를 결정하는 문항 형식

[문항 예] 다음은 인터넷 사용에 대한 인식을 측정하기 위한 문항입니다. 문항을 잘 읽고, 찬성 또는 반대 중 하나를 선택해 주세요.

	문항	찬성	반대
1.	인터넷을 많이 사용하는 것과 중독은 별개의 문제이다.		
2.	아동 · 청소년의 지도를 위해 부모를 대상으로 한 인터넷 활용교육이 필요하다.		
3.	초등학생에게는 인터넷을 활용하는 과제를 제공하면 안 된다.		

평정 척도형

- 리커트 척도(Likert scaling)라고도 함
- 진술문에 대해 어느 정도 동의하는지를 평정하여 응답하도록 하는 문항 형태식
- 개인의 태도와 같은 정의적 가치를 연속선상의 어느 위치에 있는지를 파악하기 위함
- 평정의 단계는 대개 홀수로 나누는데, 일반적으로 3, 5, 7 단계의 척도가 많이 쓰임

[문항 예] 이 검사는 청소년의 감정조절기술의 습득 정도를 알아보는 진단검사입니다. 자신과 일치하는 정도에 따라 ✓ 표 하세요.

	문 항	전혀 그렇지 않다	그렇지 않다	보통 이다	그렇다	매우 그렇다
1.	주변사람들은 나에게 감정기복이 심하다고 말한다					
2.	나는 기쁘거나 슬플 때 내 감정을 적절하게 조절한다					
3.	주변사람들은 내가 화를 낼 때 지나치다고 말한다					
4.	나는 화가 났을 때 물건을 던지거나 폭력 등의 행동으로 표현한다					
5.	나는 야단을 맞을 때 그 자리에서 곧바로 말대꾸한다					
6.	나는 친구와 싸우거나 문제가 있을 때마다 화를 참지 못한다					

※ 출처: 윤명희, 서희정(2013). 청소년 생활역량.

의미분석 척도형(어의차 척도형)

- 서로 대립되는 형용사 쌍으로 제시된 연속선상에서 자신이 어느 위치에 속하는지를 결정하도록 하는 문항 형식
- 예를 들어, '학교'에 대한 이미지를 알아보기 위해 '지루한-활기찬' '좋은-싫은' 등과 같은 형용사 쌍을 양쪽 끝에 두고, 그 사이에 3, 5, 7단계 등의 연속선이 있어 피검사자가 어느 쪽에 더 가까운지를 판단하여 적당한 곳에 표시하도록 하는 문항

[문항 예] 다음은 여러분이 학교에 대해 어떤 이미지를 가지고 있는지 알아보기 위한 검사입니다. 각 문항의 양 끝에 주어진 낱말을 잘 보고, 평소 자신의 생각과 일치하는 곳에 V 표 해 주세요.

	1	2	3	4	5	6	7	
활기찬								지루한
좋 은								싫 은
중요한								하찮은
유쾌한								불쾌한

■ 완성형

- 문장의 일부분을 비워 둔 불완전한 문장을 완성하도록 하는 문항 형식

[문항 예] 다음의 문장들은 뒷부분이 빠져 있습니다. 각 문장을 읽으면서 맨 먼저 떠오르는 생각으로 뒷부분을 이어 문장을 완성시켜 보세요. 시간제한은 없으나 되도록 빨리 하십시오.

1. 나에게 이상한 일이 생겼을 때＿＿＿＿＿＿＿＿＿＿＿＿＿＿＿＿
2. 내 생각에 가끔 아버지는＿＿＿＿＿＿＿＿＿＿＿＿＿＿＿＿
3. 우리 윗사람들은＿＿＿＿＿＿＿＿＿＿＿＿＿＿＿＿
4. 나의 장래는＿＿＿＿＿＿＿＿＿＿＿＿＿＿＿＿
5. 어리석게도 내가 두려워하는＿＿＿＿＿＿＿＿＿＿＿＿＿＿＿＿

※ 출처: 최정윤(2016). 문장완성검사의 일부. 심리검사의 이해.

이상과 같이 다양한 형태의 문항으로 심리검사를 구성할 수 있다. 어떤 상황에서도 효율적으로 활용될 수 있는 이상적인 문항 형태는 없으므로, 개발의 첫 단계에서 설정한 검사의 목적에 잘 부합하는 문항 형식을 취하는 것이 가장 바람직하다. 일반적으로 문항 형식이 결정되면 이에 따라 문항을 개발하게 된다. 이때 개발하는 문항의 수는 최종적으로 필요한 문항 수의 약 1.5~2배 정도가 되도록 여유 있게 만드는 것이 좋다. 왜냐하면 예비검사와 문항분석 과정을 거치면서 양호하지 못한 문항들은 제외시켜야 하기 때문이다.

문항개발이 완료되면 해당 분야에서 전문적인 식견을 가지고 있는 내용 전문가 또는 검사 개발자에게 문항 검토를 의뢰하여 내용타당도를 확보해 나가는 과정이 필요하다. 이때 검사 개발자는 측정하고자 하는 심리적 특성, 즉 검사에서 측정하고자 하는 구인에 대한 개념적 정의 및 조작적 정의를 분명하게 안내한 후 개발된 검사 문항을 검토하도록 한다. 전문가를 대상으로 한 문항 검토 과정에서는 다음의 내용들을 살펴보아야 한다.

- 개별 문항은 검사에서 측정하고자 하는 심리적 특성을 잘 반영하고 있는가?
- 개별 문항은 검사의 목적과 일치하는가?
- 개별 문항은 하나의 정보만 묻고 있는가?
- 피검사자의 특성을 고려하여 문항 내용이 구성되어 있는가?
- 애매모호한 표현은 없는가?
- 문법적으로 문제가 없는가?

4) 예비검사 실시

초보적으로 개발된 문항의 내용 및 형식에 대한 검토가 마무리되었다면, 이 검사를 사용할 대상과 동일한 소집단에게 예비검사를 실시해 본다. 일반적으로 예비검사를 실시하는 목적은 다음과 같다. 첫째, 문항진술에 사용할 어휘와 표현, 문항 형식의 적절성, 답지의 응답 방법, 검사 체제, 검사에 소요되는 시간의 확인, 지시문의 내용, 그 밖에 검사 실시 중에 일어날 수 있는 문제점을 사전에 검토하고 조절하기 위해 실시된다. 둘째, 문항분석을 위한 자료수집을 하기 위해 실시된다(김영환, 문수백, 홍상황, 2012).

이러한 예비검사는 검사구성에 필요한 양질의 문항을 확보하기 위해 실시하는 것이므로, 이때는 피검사자가 검사에 어떤 반응을 보이는지 자세히 관찰해야 한다. 특정 문항을 지나치게 오랜 시간 보고 있거나 답을 자꾸 바꾸는 경우 그 원인을 파악하여 적절한 조치를 취해야 하며, 다수의 피검사자가 특정 문항 또는 단어의 의미를 계속 질문한다면 그 부분이 대상자에게 부적합하지 않은지를 고민하여 좀 더 명확하고 대상자의 특성에 맞는 용어로 바꾸는 것이 필요하다. 따라서 예비검사를 마친 후에는 참여한 피검사자들로부터 잘 이해가 되지 않았던 문항이나 단어, 검사시간에 대한 적합성, 지시사항의 명료성, 검사절차에 대한 적절성 등 검사를 하면서 느낀 전반적인 생각에 대해 피드백을 받는 것이 좋다(이종승, 2005).

5) 문항분석

문항개발 단계에서 만든 문항 중에는 양호한 문항도 있으나 그렇지 못한 문항도 포함되어 있다. 따라서 검사의 목적에 부합하지 않거나, 의미를 명확하게 전달하지 못하는 등 심리검사 문항으로서 타당하지 못한 문항을 찾아내고 이를 수정·보완함으로써 양호한 문항들로 검사를 구성해 나가는 과정이 필요하다. 이를 문항분석(item analysis)이라 한다.

문항분석은 예비검사에서 확보된 자료를 통계적으로 분석하여 양질의 문항 또는 검사목적에 맞는 문항이 구성될 수 있도록 선별해 나가는 과정을 의미한다. 이는 개발하고 있는 심리검사가 최대수행검사인가 전형적 수행검사인가에 따라 달라진다. 일반적으로 최대수행검사의 경우, 문항난이도 및 문항변별도를 추정하여 문항분석을 실시하는 경우가 많지만, 전형적 수행검사는 개별 문항에 정답이나 오답이 없기 때문에 문항의 반응형태를 살펴보아야 한다. 즉, 평균과 표준편차, 왜도와 첨도 등의 수치를 통해 피검사자의 반응이 정규분포를 이루고 있는지 확인해야 한다.

또한, 개별 문항이 심리검사에서 측정하고자 하는 구인 및 하위 구성요인을 설명하기에 충분한지를 확인하기 위해 요인분석을 실시하기도 한다.

▮ 문항난이도(item difficulty)

- 검사 문항의 쉽거나 어려운 정도를 나타내는 지수
- 문항난이도 지수는 한 문항에서 총 반응 수에 대한 정답 반응 수의 비율이므로, 수치가 클수록 쉬운 문항을 의미함
- 문항난이도로 문항을 평가하는 절대적인 기준은 없으나, 일반적으로 .30 미만이면 매우 어려운 문항, .30~.80 미만이면 적절한 문항, .80 이상이면 매우 쉬운 문항이라 판단함(성태제, 2010)

$$P = \frac{R}{N}$$

N: 전체 피검사자 수
R: 답을 맞힌 피검사자 수

문항변별도(item discrimination)

- 검사 문항이 피검사자의 능력을 변별하는 정도를 나타내는 지수
- 양호한 문항은 피검사자를 변별하는 기능을 가져야 함. 즉, 능력이 높은 피검사자의 정답률이 높고 능력이 낮은 피검사자의 정답률이 낮아야 함
- 능력과 관계없이 모든 피검사자가 문항의 답을 맞히지 못하거나 모두 맞힌 문항은 변별력이 0에 가까운 좋지 못한 문항임
- 능력이 낮은 응답자가 맞히고 능력이 높은 응답자가 대부분 틀린 문항은 음수(-) 값을 가지며, 피검사자를 거꾸로 변별하고 있는 매우 좋지 못한 문항임
- 문항변별도 지수는 문항점수와 피검사자의 총점 간 상관계수에 의해 추정됨
- 문항변별도로 문항을 평가하는 절대적인 기준은 없으나, 이벨(Ebel, 1965)은 .40 이상을 변별력이 높은 문항으로, .30~.40 미만은 변별력이 있는 문항으로, .20~.30 미만은 변별력이 낮은 문항으로, .10~.20 미만은 변별력이 매우 낮은 문항으로, .10 미만은 변별력이 없는 문항이라 평가함

$$r = \frac{n(\sum XY) - (\sum X)(\sum Y)}{\sqrt{[n\sum X^2 - (\sum X)^2][n\sum Y^2 - (\sum Y)^2]}}$$

n: 전체 피검사자 수
X: 각 피검사자의 문항점수
Y: 각 피검사자의 총 점수

평균($\overline{X}$: mean)

- 모든 점수의 무게중심
- 전체 사례 수의 값을 더한 후 총 사례 수로 나눈 값

$$\bar{X} = \frac{1}{n}(X_1 + X_2 + X_3 + \cdots\cdots + X_n) = \frac{\sum X_i}{n}$$

▮ 표준편차(SD, S: standard deviation)

- 피검사자의 모든 반응을 고려하여 분포의 흩어진 정도를 나타낸 것
- 표준편차는 편차들의 평균을 의미하는데, 편차(deviation: d)란 각 점수가 평균으로부터 얼마나 떨어져 있는가를 나타내는 수치임
- 표준편차는 각 값으로부터 평균을 뺀 편차를 제곱한 후 모두 합하여 총 사례수로 나눈 값인 분산(variance)에 제곱근을 취하여 계산함

$$d = X_i - \bar{X}$$

$$S = \sqrt{\frac{\sum(X_i - \bar{X})^2}{n}} = \sqrt{\frac{\sum d^2}{n}}$$

▮ 왜도(skewness)

- 반응의 비대칭 정도를 의미함
- 왜도가 0에 가까울수록 자료가 좌우대칭에 가까움. 왜도가 양수인 경우는 오른쪽으로 긴 꼬리를 갖는 분포(정적 편포)를 보이며, 음수인 경우는 왼쪽으로 긴 꼬리를 갖는 분포(부적 편포)를 보임
- 일반적으로 왜도의 절대값이 2를 초과하면 자료가 극단적이고 문제가 있는 것으로 판단함(West, Finch, & Curran, 1995)

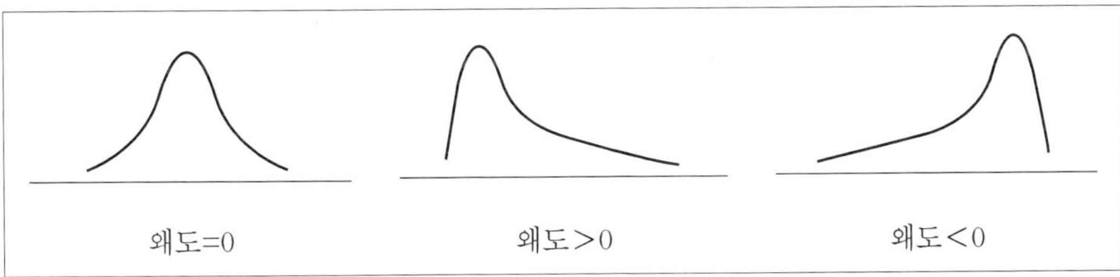

[그림 2-2] 왜도

■ 첨도(kurtosis)

- 반응분포 모양의 뾰족한 정도를 의미함
- 첨도가 0에 가까울수록 자료가 정규분포에 가까움. 첨도가 양수인 경우는 정규분포보다 더 뾰족한 분포를 보이며, 음수인 경우는 덜 뾰족한 분포를 보임
- 일반적으로 첨도의 절대값이 7을 초과하면 자료가 극단적이고 문제가 있는 것으로 판단함(West, Finch, & Curran, 1995)

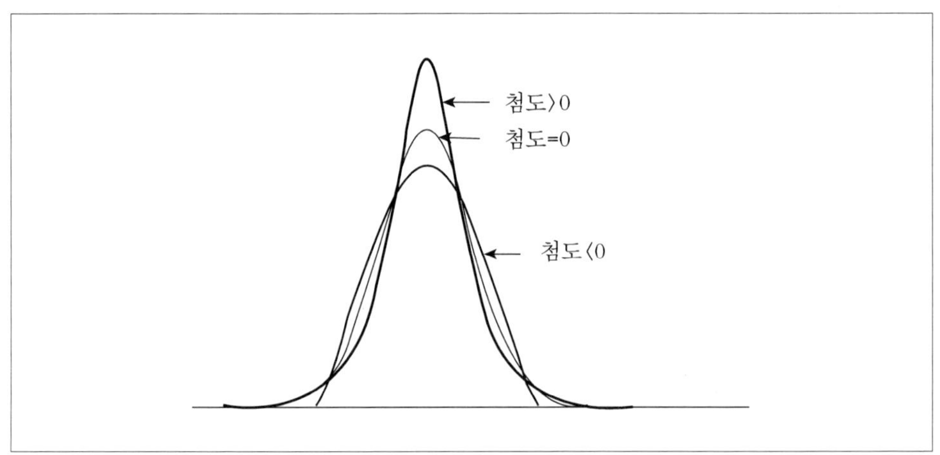

[그림 2-3] 첨도

■ 요인분석(factor analysis)

- 각 문항이 공통적으로 측정하고 있는 잠재 특성 또는 요인을 밝히기 위해 상관이 높은 문항들을 묶어 요인으로 규명하고 의미를 부여하는 통계적 방법
- 탐색적 요인분석(exploratory factor analysis): 개별 문항이 어떤 요인으로 구성되는지에 대한 사전 정보가 없을 때 실시함. 개별 문항들 중 상관이 높은 것을 모아 요인으로 규명하는 방법
- 확인적 요인분석(confirmatory factor analysis): 검사의 하위요인과 요인 수에 대한 정보를 알고 있을 때 실시함. 각 요인에 포함된 문항들이 해당 요인을 측정하기 위한 항목으로 집단화되는지를 확인하는 방법
- 문항과 요인과의 관련성 여부는 요인부하량(factor loading)을 통해 결정함. 일반적으로 요인부하량은 .30이나 .40 이상이면 적절하다고 판단하며, .50 이상이면 매우 양호하다고 판단함(김석우, 2007; 성태제, 2007)

6) 본 검사 실시

문항분석을 통해 양호한 문항들로 확인된 본 검사를 제작한다. 이 단계에서는 문항의 수와 배열에 대해 결정해야 하며, 검사의 지시문과 안내문 등도 작성해야 한다.

문항의 수는 검사시간과 밀접한 관련이 있기 때문에 너무 많으면 피검사자의 집중력이 떨어져 무성의하게 반응할 수 있다. 반대로 문항 수가 너무 적으면 심리검사에서 측정하고자 하는 심리적 특성을 제대로 측정하기 어렵다. 따라서 검사에서 측정하고자 하는 심리적 특성을 타당하고 신뢰롭게 잴 수 있는 한도 내에서 최소한의 문항 수가 되도록 조절하는 것이 필요하다(이종승, 2005).

일반적으로 검사 문항을 배열할 때는 쉬운 문항들을 앞에 배치하는 것이 바람직하다. 이는 피검사자가 검사 초기부터 어려운 문항에 너무 많은 시간을 보내어 검사를 끝까지 마치지 못하는 상황이 발생할 수 있기 때문이다.

검사 문항의 수와 배열을 확정하고 난 후 검사를 시행할 때의 주의사항과 응답요령 등이 담긴 안내문과 지시문을 작성해야 한다. 심리검사의 안내문과 지시문은 모호하거나 장황하지 않고 명료해야 하며, 새로운 형태의 문항이나 응답연습이 필요한 문항은 한두 개의 예시 또는 연습문제를 제시하여 피검사자로 하여금 검사에 익숙해지도록 지원하는 것이 필요하다.

본 검사가 완성되면 이를 실시할 수 있는 표본을 선정해야 한다. 표본은 모집단을 잘 대표할 수 있어야 하므로, 표본을 선정하기에 앞서 모집단의 특성을 성실하게 파악하는 과정이 이루어져야 한다. 이러한 과정을 통해 표본집단이 선정되었다면, 검사시간, 검사 실시의 순서와 방법, 검사 시 유의사항 등 검사 실시와 관련된 제반 사항을 일정하게 표준화시킨 후 본 검사를 실시한다.

7) 검사도구의 양호도 검토

본 검사를 통해 얻은 자료를 토대로 검사도구의 양호도를 분석해야 한다. 검사도구의 양호도는 타당도, 신뢰도, 객관도, 실용도 측면에서 분석되어야 한다. 이에 대한 내용은 제1장에서 제시하였으니, 이를 참조하기 바란다.

2. 심리검사 결과 해석

1) 원점수와 규준점수

보편적으로 심리검사의 결과는 수치로 표현된다. 즉, 피검사자가 심리검사에 반응하면, 그 결과로 검사점수를 부여받는다. 이때 부여받은 점수는 검사 결과를 통해 직접 얻은 수치이며, 이를 원점수(raw score)라 한다. 그러나 원점수는 단순한 자료일 뿐 피검사자의 수행 수준에 대한 정보를 제공해 주는 것이 아니기 때문에 그 자체만으로는 의미 있는 해석을 하기가 어렵다. 따라서 특정한 규준집단에서 얻은 점수분포인 규준(norm)을 통해 원점수를 의미 있게 해석하는 과정이 필요하다.

앞에서 제시한 것과 같이 규준은 어느 한 검사에서 얻은 원점수를 의미 있게 비교하고 해석할 수 있도록 통계적으로 처리한 전환 척도를 의미한다(이종승, 2005). 검사를 개발하는 과정에서 규준을 설정하기 위하여 사용되는 집단을 규준집단이라 하는데, 타당한 규준을 도출하기 위해서는 규준집단이 적절해야 한다. 규준집단이 어떠한가에 따라 규준의 질과 성격이 달라지기 때문이다.

일반적으로 규준의 양호도는 다음과 같은 세 가지 기준에 의해 판단된다.

▮ 규준집단의 적합성

- 피검사자가 측정해 보기를 원하는 특성에 적합한 규준집단을 선정해야 함
- 피검사자의 능력을 대학 신입생의 능력에 비추어 평가하기 원한다면, 규준집단은 일반인이 아닌 대학에 입학한 학생으로 표집해야 함

▮ 규준집단의 대표성

- 모집단을 잘 대표할 수 있는 규준집단을 표집해야 함
- 만약 대학생을 표집한다면, 지역, 성별, 연령 등 모집단의 중요 특성을 고려하여 표집함
- 동일한 조건에서 표집크기가 클수록 모집단을 잘 대표할 가능성이 커짐을 고려해야 함

▌규준집단의 최신성

- 현실과 동떨어지지 않은 규준이어야 함
- 다른 조건이 동일하다면, 최근에 제작된 것일수록 좋은 규준이라 할 수 있으므로, 검사 개발자는 적당한 시간 간격을 두고 지속적으로 규준을 개정해야 함

2) 규준의 종류

심리검사에서 활용되는 규준은 여러 가지가 있다. 이 교재에서는 개인의 수행을 규준집단의 수행에 비추어 판단할 수 있는 상대적 규준과 정상적인 발달 과정에 비추어 어느 수준에 도달해 있는가를 알려 주는 발달적 규준으로 구분하여 살펴보고자 한다.

(1) 상대적 규준

최근에는 거의 모든 표준화 심리검사가 어떤 형태든 집단 내 규준(within-group norms)을 제공하고 있다. 심리적 특성에 관한 원점수를 규준집단의 수행에 비추어 평가하는 것이다. 상대적 규준은 명확하게 규정된 수량적 의미를 갖고 있으므로 대부분의 통계분석에 적절하게 활용될 수 있다.

① 백분위

백분위(percentile rank)란 점수의 분포를 최하점부터 최고점까지 순서대로 나열하였을 때, 특정한 원점수보다 낮은 점수를 얻은 사례의 비율로 나타낸 것이다. 따라서 〈표 2-1〉에 제시된 예시자료에서는 누적백분율(%)이 백분위에 해당된다. 예를 들어, 어휘력 검사에서 60점을 받은 학생의 누적백분율 80%가 이 학생의 백분위인 것이다. 즉, 백분위가 80인 학생은 본인의 점수보다 낮은 점수를 받은 친구들이 80%이며, 그 위에는 20%가 놓여 있다고 볼 수 있다.

〈표 2-1〉 백분위 예시

어휘력 검사점수	사례 수(명)	백분율(%)	누적백분율(%)
50	5	50	50
60	3	30	80
70	1	10	90
85	1	10	100
전체	10	100	

백분위는 계산이 간단하기 때문에 통계에 대한 이해가 부족한 사람도 비교적 쉽게 이해하고 해석할 수 있으며, 대상이나 검사의 종류에 상관없이 보편적으로 적용할 수 있다는 장점이 있기 때문에 여러 가지 규준점수 중에서 가장 널리 사용되고 있다. 그러나 동간 척도가 아니기 때문에 백분위와 원점수 간의 관계가 척도상의 모든 위치에서 동일하지 않아 가감승제와 같은 수리적인 계산을 할 경우에는 유용성이 떨어지는 단점이 있다.

척도명		백분위	낮음 — 보통 — 높음 (백분위 10 20 30 40 50 60 70 80 90)
경제적 취약성 적응도		8	
사회적 취약성 적응도	가족의 지지	81	
	사회적 지지	59	
자아존중감		52	
자기효능감		2	
경력의 유동화 능력	구직기술	71	
	의사전달	2	
고용정보 수집활용	대인관계활용	25	
	구직정보수집	14	

[그림 2-4] 백분위를 제시한 심리검사의 예

※ 출처: 구직준비도 검사(워크넷, www.work.go.kr).

② 표준점수

표준점수(standard scores)는 분포의 표준편차를 이용하여 개인의 점수가 평균으로부터 떨어져 있는 거리를 표시한 것이다. 척도의 단위가 일정한 기준점과 단위의 동간성이 있는 표준편차이기 때문에 점수가 갖고 있는 의미가 명확하고, 여러 점수를 상호 의미 있게 비교하거나 통합할 때 합리적으로 사용할 수 있다. 또한, 표준점수는 평균으로부터 벗어난 편차의 크기뿐 아니라 벗어난 방향까지도 알려 주기 때문에 최근의 많은 심리검사에서 이를 활용하고 있다.

표준점수에는 여러 가지가 있으나 일반적으로 z점수와 T점수가 가장 흔히 쓰이고 있다.

z점수는 분포가 정규분포라는 가정하에서 원점수의 평균을 0으로, 표준편차를 1로 하는 변환점수를 의미하며, 다음과 같은 공식을 통해 계산한다.

$$z = \frac{X - \overline{X}}{S} = \frac{d}{S}$$

예를 들어, 어떤 대학생이 한 심리검사의 외향성 척도와 내향성 척도에서 똑같이 70점을 받았다고 가정해 보자. 두 점수가 동일하여 외향성과 내향성이 골고루 발달되었다고 해석할 수도 있다. 그러나 실제 원점수를 그대로 비교하는 것은 정보를 잘못 파악할 수 있으므로, 검사 결과의 명확한 해석을 위해서는 이 학생이 속한 집단의 평균과 표준편차를 고려한 표준점수로 변환하여 살펴보는 것이 바람직하다.

이러한 관점에서 외향성에 대한 집단 전체의 평균과 표준편차를 살펴보았더니 다음과 같이 확인되었다.

- 외향성점수: 평균 80점, 표준편차 10
- 내향성점수: 평균 66점, 표준편차 4

앞의 정보를 토대로 이 학생의 외향성과 내향성에 해당하는 z점수를 산출하였더니, 다음과 같은 결과가 확인되었다.

- $z\text{점수}_{\text{외향성}} = \frac{70-80}{10} = -1.0$
- $z\text{점수}_{\text{내향성}} = \frac{70-66}{4} = +1.0$

이 학생의 외향성 70점에 해당되는 z점수는 -1.0, 내향성 70점에 해당되는 z점수는 +1.0이므로, 내향성점수가 외향성점수보다 더 높다고 말할 수 있다. 또한 z점수를 표준정규분포(standard normal distribution) 곡선에서의 백분위점수와 비교하여 살펴보면, 외향성점수는 백분위 15.87%에 해당되어 중하위권에 속하며, 내향성점수는 백분위 84.13%에 해당되어 다른 동료에 비해 높음을 알 수 있다([그림 2-6] 참조). 이처럼 심리검사에서 원점수를 z점수와 같은 표준점수로 변환하면 보다 정확한 해석과 이해를 할 수 있게 된다.

그러나 z점수는 원점수가 평균보다 낮을 경우에 음수로 표시되며, 대부분 소수점을 지닌다는 번거로움이 있다. 심리검사에서는 이를 보완하기 위해 z점수의 평균 0을 50으로, 표준편차 1을 10으로 전환시킨 T점수가 더 많이 활용되고 있다. T점수는 다음과 같은 공식에 의해 계산된다.

$$T = 10z + 50$$

앞에서 예로 제시한 z점수를 T점수로 변환하면 다음과 같다.

- $T\text{점수}_{\text{외향성}} = 10(-1.0) + 50 = 40$
- $T\text{점수}_{\text{내향성}} = 10(+1.0) + 50 = 60$

이 학생의 외향성에 해당되는 z점수 -1.0은 T점수 40이며, 내향성에 해당되는 z점수 +1.0은 T점수 60이므로, z점수를 통한 분석과 마찬가지로 내향성점수가 외향성점수보다 더 높다고 말할 수 있다.

[그림 2-5]는 T점수를 활용하여 검사 결과를 제시하는 MMPI 검사 결과의 예시이다. 이와 같이 z점수와 T점수는 이론적으로 정교하고 유용한 척도임에는 분명하다. 그러나 두 점수 분포에서 평균점수를 비교하기 위해서는 두 검사의 점수분포가 정

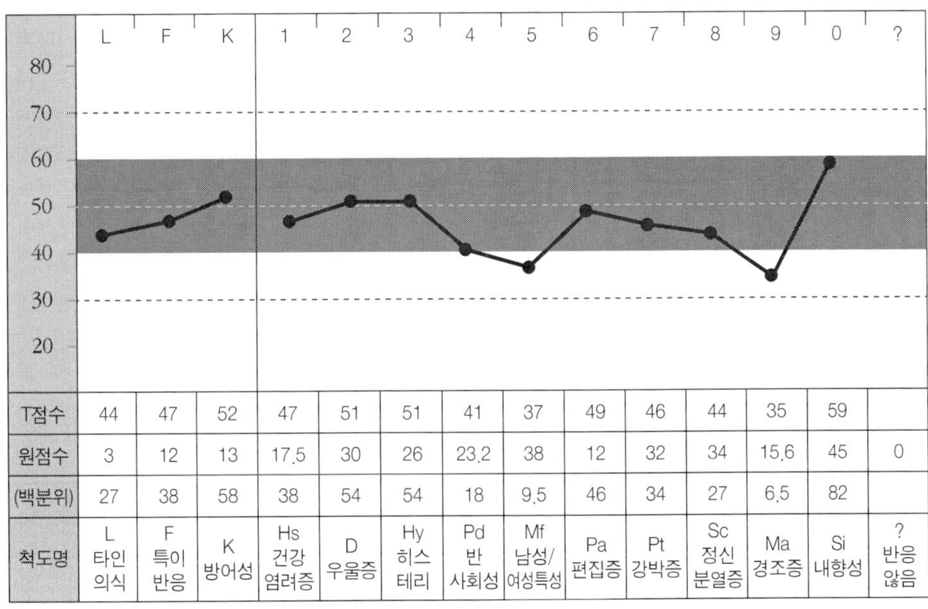

	L	F	K	1	2	3	4	5	6	7	8	9	0	?
T점수	44	47	52	47	51	51	41	37	49	46	44	35	59	
원점수	3	12	13	17.5	30	26	23.2	38	12	32	34	15.6	45	0
(백분위)	27	38	58	38	54	54	18	9.5	46	34	27	6.5	82	
척도명	L 타인 의식	F 특이 반응	K 방어성	Hs 건강 염려증	D 우울증	Hy 히스 테리	Pd 반 사회성	Mf 남성/ 여성특성	Pa 편집증	Pt 강박증	Sc 정신 분열증	Ma 경조증	Si 내향성	? 반응 않음

[그림 2-5] T점수를 제시한 심리검사의 예: MMPI

규분포에 가까운 서로 비슷한 모양을 이룰 때만 적절한 비교가 가능하다는 단점이 있다(김석우, 최태진, 2011).

참고로, 표준점수에 스테나인 척도(stanine scale)가 있다. 스테나인은 'standard nine'의 약어로서 평균을 5, 표준편차를 2로 표준화하여 9개의 범주로 표현한 표준점수이다. 수능등급이나 고교내신등급과 같이 일정 등급 범주에 피검사자를 배치시키는 것이다. 이는 9개의 구간을 중심으로 피검사자를 일정 비율로 대략 분류하므로, 피검사자의 점수가 작은 점수 차로도 확대해석되는 것을 방지할 수 있다. 또한, 점수의 분포가 정규분포이고 한 자릿수로 표시되기 때문에 계산하기 편하다는 장점이 있다. 그러나 모든 피검사자를 9개로 분류하기 때문에 이들의 특성을 구체적으로 확인할 수 없다는 단점이 있다.

〈표 2-2〉 스테나인 점수와 백분율

스테나인	1	2	3	4	5	6	7	8	9
백분율(%)	4	7	12	17	20	17	12	7	4

③ 편차 IQ

지능의 측정을 시도한 초기 검사 중 하나인 스탠포드-비네(Stanford-Binet) 지능검사에서는 정신연령(Mental Age: MA)을 생활연령(Chronological Age: CA)에 대비시켜 지적 능력 수준을 나타낼 수 있도록 비율 지능지수(ratio IQ)의 개념을 제안하였다. 비율 IQ는 다음과 같이 정신연령 대 생활연령의 비율에 100을 곱하여 얻은 수치이다. 이 공식에 의하면, 정신연령과 생활연령이 같을 때는 정확하게 100이 되어 정상 또는 평균수행을 의미하는 것으로, 100 이하는 지능이 뒤처짐을, 100 이상은 지능이 앞서감을 의미하는 것으로 이해되었다.

$$\text{비율 IQ} = \frac{MA}{CA} \times 100$$

그러나 비율 IQ는 생활연령이 계속 증가하는 것에 비해 정신연령이 어느 시점부터는 더 이상 증가하지 않아 실제로는 정상이지만 지능이 뒤처진다고 평가되기도 하였다. 또한, 연령에 따라 비율 IQ 분포의 표준편차가 서로 다르기 때문에 다른 연령대와의 비교가 어렵다는 문제점도 드러났다. 이러한 문제점을 해결하기 위해 웩슬러는 편차지능지수(deviation IQ)를 제안하였다. 즉, 편차 IQ는 모든 연령집단의 IQ 분포를 평균이 100, 표준편차를 15가 되도록 전환시켜 IQ의 단위를 통일시킨 것이다.

$$\text{편차 IQ} = 100 + 15z$$

앞에서 살펴본 상대적 규준인 백분위, 표준점수, 편차 IQ는 서로 밀접한 관련이 있다. 이들의 관계를 정규분포와 연관시켜 나타내면 [그림 2-6]과 같다.

(2) 발달적 규준

발달적 규준은 검사하고자 하는 특성이 연령이나 학년에 따라 점진적으로 성장하고 발달해 나간다는 가정에 기초를 두고 있다. 즉, 발달적 규준은 일련의 정상적인 발달 과정 또는 단계에서 피검사자가 어디에 속하는지를 나타내 준다. 예를 들

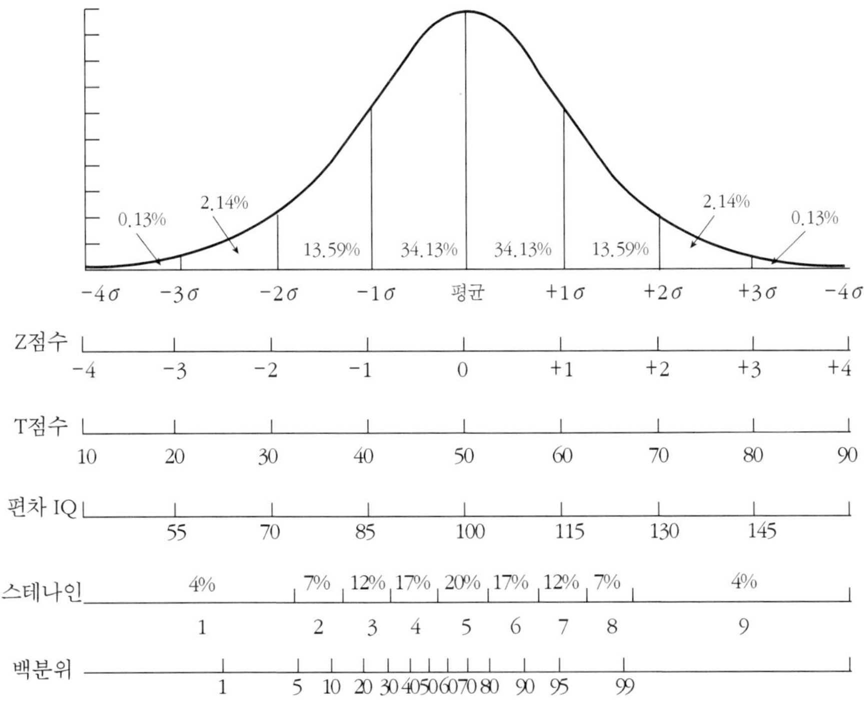

[그림 2-6] 규준의 분포

어, 6세 아동이 지능검사에서 10세 아동의 평균에 해당하는 점수를 받았을 때 '정신연령 10세'로 나타난 경우, 초등학교 3학년 아동이 표준화 학력검사에서 5학년에 해당하는 평균 수행점수를 받았을 때 '학년 수준 5'라고 표현하는 경우와 같이 통계적 처리를 통한 정확성이나 심리측정적인 완벽함이 있는 것은 아니지만, 대략적인 수준을 이해하거나 효율적으로 설명하는 데 도움이 된다.

① 정신연령규준

비네-사이몬(Binet-Simon) 척도가 여러 나라로 번역되어 소개되면서 '정신연령'이란 용어가 널리 쓰이게 되었다. 연령 척도에서는 검사 문항들이 연령 수준별로 묶여 있다. 예를 들어, 규준집단에서 대다수 7세 아동이 통과한 문항은 7세 수준에, 대다수 8세 아동이 통과한 문항은 8세 수준으로 묶여 있다. 따라서, 한 아동의 검사점수는 그 아동이 성공적으로 수행할 수 있는 최고의 연령 수준에 해당된다.

그러나 실제로 검사를 실시해 보면, 어떤 검사에서는 자기 정신연령 수준 미만의 수행을 보이면서도 또 다른 검사에서는 그 이상의 수행을 보이기도 한다. 이런 이유로 모든 문제를 통과한 연령 수준을 기본연령(basal age)으로 설정하고, 기본연령보다 높은 연령 수준에 속해 있는 검사 문항 중 성공적으로 통과한 문항에 대해서는 월령(month)으로 계산하여 추가득점(partial credits)으로 더해 준다(이종승, 2005; Anastasi & Urbina, 1997). 이러한 점에서 연령 척도에서 피검사자가 받게 될 연령 수준 점수는 기본연령 점수에 월령을 합한 것이라 할 수 있다(김영환, 문수백, 홍상황, 2012).

② 학년규준

학년규준(grade norm)은 학년을 기준으로 하여 검사수행 정도를 표시하는 것으로 대체로 표준화 학력검사에서 많이 사용되고 있다. 즉, 표준화 학력검사를 실시한 피검사자의 결과가 몇 학년까지 공부한 학생들의 평균 실력에 해당하는지를 알아볼 수 있도록 검사점수를 '학년'과 '개월'로 표시한 규준을 말한다(이종승, 2005). 예를 들어, 어떤 학생의 어휘력은 중학교 2학년 수준과 같으나 독해력은 초등학교 5학년 수준에 해당한다고 설명하는 것과 같은 형태이다.

학년규준에서는 학교 수업이 진행되는 동안 학력이 일정한 속도로 향상된다고 가정하여 10개월을 한 학년으로 보고, 달에 대한 표현은 소수점으로 표시한다. 예를 들어, 4.0은 4학년 1학기 초에 해당하는 수준으로, 4.5는 4학년 2학기 초에 해당하는 수준으로 이해한다.

③ 서열규준

일반적으로 인간의 운동능력, 감각, 언어 등은 질서정연하게 순차적 또는 단계적으로 발달해 간다. 특히 영유아기 및 아동기와 같은 생애 초기의 발달은 성인기의 발달보다 훨씬 규칙적이어서 연령 변화에 따라 드러나는 전형적인 행동 패턴을 확인할 수 있다. 이러한 측면에서 게젤(Gesell)과 그의 동료들은 운동, 적응, 언어, 개인-사회 등 4개 주요 영역에서의 발달 수준을 개월별로 제시한 게젤의 발달스케줄(Gesell Developmental Schedules)을 개발하였다(Anastasi & Urbina, 1997; Gesell & Amatruda, 1947). 이를 토대로 발달지수가 산출되었으며, 영유아의 발달을 평가하는 기준을 마련하였다.

게젤의 발달스케줄이나 피아제(Piaget)의 인지발달이론 등과 같이 인간의 특성에 대한 발달이론을 토대로 피검사자의 행동이 어느 발달 단계에 있는지 나타내는 것을 서열규준이라 한다. 여기에서 서열규준은 거트만 척도(Guttman scales)를 모델로 한 것으로, 한 수준에서 성공적으로 수행한 것은 그보다 낮은 모든 수준에서의 성공을 내포하고 있음을 의미한다(Gesell & Amatruda, 1947; Guttman, 1944).

④ 추적규준

추적규준(tracking norm)이란 체중이나 키와 같이 개인의 신체 또는 정신적 발달 양상을 추적하여 발달곡선으로 표시한 것이다. 이는 성장곡선의 변화에 따른 백분위 정보를 포함하고 있으므로, 피검사자의 특성을 추적차트에 표시하면 동일한 연령의 성장곡선을 따르고 있는지 그렇지 않은지를 알 수 있다.

예를 들어, [그림 2-7]의 하반부는 9~18세까지의 연령에 따른 신장과 체중의 추

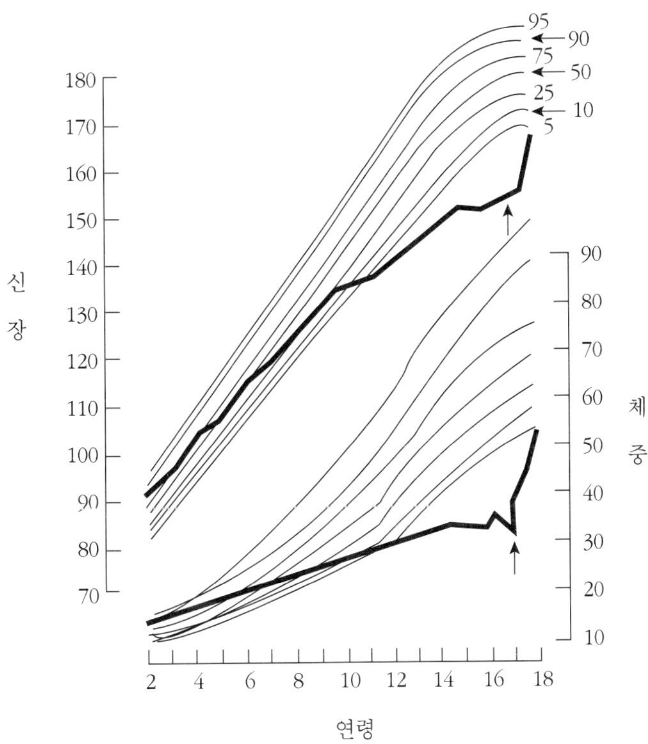

[그림 2-7] 추적규준의 예

※ 출처: 김영환, 문수백, 홍상황(2012). 심리검사의 이론과 실제.

적곡선이고, 진한 선으로 표시된 것은 한 피검사자의 추적곡선이다. 이를 살펴보면, 제시된 피검사자의 발달은 9세 무렵까지는 정상적으로 성장하다가 서서히 정상궤도에서 벗어나 17세에는 급격하게 벗어나 있음을 볼 수 있다. 이처럼 추적규준을 토대로 피검사자의 발달 특성을 파악할 수 있으며, 현재의 발달 수준을 토대로 미래의 발달 특성을 예측해 볼 수 있다.

》 참고문헌

고용노동부, 한국산업인력공단(2015). 직업기초능력검사(의사소통능력).

김석우(2007). 사회과학 연구를 위한 SPSS WIN 12.0 활용의 실제. 경기: 교육과학사.

김석우, 최태진(2011). 교육연구방법론. 서울: 학지사.

김영환, 문수백, 홍상황(2012). 심리검사의 이론과 실제. 서울: 학지사.

성태제(2007). 알기 쉬운 통계분석. 서울: 학지사.

성태제(2010). 문항제작 및 분석의 이론과 실제. 서울: 학지사.

윤명희, 서희정(2013). 청소년 생활역량. 서울: 집문당.

이종승(2005). 표준화 심리검사. 경기: 교육과학사.

최정윤(2016). 심리검사의 이해. 서울: 시그마프레스.

한국심리학회(2014). 심리학 용어사전.

Anastasi, A., & Urbina, S. (1997). *Psychological Testing* (7th ed.). New York: Macmillan.

Ebel, R. L. (1965). *Measuring Educational Achievement*. Englewood Cliffis, NJ: Prentice-Hall.

Friedenberg, L. (2004). *Psychological Testing: Design, Analysis, and Use*. Boston: Allyn and Bacon.

Gesell, A., & Amatruda, C. S. (1947). *Developmental diagnosis* (2nd ed.). New York: Hoeber-Harper.

Guttman, L. (1944) A basis for scaling qualitative data. *American Sociological Review*, *9*, 139-150.

West, S. G., Finch, J. F., & Curran, P. J. (1995). Structural equation models with non-normal variables: Problems and remedies. In R. Hoyle (Ed.), *Structural equation modeling: Concept, issues and applications* (pp. 56-75). Newbury Park, CA: Sage.

워크넷. www.work.go.kr

제3장

지능 영역

1. 지능의 이해
   1) 지능의 의미
   2) 지능이론
   3) 지능검사의 발전 과정
2. 지능검사의 종류
   1) 스탠포드-비네 지능검사
   2) 웩슬러 지능검사
   3) 카우프만 지능검사
   4) 감성지능검사

심리검사를 통해 측정할 수 있는 인간의 특성 중 가장 대표적인 대상은 지능이라고 할 수 있다. 지능에 대해 정형화된 정의를 내리기는 어렵지만 한 사람의 중요한 능력 중 하나로 인식되고 있다. 이 장에서는 지능에 대한 폭넓은 이해를 바탕으로 다양한 지능검사에 대해 살펴보고자 한다.

1. 지능의 이해

지능(intelligence)은 성격, 정서, 적성 등의 다양한 특성과 함께 한 개인을 이해할 수 있는 중요한 요소 중 하나이다. 우리는 IQ가 높다, 낮다는 표현을 자주 사용한다. 이러한 이유로 지능이 무엇인지에 대해 누구나 알고 있다고 생각할 수 있지만, 지능 = IQ라는 정의로는 지능을 충분히 설명하는 데 무리가 있다. 이처럼 지능을 무엇으로 볼 것인지와 관련하여 합의된 명확한 정의를 내리는 것은 쉽지 않다.

1) 지능의 의미

지능의 어원은 아리스토텔레스가 사용한 두 가지 용어인 'oresix(감정적이고 도덕적인 기능)'와 'dianoia(인지적이고 지적인 기능)'를 고대 그리스 철학자인 키케로가 'intelligentia'라고 번역하면서 시작되었다(박영숙, 1998). 이후 고대부터 현대에 이르기까지 여러 철학자와 각 학문 영역의 학자들은 지능이 무엇인지를 규명하고 정의를 내리기 위해 다양한 시도를 하였지만, 합의된 정의를 규정하지 못하고 있다. 일례로 교육학 영역에서는 문제해결 및 인지적 반응을 나타내는 개체의 총체적 능력으로 정의하고 있으며(서울대교육연구소, 2011), 사회학 영역에서는 정신과 관련되는 능력으로서, 특히 새로운 환경에 대처하고 적응하는 의미에서의 능력으로 정의하고 있다(고영복, 2000). 한편, 심리학 영역에서는 한 개인이 문제에 대해 합리적으로 사고하고 해결하는 인지적인 능력과 학습능력을 포함하는 총체적인 능력으로 지능을 정의하고 있다(한국심리학회, 2018).

학자들이 제시한 지능의 정의를 살펴보면, 지능검사의 창시자인 비네(Binet,

1905)는 학습과 관련된 능력, 즉 일정한 방향을 잡고 목표를 향해 적응하며 결과를 비판하는 능력을 지능으로 보았으며, 웩슬러(Wechsler, 1939a)는 개인이 목적에 맞게 행동하고 합리적으로 사고하여 자신을 둘러싼 환경을 효과적으로 처리해 나가는 전반적(global)이고 총합적(aggregate)인 능력을 지능으로 정의하였다. 웩슬러의 정의는 환경이나 새로운 상황, 문제에 적응하는 능력을 지능으로 정의하였던 피아제(Piaget, 1952)와 같은 맥락으로 이해할 수 있다. 이상의 학자들은 지능을 단순히 학습하는 능력이나 혹은 인지적, 성격적, 정서적, 사회적 요인 등을 포함한 포괄적인 개념으로 규정하고 있는데, 이는 문제해결과 관련된 능력에 초점을 맞추었다는 공통점이 있다.

반면, 터먼(Terman, 1916)과 서스턴(Thurstone, 1946)은 지능을 추상적 사고력을 바탕으로 하되, 이를 실제 사실과 연관시킬 수 있는 능력으로 규정하였다. 이들의 주장은 지능의 영역을 추상적인 사고능력으로까지 확장시켰다는 데 그 의의가 있다. 또한 지능의 구성개념을 정의한 길퍼드(Guilford, 1967)는 지능의 구조모형을 내용, 조작, 산출의 3차원 입체 모형으로 제시하고, 지능이란 일반적인 능력이 아니라 어떤 내용을 어떤 정신적 조작으로 어떻게 산출하느냐에 따라서 판별될 수 있는 능력으로 구성된 집합체로 정의하였다.

다중지능이론을 제시한 가드너(Gardner, 1993)는 특정 문화권이나 상황에서 가치가 있다고 여겨지는 중요한 문제를 해결하거나 결과물을 만들어 가는 능력을 지능으로 보았으며, 환경에 대한 통제를 지능의 중요한 측면으로 강조한 스턴버그(Sternberg, 1996)는 지능을 삶에 적합한 환경을 의도적으로 선택하거나 조성하고, 그 환경에 적응하는 능력이라고 정의하였다. 가드너와 스턴버그가 제시한 정의는 현실적인 환경이나 맥락에 적응할 수 있는 능력인 상황적 지능에 집중하였다는 데 그 의의가 있다.

지능에 대한 학자들의 정의를 〈표 3-1〉에 정리하였다.

〈표 3-1〉 지능의 정의

학자	정의
비네(1905)	일정한 방향을 잡고 목표를 향해 적응하며 결과를 비판하는 능력
웩슬러(1939)	개인이 목적에 맞게 행동하고 합리적으로 사고하여 자신을 둘러싼 환경을 효과적으로 처리해 나가는 전반적이고 총합적인 능력
피아제(1952)	환경이나 새로운 상황, 문제에 적응하는 능력
터먼(1916), 서스턴(1946)	추상적인 사고능력이면서 그것을 구체적인 사실들과 관련시킬 수 있는 능력
길퍼드(1967)	어떤 내용을 어떤 정신적 조작으로 어떻게 산출하느냐에 따라서 판별될 수 있는 능력으로 구성된 집합체
가드너(1993)	특정 문화권이나 상황에서 가치가 있다고 여겨지는 중요한 문제를 해결하거나 결과물을 만들어 가는 능력
스턴버그(1996)	삶에 적합한 환경을 의도적으로 선택하거나 조성하고, 그 환경에 적응하는 능력

이와 같이 지능에 대한 정의를 종합해 보면, 지능은 환경이나 새로운 상황에 적응하고 문제를 효과적으로 해결하기 위한 개인의 전체적이고 잠재적인 고유한 능력이라고 정리할 수 있다. 이러한 지능은 개인을 이해할 수 있는 특성 중 하나이지만, 한 가지 검사를 통해 측정된 수치만으로 개인의 지능을 이해하는 것은 무리가 있다. 이러한 이유로 지능과 관련된 다양한 이론이 형성되어 지능에 대한 객관적이고 타당한 측정을 가능하게 하고 있다.

2) 지능이론

(1) 스피어만의 2요인이론

요인이론은 지능의 초기이론으로서 지능을 구성하는 요인이 무엇인가에 초점을 맞추고 있다. 스피어만(Spearman, 1904)은 개인의 지능은 일반요인(general factor: g요인)과 특수요인(special factor: s요인)으로 구성되므로 어떤 사람의 지적 수행은 일반요인과 특수요인이 상호작용하여 결정된다는 2요인이론(two-factor theory)을 주장하였다. 여러 가지 다양한 지적 과제를 해결하는 데 활용되는 능력인 일반요인과 특정한 과제를 해결하는 데 활용되는 능력인 특수요인이 함께 지적 활동에 영향을 준다는 것이다. 예를 들면, 말하는 것이 다른 사람에 비해 어눌하지만 수학을 매우 잘하는 사람은 일반요인인 말하기 능력은 남보다 뒤지지만, 수학에 관한 특수요인이 발달된 경우라고 할 수 있다.

스피어만은 언어능력, 수리능력, 공간능력 등의 특수요인은 일반적이지 않은 특정 분야에 대한 능력이지만, 모든 개인이 공통적으로 가지고 있는 일반요인에 의해 뒷받침된다고 하였다. 따라서 지능은 개인의 정신활동 전반에 강력하게 영향을 미치는 일반요인에 의해 결정된다.

〈표 3-2〉 스피어만의 2요인이론

요인	특성
일반요인(g)	• 정신적 기능 전체를 수행하는 요인 • 일반요인에 의해 머리가 좋거나 나쁘다는 판단이 내려짐 • 모든 생활환경의 적응이나 활동에서 나타나는 지적 능력 • 모든 사람에게 동일하게 나타나는 요인 • 예: 읽기, 쓰기, 말하기, 사칙연산 등
특수요인(s)	• 특수한 분야에서 나타나는 지적 능력 • 어떤 특정한 상황이나 과제에서만 발휘되는 요인 • 전반적인 지능이 떨어져도 특정 분야에서는 우수한 능력을 나타내기도 함 • 예: 음악적 재능, 기계적 능력, 수리능력, 공간능력, 그림능력 등

(2) 다요인이론: 손다이크의 다요인설과 서스턴의 기본정신능력

손다이크(Thorndike, 1927)는 스피어만이 주장한 일반요인 중심의 지능이론에 반대하였는데, 오히려 지능은 추상적 지능, 구체적 지능, 사회적 지능으로 구성된 특수요인(s요인)의 집합체라고 보았다. 손다이크는 인간의 지적 능력을 측정할 때, 어떤 공통적인 요인보다는 여러 개의 요인을 측정할 수 있는 방법을 모색하였다. 이를 위해 문장완성력, 수리적 추리력, 어휘력 및 지시에 따를 수 있는 능력으로 범주화하여 인간의 지능을 측정하였다.

〈표 3-3〉 손다이크의 세 가지 지능

지능	특성
추상적 지능	언어나 수 등의 상징적 기호를 처리하는 능력
구체적 지능	동작에 의해서 사물을 조작하는 능력
사회적 지능	사람을 이해하거나 사람을 조작하는 능력

한편, 서스턴(Thurstone, 1946)은 모든 지적 활동에 영향을 주는 하나의 지배적인 일반요인이 있는 것이 아니라 보다 다양한 요인이 작용한다는 다요인이론을 주장하였다. 그는 56개의 지능검사 결과를 요인분석한 결과, 일곱 가지 기본정신능력(Primary Mental Ability: PMA)을 발견하였으며, 이를 지능의 기본적인 구성요소라고 주장하였다. 서스턴은 언어이해력(verbal comprehension), 언어유창성(verbal fluency), 수리력(numerical facility), 추리력(reasoning), 공간지각력(spatial ability), 지각속도(perceptual speed), 기억력(memory)이 지능을 구성하는 일곱 가지 기본정신능력이라고 제시하였다.

〈표 3-4〉 서스턴의 일곱 가지 기본정신능력

기본정신능력	특성 및 측정 방법
언어이해력	• 단어 및 문장의 이해력을 측정하는 것 • 동의어와 반의어 등의 어휘력 검사와 독해력 검사로 측정
언어유창성	• 어휘의 신속한 산출을 측정하는 것 • '가'로 시작하는 낱말을 가능한 한 많이 나열하라 등의 방법으로 측정
수리력	• 수를 다루며 계산하는 능력을 측정하는 것 • 사칙연산의 기초적 산수문제로 측정
추리력	• 주어진 자료에서 일반 원칙을 알아내어 적용하는 능력을 측정하는 것 • 언어추리와 수 추리 검사로 측정
공간지각력	• 각종 상징이나 기하학적 도형에 대해 정상적인 조작을 필요로 하는 검사로 측정하는 것 • 도형검사로 측정
지각속도	• 상징들의 신속한 인식능력을 측정하는 것 • 같은 숫자 찾기 검사, 얼굴 검사, 거울보기 검사 등으로 측정
기억력	• 단순 기억력을 측정하는 것 • 단어나 문장, 숫자 등을 회상하도록 하는 검사로 측정

(3) 길퍼드의 지능구조이론

길퍼드(Guilford, 1967)는 서스턴의 다요인설을 확대하여 지능구조의 입체모형설(Structure of Intellect Model: SI 모형)을 제안하였다. 지능은 다양한 방법으로 여러 종류의 정보를 처리하는 능력의 체계적인 집합체이며, 주어지는 정보의 내용(content), 정보에 대한 인지적 조작(operation), 결과 산출(product)의 3차원으로 구성된다는 것이다. 내용 영역은 무엇에 대해 생각하는가, 조작은 어떠한 사고 과정을 거치는가, 산출은 사고의 결과는 무엇인가를 나타낸다.

그는 초기 연구에서 내용 영역의 4개(시각적, 상징적, 의미론적, 행동적), 인지적 조작의 5개(평가, 수렴적 사고, 확산적 사고, 기억저장, 인지), 산출의 6개(단위, 유목, 관계, 체계, 변환, 함축) 하위요소가 서로 상호작용하여 총 120개(4×5×6)의 복합요인이 측정되며 이는 각각의 지적 능력에 대응되고 검사에 의해 측정된다고 강조하였다. 이후 내용 영역의 1개(청각적), 인지적 조작의 1개(기억파지) 하위요소를 추가하면서 180개(5×6×6)의 복합요인, 즉 180가지 다른 종류의 지적 능력이 산출된다고 주장하였다. 예를 들면, 숫자 암기검사를 통하여 평가되는 상징적 체계에 대한 기억능력은 내용 차원의 상징적 정보, 조작 차원의 기억 저장, 산출 차원의 체계의 하위

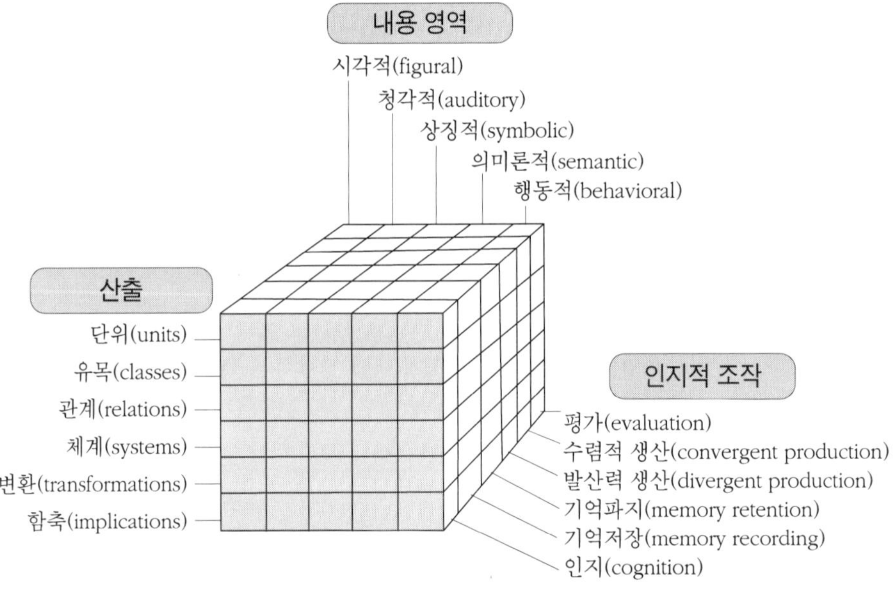

[그림 3-1] 길퍼드의 지능구조모형

요소가 각각 상호작용하여 구성되는 독특한 능력이라고 볼 수 있다.

길퍼드는 이러한 지능구조모형을 통해 지능을 다양한 종류의 정보를 전달하는 능력이나 기능의 체계적인 집합체로 정의함으로써 문제를 해결하고 적응하는 종합적인 능력으로 구체화하였다.

(4) 카텔의 위계이론

위계이론은 지능요인 간의 공유 또는 중첩된 변인을 종합함으로써 보다 높은 수준의 요인이 존재함을 가정하고 있는 이론이다. 카텔(Cattell, 1971)은 스피어만의 2요인이론과 서스턴의 기본정신능력이론의 장점만을 결합하여 지능의 일반요인을 유동지능(fluid intelligence)과 결정지능(crystallized intelligence)의 2개 군집으로 분류하였다. 지능위계모형의 최상위에 집단요인인 일반요인(g)이 존재하고 그 아래에 하위요인인 유동지능(gf)과 결정지능(gc)이 있다는 것이다.

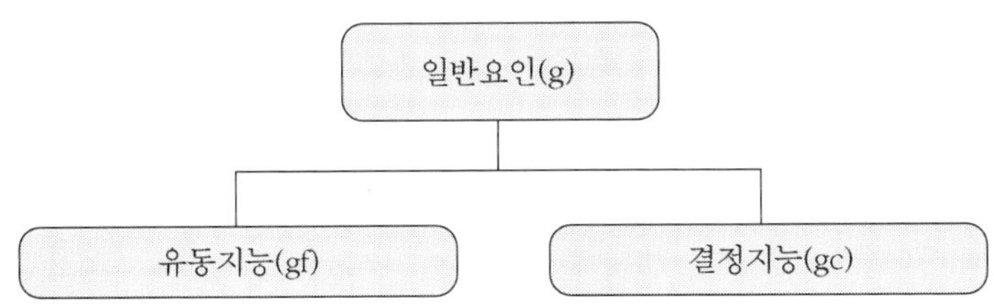

[그림 3-2] 카텔의 지능위계모형

유동지능은 학습된 능력이 아니면서 비교적 모든 문화권에 관련된 보편적인 문제해결능력이며, 유전적이고 선천적으로 주어지는 능력이다. 뇌와 중추신경계의 성숙에 비례하므로 청년기까지 꾸준히 증가하여 18~20세 전후에 가장 왕성했다가 생리적 발달이 쇠퇴하는 성인기 이후(22세 이후)에 쇠퇴하는 특성을 가진다. 이러한 유동지능은 속도, 기계적 암기, 지각능력, 일반적 추론능력 등이 해당되며 새로운 상황에서의 문제해결능력에서 나타난다.

반면 결정지능은 유동지능을 바탕으로 학습된 능력이며, 환경이나 경험, 문화적 영향에 의해 후천적으로 발달하는 지능이다. 학습이 많을수록, 경험이 많을수록, 지식이 많을수록 결정지능은 높아진다. 따라서 이 지능은 환경적인 자극이 지속된

다면 나이가 들어도 꾸준히 발달하는 특성을 가지며 일반적으로 40세까지 발달하는 것으로 알려져 있지만 환경에 따라서는 노인기까지 계속 발달할 수도 있다. 이 지능은 과거의 경험을 투입하여 정밀한 판단이 요구되는 인지적 장면에서 사용되는데, 카텔은 언어이해능력, 문제해결능력, 논리적 추리력, 상식 등이 결정지능을 나타낸다고 보았다(최정윤, 2016).

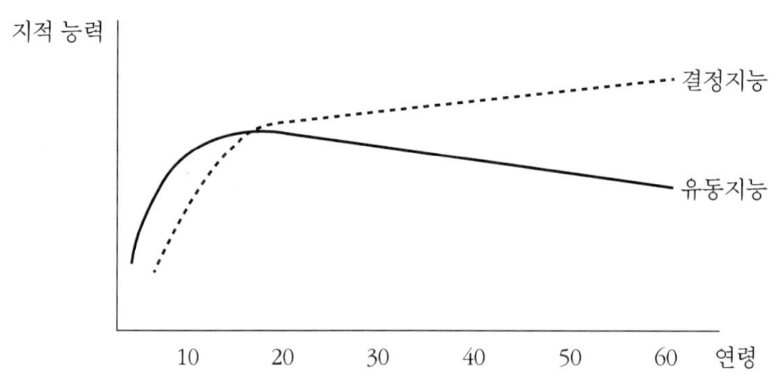

[그림 3-3] 연령별 유동지능과 결정지능의 변화

(5) 가드너의 다중지능이론

가드너(Gardner, 1983)는 지능이 논리적 추론능력이라는 전통적인 견해에 반대하였다. 그는 특정 문화권이나 상황에서 가치가 있다고 여겨지는 중요한 문제를 해결하거나 결과물을 만들어 가는 능력이 지능이라고 정의하였다. 즉, 고정된 어떤 특정한 내용이 아니라, 상황이나 환경에 필요한 생각을 가능하게 하는 가능성(potential)이라는 것이다. 그는 인지심리학, 뇌신경학, 진화론, 사회문화적 현상 등의 다양한 이론과 관점을 분석하여 일곱 가지 기본 지능에 대한 다중지능이론(Multiple Intelligence Theory: MI이론)을 제시하였다.

일곱 가지 다중지능은 언어지능(linguistic intelligence), 논리-수학지능(logical-mathematical intelligence), 공간지능(spatial intelligence), 신체운동지능(bodily kinesthetic intelligence), 음악지능(musical intelligence), 대인지능(interpersonal intelligence), 개인 내 지능(intrapersonal intelligence)이다. 인간의 지능은 이러한 일곱 가지 지능을 포함한 다수의 능력으로 구성되어 있으며 그 능력들의 중요성은 동일하다고 주장하였다. 다만 각 개인의 지능을 구성하는 다양한 능력 중 강점 지능

과 약점 지능이 존재할 수 있다는 것이다. 다중지능이론의 핵심은 인간이 제각기 다양한 방면에서 지능이 높을 수 있다는 점이다.

가드너는 기존의 지능이론들이 언어지능과 논리-수학지능만을 지나치게 강조한 나머지 그 외 지능이 우수한 아동들의 능력을 학교나 가정에서 개발해 주지 못했다는 점과 연령이 다르고 계층이 다른 대상에게 동일한 방식으로 지능을 측정하는 것은 바람직하지 않다고 지적하였다. 즉 개인의 연령, 문화적 배경에 따라 지적 능력을 분석하는 방법이 달라야 한다는 것이다. 예를 들어, 공간지능을 측정함에 있어서 1세의 유아에게는 물체를 숨긴 후 반응을 살피고, 6세의 아동에게는 조각 그림 맞추기를 실시하고, 청소년 전기의 아동에게는 입체퍼즐 맞추기 과제를 주는 것이 효과적이다.

또한 검사를 실시할 때 통제된 환경보다 실제 상황이나 그와 같은 환경에서 측정할 때만이 피검사자의 실제 능력과 가능성을 보다 완벽하게 평가할 수 있다고 주장하였다. 이와 같은 방법이 지필검사에 의한 표준화 검사 방법보다 개인의 능력을 타당하게 측정할 수 있다는 것이다.

그는 1994년에 여덟 번째 지능인 자연지능(naturalistic intelligence)을 새롭게 추가하였으며, 여덟 가지 다중지능의 개념 및 특성은 〈표 3-5〉에 제시하였다.

〈표 3-5〉 가드너의 다중지능

지능	개념 및 특성	대표적 인물
언어지능	말과 언어의 음운, 문법, 의미 등을 적절히 활용해서 언어를 구사하는 능력	시인 엘리어트
논리-수학지능	사칙연산이나 상징적 논리력을 요구하는 논리적, 합리적 사고능력	과학자 아인슈타인
공간지능	외적 자극 없이도 3차원의 입체 공간을 상상하고 조작할 수 있는 능력	화가 피카소
신체운동지능	자신의 신체를 완벽하게 인식하고 조절할 수 있는 능력	무용가 마르사그래함
음악지능	음악의 기본 특성을 활용해 의미를 창조, 소통하고 이해하는 능력	음악가 스트라빈스키
대인지능	타인의 동기, 기분, 의도를 파악하고 구분 짓는 능력	정치가 간디

개인 내 지능	자신을 들여다보는 능력, 자기의 감정, 동기, 의식 등을 스스로 알고 분석하고 표현하는 능력	정신분석가 프로이트
자연지능	환경에 관심을 가지고 자연을 탐구하는 능력, 환경에서 생존하고 적응할 수 있는 능력	동물학자 제인 구달

(6) 스턴버그의 삼원이론

스턴버그(Sternberg, 1996)도 지능이 단일능력이라는 기존의 견해에 반대하였다. 성공한 사람들은 학습능력이 뛰어날 뿐 아니라 환경을 선택하고 조정하는 능력도 뛰어나다는 사실에 주목한 스턴버그는 전통적인 심리측정론적 지능(IQ)에 대비되는 성공지능(successful intelligence)의 개념을 제안하였다. 그에 따르면 지능이란 삶에 적합한 환경을 의도적으로 선택하거나 조성하고, 그 환경에 적응하는 능력이다. 이러한 정의는 환경에 대한 통제를 지능의 중요한 측면으로 강조한 것이다. 가드너의 다중지능이론은 지능의 영역에 초점을 맞추고 서로의 독립성을 가정하였지만, 스턴버그의 이론은 지능을 통합적으로 개념화하였다.

그는 지능과 관련된 기존의 이론들이 지능의 근원을 개인, 행동 혹은 상황 중 일부로부터 구하였지만, 이 세 가지를 모두 고려할 때 완전한 지능이론이 될 수 있다는 점을 강조하였다. 이러한 이유로 인지심리학에서 인지능력을 설명하기 위해 사용하는 분석적, 경험적, 맥락적 접근을 응용하여, 성분하위이론(componential subtheory), 경험하위이론(experimental subtheory), 맥락하위이론(contextual subtheory)을 제시하였다.

성분하위이론은 문제해결, 창의성, 지식획득과 관련되는 분석적 능력을 강조하고 있다. 이때 분석적 능력이란 새로운 지식을 획득하고 이를 분석, 판단, 평가, 비교, 대조를 통해 논리적으로 과제를 해결하는 능력이다. 경험하위이론은 창조, 발견, 발명, 상상, 탐색과 같은 창의적 능력이나 통찰력을 강조하고 있다. 이는 익숙한 자극에 대한 적절한 자동화 및 새로운 문제 상황에 대한 대처의 효율성과 관계된 경험적 능력을 의미한다. 맥락하위이론은 어떤 해결 방법과 계획이 실제로 효과가 있는지를 판단할 수 있는 실제적인 능력을 강조한다. 이는 환경에 대한 적절한 적응, 새로운 환경의 선택 및 조성과 관계된 맥락적 능력을 의미한다.

그는 지적인 사람이라도 이 세 가지 능력이 모두 높은 것은 아니지만, 높은 수준을 유지하고 있는 능력으로 인해 다른 능력들도 발달하게 된다고 하였다. 스턴버그의 삼원이론은 분석적 능력, 경험적 능력, 맥락적 능력을 강조함으로써 지능을 통합적으로 개념화하여 지능에 대한 이해의 폭을 확장시켰다는 데 의의가 있다.

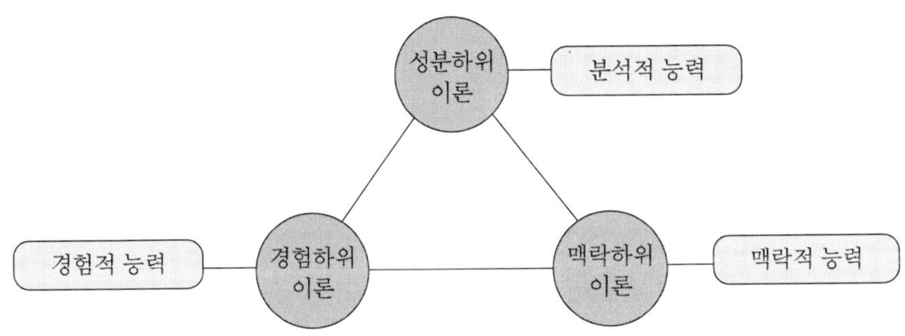

[그림 3-4] 스턴버그의 삼원이론

3) 지능검사의 발전 과정

(1) 갈톤과 카텔의 연구

지능측정과 관련된 과학적인 접근은 다윈(Darwin)의 진화론이 대두된 이후 인간의 개인적인 차이에 대한 관심이 고조되면서부터이다. 특히 다윈의 사촌인 갈톤(Galton, 1879)은 진화론을 인간의 능력에 적용하였다. 그는 지능도 수량화가 가능하며, 평균적인 지능대에 가장 많은 사람이 분포되어 있고 양극단으로 갈수록 줄어드는 정규분포를 이루고 있다고 가정하였다(Boak, 2002). 또한 지능이 개인차를 설명할 수 있는 가장 중요한 요인이며, 유전된다는 사실을 밝혀내었다.

영국에서 갈톤의 과학적인 심리측정 연구가 기반을 다졌다면, 미국에서는 카텔(Cattell, 1890)이 실용주의에 맞는 심리측정과 검사활동의 토대를 마련하였다. 그는 갈톤식의 검사를 미국으로 들여와 이를 근거로 새로운 검사를 만들면서 정신검사(mental test)라는 용어를 처음 사용하였으며, 지능검사의 표준화와 규준 작성의 필요성을 주장하였다. 갈톤과 카텔이 개발한 검사의 특징은 감각과 심리운동능력 등 감각과제를 지능측정의 지표로 삼았다는 것이다.

(2) 비네의 연구

프랑스에서는 1900년대 초 의무교육제도를 처음으로 도입하면서 학교에 다니는 아이들 중 지적으로 결핍되거나 지체된 아이들을 진단해야 하는 필요성이 대두되었다. 이를 위해 프랑스 정부에서는 1904년 비네(Binet)와 사이몬(Simon) 중심의 특별위원회를 구성하여 정상아와 정신지체아를 감별할 수 있는 최초의 실용적인 지능검사를 개발하였다. 특히 비네는 갈톤식의 검사를 자신의 자녀들에게 적용해 보는 과정에서 감각 과제들이 정신능력을 측정하기에 부적절하다는 것을 발견하고, 지능은 여러 인지 기능 영역에서 관찰되는 기본적인 능력이며 단순한 행동을 측정하기보다 복합적인 정신능력 자체를 측정해야 한다고 제안하였다.

이에 비네와 사이몬은 각 연령대에 따라 아동들이 평균적으로 풀 수 있는 문제들을 찾아서 규준을 구성하였고, 해당 연령의 아동이 그 규준의 어느 수준까지 도달할 수 있느냐에 따라 그 아동의 지능을 측정하였다. 이러한 과정을 통해 아동이 받은 점수를 연령으로 나타내고 이를 정신연령(mental age)이라는 용어로 개념화시켰다. 이 검사는 비네-사이몬(Binet-Simon) 검사(1905)로 명명되었는데, 감각적인 측면보다 인지적인 측면을 중시하는 현대적인 지능검사라는 데 그 의의가 있다.

비네-사이몬 검사는 미국 스탠포드(Stanford) 대학교의 터먼과 비네의 공동연구에 의해 스탠포드-비네(Stanford-Binet) 검사라는 명칭으로 개정 표준화되었다. 이 검사에서 우리에게 익숙한 지능지수(Intelligent quotient: IQ)의 개념이 처음으로 소개되었다.

(3) 웩슬러의 연구

제1차 세계대전 이후에도 여러 지능검사들이 개발되었지만 스탠포드-비네 검사가 여전히 지능검사의 표준으로 여겨지고 있었다. 그러나 지나치게 언어적 능력에 치우쳐 비언어적인 능력에 대한 평가를 도외시하였고 규준의 구성에 있어서 아동을 평가하는 데 집중되어 있다는 여러 문제점이 지적되었다. 이러한 맥락에서 웩슬러는 1939년에 성인을 대상으로 하는 검사인 Wechsler-Bellevue Intelligence Scale Form I, 즉 W-BI를 개발하게 되었다. 이 검사는 동작성 검사를 포함시켜 지능의 비언어적인 측면을 고려했다는 것과 지능지수를 비율지수가 아닌 편차지수로 표현하였다는 점이 스탠포드-비네 검사와의 차별점으로 부각된다.

성인을 위한 웩슬러 지능검사는 W-BI 검사를 시작으로 1955년 WAIS(Wechsler Adult Intelligence Scale), 1981년 WAIS-R(Revised), 1997년 WAIS-Ⅲ을 거쳐 2008년에 개정 출간된 WAIS-Ⅳ에 이르고 있다. WAIS-R까지는 전체 지능과 언어성 지능, 동작성 지능을 분석하는 큰 틀과 각 검사에 포함되는 소검사는 처음 개발될 때의 형식을 유지하였으나, 이후 WAIS-Ⅲ부터 새로운 지수와 소검사가 추가되었다(〈표 3-6〉 참고).

〈표 3-6〉 성인용 웩슬러 지능검사의 개정 과정

<table>
<tr><th>연도</th><th>성인용 검사</th><th>구성 및 특성</th></tr>
<tr><td>1939년</td><td>W-BI</td><td rowspan="3">• 전체 지능, 언어성 지능, 동작성 지능 산출
• 언어성 지능을 측정하는 6개 소검사
• 동작성 지능을 측정하는 5개 소검사</td></tr>
<tr><td>1955년</td><td>WAIS</td></tr>
<tr><td>1981년</td><td>WAIS-R</td></tr>
<tr><td>1997년</td><td>WAIS-Ⅲ</td><td>• 전체 지능, 언어성 지능, 동작성 지능 산출 및 2차 지표인 언어이해지수, 지각적 조직화지수, 작업기억지수, 처리속도지수 제시
• 언어성 지능을 측정하는 5개 소검사
• 동작성 지능을 측정하는 5개 소검사</td></tr>
<tr><td>2008년</td><td>WAIS-Ⅳ</td><td>• 전체 지능지수, 일반능력지수, 인지효능지수, 언어이해지수, 지각추론지수, 작업기억지수, 처리속도지수 제시
• WAIS-Ⅲ의 언어적 지능은 언어이해지수로, 동작성 지능은 지각추론지수로 변경
• 일반능력지수를 측정하는 6개 핵심 소검사, 3개 보충 소검사
• 인지효능지수를 측정하는 4개 핵심 소검사, 2개 보충 소검사</td></tr>
</table>

한편, 아동을 위한 지능검사는 1949년에 WISC(Wechsler Intelligence Scale for Children) 개발을 시작으로 1974년에 WISC-R, 1991년에 WISC-Ⅲ이 개발되었나. 2003년에는 6세에서 16세의 아동을 대상으로 하는 WISC-Ⅳ가 개발되었으며, 2014년에 WISC-Ⅴ로 개정되었다. 1967년에는 2세 6개월부터 7세 3개월의 영유아를 대상으로 하는 WPPSI(Wechsler Preschool and Primary Scale of Intelligence)가 개발되었으며 WPPSI-R(1989년), WPPSI-Ⅲ(2002년), WPPSI-Ⅳ(2012년)로 계속적인 검사 개발 및 개정이 이루어졌다.

(4) 카우프만의 연구

20세기 후반 신경심리학(neuropsychology)이 발전하면서 지능에 대한 새로운 관점을 근거한 지능검사들이 개발되었다. 신경심리학에서는 기존의 지능검사들이 지능이론에 충실하지 않다는 점, 동일한 검사를 다양한 연령대에 적용하고 있다는 점, 주로 좌뇌 지향적인 검사로 구성되어 있다는 점, 그리고 검사 결과를 통한 교육적 처방이 쉽지 않다는 점 등을 비판하였다. 전통적인 지능검사에서 나타나는 이러한 문제점들을 극복하기 위해 카우프만(Kaufman)은 1983년에 K-ABC(Kaufman Assessment Battery for Children)를 개발했다(김동민 외, 2015). K-ABC는 언어능력이 배제된 비언어성 척도를 마련하여 언어장애 아동의 지능을 평가할 수 있는 방안을 마련하였다.

(5) 우리나라 지능검사의 역사

우리나라에서 최초로 개발된 지능검사는 집단지능검사로서, 1954년 서울대학교 사범대학 교육심리연구소에서 정범모에 의하여 제작된 간편지능검사가 있다. 그 이후로도 다양한 집단지능검사가 개발되어 주로 학교를 비롯한 교육 현장에서 활용되었다. 집단지능검사는 개인지능검사에 비해 편리하고 효율성이 높은 반면, 신뢰도와 타당도가 낮고 개인의 구체적인 지적 능력을 파악하는 데 한계가 있으므로 전문적인 상담을 위한 현장에서는 개인지능검사가 적합하다고 할 수 있다.

개인지능검사는 1971년 고려대학교 심리학과의 전용신이 스탠포드-비네 검사의 3판을 번안하여 아동들을 대상으로 표준화시킨 고대-비네 검사를 제작하였다. 웩슬러 검사는 1963년에 전용신, 서봉연, 이창우가 성인용인 WAIS를 번안한 KWIS(Korea Wechsler Intelligence Scale)를 제작한 이후 지속적으로 개정이 진행되고 있으며, 아동용 검사는 K-WISC-V(2019년), 영유아용 검사는 K-WPPI-IV(2014년)가 개발되었다. 카우프만 지능검사의 경우 문수백과 변창진(1997)에 의해 표준화된 한국판 K-ABC(Korean Kaufman Assessment Battery for Children)가 사용되고 있으며, 2014년 KABC-II로 개정되었다.

2. 지능검사의 종류

오랜 기간 동안 지능에 대해 연구하였던 일부 학자들은 지능을 측정할 수 있는 검사를 개발하기에 이르렀다. 그들에 의해 개발된 지능검사는 지능에 대한 새로운 개념과 관점을 제시하고 있다. 대표적인 지능검사로는 스탠포드-비네 검사, 웩슬러 지능검사, 카우프만 검사, 정서지능검사가 있다.

1) 스탠포드-비네 지능검사

(1) 검사의 개요

스탠포드-비네 검사(Stanford-Binet Intelligence Test)는 미국 스탠포드 대학교의 터먼(Terman) 교수가 기존의 비네 검사를 번역하여 미국 아동들에게 사용하기 위해 개정한 것으로 언어 중심의 개인지능검사이다. 이 검사는 IQ(지능지수) 개념이 처음으로 소개된 검사라는 데 중요한 의의가 있다. 지능지수는 정신연령을 실제 연령으로 나눈 후 100을 곱한 비율 지능지수이며, 이 수치가 같은 나이 또래의 아동들과 비교해 비슷한 수준이면 정상지능, 매우 상승하거나 저하되면 매우 우수하거나 지체된 것으로 개념화하였다.

이후 초기 검사의 단점을 보완하여 여러 차례 개정이 이루어지면서 비율 지능지수를 사용하지 않고 웩슬러 검사에서 사용한 편차지능을 사용하였다. 1986년에 개정된 스탠포드-비네 검사 4판(Stanford-Binet Fourth Edition: SB-4)은 인지심리학의 이론적 발달과 새로운 연구의 결과를 적용하면서, 네 가지 인지 영역의 15개 소검사로 구성되었다(Bain & Allin, 2005).

우리나라의 고대-비네 검사(1971년)는 스탠포드-비네 검사를 표준화한 후 표집의 문제를 보완하여 개정되었다. 하지만, 지능검사가 표준화된 연도를 기준으로 10년 후에 다시 같은 연령대를 대상으로 검사를 실시하면 대부분의 지능점수가 올라가는 현상인 플린(Flynn) 효과를 고려하여 최근에는 고대-비네 검사의 활용도가 낮은 편이다.

스탠포드-비네 검사는 문항을 난이도 수준으로 배열하지 않고 피검사자인 아동의 생활연령대에 맞는 문제로부터 시작하여 문제해결 수준에 따라 연령대에 따른 순차적인 검사를 실시한다. 반면 검사를 통해 측정된 지능을 타 연령대와 비교하는 데 어려움이 있으며, 언어 중심 검사이므로 정신지체가 있는 아동의 지능을 측정하는 데 한계가 있다.

(2) 검사의 구성

가장 오랫동안 사용된 SB-4는 지능의 위계적 모델에 근거하며, 언어적 추론, 수량 추론, 추상적 · 시각적 추론, 단기기억의 4개 인지 영역과 언어, 기억, 추리, 수량, 공간, 지각, 운동의 일곱 가지 요인에 따른 15개 소검사로 구성이 되었다. 인지 영역별 소검사는 〈표 3-7〉과 같다.

〈표 3-7〉 스탠포드-비네 검사의 인지 영역별 소검사

인지 영역	소검사
언어적 추론	어휘, 이해, 부조리, 언어적 진술
수량 추론	양, 숫자계열, 등식세우기
추상적 · 시각적 추론	패턴 분석, 모사, 매트릭스, 종이접기와 자르기
단기기억	구슬 기억, 문장 기억, 숫자 기억, 사물 기억

각 연령별로 6개의 문항으로 이루어져 있으며, 아동의 각 연령(4~14세)에 해당되는 문항은 다음과 같다.

〈표 3-8〉 스탠포드-비네 검사의 연령별 문항

문항순서 / 연령	1	2	3	4	5	6
4세	이해 1	셋의 개념	네 숫자 외우기	명령수행	심미비교	구슬 꿰기
5세	그림 어휘	13 세기	문장 기억	그림의 유사성과 차이점	빠진 것 찾기	사각형 그리기
6세	차이성	세기	기억으로 구슬꿰기	그림이야기 1	구슬 줄 만들기	미로 추적

7세	이해 2	셈 1	다섯 숫자 외우기	반대유추	세 숫자 거꾸로 외우기	마름모 그리기
8세	이해 3	이상한 그림	문제장면	유사성 1	이상한 그림 1	요일 알기
9세	유사성과 차이점	문제 장면 2	네 숫자 거꾸로 외우기	문장 순서 맞추기 1	이상한 문장 2	종이 오리기
10세	어휘 1	토막세기	여섯 숫자 외우기	동물 이름 대기	이유 찾기	도안의 기억 1
11세	이해 4	셈 2	기억으로 줄 만들기	추상적 단어 1	지시 따르기	유사성 2
12세	추상적 단어 2	공간구성	다섯 숫자 거꾸로 외우기	그림이야기 2	문장완성	도안의 기억 2
13세	속담	셈 3	기억으로 모양만들기	문장 순서 맞추기 2	사실문제	찾는 계획
14세	어휘 2	셈 4	물긷기	추상적 단어 3	추리	방향

(3) 검사의 실시 및 해석

스탠포드-비네 검사는 연령별로 피검사자의 능력에 적합한 과제범위가 제시되며, 피검사자가 모든 문항에 정확히 답할 수 있을 것으로 기대되는 수준에서 시작해서 가장 높은 수준까지 검사가 진행된다. 검사자는 피검사자의 모든 반응을 기록용지에 기록하되 문제에 대한 힌트, 유도적인 질문을 하지 말아야 한다. 또한 대답을 강요하는 것도 삼가야 한다.

명료하지 않은 답변은 재차 질문을 하도록 하되 이 또한 기록지에 기록하여야 한다. 제한시간이 있는 문제는 초시계를 이용해 시간을 측정하고 제한시간이 경과할 경우 해당 문항에 대한 검사를 중지시킨다. 시간제한이 없는 문항이라도 일정 시간(약 15초 정도)이 초과될 경우 불능으로 간주하고 다음 단계로 진행한다.

스탠포드-비네 검사에 소요되는 시간은 약 1시간 15분 정도이며, 전체 검사는 개인의 시작 수준에 따라 평균 8~13개 검사로 구성된다. 검사의 대략적인 실시 과정은 다음과 같다.

- 피검사자의 생활연령에 맞는 어휘 검사를 실시한 다음, 그 반응 수준에 근거하여 검사의 시작 연령을 정함
- 검사는 연령별 문항의 1번부터 순서대로 실시함
- 검사를 실시하고 있는 연령에 해당하는 6개의 문항 중 하나라도 틀릴 경우 한 연령을 내려서 검사를 실시함
- 6개 문항을 모두 맞춘 연령 수준을 찾아서 피검사자의 정신연령으로 기록함

검사를 통해 산출된 점수의 원점수는 평균 100, 표준편차 16의 연령별 점수로 변환한다. 표준점수는 일반 정신능력을 반영하는 전체 점수와 더불어 네 가지 인지 영역별 점수도 제공된다. 스탠포드-비네 검사로 산출된 지능의 분포는 〈표 3-9〉와 같다.

〈표 3-9〉 스탠포드-비네 검사 지능지수의 분포

지능지수	지능 단계
130 이상	최우수
120~129	우수
110~119	중상
90~109	중
80~89	중하
70~79	낮음
69 이하	매우 낮음

2) 웩슬러 지능검사

(1) 검사의 개요

웩슬러 지능검사(Wechsler Intelligence Scale)는 1939년 제작된 이후 학교 및 임상장면에서 가장 널리 사용되고 있는 개인용 지능검사이다. 앞서 개발된 스탠포드-비네 검사는 아동을 대상으로 개발된 지능검사이므로 성인들을 대상으로 실시할 경우 몇 가지 어려운 문항을 추가하여 사용되어 왔다. 이렇게 실시된 성인 지능

검사 결과의 타당성에 의문을 제기한 웩슬러는 뉴욕의 벨레뷰 병원에 근무하고 있던 1939년에 성인을 대상으로 한 지능검사인 웩슬러 벨레뷰-지능검사(Wechsler-Bellevue Intelligence Scale Form I)를 개발하였다. 또한 스탠포드-비네 검사가 언어 능력에 너무 치중되어 있다고 생각하여 비언어적 지능을 측정하기 위한 새로운 수행검사를 개발하였다. 이 검사의 결과를 통해 한 개인의 전체적인 지능뿐 아니라 인격적, 행동적 측면을 종합적으로 이해하는 데 도움을 받을 수 있게 되었다.

웩슬러 지능검사는 다양한 영역을 측정하는 소검사로 구성되어 있다. 이러한 소검사를 통해 인지적 기능 평가, 포괄적인 신경심리학적 평가에도 유용한 정보를 제공해 준다. 즉 지능을 구성하는 다양한 영역을 측정함으로써 지능에 대한 다차원적이고 총체적인 평가를 할 수 있도록 구성되어 있다.

기존의 지능검사와 웩슬러 지능검사의 차별성은 지능을 측정하는 데 있어서 정신연령의 개념 대신 편차지능의 개념을 처음 사용했다는 점이다. 편차지능지수는 개인이 속한 해당 연령 내에서 상대적인 위치를 지능지수로 환산하는 것이다. 이 개념은 지능의 분포가 통계학의 정규분포와 같은 종 모양이라는 사실을 전제한 것으로, 지능지수를 해당 연령규준에 대해서 평균 100, 표준편차 15인 표준점수로 전환하여 지능에 대한 상대적인 위치를 확인할 수 있으므로 개인 간 비교가 쉽다는 장점이 있다. 또한 연령대가 다른 경우에도 지능지수의 비교가 용이하다.

현재 우리나라에서 사용되고 있는 웩슬러 지능검사는 성인용인 K-WAIS-IV와 아동용인 K-WISC-IV, 그리고 유아용인 K-WPPSI-IV가 있다. 성인용 웩슬러 지능검사는 고등학생, 대학생 및 성인의 지능을 측정하는 데 있어서 현재까지 가장 신뢰로운 평가도구로 인정받고 있으며, 학교, 병원, 상담실, 군대 등 여러 장면에서 활용되고 있다(서은란, 백용매, 2007). 특히 K-WAIS-IV는 변화하는 시대적 상황과 개인의 지적 능력 변화 양상을 반영하기 위한 일환으로 지능측정에 대한 다양한 이론적·경험적 연구 결과를 토대로 하고 있으며, 임상적 활용이 용이하도록 사용상의 편리를 도모하였다(황순택 외, 2012).

(2) 검사의 구성

웩슬러 지능검사는 성인용(WAIS), 아동용(WISC), 유아용(WPPSI)의 세 가지 유형으로 구분되어 있다. 각 유형별 웩슬러 지능검사는 전체 지능과 언어성 지능, 동작성 지능을 측정할 수 있는 체계로 구성되었으며, 언어성 지능과 동작성 지능은 다양한 영역을 측정하는 소검사로 이루어져 있고 각 소검사 평가치를 산출할 때도 편차지능의 개념을 적용하고 있다.

WAIS-R(웩슬러 지능검사의 개정판)까지는 언어성 지능검사, 동작성 지능검사로 나누어지며, 총 11개의 소검사로 구성되어 있는데 이들 소검사로부터 지능을 포함한 여러 가지 인지 기능을 측정할 수 있다. 가장 최근 개정된 WAIS-IV(Wechsler, 2008)는 전체 지능지수(Full Scale Intelligence Quotient: FSIQ), 일반능력지수(General Ability Index: GAI)와 인지효능지수(Cognitive Proficiency Index: CPI)로 나누어 살펴볼 수 있다. 전체 지능지수는 개인의 전체적인 인지능력을 나타내는 지수이다. 일반능력지수는 언어이해지수(Verbal Comprehension Index: VCI)와 지각추론지수(Perceptual Reasoning Index: PRI)로 구성된다. 인지효능지수는 작업기억지수(Working Memory Index: WMI)와 처리속도지수(Processing Speed Index: PSI)로 구성된다. 또한 10개의 핵심 소검사와 5개의 보충 소검사로 구성되어 있으며 전체 구성 체계는 〈표 3-10〉과 같다.

〈표 3-10〉 WAIS-IV의 구성 체계

<table>
<tr><th colspan="2" rowspan="2">조합 척도</th><th rowspan="2">지수 척도</th><th rowspan="2">측정 내용</th><th colspan="2">소검사</th><th rowspan="2">개수</th></tr>
<tr><th>핵심 소검사</th><th>보충 소검사</th></tr>
<tr><td rowspan="4">전체 지능 지수 (FSIQ)</td><td rowspan="2">일반 능력 지수 (GAI)</td><td>언어이해 지수(VCI)</td><td>언어적 추론, 이해 그리고 개념화를 필요로 하는 언어적 능력 측정</td><td>공통성
어휘
상식</td><td>이해</td><td>4개</td></tr>
<tr><td>지각추론 지수(PRI)</td><td>비언어적 추론과 지각적 조직화 능력 측정</td><td>토막쌓기
행렬추론
퍼즐</td><td>무게비교
빠진 곳 찾기</td><td>5개</td></tr>
<tr><td rowspan="2">인지 효능 지수 (CPI)</td><td>작업기억 지수 (WMI)</td><td>작업기억, 주의력, 그리고 집중력 측정</td><td>숫자
산수</td><td>순서화</td><td>3개</td></tr>
<tr><td>처리속도 지수(PSI)</td><td>정신 · 운동, 시각 · 운동 처리 속도 측정</td><td>동형찾기
기호쓰기</td><td>지우기</td><td>3개</td></tr>
<tr><td colspan="3">합계</td><td></td><td>10개</td><td>5개</td><td>15개</td></tr>
</table>

10개의 핵심 소검사는 지수점수와 전체 지능지수를 산출하는 용도로 사용한다. 보충 소검사는 부가적으로 임상적인 정보를 제공하기 위해 사용할 수도 있고, 핵심 소검사를 대체하여 사용할 수도 있다. 예를 들면, 피검사자가 신체적 조건 때문에 핵심 소검사를 수행하지 못할 경우 관련 보충 소검사로 대체할 수 있다.

(3) 검사의 실시

여기서는 가장 최근에 개정된 K-WAIS-IV 실시 방법에 대해 알아보고자 한다. 검사자는 실시요강을 잘 숙지하고 세부적인 절차를 철저하게 지켜야 한다. K-WAIS-IV 실시는 소검사마다 다르며, 이전 웩슬러 지능검사 절차와 조금 다르게 진행되는데 유의사항은 다음과 같다.

K-WAIS-IV에 대해 소개하기

- 검사의 목적이 지능을 평가하는 데 있지 않고 피검사자의 문제해결에 도움이 될 수 있는 자료를 얻는 데 있음을 강조한다.
- 피검사자에 따라 설명의 정도를 다르게 조절할 수 있다.
- 피검사자의 불안과 저항을 유발할 수 있으므로 설명할 때 지능이라는 단어를 되도록 사용하지 않는 것이 바람직하다.

편안한 검사환경 조성하기

- 피검사자의 능력이 최대한 발휘될 수 있도록 편안하고 안정감을 느낄 수 있는 분위기에서 검사가 진행되도록 한다.
- 답을 알려 주는 일은 없어야 하며, 피검사자가 어려워서 못하겠다고 하는 경우 "잘 하지 못해도 괜찮습니다. 할 수 있는 만큼 최선을 다하면 됩니다."라는 식으로 이야기해 주는 것이 바람직하다.

소검사 실시하기

- 피검사자가 한 번에 소검사를 다 마칠 수 없는 경우, 상황에 따라 유동적으로 실시할 수 있지만, 되도록이면 필요한 핵심 소검사나 보충 소검사를 한 회기 안에 실시하는 것이 바람직하다.

- 피검사자가 지루해하지 않도록 언어이해, 지각추론, 작업기억, 처리속도에 해당하는 소검사를 번갈아 가면서 실시한다.
- 시간제한이 없는 소검사의 경우 응답할 수 있을 때까지 충분한 시간적 여유를 주는 것이 바람직하다.

▮ 반응 기록하기

- 피검사자의 반응을 기록할 때는 피검사자가 사용한 말을 그대로 기록해야 한다.
- 채점 기준에 없는 모호하거나 특이한 응답은 다시 한번 질문하여 확인한다.

(4) 검사의 해석

K-WAIS-IV는 원점수, 환산점수, 지능지수점수의 세 가지 점수를 제공한다. 원점수는 각 소검사 문항에서 획득한 점수의 단순한 합이다. 이는 규준에 근거한 점수가 아니므로 피검사자의 수행을 해석하기 위해서는 원점수를 표준점수로 환산해야 한다. 각 소검사의 환산점수는 피검사자가 속해 있는 연령집단에서의 상대적인 위치를 말해 준다. 피검사자의 전체 지능지수, 언어이해지수, 지각추론지수, 작업기억지수, 처리속도지수와 같은 조합점수의 경우 구체적인 점수로 제시되지만 때로는 범주적 용어로 기술되기도 한다. 조합점수에 대한 범주적 용어는 〈표 3-11〉과 같다.

〈표 3-11〉 조합점수 범위의 기술적 분류

지능지수	지능 단계
130 이상	최우수
120~129	우수
110~119	평균상
90~109	평균
80~89	평균하
70~79	경계선
69 이하	매우 낮은

웩슬러 지능검사의 결과는 피검사자의 인지적 기능에 대한 중요한 정보를 제공해 주지만, 검사 결과를 단독으로 해석하는 것은 바람직하지 않다. 웩슬러 지능검사를 해석하는 방법에는 크게 양적인 분석과 질적인 분석 방법이 있다. 이 두 방법에서 얻어진 결과를 종합하면 피검사자에 대한 인지적 기능뿐 아니라 성격이나 심리적인 특성에 대해 진단할 수 있다.

▮ 검사 결과로 얻어진 수치를 기준으로 양적 분석 실시

- 각 소검사의 원점수를 모두 표준점수로 변환
- 동일 연령대에서 차지하는 상대적인 위치 파악
- 각 지수들 내에서 소검사의 상대적인 점수 및 백분율 검토
- 소검사간 결과를 비교하여 강점과 약점 평가

▮ 검사 과정 중 나타난 피검사자의 반응을 근거로 질적 분석 실시

- 반응의 구체적인 내용
- 반응 방식
- 언어표현 방식
- 행동분석

[그림 3-5] K-WAIS-IV

※ 출처: 인싸이트 홈페이지(www.inpsyt.co.kr).

3) 카우프만 지능검사

(1) 검사의 개요

지능에 대한 측정이 시작된 이후로 지능과 관련된 많은 이론과 연구를 통해 전통적인 지능검사에 대한 여러 가지 문제점이 제기되었다. 특히 정보처리이론의 발달과 함께 지능을 정보처리과정과 같은 맥락으로 이해하려는 관점이 대두되면서 지능을 구성하는 내용요인보다 과정을 중요시하는 인지처리과정에 대한 관심이 높아졌다. 이를 배경으로 미국의 교육심리학 교수인 카우프만(Kaufman)은 2세 6개월에서 12세 6개월 아동용 지능검사인 K-ABC(Kaufman Assessment Battery for Children)과 11세에서 85세를 대상으로 적용할 수 있는 청소년 · 성인용 지능검사인 KAIT(Kaufman Adolescent and Adult Intelligence Test)를 포함하여 여러 가지 지능검사를 개발하였다(Kaufman & Kaufman, 1983; Kaufman, 1990).

K-ABC와 KAIT는 인지처리능력과 습득도를 평가하기 위해 만든 종합 지능검사이며, 인지심리학과 신경심리학의 지능이론에 근거하여 개발되었다. K-ABC가 기존의 개인용 지능검사와 구별되는 특징은 다음과 같다.

▮ 인지처리과정 중심의 검사

- 지능을 인지처리과정으로 보고 이를 문제 또는 과제의 해결이 순차처리적인지 동시처리적인지에 따라 분리하여 측정함
- 처리과정 중심의 결과로 아동이 왜 그러한 수행을 하였는지에 대해 설명해 줄 수 있기 때문에 검사 결과에 근거하여 교육적 처치가 가능한 검사임

▮ 지적 능력과 학습 수준을 구분

- 후천적으로 습득한 지식을 지능 척도와 분리하여 평가함으로써 아동의 문제해결력과 그 문제해결력을 활용하여 얻은 습득능력을 비교함

▮ 연령별로 실시할 수 있도록 차별화된 하위 검사

- 총 16개의 하위 검사 중 피검사자의 연령에 따라 7개에서 13개의 검사를 실시할 수 있음

■ 좌뇌와 우뇌의 기능을 골고루 측정할 수 있는 하위 검사

• 기존의 검사들이 좌뇌 기능을 중심으로 측정하여 우뇌가 발달한 아동의 지능이 상대적으로 낮게 나오는 데 비해 K-ABC는 좌뇌와 우뇌를 고루 측정할 수 있도록 구성됨

■ 객관화된 실시 및 채점 과정

• 기존의 지능검사에 비해 채점자의 주관적 견해 반영과 채점자간 오차를 줄일 수 있도록 채점 과정을 최대한 객관화시킴

■ 표준화된 비언어성 척도

• 비언어적 척도를 마련하여 의사소통에 문제가 있는 특수 아동이나 타문화권 아동의 지능도 효과적으로 평가할 수 있음

이후 만 3~18세에 이르는 아동과 청소년의 정보처리와 인지능력을 측정할 수 있는 KABC-II가 개발되었다. KABC-II는 인간의 사고능력을 광범위적 능력과 한정적 능력으로 이루어진 위계적 관계구조로 설명하는 심리측정모델과 신경심리학적 인지처리모델에 근거하여 개발되었으며, 검사자는 검사목적에 따라 심리측정모델이나 인지처리모델 중 어느 것을 선택할 것인지를 반드시 결정하여야 한다. 다문화가정, 언어장애, 청각장애, 자폐아동 및 청소년이 아닌 경우 대부분 심리측정모델을 선택하는 것이 바람직하다(문수백, 2014).

한국판 K-ABC는 문수백과 변창진(1997)에 의해 표준화되었으며 2세 6개월부터 12세 5개월까지 아동의 지능과 후천적으로 습득한 사실적 지식 수준을 측정할 수 있다. 이후 KABC-II(2014)로 개정되어 사용되고 있다.

(2) 검사의 구성

한국판 KABC-II는 어떠한 모델에 근거하여 실시하느냐에 따라 4~5개의 구인을 측정할 수 있다. 인지처리모델에 근거할 경우 순차처리, 동시처리, 계획력, 학습력의 4개 척도, 심리측정모델에 근거할 경우 순차처리, 동시처리, 계획력, 학습력, 지식의 5개 척도점수를 산출할 수 있다. 또한 이들 척도는 18개 하위 검사로 구

성되었다. 이는 기존의 K-ABC보다 2개 척도와 10개의 새로운 하위 검사를 추가한 것으로, 적용 연령대를 확장시키거나 모든 연령대로 검사의 범위를 확장시키기 위해 연령별로 적절한 난이도의 문항을 제시할 수 있도록 구성한 형태이다.

KABC-II의 특징 중 하나는 하위 검사가 핵심 하위 검사와 보충 하위 검사로 구성되었다는 것이다. 핵심 하위 검사를 통해 전체 척도지수와 각 하위 척도의 지수를 산출할 수 있으며, 보충 하위 검사는 핵심 하위 검사를 통해 측정된 능력과 처리 과정을 보다 심도 있게 탐색하고자 할 때 보충적으로 실시된다. KABC-II의 척도별 하위 검사와 적용 연령대는 〈표 3-12〉와 같다.

〈표 3-12〉 한국판 KABC-II 하위 검사의 개관

척도	하위 검사	대상 연령(세)		설명
		핵심	보충	
순차처리 (Gsm)	5. 수회생	4~18	3	검사자가 2~9개 사이의 일련 숫자를 말하고 피검사자가 똑같은 순서로 반복하게 함
	14. 단어배열	3~18		검사자가 말한 물체의 이름을 피검사자는 순서대로 해당하는 형태를 지적함
	16. 손동작		4~18	검사자가 여러 가지 손동작을 책상 위에서 만들어 보이면 피검사자는 순서대로 그대로 따라함
동시처리 (Gv)	13. 블록세기	13~18	5~12	피검사자가 블록이 쌓여 있는 사진을 보고 그 개수를 정확히 파악하도록 함. 블록은 한 개 이상의 블록이 숨겨져 있거나 일부분이 보이지 않는 상태로 되어 있음
	2. 관계유추	3~6		피검사자가 4~5개 정도의 사진들을 보고 나머지 사진들과 어울리지 않는 한 개의 사진을 찾아내도록 함.
	3. 얼굴기억	3~4	5	피검사자에게 1~2개의 얼굴 사진을 자세히 보게 한 후, 그 사진 속의 사람이 다른 포즈로 여러 사람과 함께 찍은 사진을 보여 주고 그 속에서 찾아보도록 함
	15. 형태추리	5~6		피검사자에게 논리적으로 연결된 패턴을 보여 주고, 중간에 빠져 있는 패턴을 제시된 보기 중에서 찾게 함

동시처리 (Gv)	7. 빠른길찾기	6~18		피검사자는 격자 모양의 장기판 위에서 장난감 개를 뼈가 있는 곳까지 가장 적게 움직여서 찾아갈 수 있는 길을 찾아야 함
	4. 이야기완성		6	피검사자에게 어떤 이야기를 말하는 일련의 사진들을 보여 주고, 또 다른 사진들 중 몇 장을 골라 이야기를 이어 나가는 데 필요한 사진을 선택하여 이야기 전개상 필요한 위치에 두게 함
	12. 삼각형	3~12	13~18	피검사자는 추상적인 그림이 있는 사진을 보고 그 그림과 같은 모양이 되도록 여러 개의 동일한 삼각형 조각을 조립함
	6. 그림통합		3~18	피검사자는 완성되지 않은 잉크 그림을 보고 비어 있다고 생각되는 부분을 채워 그림에서 묘사된 물체나 동작의 이름을 표현함
계획력 (Gf)	15. 형태추리	7~18		피검사자에게 논리적으로 연결된 패턴을 보여 주고, 중간에 빠져 있는 패턴을 제시된 보기 중에서 찾게 함
	4. 이야기완성	7~18		피검사자에게 어떤 이야기를 말하는 일련의 사진들을 보여 주고, 또 다른 사진들 중 몇 장을 골라 이야기를 이어 나가는 데 필요한 사진을 선택하여 이야기 전개상 필요한 위치에 두게 함
학습력 (Glr)	1. 이름기억	3~18		검사자는 어류, 식물, 조개류 등의 사진을 보여 주고 상상으로 만든 이름을 피검사자에게 가르쳐 준 후, 검사자가 그 이름을 부를 때 손으로 지적하게 함
	11. 암호해독	4~18		검사자는 각각의 수수께끼 그림에 연관된 단어나 개념을 아동에게 설명해 주고, 이 수수께끼 그림으로 이루어진 문구나 문장을 크게 읽도록 함
	8. 이름기억 -지연		5~18	검사자가 어류, 식물, 조개류 등을 호명하면 피검사자는 '1. 이름기억'에서 배운 사물의 이름을 생각하여 해당되는 물체를 지적함으로써 기억이 지속됨을 보여 줌
	17. 암호해독 -지연		5~18	피검사자는 '11. 암호해독'에서 배운 조합된 연상들을 이용하여 같은 암호 그림으로 이루어진 문구나 문장을 읽음으로써 기억이 지속됨을 보여 줌

지식(Gc): 심리측정 모델에만 적용	9. 표현어휘	3~6	7~18	피검사자가 사진에 있는 물체의 이름을 말하게 함
	18. 수수께끼	3~18		검사자가 물질적인 특징이나 추상적인 특징을 말하면, 피검사자가 해당되는 것을 손으로 가리키거나 이름을 말하도록 함
	10. 언어지식	7~18	3~6	피검사자는 6개의 사진에서 특정 어휘의 의미를 나타내는 사진을 선택하거나 일방적인 정보를 제시하는 신호에 대한 대답을 의미하는 사진을 선택함

※ 출처: 문수백(2014). 한국판 KABC-II 전문가 지침서.

(3) 검사의 실시 및 해석

위에서 언급했듯이 검사자는 검사목적에 따라 심리측정모델이나 인지처리모델 중 어느 것을 선택할 것인지를 반드시 결정하여야 한다. 검사모델이 결정되면, 피검사자의 상황을 고려하여 하위 검사를 실시한다. 피검사자에게 실시되는 하위 검사의 종류는 생활연령에 근거하여 결정되는데, 18개의 하위 검사를 한꺼번에 모두 실시하는 것이 아니라 연령에 따라 해당되는 하위 검사를 실시한다. 핵심과 보충 하위 검사를 모두 포함한 확장된 전체 검사를 실시할 경우 3~4세의 경우는 한 시간 미만, 5~6세는 90분, 7~18세는 100분 정도가 소요된다.

각 문항에 대한 원점수의 채점은 맞으면 1점, 틀리면 0점으로 하며 각 하위 검사의 원점수를 산출한 후에 이를 척도점수나 표준점수로 환산하고, 각 하위 검사의 점수와 해당 척도의 평균점수의 차이를 매뉴얼을 기준으로 비교하여 유의하게 높을 경우 강으로, 유의하게 낮을 경우 약으로 표시한다. 검사를 통해 도출된 전체 척도의 표준점수 범위에 따른 서술적 분류는 〈표 3-13〉과 같다.

〈표 3-13〉 한국판 KABC-II 표준점수에 따른 서술적 분류

표준점수	지능 단계
131이상	매우 높다
116~130	보통 이상이다
85~115	보통 정도이다
70~84	보통 이하이다
69이하	매우 낮다

KABC-II 검사는 인지능력과 사고능력에 있어서 개개인의 강점과 약점을 파악할 수 있도록 되어 있으며 기본적인 사고처리과정의 장애를 파악하는 데 유용하다. 또한 KABC-II 프로파일 분석의 결과는 개인의 학습능력상의 강점과 취약점이라는 맥락에서, 피검사자의 인지처리능력의 강점과 약점을 파악할 수 있다.

4) 정서지능검사

(1) 정서지능 이해

지능지수(IQ)가 인간의 행복 또는 성공을 예언하는 데 한계가 있다는 지적과 함께 지능에 대해 회의적인 시각들이 대두되면서, 삶에 대한 성공을 결정 짓는 중요한 요소로서 정서지능(Emotional Quotient: EQ)이 등장하였다. 정서지능의 개념을 처음 사용한 살로베이와 메이어(Salovey & Mayer, 1990)에 의하면 정서지능은 자신과 타인의 감정과 정서를 정밀하게 들여다보고, 그것들의 차이를 변별하여 관련된 정보를 활용할 줄 아는 능력을 말한다.

정서지능은 사회적 지능이라고 할 수 있으며, 구성요인으로는 자신과 타인의 정서를 평가하는 능력, 자신과 타인이 가지고 있는 감정과 정서의 내용을 구별해 내는 능력, 생각과 행동을 결정하기 위해 정서적인 정보를 활용할 줄 아는 능력 등이 포함된다. 정서지능은 가드너의 다중지능이론 중 대인지능, 개인 내 지능과 관련이 있으며, 손다이크의 사회적 지능, 스턴버그의 맥락적 지능과 유사한 개념이라 할 수 있다.

골먼(Goleman, 1995)은 삶의 성공은 지능보다 다른 요소들이 차지하는 비율이 훨씬 높다고 주장하였으며, 그 핵심적인 요소로 정서지능을 제안하였다. 잘 개발된 정서지능을 소유한 사람은 인생에 있어서 만족감과 효과성을 높이며 지신의 생산성을 향상시켜 줄 수 있는 좋은 습관들을 터득할 수 있다고 하였다. 그는 정서지능을 개인의 정서능력과 대인관계 속의 사회적 정서능력으로 나누어 인간의 성공적인 삶에 영향을 끼치는 다섯 가지 요인을 제시하였다. 그가 제시한 정서지능의 다섯 가지 요인은 자기인식, 정서조절, 자기동기화, 공감, 대인관계능력이다.

자기인식은 자신의 정서 상태를 바르게 인지하고 이를 적절한 상태로 변환시킬 수 있는 능력이며, 정서조절은 자신의 기분과 감정을 조절할 수 있는 능력으로서

〈표 3-14〉 골먼의 정서지능 5요소

구분	구성 요소	내용
개인적 정서능력	자기인식	자신이 느끼는 감정을 재빨리 인식하고 알아차리는 능력
	정서조절	인식된 자신의 감정을 적절하게 처리하고 변화시킬 수 있는 능력
	자기동기화	어려움을 참아 내어 자신의 성취를 위해 노력할 수 있는 동기화, 만족지연능력
사회적 서능력	공감	타인의 감정을 자신의 것처럼 느끼고, 타인의 감정을 읽는 능력
	대인관계능력	인식한 타인의 감정에 적절하게 대처할 수 있는 능력

부정적인 정서 상태를 스스로 치유할 수 있는 능력, 자기동기화는 스스로 자신에게 동기를 부여할 수 있는 능력이다. 이 세 가지 능력은 개인의 정서능력에 해당된다. 사회적 정서능력에 해당하는 공감은 타인의 입장이 되어 감정을 공감하고 이해하는 능력이며, 대인관계능력은 타인과의 관계를 효과적으로 잘 유지해 나가는 능력을 말한다.

(2) 정서지능검사

현재 사용되고 있는 정서지능검사 중 표준화된 검사는 살로베이와 메이어(1990), 그리고 골먼(1995) 등의 이론을 토대로 하여 문용린(1997)에 의해 개발된 정서지능검사이며, 그 외 정서지능을 진단할 수 있는 검사로는 김용준과 박세환(1998)의 EQ 검사가 있다. 정서지능검사의 결과는 교육 현장과 양육 현장에서 피검사자의 정서적 특성의 장단점을 파악하고, 계발과 개선을 위한 기본자료로 활용할 수 있다.

① 정서지능검사

문용린에 의해 개발된 정서지능검사는 초등, 중·고등, 대학생·성인의 단계별 검사가 있으며, 정서지능을 정서인식능력, 정서표현능력, 감정이입능력, 정서조절능력, 정서활용능력 등의 다섯 가지 영역으로 구분하였다. 초등학생용은 22~37문항, 중·고등학생용은 37문항, 대학생·성인용은 45개 문항으로 구성되어 있으며, 검사 소요시간은 30~40분 정도이다.

정서지능검사는 개인검사와 집단검사 모두 가능하며 온라인과 오프라인을 활용하여 진행할 수 있는 표준화 검사이다. 성인의 경우 생활 속의 에피소드를 통해 현실적인 정서지능을 측정할 수 있도록 구성되어 있다. 연령별 검사의 예시 문항은 다음과 같다.

〈예시 1〉

초등학교 저학년용 문항

- 나는 선생님의 표정만 봐도 선생님의 기분이 어떤지 알 수 있다.
  a. 항상 그렇다
  b. 가끔 그런 편이다
  c. 그렇지 않다

초등학교 고학년용 문항

- 나에 대해 나쁜 이야기(욕이나 험담)를 하는 사람이 있어서 기분이 나쁠 때, 어떻게 하나요?
  a. 기분을 바꿀 수 있다는 다른 생각을 하려고 노력한다
  b. 그 사람을 찾아가서 화를 내거나 따진다

중 · 고등학생용 문항

- 내가 싫어하는 친구와 짝이 되면 어떻게 하나요?
  a. 그 친구의 좋은 점을 찾아보려고 노력한다
  b. 그 친구와는 놀지 않고 다른 친구와 친하게 지낸다

대학생 · 성인용 문항

- 정신을 집중해서 해야 할 일을 하고 있는데, 가족들이 웃고 떠들어서 정신이 산란하다. 이럴 때 나는 ____________________.
  a. 지금은 일단 쉬고 조용히 밤에 일을 할 생각으로 마음을 느긋하게 먹는다
  b. 우리 가족들은 나에게 전혀 도움이 되지 않는다는 생각이 들고 결국 화가 난다

※ 출처: 문용린(1997). 종합적성진로진단검사.

② **EQ 검사**

김용준과 박세환에 의해 개발된 EQ 검사는 대학생 및 성인의 정서지능을 측정하기 위해 개발된 검사이다. 이 검사의 하위요인은 자기감정 인식, 자기감정 표현, 타인감정 인식, 감정조절과 활용의 4개 영역에 대한 27개 문항으로 구성되어 있는 자기보고식 검사이다. 감정조절과 활용 영역은 다시 감정이입, 자기조절, 타인조절, 동기화의 하위항목으로 구성되어 있다. 각 문항은 '전혀 그렇지 않다'에서 '매우 그렇다'의 답변을 7점 리커트 척도 또는 10점 리커트 척도를 통해 체크하도록 되어 있으며, 예시 문항은 다음과 같다.

〈예시 2〉

자기감정 인식(10점 리커트 척도)

• 당신은 평소 다음과 같은 감정에 대해 어느 정도로 느끼는지 답하시오.

a. 분노

b. 슬픔

자기감정 표현(7점 리커트 척도)

• 나는 내가 원통하고 억울한 일을 당해도 동료들에게 잘 표현하지 못한다.

1 2 3 4 5 6 7

타인감정 인식(7점 리커트 척도)

• 동료들이 나에 대해 어떤 감정을 품고 있는지 잘 아는 편이다.

1 2 3 4 5 6 7

감정조절과 활용(7점 리커트 척도)

• 동료나 친구에게 좋은 일이 생기면 나도 같이 기뻐한다. (감정이입)

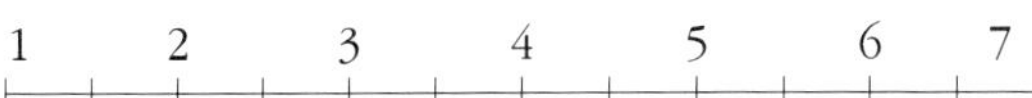

• 어려운 문제에 직면해도, 나는 긍정적으로 생각하는 편이다. (자기조절)

1 2 3 4 5 6 7

• 다른 사람과 대화할 때, 가능한 한 부정적인 얘기를 하지 않으려고 한다. (타인조절)

1 2 3 4 5 6 7

• 중요한 시험을 앞두고 있을 때, 나 자신을 격려하며 최선을 다해 공부한다. (동기화)

1 2 3 4 5 6 7

※ 출처: 김현주, 김혜숙, 박숙희(2009). 심리검사의 이해.

》 참고문헌

고영복(2000). 사회학 사전. 서울: 사회문화연구소.

김동민, 강태훈, 김명식, 박소연, 배주미, 신해연, 이기정, 이수현, 최정윤(2015). 심리검사와 상담. 서울: 학지사.

김용준, 박세환(1998). 감성지능측정도구개발을 위한 연구. *Asia Marketing Journal*, *1*(1), 1-25.

김현주, 김혜숙, 박숙희(2009). 심리검사의 이해. 경기: 교육과학사.

문수백(2014). *KABC-II: Korean Kaufman assessment battery for childrensment II*. 서울: 인싸이트.

문수백, 변창진(1997). *K-ABC: Korean Kaufman assessment battery for childrensment*. 서울: 인싸이트.

문용린(1997). 종합적성진로진단검사. 서울: 대교출판사.

박경숙(1991). KEDI집단 지능검사 개발 연구: 기초연구편(RR91-09). 한국교육개발원.

박영숙(1998). 심리평가의 실제. 서울: 하나의학사.

서울대학교교육연구소(2011). 교육학용어사전. 서울: 하우동설.

서은란, 백용매(2007). 상담일반: 한국판 웩슬러 지능검사(K-WAIS)의 단축형 유형에 따른 신뢰도와 타당도 비교. 상담학연구 8(4), 1323-1337.

송인섭, 문정화, 박정옥(1995). MCAT-C 종합인지능력검사(A, B형). 서울: 학지사.

염태호, 박영숙, 오경자, 김정규, 이영호(1992). K-WAIS 실시요강. 경기: 한국가이던스.

이상로, 서봉연(1993). L-S식 진단성 지능검사. 서울: 한국심리검사연구소.

이종승(2011). 현대지능검사(MIT): 중・고등학생용. 서울: 인싸이트.

전용신(1971). 한국 아동 개인지능검사법/고대-비네 검사 요강. 서울: 고려대학교 행동과학연구소.

전용신, 서봉연, 이창우(1963). KWIS 실시요강. 서울: 중앙교육연구소.

정범모, 김호권(1971). 일반지능검사(1, 2, 3, 4형/가, 나, 다, 라형). 서울: 코리안테스팅센터.

최정윤(2016). 심리검사의 이해(제3판). 서울: 시그마프레스.

한국행동과학연구소(1995). 종합능력진단검사(지능, 적성). 경기: 한국가이던스.

황순택, 김지혜, 박광배, 최진영, 홍상황(2012). K-WAIS-IV 표준화: 신뢰도와 타당도. 한국심리학회 학술대회 자료집, 1, 140-140.

Bain, S. K., & Allin, J. D. (2005). Book review: Stanford-Binet intelligence scales, fifth edition. *Journal of Psychoeducational Assessment*, *23*, 87-95.

Binet, A. (1905). New Methods for the Diagnosis of the Intellectual Level of Subnormal. *L'Année Psychologique*, *12*, 191-244.

Binet, A., & Simon, T. (1905). Recherches de pédagogie scientifique. *L'Année psychologique*, *12*, 233-274.

Boak, C. (2002). From the Bienet-Simon to the Wechsler-Bellevue: Tracing the history of intelligence testing. *Journal of Clinical and Experimental Psychology*, *24*, 383-405.

Cattell, J. M. (1890). Mental tests and measurements Mind, *Intelligence*, *15*. 373-380.

Cattell, R. B. (1971). *Abilities: Their structure, growth and action*. Boston: Houghton Mifflin.

Galton, F. (1879). Psychometric experiments. *Brain*, *2*, 149-162.

Gardner, H. (1983). *Frames of mind: The theory of multiple intelligence*. New York: Basic Books.

Gardner, H. (1993). *Multiple intelligence: The theory in practice*. New York: Basic Books.

Goleman, D. (1995). *Emotional Intelligence*. New York: Bantam Books.

Guilford, J. P. (1967). *The nature of human intelligence*. New York: McGraw-Hill.

Kaufman, A. S., & Kaufman, N. L. (1983). *Kaufman Assessment Battery for Children*. Circle Pines, MN: American Guidance Service.

Kaufman, A. S. (1990). *Assessing Adolescent and Adult Intelligence*. Boston: Allyn & Bacon.

Piaget, J. (1952). *The origins of intelligence in children*. New York: International Universities Press.

Salovey. P., & Mayer. J. D. (1990). Emotional intelligence. *Imagination Cognition And Personality*, *9*(3), 185-211.

Spearman, C. (1904). General Intelligence, objectively determined and measured. *American Journal of Psychology*, *15*, 201-293.

Sternberg, R. J. (1996). IQ counts, but what really counts is successful intelligence. *NASSP Bulletin*, *80*, 18-23.

Terman, L. M. (1916). *The Measurement of Intelligence*. Boston: Houghton Mifflin.

Thorndike, E. L. (1927). The refractory period in associative proccsses. *Psychological Review*, *34*(3), 234-236.

Thurstone, L. L. (1946). Theories of intelligence. *Scientific Monthly*, *22*, 101-112.

Wechsler, D. (1939a). *The Measurement of Adult Intelligence*. Baltimore (MD): Williams & Witkins.

Wechsler, D. (1939b). *Wechsler-Bellevue Intelligence scale*. New York: Psychological Corporation.

Wechsler, D. (1949). *Manual for the Wechsler Intelligence scale for Children*. New

York: Psychological Corporation.

Wechsler, D. (1955). *Wechsler Adult Intelligence scale.* Baltimore (MD): Williams & Witkins.

Wechsler, D. (1967). *Manual for the Wechsler Preschool and Primary Scale of Intelligence.* New York: Psychological Corporation.

Wechsler, D. (1974). *Manual for the Wechsler Intelligence scale for Children-revised.* San Antonio, Texas: The Psychological Corporation.

Wechsler, D. (1981). *Wechsler Adult Intelligence scale-revised.* San Antonio, Texas: Psychological Corporation.

Wechsler, D. (1989). *Manual for the Wechsler Preschool and Primary Scale of Intelligence-revised.* New York: Psychological Corporation.

Wechsler, D. (1991). *Wechsler Intelligence scale for children-third edition.* New York: Psychological Corporation.

Wechsler, D. (1997). *Wechsler Adult Intelligence scale-third edition.* San Antonio, Texas: Pearson.

Wechsler, D. (2002). *WPPSI-III administration and scoring manual.* San Antonio, Texas: Psychological Corporation.

Wechsler, D. (2003). *Wechsler Intelligence scale for children-fourth edition.* San Antonio, Texas: Harcourt Assessment.

Wechsler, D. (2008). *WAIS-IV administration and scoring manual.* San Antonio, TX: Psychological Corporation.

Wechsler, D. (2012). *WPPSI-IV Technical and Interpretive Manual.* New York: Pearson Inc.

Yerkes, R. M. (1917). The Binet versus the Point Scale method of measuring intelligence. *Journal of Applied Psychology*, *1*(2), 111-122.

인싸이트 홈페이지. http://inpsyt.co.kr/psy/item/view/PITM000071, 2018. 4. 20. 인출.

한국심리학회 홈페이지. 심리학용어사전. http://www.koreanpsychology.or.kr/, 2018. 03. 13. 인출.

제4장

학습 영역

1. 학력검사
2. 학업적성검사
3. 기타 학습 관련 검사
   1) U&I 학습유형검사
   2) 잠입도형검사

다양한 도구 및 방법을 활용하여 지능 및 성격이나 적성 등을 진단하여 개인의 건강하고 건전한 성장을 돕는 사례를 주변에서 어렵지 않게 접할 수 있다. 심리검사는 개인이나 집단의 내면적이고 심리적 · 정서적인 진단뿐 아니라 학업 영역과 관련된 수준이나 상황을 진단하여 다양한 학습문제를 해결하는 데 유용한 정보를 제공할 수 있다. 학습 영역은 학업성취도 영역과 같은 의미로 이해할 수 있으며, 크게 학력검사와 학업적성검사로 분류할 수 있다.

1. 학력검사

학력검사(academic achievement test)는 학생이 학교교육을 통하여 교육과정에서 규정하는 교과목표와 내용을 충실하게 학습하였는지의 정도를 측정하는 검사이다. 가장 흔한 학력검사의 형태는 학급 수준에서 학습한 기술과 지식을 측정하기 위해 개발된 표준화 검사이며, 내용선정이나 문항표집이 교과전문가와 교육과정 전문가에 의하여 결정된다. 이러한 표준화된 학력검사는 개별학급의 평가준거 이외에 국가 수준의 평가 기준에 의하여 실시되는 것이므로 보다 광범위한 교육과정목표나 학급 간, 학교 간 비교 및 전국적인 수준에서 학력을 측정하는 데 적합하다. 대부분의 학력검사는 객관적 검사이므로 채점에 주관성이 개입되지 않고, 단시간에 많은 채점을 할 수 있다는 장점이 있지만, 논리적 추리의 과정이나 표현력을 측정하기에는 한계가 있다.

현재 사용되는 표준화된 학력검사는 국가 수준의 학업성취도평가인 NAEA(The National Assessment of Educational Achievement)와 국제 수준의 학업성취도평가인 PISA(Programme for International Student Assessment), TIMSS(Trends in International Mathematics and Science Study), 교육청 단위로 실시되는 기초학력진단검사 등이 있다.

NAEA는 국가에서 정한 교육과정에 근거해 학생들의 교육목표 달성 정도를 평가하는 준거참조평가로, 1960년대부터 미국을 시작으로 각 국가별로 실시되고 있다. 이 검사는 국가 수준에서 학생들의 학업성취도 현황 및 변화 추이를 파악하고 학교

교육의 질을 체계적으로 관리하기 위해 매년 실시된다. 이 평가의 목적은 개별 학생들의 실제적인 학업 수준을 평가하고, 학생들의 학업성취에 영향을 미치는 다양한 요소를 찾아 이를 교육에 반영하고 학교교육을 개선하도록 하는 데 있다. 따라서 학생들의 학업성취도평가 결과는 학생 간의 수준을 상대적으로 비교하는 것이 아니라 현재 교육과정에서 제시하고 있는 학습 수준을 어느 정도 달성하였는지를 파악하는 것이다.

우리나라에서는 1986년에 첫 시행되었으며 1998년까지 해당 학년의 모든 학생을 대상으로 실시하였지만, 2017년 이후 표집학교에서만 평가를 실시하고 있다. 한국교육과정평가원에서는 학생의 학업성취 정도를 파악하기 위해 교육과정을 철저하게 분석한 후 교과별 평가 영역에 따라 평가문항을 개발하였다. 평가문항 수는 교과에 따라 다소 차이가 있지만 약 30～40개의 문항으로 구성되며, 선다형 문항과 서답형 문항으로 구성된다.

〈표 4-1〉 한국 NAEA의 교과별 평가 영역

교과	평가 영역
국어	듣기, 읽기, 쓰기, 문법, 문학
사회	역사 지리, 일반사회
수학	수와 연산, 문자와 식, 기하, 함수, 확률과 통계
과학	물리, 화학, 지구과학, 생물
영어	듣기, 말하기, 읽기, 쓰기

각 성취 수준에 해당하는 학생은 하위성취 수준의 능력도 가지고 있는 것으로 판단할 수 있다. 이러한 내용이 포함된 개인의 평가 결과표를 통해, 교과별로 자신이 어느 정도 능력을 가지고 있고 또 어떤 영역이 부족한지를 확인할 수 있다. 또한 교과별로 제시된 성취 수준의 진술문을 참조하면 학생들이 교과별로 보충해야 할 학습 요소가 무엇인지에 대한 정보를 얻을 수 있다. 개별 학생들에게 제공되는 평가 결과표와 함께 각 학교의 평가 결과는 학교알리미(http://www.schoolinfo.go.kr)를 통해서 확인할 수 있다.

국제학업성취도평가인 PISA는 2000년부터 OECD의 주도로 회원국을 포함한 세계 각국이 공동으로 실시하는 평가이며, 의무교육의 종료시점에 있는 만 15세 학생들의 읽기 · 수학 · 과학적 소양(literacy)의 성취 수준을 평가하여 각국의 교육성과를 비교 · 점검하는 평가이다. 이 검사는 청소년의 학업성취에 대한 국제적인 프로파일을 파악하고, 이들의 학업성취에 영향을 주는 배경적인 요인을 밝혀내며, 이러한 학업성취의 프로파일과 배경요인들이 국가별, 혹은 문화권별로 어떤 차이가 있는가를 밝혀 줌으로써 정책결정자들에게 교육 정책 수립의 기초자료를 제공하는 데 목적이 있다.

우리나라는 2000년부터 참여하고 있으며, 2015년부터는 기존 PISA의 평가 영역인 읽기, 수학적 문제해결능력, 과학적 문제해결능력에 2명 이상의 학생이 팀을 이뤄 함께 문제를 해결하는 과정을 평가하는 협업문제해결능력이 추가되었다. 3년을 주기로 시행되는 PISA의 결과는 각 나라별로 학교교육환경, 수업 방법, 교육 정책 등 다양한 교육 관련 변인과 학업성취도의 관계를 다각적으로 분석하여 교육 개선을 위한 유용한 정보로 활용될 수 있다.

TIMSS는 1995년부터 국제교육성취도평가협회(International Association for the Evaluation of Educational Achievement: IEA)에서 주관하는 초등학교 4학년과 중학교 2학년 학생들의 학교교육 성과를 평가하는 검사이며, 4년을 주기로 실시되고 있다. 초 · 중등학생들의 수학, 과학성취도를 국제적으로 비교하여 성취도에 영향을 주는 교육정보를 분석한 후 참여국에 제공하고 있다. TIMSS 참여국은 수학, 과학성취도에 영향을 주는 교육환경 관련 정보들과 성취도의 변화 추이를 근거로 기초학력 향상 지원 등과 같은 관련 정책 수립을 위한 기초자료로 활용하고 있다. 우리나라는 시행 초기부터 참여하고 있다.

우리나라는 국가차원의 NAEA와 국제학업성취도평가인 PISA 및 TIMSS와는 별개로 지자체 교육청 단위로 실시되고 있는 기초학력진단검사 또는 학력검사가 있다. 기초학력진단검사는 학기 초에 학생들의 성취 수준 및 교과별 학습 이해 정도를 파악하기 위해 실시되는 평가로서 새로운 학년의 교육 내용을 이수하는 데 필수적인 교과별 기본 학습 내용을 학생들이 갖추고 있는지를 진단하는 집단용 검사이다. 검사는 1년에 한 번 학기 초에 이루어지며, 주로 초등 4학년부터 중등 3학년을 대상으로 실시하고 있지만, 지역에 따라 초등 3학년이나 고등학교 1학년을 실시대상에 포함시키기도 한다. 검사의 문항은 초등학생용 과목별 25문항, 중 · 고등학생용 과목별 30문항으로 구성되어 있으며 각 문항 당 1점씩 동일하게 배점된다. 기초학력진단검사의 도달 기준은 학생들이 정답 문항 수로 결정되므로, 교과별로 정답 문항 수가 기준점수 이상인 경우 기초학력 도달로 판정한다. 학년별 검사 교과는 〈표 4-2〉와 같다.

〈표 4-2〉 기초학력진단검사의 대상 학년 및 교과

학년	교과
초등학교 3학년	3R's: 읽기, 쓰기, 셈하기(탄탄 검사형)
초등학교 4학년 ~ 고등학교 1학년	3R's: 읽기, 쓰기, 셈하기(쑥쑥 검사형) 국어, 사회(역사), 수학, 과학, 영어

검사의 결과는 과목별, 영역별 성취 수준을 분석한 후 개별학습 지도자료, 교사의 교수학습 방법 개선과 학급 교육과정 운영의 기초자료로서 활용되며, 교육청별로 기초학력진단 시스템을 운영하여 관련 자료를 탑재하고 있다.

2. 학업적성검사

학업적성검사(scholastic aptitude test)는 장래의 학업 성공을 예측하기 위하여 학습자의 학습에 대한 잠재력을 평가하는 검사를 의미한다. 이 검사는 통제되지 않은 일련의 교육활동으로부터 습득된 잠재력을 평가한다는 면에서 구체적인 교육활동의 결과로 현재까지 무엇을 얼마나 학습했느냐를 평가하는 학력검사와는 구별된다. 이 검사의 타당도는 주로 미래 수행을 예측하는 능력에 근거한 예측타당도에 의존한다(한국교육심리학회, 2000). 일반 지능검사와 검사 내용 및 목적이 유사하지만, 학생의 학업적성이 어디에 있는지를 진단하여 학습지도 · 진학지도 등에 활용되고 있다.

학업적성검사의 구성은 크게 언어능력과 수리능력으로 나누는 것이 일반적이며, 주로 집단검사로 시행된다. 우리나라의 대학수학능력시험과 미국의 대학입학시험인 SAT 등이 학업적성검사에 해당된다.

우리나라에서 수능이라고 불리는 대학수학능력시험은 이전의 대학입학시험인 학력고사를 대체하여 1993년부터 시행되었으며, 매년 11월경에 실시된다. 시험을 주관하는 기관은 한국교육과정평가원이며, 문제 출제뿐 아니라 문제지와 답안지 인쇄 및 배부, 채점, 성적 통지의 전 과정을 관리한다. 수능은 대학 교육에서 필요한 수학능력으로서 사고력을 측정하는 평가이며, 고등학교교육과정의 수준과 내용에 맞추어 출제한다는 기본 방침을 가지고 있다(한국교육과정평가원, 2018). 2017학년도부터 시험과목은 국어, 수학, 영어, 한국사 · 사회/과학/직업탐구, 제2외국어/한문 영역으로 구분되며 수학 영역은 가형과 나형 중 하나를 선택할 수 있는데, 수험생은 자신의 선택에 따라 전부 또는 일부 영역에 응시할 수 있다.

시험은 전국에 지정된 시험장에서 일제히 시행이 되며, 집합 시간이나 시험 소요시간의 엄정성이 요구된다. 수험생은 각 시간마다 정해진 과목에 응시해야 하며 문항 유형은 5지선다형으로 수리 영역에 단답형 문항이 일부 포함된다. 시간에 따른 시험 영역, 소요시간, 문항 수 등은 〈표 4-3〉과 같다.

〈표 4-3〉 대학수학능력시험 시간 및 영역별 문항 수(2018년 기준)

교시	시험 영역	소요시간	문항 수	비고
1	국어	80분	45문항	-
2	수학	100분	30문항	• 가형, 나형 중 택 1 • 단답형 30% 포함
3	영어	70분	45문항	• 듣기평가 문항 17개 포함
4	한국사 · 사회/과학/직업탐구	102분	각 20문항	• 한국사 필수 응시 • 응시원서에 명기된 순서대로 시험을 치러야 함
5	제2외국어/한문	40분	각 30문항	• 듣기평가 미실시

※ 출처: 한국교육과정평가원.

대학수학능력시험 채점은 한국교육과정평가원에서 답안지를 인수하고, 이를 개봉한 다음 이미지스캐너를 이용하여 판독을 끝낸 답안지를 주전산기로 넘겨 진행한다. 이 작업은 자료 확인, 성적처리 및 확인, 성적통지표 출력의 순으로 약 1개월 동안 진행된다. 성적통지표는 온라인과 오프라인으로 발급되는데, 과목별 표준점수, 백분위, 9등급을 기준으로 한 과목별 등급이 기재되어 있으며 2018학년도부터 영어와 한국사는 등급만 제공하고 있다. 언어, 수리, 외국어(영어) 영역은 전체 응시학생의 점수를 평균 100, 표준편차 20으로 한 표준점수를, 사회/과학/직업탐구 영역과 제2외국어/한문 영역은 평균 50, 표준편차 10인 표준점수를 산출하여 제시한다. 등급의 경우 영역별 상위 4%까지의 학생은 1등급, 이후 7%를 2등급, 그 다음 9%는 3등급 등으로 나뉜다. [그림 4-1]에 수능 성적통지표 예시를 제시하였다.

〈2019학년도 대학수학능력시험 성적통지표(예시)〉

수험번호	성명		생년월일	성별	출신고교(반 또는 졸업연도)		
12345678	홍길동		00.09.05.	남	한국고등학교(9)		
구분	한국사 영역	국어 영역	수학 영역	영어 영역	사회탐구 영역		제2외국어/한문 영역
			나형		생활과 윤리	사회·문화	일본어 I
표준점수		131	137		53	64	69
백분위		93	95		75	93	95
등급	2	2	2	1	4	2	2

2018. 12. 5.

한국교육과정평가원장

[그림 4-1] 2019학년도 수능 성적통지표 예시

※ 출처: 2019학년도 대학수학능력시험 Q&A자료집(한국교육과정평가원, 2018).

한국교육과정개발원은 수능 성적 자료분석을 통하여 지역 및 학교 간 학력 격차를 중심으로 교육 격차의 실태를 분석하고 이에 대한 해소 방안을 도출하고 있다. 또한 수능 성적 자료를 공개하여 학교 수준, 지역 수준, 제도 및 정책 수준에서 수능 관련 연구를 활성화하므로 실증자료에 기반한 체계적인 교육 정책 수립을 지원하고 있다.

미국의 대학입학 자격시험인 SAT는 미국의 대학수학능력평가라고 할 수 있는 표준화된 평가이다. 우리나라의 수능은 1년에 1회 국내에서 실시되지만, SAT는 1년에 7번 전 세계적으로 같은 날에 실시된다. 이 시험은 비영리단체인 칼리지 보드(College Board)가 감독 · 실시하며, ETS(Educational Testing Service)에서 개발과 채점 등의 관리를 하고 있다. 처음 공식적으로 시행된 1926년에는 학업적성검사(Scholastic Aptitude Test)로 불리다가 1990년에 학업사정검사(Scholastic Assessment Test)로 명칭이 바뀌었다. 1994년 이후부터는 특별한 의미가 없는 고유명사인 SAT로 지칭하면서 SAT Ⅰ(Reasoning Test: 추론능력검사)과 SAT Ⅱ(Subject Test: 교과학력검사)로 구분하였다. 2005년에는 Ⅰ과 Ⅱ로 구분하지 않고 각각 SAT 추론능력검사(SAT Reasoning Test)와 SAT 교과학력검사(SAT Subject Test)로 부르기 시작하였다.

2016년에는 시험 형식이 완전히 바뀐 Redesigned SAT가 도입되었다. 모든 문제가 이전의 5지선다형에서 4지선다형으로 바뀌었고, 각 과목의 난이도 조정이 이루어졌다. SAT 추론능력검사의 필수 과목이었던 에세이가 선택 과목으로 바뀌면서 이전의 2,400점 만점 체제에서 에세이 점수가 추가되지 않은 1,600점이 총점이 되었다(구글 위키백과, 2018. 10. 01.).

구체적으로 살펴보면, SAT 추론능력검사는 작문, 수학, 비판적 읽기의 세 가지 영역으로 구성되며, 총점 1,600점 만점, 소요시간은 3시간 45분 정도이다. SAT 교과학력검사는 과목별로 골라서 응시해야 하는 검사로 영어, 역사, 수학, 과학, 외국어의 5개 영역 20과목으로 구성되어 있다. 일반적으로 개인이 응시할 과목을 자율적으로 선택할 수 있지만 대학마다 필수로 지정한 과목이 있을 수 있으므로 이를 확인하고 응시해야 한다. 보통 미국의 대학들은 2~3과목을 요구하는 편이며, 과목별 응시일이 다를 수 있고 시험시간은 1시간 정도이다. SAT 결과는 응시자에게 개별적으로 통보된다.

최근에는 SAT가 정말 학생의 능력을 측정할 수 있는 타당한 평가인지에 대한 비판의 목소리도 높아져서, 미국의 몇몇 대학은 이에 대한 반발로 SAT 점수를 요구하지 않는 경우도 있으므로 자신이 목표하는 대학의 입학 전형을 꼼꼼하게 살펴볼 필요가 있다.

한편, 국가 차원의 학업적성검사인 우리나라의 수능이나 미국의 SAT뿐 아니라 학령기의 다양한 연령대를 대상으로 실시되는 학업적성검사도 있다. 일례로 한국고용정보원에서는 중학생을 대상으로 한 중학생용 청소년 적성검사와 고등학생 적성검사를 개발하여 중 · 고등학생의 학업적성을 진단하고 있다. 이 검사는 피검사자의 적성요인을 측정하여 개인의 능력 패턴에 적합한 학업 분야를 추천하고 있다.

또한 학업을 수행하는 데 적합한 능력뿐 아니라 학업동기요인을 함께 측정하여 복합적인 학업적성에 기초한 결과 및 해석을 제공한다.

중학생용 학업적성검사인 청소년 적성검사의 구성은 8개의 적성요인, 10개 하위 검사와 1개 학업동기요인으로 구성되어 있으며, 그 내용은 〈표 4-4〉에 제시하였다.

〈표 4-4〉 중학생용 청소년 적성검사 적성요인과 하위 검사

적성요인	내용	하위 검사
언어능력	일상생활에서 사용되는 다양한 단어의 의미를 정확히 알고 글로 표현된 문장들의 내용을 올바르게 파악하는 능력	어휘력검사 독해력검사 언어추리력검사
수리능력	단순계산을 정확하고 신속하게 하며, 일상생활에서 언어로 표현된 문제를 수리적 공식으로 변환하여 문제해결을 하며, 나열된 숫자들을 면밀히 검토하여 숫자 간 관계를 추론해 내는 능력	수리능력검사
공간능력	추상적 시각적 이미지를 생성하고, 유지하고, 조직하는 능력	공간능력검사
지각속도	문자나 기호, 숫자, 형태 등을 정확하고 신속하게 비교하고, 그 동일함과 차이점을 식별하는 능력	지식속도검사
과학능력	일과 에너지, 힘과 운동의 법칙 등 과학 일반에 관한 지식과 이해능력	과학능력검사
색채능력	색을 인지하여 새로운 색을 혼합해 내는 능력	색채능력검사
사고유연성	주어진 정보를 다른 각도에서 해석하거나 수정하는 능력	사고유연성검사
협응능력	눈과 손이 정확하게 협응하여 세밀한 작업을 빠른 시간 내에 정확하게 해 내는 능력	협응능력검사
학업동기	학업성취와 관련 있는 내적 동기, 자기결정성, 끈기 등을 의미	학업동기검사

※ 출처: 한국고용정보원. 청소년의 자기이해 및 진로탐색을 위한 검사.

고등학생 적성검사는 언어, 수리, 추리, 공간, 지각속도, 과학, 집중, 색채, 사고유연성의 9개 적성요인과 어휘찾기, 주제찾기, 단순수리, 응용수리, 문장추리, 수열추리, 심상회전, 부분찾기, 지각속도, 과학원리, 집중력, 색채지각, 성냥개비의 13개 하위 검사로 구성되어 있다.

〈표 4-5〉 고등학생 적성검사 적성요인과 하위 검사

적성요인	내용	하위 검사
언어능력	상황에 가장 적합한 단어를 파악 · 사용하고, 글의 핵심적인 내용을 정확하게 이해하며, 언어관계(공통점 등)를 정확히 파악하는 능력	어휘찾기, 주제찾기
수리능력	간단히 계산문제를 혹은 스스로 계산식을 도출할 수 있는가를 파악하는 능력	단순수리, 응용수리
추리능력	주어진 정보를 종합해서 이들 간의 관계를 논리적으로 추론해 내는 능력	문장추리, 수열추리
공간능력	추상적 시각적 이미지를 생성하고, 유지하고, 조직하는 능력	심상회전, 부분찾기
지각속도	시각적 자극을 신속하게 평가하고 식별해 내는 능력	지각속도
과학능력	과학의 일반적인 원리를 파악하는 능력	과학원리
집중능력	방해자극이 제시되는 상황에서는 방해자극을 배제시키면서 과제를 수행하는 능력 또는 방해자극이 제시되지 않는 상황에서는 목표과제에 집중하는 능력	집중력
색채능력	백색광이 프리즘을 통과할 때 분산에 의해 나타나는 스펙트럼 상에서 색상의 적절한 위치를 파악하는 능력	색채지각
사고유연성	주어진 정보를 다른 각도나 방식으로 해석하거나 수정할 수 있는 능력	성냥개비

※ 출처: 한국고용정보원. 청소년의 자기이해 및 진로탐색을 위한 검사.

검사의 결과를 통해 피검사자의 적성요인에 따른 최대능력 수준을 진단하여 학업적성능력의 강, 약점을 파악하는 데 도움을 줄 수 있으며, 능력에 적합한 학업계열과 관련된 직업 분야를 추천해 줌으로써 향후 진로 설정 및 학업수행 과정에 적절한 동기유발을 하도록 도움을 줄 수 있다.

3. 기타 학습 관련 검사

학력검사와 학업적성검사 외에도 개인의 학습 스타일을 진단하여 적절한 학습방법을 제안하고 학습의 효율성을 향상시키는 데 도움을 받을 수 있는 다양한 학습유형검사가 있다.

1) U&I 학습유형검사

U&I(Uprise&Improve) 학습유형검사는 학생이 학습 과정에 보이는 행동 및 태도, 성격양식을 알아보는 검사이다. 학습장면에서 개인이 보이는 성격적인 특징과 심리적인 상태를 분석하여 자존감과 효능감 향상 및 학습동기 향상을 위한 지원이 가능하다. 즉, 학습유형검사를 통해 학생이 공부문제에 관해 고민하는 심리적인 변인과 성격적인 요인을 바탕으로 그 학생에게 가장 적합한 학습 방법이 무엇인지를 파악할 수 있기 때문에, 학생 개개인에게 적합한 개별화된 학습 증진 프로그램을 개발하고 치료하는 데 널리 활용되고 있다.

이 검사는 커시(Keirsey)의 성격이론 연구와 히콕스(Heacox)의 학습행동 연구를 바탕으로 학습심리와 관련된 임상 경험을 결합하여 개발되었으며, 국내 표준화 작업을 거쳐 2001년 출시되었다(연우심리개발원, 2018). 개발의 목적은 학습 상황에서 성격에 따라 개인이 보일 수 있는 행동양식을 종합적으로 진단함으로써 학습능력 향상에 도움이 되는 제반 정보를 제시하기 위함이다.

U&I 학습유형검사는 학습성격유형, 학습행동유형, 학습기술검사의 세 검사로 구성되어 있다. 학습성격유형은 14개 성격유형에 따른 개인의 학습성격적 특성을 진단하고, 학습행동유형은 6개 소척도에 따른 개인의 학습행동 특성을, 학습기술검사는 10개 영역에 대한 개인의 특성을 진단한다. 더불어 세 검사를 통한 진단 결과를 근거로 생활지도 및 진로지도의 방향을 함께 제공하고 있다. 이 검사는 온라인과 오프라인을 통해 실시할 수 있으며, 개인검사와 단체검사 모두 가능하다.

▌학습성격유형

- 학습을 하는 데 있어 개인의 성격적인 특성을 측정하는 검사
- 14개 성격유형: 행동형, 규범형, 탐구형, 이상형, 행동규범형, 행동탐구형, 행동이상형, 규범탐구형, 규범이상형, 탐구이상형, 행동규범탐구형, 행동규범이상형, 행동탐구이상형, 규범탐구이상형

▌학습행동유형

- 학습을 하는 데 있어 학생이 가지고 있는 어려움이 어떠한 것인지를 측정하는

검사
- 6개 소척도: 반항형, 완벽주의형, 고군분투형, 잡념형, 만족형, 외곬형

▮ 학습기술검사
- 학습을 하는 데 사용하고 있는 학습 방법을 알아보고 그 효율성 정도를 측정하는 검사
- 10개 영역: 학습태도, 학습동기, 시간관리, 불안조절, 주의집중, 정보처리, 중심주제, 학업보조, 자기점검, 시험전략

U&I 학습유형검사는 연령대별로, 초등학생용 106문항, 중 · 고등학생용 164문항, 대학생용 164문항, 일반용 106문항으로 구성되어 있고 소요시간은 30분 정도이다. 검사의 결과는 기본 해석 보고서와 전문 해석 보고서를 통해 제공된다. 도출된 결과는 학습을 하는 데 어려움을 겪고 있는 학생을 위한 상담자료로 활용할 수 있으며, 수업 현장에서는 학습 유형에 따른 교과목 수업 방식에 다양한 대안을 제시할 수 있다. 또한, 양육 현장에서는 학생의 학습 유형 확인을 통해 학부모와 자녀 사이의 이해를 높이는 데 기본자료로 활용될 수 있으며, 전공 및 진로 현장에서는 학생의 학습 성격특성을 파악하여 적성에 대한 조기개발과 진로 결정에 도움을 줄 수 있다.

2) 잠입도형검사

개인의 인지양식을 측정하여 학습 유형을 진단하고 개별적으로 학습 방법 및 학습 효율성 향상에 도움을 받을 수 있다. 그 대표적인 검사가 인지양식을 측정할 수 있는 잠입도형검사(Embedded Figures Test: EFT)이다. 이 검사는 인지양식을 장독립형과 장의존형으로 분류한다. 이러한 분류는 위트킨(Witkin, 1977)에 의해 처음 시도되었다.

장독립형 인지양식은 사물을 지각하거나 사고하고 문제를 해결하는 과정에서 그 사물의 배경이 되는 주변 장(field)의 영향을 받지 않거나 비교적 적게 받는 인지양식을 뜻한다. 또한, 장이 조직화되어 있을 때 개별적 항목을 그것이 소속된 전체의 장으로부터 분리시켜 지각하는 경향이 있다. 장의존형 인지양식은 주위 배경으로부터 세부 항목을 쉽게 분리해 내는 능력이 다소 부족하고, 전체적인 인상을 지각

하려는 경향이 크다. 또한 사회적 상황에 더 민감한 경향이 있다. 이러한 개인의 인지양식은 학습 스타일에도 영향을 끼칠 수 있다.

EFT는 취학 전 검사, 아동용 검사, 집단검사의 3유형으로 개발되었다. 아동의 인지양식을 진단하는 잠입도형검사(Children's Embedded Figures Test: CEFT)는 1971년 카프(Karp)와 콘스타트(Konstadt)가 개발한 것으로, 복잡하고 유의미한 사물을 여러 가지 색으로 혼합 구성하여 그 속에서 제시된 도형을 찾아내도록 하는 개인용 검사 도구이다. 이 검사의 총 문항 수는 20문항이며 소요시간은 10분 정도이다.

집단검사는 세 부분으로 구성이 되며, 첫 번째 부분은 연구대상자가 응답 방법을 익히기 위한 목적으로 7문항에 시간은 2분이 주어진다. 실제로 점수에 반영되는 두 번째와 세 번째 부분은 각각 9문항으로 구성되어 있으며, 시간은 각각 5분이 주어진다.

이 검사는 복잡한 도형 속에 숨겨진 단순한 도형을 찾는 것으로 내적 준거를 이용하여 주위의 방해를 극복할 수 있는 능력을 측정하도록 되어 있다. 장독립형 인지양식은 사물을 인식할 때 배경에 영향을 덜 받고 사물을 독립적으로 인식하는 경향을 보이므로 간단한 도형을 쉽게 찾을 수 있는 반면, 장의존형 인지양식은 사물을 인식할 때, 사물을 둘러싼 배경과 함께 그 관계 속에서 사물을 인식하므로 간단한 도형을 찾는 것이 비교적 어렵다.

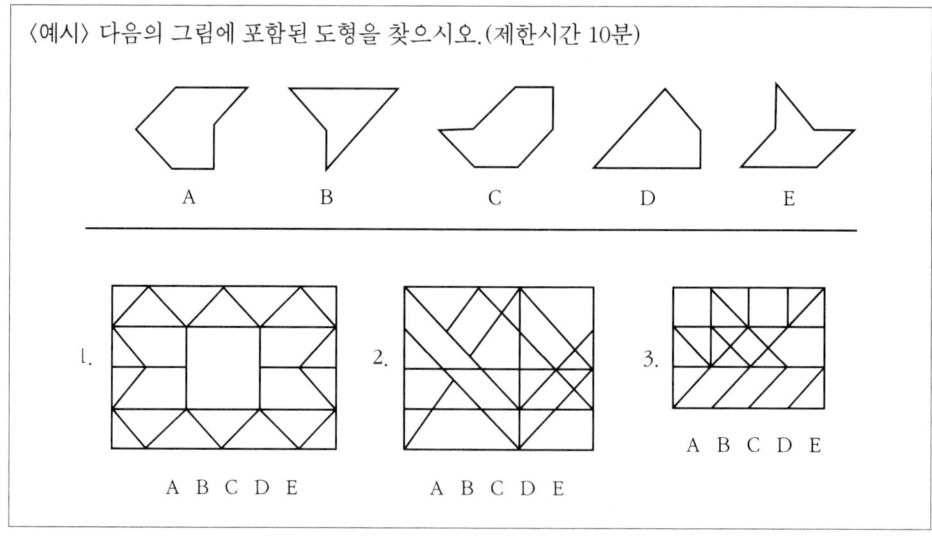

[그림 4-2] 잠입도형검사 문항의 예시(집단검사)

검사 결과를 기반으로 한 인지양식에 따른 학습 유형의 특성은 다음과 같다.

〈표 4-6〉 인지양식에 따른 학습 유형

장독립형 인지양식의 학습 유형	장의존형 인지양식의 학습 유형
자기조절능력에 더 의존함	시각적인 방법으로 명확하게 제시된 정보에 의하여 향상됨
사회적 가설을 무시하고 자신의 가설을 형성함	사회 정보에 관심이 많고, 외부적인 특징에 영향을 많이 받음
새로운 개념 자체에 흥미가 있음	자신의 경험과 관계된 자료에 열중함
자신이 정의한 목표와 강화를 가짐	외부적으로 정의된 목표와 강화를 가짐
자료를 자기구조화할 수 있음	자료가 조직적으로 제공되길 원함
꾸중의 영향을 적게 받음	꾸중에 의해 많은 영향을 받음

※ 출처: 김철성(2013). 초등학생의 인지양식에 따른 미술표현의 차이.

개인의 장독립-장의존 경향은 양분 척도가 아니라 상대적인 것이며, 검사의 결과를 통해 장독립과 장의존을 양극으로 한 연속선상에서의 개인의 위치를 파악할 수 있다. 따라서 점수가 높을수록 강한 장독립성을 나타내며, 학습 유형에 있어서도 강한 장독립성의 특징을 보인다고 해석할 수 있다. 이를 토대로 향후 효과적인 학습 방법 제안과 진로 지도에 유용하게 활용할 수 있다.

» 참고문헌

김계현, 황매향, 선혜연, 김영빈(2013). 상담와 심리검사(2판). 서울: 학지사.

김철성(2013). 초등학생의 인지양식에 따른 미술표현의 차이. 미술교육논총, 35, 63-83.

박경숙, 윤점룡, 박효정(1989). 기초학습기능검사. 서울: 한국교육개발원.

한국교육심리학회(2000). 교육심리학용어사전. 서울: 학지사.

Karp, S. A., & Konstandt, N. (1971). *CEFT Manual*. Palo Alto, California: Consulting Psychologists Press.

Witkin, H. A.(1977). Field-dependent and field-independent cognitive styles and their educational implications. *Review of Educational Research*, 1-64.

구글위키백과. SAT 개요 및 종류. https://ko.wikipedia.org/wiki/SAT, 2018. 10. 01. 인출.

연우심리개발원. U&I 학습유형검사. http://www.iyonwoo.com/exam/forgot_key.php, 2018. 10. 08. 인출.

학교알리미. http://www.schoolinfo.go.kr, 2018. 10. 07. 인출.

한국고용정보원 홈페이지. 청소년 대상 검사. http://www.work.go.kr, 2018. 11. 23. 인출.

한국교육과정평가원 홈페이지. 2019학년도 대학수학능력시험 Q&A자료집. http://www.suneung.re.kr/sub/info.do?m=0201&s=suneung, 2018. 10. 02. 인출.

학업성취도평가정보서비스. https://naea.kice.re.kr/prtl/eval/result.do, 2018. 05. 04. 인출.

제5장

적성 영역

1. 적성의 의미
   1) 적성의 개념
   2) 적성검사의 특성
2. 능력 중심의 적성검사
   1) 일반적성검사
   2) 특수적성검사
3. 선호도 중심의 적성검사
   1) 홀랜드의 RIASEC 이론
   2) 진로적성검사

심리검사에 대한 초기 연구는 대부분 인간의 전반적인 지적 능력을 측정하는 것에 집중되어 왔다. 그러나 단일 IQ만으로는 다차원적인 지능의 본질을 평가하기 어렵고, 특정 분야에서의 성공적 수행을 예측하는 데 한계가 있음이 경험적으로 드러나기 시작했다. 이러한 상황에서 심리학자들은 주로 언어적 · 수리적 능력을 중심으로 인간의 전반적인 지적 능력을 측정해 온 지능검사를 보완할 수 있는 검사가 필요하다는 인식을 하게 되었다. 즉, 일반적인 정신능력을 산출하는 지능검사와 달리 언어, 수리, 기계, 사무, 음악, 미술 등과 같이 구체적 분야에서의 능력을 의미하는 적성에 관심을 갖기 시작한 것이다.

1. 적성의 의미

지능이 인간의 전반적인 지적 능력을 의미한다면 적성은 구체적인 활동이나 학업, 직업 등에서의 성공 가능성을 예측할 수 있는 심리적 특성이라 할 수 있다. 즉, 인간의 능력에 관심을 갖고 있다는 점에서는 지능과 유사하지만, 특정 분야에서의 수행 가능성을 예측하는 인간의 잠재능력을 강조한다는 점에서는 지능과 차별화된다. 이 절에서는 심리검사의 역사 속에서 적성이 어떻게 등장하게 되었는지를 통해 적성의 의미와 특성을 구체화하고자 한다.

1) 적성의 개념

적성(aptitude)이란 일반적으로 학업성취나 직업 등과 같이 어떤 특정 분야에서 성공할 수 있는 잠재능력을 의미한다. 지능과 같이 후천적인 학습이나 경험 또는 훈련에 의하여 다소 수정되기는 하지만, 청년 초기까지 대부분 형성되고 그 이후는 변동이 적은 비교적 항상적인 요인이다. 상황에 따라 능력(ability)과 혼용하여 사용되기도 하지만, 어떤 분야에서 필요로 하는 기능을 비교적 쉽게 배우거나 성공적으로 성취할 수 있는 개인의 특수한 능력이며, 특정 학문 분야 또는 직업 분야와 관련된 지적 능력뿐 아니라 그곳에서 요구되는 성격적 적합도나 직업적 흥미와 같은 정의적인 특성도 포괄하고 있다는 측면에서 능력과 구별된다.

이러한 점에서 적성은 학업이나 직업 등과 같이 특정 분야에 대한 앞으로의 성공 가능성을 예측하는 심리적인 특성이라 정의내릴 수 있다. 그러므로 적성은 '○○에 대한 적성'으로 이해하는 것이 명확하다. 예를 들어, 학업수행과 관련된 적성을 학업적성, 각종 직업 분야에서 성공적으로 수행할 수 있는 능력과 관련된 적성을 직업적성, IT 프로그램을 개발하는 것과 관련된 적성을 IT 개발 적성이라고 칭한다.

심리검사 분야에서 적성에 대한 관심은 지능검사의 활용 가운데 이루어졌음을 확인할 수 있다. 이를 심리검사의 역사 속에서 살펴보면 다음과 같다(이종승, 2005; Anastasi & Urbina, 1997).

첫째, 지능검사의 점수에서 나타난 개인 내적 분산(intra-individual variation)에 대한 인식이 커지기 시작하면서 지능 수준이 동일한 사람이라 할지라도 하위영역별 점수에 편차가 크다는 사실을 알게 되었다. 예를 들어, 전반적인 지능지수가 유사한 사람 중에는 언어점수가 매우 높고 수리점수가 매우 낮은 사람도 있지만, 그 반대인 경우도 있었다. 즉, 언어, 수리, 기계, 사무, 음악, 미술 등과 같은 구체적 분야에서의 능력을 의미하는 적성은 단일한 측정치를 산출하는 지능검사와는 다르므로 접근하는 방식도 달라야 한다고 생각하기 시작하였다.

둘째, 적성에 대한 관심이 커지기 시작한 당시에 지능검사는 주로 언어력과 수리력을 통해 측정되고 있었기 때문에 인간의 다양한 능력을 측정하는 데 한계가 있음이 지적되었다. 자연스럽게 언어력과 수리력 외의 영역에 대한 측정으로까지 관심이 확대되면서 인간의 능력에 대한 다양성을 인식하게 되었고, 적성을 통해 이를 확인하려는 시도가 생겨났다.

셋째, 제1, 2차 세계대전 동안 대규모의 인원을 한꺼번에 징집하고, 그들의 능력을 신속히 확인하여 적재적소에 배치해야 할 필요성이 생겼다. 이러한 상황에서 단일한 측정치를 산출하는 지능검사보다 구체적 분야에서의 능력을 확인할 수 있는 검사가 더욱 효율성이 높다는 의견이 제기되었다.

넷째, 컴퓨터 및 통계분석 프로그램의 발달, 요인분석과 같은 다중적성검사(multiple aptitude test)를 제작할 수 있는 통계적 기법들이 하나둘씩 등장하면서 적성에 대한 연구도 활발히 이루어지게 되었다.

이러한 내용을 토대로 적성의 개념과 특성을 다음과 같이 정리할 수 있다(김혜경,

2012, 조주연 외, 2004). 첫째, 적성은 어떤 특정한 활동이나 직업을 수행하는 데 요구되는 특수능력을 일컫는 것이므로, 인간의 능력을 일반적인 수준에서 탐색하는 것이 아니라 특정 활동이나 영역과 관련된 능력으로 개념화한 것이다. 둘째, 개인의 적성과 환경과의 일치 정도를 통해 이후의 만족도 및 성취도를 예측할 수 있다(Holland, 1992). 셋째, 적성의 개념 속에는 타고난 소질이나 능력뿐만 아니라 학습된 능력도 포함되어 있다. 따라서 적성은 적절한 훈련과 경험을 통해 개발될 수 있는 특성을 가지고 있다. 넷째, 적성의 본질적인 면은 숙달될 수 있는 개인의 잠재적 능력이지만, 다른 측면은 그러한 능력을 발휘하는 데 있어 흥미와 관심을 나타낼 수 있는 정의적 준비성을 의미한다. 즉, 적성의 개념 속에는 지적 특성과 정의적 특성이 모두 포함되어 있다고 할 수 있다.

2) 적성검사의 특성

적성검사는 개인이 미처 인식하지 못한 특수능력이나 잠재력을 발견·개발하여 학업이나 진로를 결정하는 데 정보를 제공하고, 미래 학업이나 직업에 있어서의 성공 가능성을 예측해 준다는 점에서 가치가 있다. 그러나 이러한 예측 기능은 적성검사만의 고유한 특성이 아님을 기억할 때, 적성검사의 제작이 왜 필요한가에 대한 고민이 필요하다.

실제로 적성검사는 검사의 목적과 용도, 측정 내용, 타당도 등에 있어 학력검사와 유사한 점이 많은 반면 차이점도 뚜렷하다. 적성검사와 학력검사 모두 능력검사의 한 형태라는 점에서 유사하지만, 검사 결과를 활용하는 측면에서는 구분된다. 먼저, 적성검사의 목적이 미래 학습의 성공 여부를 측정하고자 하는 것인 데 반해, 학력검사는 개인의 지식, 기술, 성취의 현재 수준을 측정하기 위한 검사로 과거에 가르치고 배운 내용을 얼마만큼 알고 있느냐를 측정하기 위해 고안된 것이다. 물론 학력검사의 결과도 장래의 학업성취를 예측하는 데 이용될 수 있지만, 적성검사의 용도는 처음부터 미래의 성취도나 성공 가능성에 대한 예측을 전제로 한다(이종승, 2005). 또한, 일반적으로 적성검사는 어휘력, 수리력, 추상적 사고력 등과 같은 생활 전반에 걸친 비교적 넓은 영역의 지식과 기술을 측정하여 미래의 잠재력을 예측하는 데 사용되지만, 학력검사는 어떤 교과목과 밀접하게 관련된 영역의 지식이나 기술을 측정한다는 점에서 차이가 난다.

한편, 교육 및 상담 등의 실천현장에서는 적성검사가 가진 여러 장점으로 인해 학력검사보다 적성검사의 활용도가 높은 편이다. 적성검사가 가진 긍정적 측면을 학력검사와 비교하여 살펴보면 다음과 같다.

첫째, 적성검사는 비교적 검사시간이 짧아 실시하기가 편하다. 종합적인 학력검사의 경우 일반적으로 검사시간이 오래 걸리지만(거의 하루 종일 걸리는 경우가 많다), 대부분의 적성검사는 1시간 전후 안에 실시될 수 있어 경제적이다.

둘째, 학력검사는 새로운 단원에 들어가기 이전에 그 학생의 능력이나 준비도를 알기 위하여 학력검사를 미리 실시하는 경우도 있지만, 대부분은 어떤 교과에 대한 학습이 이루어진 이후에 실시된다. 반면 적성검사는 어떤 학습이 이루어지기 이전에 주로 사용되므로, 과거 학습경험이 전혀 없는 생소한 교과목에 대한 학습능력을 측정하는 경우에 학력검사보다 더 적절하게 사용될 수 있다. 예를 들면, 제2외국어에 대한 능력을 측정하고자 할 때 학력검사는 적어도 몇 번의 제2외국어 수업이 진행된 후에야 실시될 수 있지만, 적성검사는 반드시 그럴 필요가 없다.

셋째, 학습부진아를 진단할 때 적성검사가 학력검사보다 더 유용하게 사용될 수 있다. 예를 들어, 어떤 학생의 학업능력이 부진할 때, 그 학생이 더 발전할 수 있는 잠재력을 가지고 있는지 없는지를 판단하기 위해서는 적성검사의 사용이 적절하다. 왜냐하면 어떤 영역에서 부진한 것을 이미 알고 있는 학생을 똑같은 영역의 학력검사로 측정한다는 것은 소용이 없기 때문이다. 또한, 잠재력이 있음에도 불구하고 어떤 교과에서의 능력이 부진하다면 그 원인을 제대로 진단하여 교육적인 처치를 내려야 하는데, 이때 적성검사가 효율적으로 활용될 수 있다.

넷째, 적성검사는 학력검사에 비하여 다양한 학습 경험과 배경을 가진 학생들에게 적절하게 사용될 수 있다. 학력검사는 비교적 최근에 학교에서 배운 내용에 초점을 맞추기 때문에 해당 내용을 접해 본 적이 없는 학생들은 검사를 치를 때 어려움을 겪을 수밖에 없다. 그러나 적성검사는 학교 밖의 학습이나 축적된 학습경험을 측정하기 위한 것이므로 특별한 교과목이나 교과 내용을 배워 본 적이 없는 학생들에게도 불리하게 작용되지 않는다.

이러한 특성을 가진 적성검사는 개인의 적성을 구분하고, 개인차를 밝히는 데 유용하게 사용되고 있다.

2. 능력 중심의 적성검사

일반적으로 적성검사의 유형은 피검사자가 가진 능력을 토대로 적성을 확인하려는 형태와 다양한 상황 또는 일에 대한 피검사자의 선호경향성을 토대로 적성을 파악하려는 형태로 분류할 수 있다. 피검사자의 능력에 초점을 둔 적성검사의 유형으로는 학업적성검사(scholastic aptitude test), 일반적성검사(general aptitude test), 특수적성검사(special aptitude test) 등이 있다.

학업적성검사는 앞서 제4장에서 언급한 것과 같이 장래의 학업 성공을 예측하기 위하여 학습에 대한 잠재력을 평가하려는 검사를 의미한다. 우리나라의 대학수학능력시험과 미국의 SAT 등과 같이 일반적으로는 고등학교 졸업자가 대학에 진학할 경우 얼마나 학업성취를 잘할 수 있을 것인가를 알아보기 위해 사용되고 있다. 이 검사는 지금까지의 학업성취에 기초를 두고 앞으로의 학업능력을 예측하는 것이기 때문에 적성검사와 학력검사의 특성을 모두 가지고 있으나 이 책에서는 제4장의 학력검사 부분에서 설명하였다. 따라서 이 절에서는 능력 중심의 적성검사 중 일반적성검사와 특수적성검사에 대해서만 소개하고자 한다.

1) 일반적성검사

일반적성검사는 진학 및 직업상담에 활용할 목적으로 개발된 것으로 여러 개의 하위 검사로 구성되어 있다. 따라서 하나의 검사를 통해 다양한 직업 및 직업활동에 대한 잠재력을 측정할 수 있다. 세계적으로 가장 많이 활용되고 있는 일반적성검사로는 DAT(적성변별검사)와 GATB(일반적성검사총집)가 있다.

우리나라에서도 다양한 적성검사가 개발되어 활용되고 있다. 이 중 가장 최근에 개발된 적성검사로는 한국고용정보원에서 개발한 성인용 직업적성검사와 고등학생용 적성검사가 있다. 두 검사 모두 워크넷(www.work.go.kr) 사이트에서 온라인을 통해 검사를 실시해 볼 수 있도록 서비스가 제공되고 있다.

(1) DAT

DAT(Differential Aptitude Tests: DAT)는 1947년에 베넷(Bennett) 등이 중학교 2학년에서 고등학교 3학년까지의 학생들을 대상으로 교육상담과 진로상담에 사용하기 위해 개발하였다. 검사를 처음 개발한 이후 정기적으로 개정 작업을 하고 있으며, 1992년에는 Form C(5판)를 출판하였다. DAT 5판은 연령대에 따라 활용할 수 있도록 2개의 수준으로 구성되어 있다. 수준 1은 중학교 학생들과 이 과정을 마친 성인들을 위한 것이고, 수준 2는 고등학교 학생들과 고등학교에 진학하였으나 완전히 마치지 못한 성인들을 위한 것이다.

① 검사의 구성

DAT는 개인의 학업적 · 직업적 선택 시 유용하게 이용될 수 있는 8개의 검사, 즉 언어 추리력, 수리능력, 추상적 추리력, 지각속도와 정확성, 기계 추리력, 공간 관계성, 철자, 언어구사능력으로 구성되어 있다(Bennett, Seashore, & Wesman, 1982). 〈표 5-1〉에 DAT의 구성요인을 제시하였다.

〈표 5-1〉 DAT의 구성

요인	문항 유형	측정 내용
언어 추리력 (Verbal reasoning)	언어 유추와 관련된 문항	• 단어들을 추리하는 능력 • 단어로 표현된 생각들을 올바르게 이해하는 능력
수리능력 (Numerical ability)	계산과 관련된 문항	• 산수와 대수학에 대한 기본적인 능력
추상적 추리력 (Abstract reasoning)	추상적 모형과 관련된 문항	• 세부적인 것에 집중할 수 있는 능력 • 관계적 사고 • 추상적 추리력
지각속도와 정확성 (Clerical speed and accuracy)	문자 또는 숫자들의 조합과 관련된 문항	• 문자열과 숫자열에 대한 비교의 속도와 정확성
기계 추리력 (Mechanical reasoning)	기계장치와 도구들에 대한 그림을 활용한 문항	• 기계적 원리와 물리학의 법칙들에 대한 이해력

공간 관계성 (Space relations)	전개도를 활용한 문항	• 전개도를 보고 그 대상의 모양, 크기, 방향 등을 파악할 수 있는 능력
철자(Spelling)	올바른 단어와 틀린 단어에 대한 문항	• 올바른 철자로 이루어진 단어를 빠르게 인식할 수 있는 능력
언어구사능력 (Language usage)	문장과 관련된 문항	• 문장 속에서 문법, 구두점, 대문자 사용의 오류를 찾을 수 있는 능력

② 검사의 해석 및 활용

DAT의 여덟 가지 검사 중 다섯 가지는 성별에 따라 많은 차이를 보인다. 즉, 남성은 기계 추리력과 공간 관계성 검사에서 여성보다 점수가 높은 반면, 여성은 언어구사능력, 철자, 지각속도와 정확성 검사에서 남성보다 점수가 더 높은 것으로 나타났다(Friedenberg, 2004). DAT는 이러한 경험적 결과를 토대로 성별에 따른 별도의 규준을 제공하고 있다. 따라서 남성적 직업에 관심이 있을 때는 남성규준을 참조하고, 여성적 직업에 관심이 있을 때는 여성규준을 참조하도록 하고 있다.

DAT는 타당도를 확보하기 위해 수년간 지속적으로 자료를 수집해 왔는데, 대부분이 고등학교의 학업 및 직업 프로그램의 성취도를 예측하는 예측타당도를 산출하는 것에 관심이 많았다. 검사와 준거자료와의 시간 간격은 약 3년이었는데, 대부분의 경우에서 상관계수들이 높은 것으로 나타났다. 특히 언어적 추리와 수리능력의 합산 점수는 학업성취도와 .70~.80 정도의 높은 상관을 보였다. 이러한 이유로 언어적 추리와 수리능력의 하위 검사 결과만 부분적으로 추출하여 학업적성의 일반지수로 사용하기도 한다(Anastasi & Urbina, 1997).

한편, DAT는 피검사자가 어떠한 활동과 직업에 흥미가 있는지 측정하는 직업계획 질문지를 추가로 이용할 수 있다. 만약 피검사자가 DAT뿐 아니라 이 질문지까지 작성한다면, 흥미와 능력을 모두 고려한 분석을 받을 수 있게 된다(Friedenberg, 2004). 이러한 특징으로 인해 DAT는 직업상담 분야에서 매우 유용한 도구로 활용되고 있다.

(2) GATB

일반적성검사총집 또는 GATB(General Aptitude Test Battery: GATB)는 미국노동청의 고용위원회가 1945년에 연구 · 개발한 적성검사로서 주로 미국의 노동부와

주립 고용서비스국에서 사용되고 있다. 이 검사는 15개의 독립된 검사로 구성되어 있으며, 9개의 서로 다른 요인에 대한 점수를 산출한다. 각각의 적성요인은 요인분석 절차를 통해 추출되었기 때문에 기존의 다른 적성검사에 비해 각 요인의 독립성이 뚜렷한 편이다. 실제로 9개 요인 간 상관의 평균은 .24밖에 되지 않으며, 손가락 재치 등의 운동검사와 언어능력 및 수리능력 등의 지적 검사 간의 상관은 거의 0에 가까운 것으로 확인되었다(Friedenberg, 2004).

GATB는 15개의 하위 검사를 통해 9개의 적성요인을 측정할 수 있도록 구성되어 있으며, 전체 하위 검사 중 11개는 지필검사로, 4개는 기구검사를 통해 확인할 수 있다. GATB의 구성이 〈표 5-2〉에 제시되어 있다.

〈표 5-2〉 GATB의 구성

<table>
<tr><th>하위 검사</th><th colspan="2">적성요인</th><th>측정 방법</th></tr>
<tr><td>기구대조검사</td><td rowspan="2">형태지각능력(P)</td><td></td><td rowspan="11">지필검사</td></tr>
<tr><td>형태비교검사</td><td></td></tr>
<tr><td>명칭비교검사</td><td>사무지각능력(Q)</td><td></td></tr>
<tr><td>타점속도검사</td><td rowspan="3">운동반응(K)</td><td></td></tr>
<tr><td>표식검사</td><td></td></tr>
<tr><td>종선기입검사</td><td></td></tr>
<tr><td>평면도판단검사</td><td rowspan="2">공간적성능력(S)</td><td></td></tr>
<tr><td>입체공간검사</td><td rowspan="3">지능(G)</td></tr>
<tr><td>어휘검사</td><td>언어능력(V)</td></tr>
<tr><td>산수추리검사</td><td rowspan="2">수리능력(N)</td></tr>
<tr><td>계수검사</td><td></td></tr>
<tr><td>환치검사</td><td rowspan="2">손 재치(M)</td><td></td><td rowspan="4">기구검사</td></tr>
<tr><td>회전검사</td><td></td></tr>
<tr><td>조립검사</td><td rowspan="2">손가락 재치(F)</td><td></td></tr>
<tr><td>분해검사</td><td></td></tr>
</table>

GATB를 통해 측정되는 9개 적성요인은 다음과 같다.

■ 지능(General intelligence: G)

- 일반적인 학습능력을 의미함
- 설명이나 지도 내용의 원리를 이해하는 능력, 추리하여 판단하는 능력, 새로운 환경에 빨리 순응하는 능력

■ 형태지각능력(Form perception: P)

- 시각적 예민도를 의미함
- 실물이나 그림 또는 표에 나타난 것을 세부적으로 빠르게 지각하는 능력, 시각으로 비교 · 판별하는 능력, 도형의 형태나 음영 및 선의 길이나 넓이의 차이를 지각하는 능력

■ 사무지각능력(Clerical perception: Q)

- 직관적인 인지능력의 정확도 및 비교 · 판별하는 능력을 의미함
- 문자나 인쇄물, 전표 등의 세부 정보를 식별하는 능력, 잘못된 문자나 숫자를 대조하거나 교정하는 능력

■ 운동반응(Moter coordination: K)

- 눈으로 겨누면서 정확하게 손이나 손가락의 운동을 조절하는 능력을 의미함
- 눈과 손 또는 손가락을 함께 사용하여 빠르고 정확하게 운동할 수 있는 능력

■ 공간적성능력(Spatial aptitude: S)

- 2차원 또는 3차원의 형체를 시각적으로 이해하는 능력을 의미함
- 공간상의 형태를 이해하고 평면과 물체의 관계를 이해하는 능력, 기하학적 문제해결능력

■ 언어능력(Verbal aptitude: V)

- 언어의 뜻과 관련된 개념을 바르게 이해하고 사용하는 능력을 의미함
- 언어 상호간의 관계나 문장의 뜻을 이해하는 능력, 보고 들은 것이나 자신의 생각을 발표하는 능력

▮ 수리능력(Numeral learning ability: N)

- 빠르고 정확하게 계산하는 능력

▮ 손 재치(Manual dexterity: M)

- 손을 정교하게 조절하는 능력을 의미함
- 물건을 집고, 놓고, 뒤집을 때 손과 손목을 정교하고 자유롭게 운동할 수 있는 능력

▮ 손가락 재치(Finger dexterity: F)

- 손가락을 정교하고 신속하게 움직이는 능력을 의미함
- 작은 물건을 정확하고 신속하게 다루는 능력

(3) 한국고용정보원의 성인용 직업적성검사

한국고용정보원에서는 개인의 적성에 따른 적합한 직업을 탐색하고 이를 추천할 수 있도록 지원하기 위해 '성인용 직업적성검사(2005)'와 '고등학생 적성검사(2014)'를 개발하였다. 그중 성인용 직업적성검사는 구직을 원하는 대학생과 일반 성인을 대상으로 다양한 직업 분야에서의 직무를 성공적으로 수행하기 위해 요구되는 중요한 적성요인을 측정하기 위해 개발되었다. 이 검사는 하위 구성요인을 선정하기 위해 먼저 우리나라의 대표직업 304개를 추출하고 체계적으로 직무분석을 실시하는 과정을 거쳤다. 이 분석 결과를 근거로 우리나라에서 필요한 11개 적성요인을 선정하였고, 각 요인을 측정할 수 있는 16개 하위 검사를 개발하였다. 검사는 총 90분의 시간제한을 두고 시행된다.

① 검사의 구성

성인용 직업적성검사의 11개 적성요인과 16개의 하위 검사는 〈표 5-3〉과 같이 구성되어 있다.

〈표 5-3〉 성인용 직업적성검사

적성요인	하위 검사	측정 내용
언어력	• 어휘력 • 문장독해력	일상생활에서 사용되는 다양한 단어의 의미를 정확히 알고, 글로 표현된 문장들의 내용을 올바르게 파악하는 능력(동의어, 반의어, 단어의 뜻 찾기)
수리력	• 계산능력 • 자료해석력	사칙연산을 이용하여 수리적 문제들을 풀어 내고 일상생활에서 접하는 통계적 자료(표와 그래프)들의 의미를 정확하게 해석하는 능력
추리력	• 수열추리력 1 • 수열추리력 2 • 도형추리력	주어진 정보를 종합해서 이들 간의 관계를 논리적으로 추론해 내는 능력
공간 지각력	• 조각맞추기 • 그림맞추기	물체를 회전시키거나 배열했을 때 변화된 모습을 머릿속에 그릴 수 있으며, 공간 속에서 위치나 방향을 정확히 파악하는 능력
사물 지각력	• 지각속도	서로 다른 사물 간의 유사점이나 차이점을 빠르고 정확하게 지각하는 능력
기계능력	• 기계능력	기계의 작동원리나 사물의 운동원리를 정확히 이해하는 능력
집중력	• 집중력	작업을 방해하는 자극이 존재함에도 불구하고 정신을 한 곳에 집중하여 지속적으로 문제를 해결할 수 있는 능력
색채 지각력	• 색혼합	서로 다른 두 가지 색을 혼합하였을 때의 색을 유추할 수 있는 능력
사고 유창력	• 사고유창성	주어진 상황에서 짧은 시간 내에 서로 다른 많은 아이디어를 개발해 내는 능력
협응능력	• 기호쓰기	눈과 손이 정확하게 협응하여 세밀한 작업을 빠른 시간 내에 정확하게 해내는 능력
상황 판단력	• 상황판단력	실생활에서 자주 당면하는 문제나 갈등 상황에서 문제를 해결하기 위한 여러 가지 가능한 방법 중 보다 바람직한 대안을 판단하는 능력

※ 출처: 워크넷(www.work.go.kr). 직업심리검사 가이드 e북.

② **검사의 해석 및 활용**

검사의 결과는 적성요인별 능력을 점수와 수준으로 산출하여 설명해 준다. 점수는 100점을 기준으로 그 위에 있으면 다른 사람들보다 능력이 우수한 것으로, 아래에 있으면 다른 사람들보다 능력이 낮은 것을 의미한다. 적성요인별 점수에 따라 최상, 상, 중상, 중하, 하, 최하의 6개 수준으로 구분한다. 〈표 5-4〉에 적성점수와 수준에 대한 평가를 제시하였다.

〈표 5-4〉 적성점수와 수준

적성점수	수준	평가
120점 이상	최상	당신의 능력은 상위 10% 이내에 속합니다.
112~119점	상	당신의 능력은 상위 11%에서 20% 사이에 속합니다.
100~111점	중상	당신의 능력은 상위 21%에서 50% 사이에 속합니다.
88~99점	중하	당신의 능력은 하위 21%에서 50% 사이에 속합니다.
81~87점	하	당신의 능력은 하위 11%에서 20% 사이에 속합니다.
80점 이하	최하	당신의 능력은 하위 10% 이내에 속합니다.

※ 출처: 워크넷(www.work.go.kr). 직업심리검사 가이드 e북.

또한, 적성검사 결과를 토대로 직업선택에 참고할 수 있는 정보를 제공받을 수 있다. 구체적으로 살펴보면, 능력을 발휘하기에 가장 적합한 직업군(최적합 직업군) 3개와 직업선택 시 참고할 수 있는 직업군(적합 직업군) 3개에 대한 세부 직업 목록과 중요 적성요인에 대한 정보를 제공하며, 희망 직업에 대한 적성요인의 기준점수와 본인의 점수를 비교할 수 있도록 정보를 제공하고 있다.

따라서 구직자 또는 일반 성인들은 본 검사를 통해 미처 인식하지 못한 잠재능력을 발견할 수 있다. 뿐만 아니라 본인의 적성과 본인이 희망하는 분야에서 요구되는 직무수행 요건 간의 차이를 비교함으로써 개인의 적성에 적합한 직업의 선택에 효율적으로 활용할 수 있다.

(4) 한국고용정보원의 고등학생용 적성검사

고등학생용 적성검사는 성인용 직업적성검사를 토대로 추출된 9개의 적성요인과 13개의 하위 검사로 구성되어 있다. 진로발달 단계상 진로탐색이 집중적으로 이루어져야 하는 시기임을 고려하여 적성에 대한 결과뿐 아니라 적성에 맞는 직업들에 대한 상세한 정보도 제공해 주고 있다. 즉, 적성검사를 통해 직접적인 직업선택뿐 아니라 진로에 대한 다양한 탐색이 가능하도록 지원하고 있다. 검사는 총 65분의 시간제한을 두고 시행된다.

① 검사의 구성

고등학생용 적성검사의 9개 적성요인과 13개의 하위 검사는 〈표 5-5〉와 같다.

〈표 5-5〉 고등학생용 적성검사

적성요인	하위 검사	측정 내용
언어능력	• 어휘찾기 • 주제찾기	상황에 가장 적합한 단어를 파악 · 사용하고, 글의 핵심적인 내용을 정확하게 이해하며, 언어관계(공통점 등)를 정확히 파악하는 능력
수리능력	• 단순수리 • 응용수리	간단한 계산문제 혹은 스스로 계산식을 도출할 수 있는가를 파악하는 능력
추리능력	• 문장추리 • 수열추리	주어진 정보를 종합해서 이들 간의 관계를 논리적으로 추론해 내는 능력
공간능력	• 심상회전 • 부분찾기	추상적 시각적 이미지를 생성하고, 유지하고, 조작하는 능력
지각속도	• 지각속도	시각적 자극을 신속하게 평가하고 식별해 내는 능력
과학능력	• 과학원리	과학의 일반적인 원리를 파악하는 능력
집중력	• 집중력	방해자극이 제시되는 상황에서는 방해자극의 간섭을 배제시키면서 과제를 수행하는 능력 또는 방해자극이 제시되지 않는 상황에서는 목표과제에 집중하는 능력
색채능력	• 색상지각	백색광이 프리즘을 통과할 때 분산에 의해 나타나는 스펙트럼 상에서 색상의 적절한 위치를 파악하는 능력
사고유연성	• 성냥개비	주어진 정보를 다른 각도나 방식으로 해석하거나 수정할 수 있는 능력

※ 출처: 워크넷(www.work.go.kr). 직업심리검사 가이드 e북.

② 검사의 해석 및 활용

적성검사의 결과는 적성요인별 프로파일 해석, 추천 직업, 추천 직업군 및 직업명으로 제공된다. 적성요인별 프로파일 해석에서는 9개 적성요인별 점수를 백분위와 100점을 평균으로 변환한 점수를 제공한다. 변환점수는 성인용 직업적성검사 결과 부분에서 소개한 바와 같이 100점을 기준으로 그 위에 있으면 다른 사람들보다 능력이 우수한 것으로, 아래에 있으면 다른 사람들보다 능력이 낮은 것을 의미하며, 이에 따라 최상, 상, 중상, 중하, 하, 최하의 6개 수준으로 구분하고 있다(표 5-4〉 참고).

또한 자신의 적성점수와 실제 직업별 종사자들의 적성점수를 비교하여 적합한 직업을 열 가지 추출하여 소개한다. 직업명, 일치 정도, 관련 직업군, 중요 적성요인 등에 대한 정보를 구체적으로 제시하여 고려 가능한 직업들을 탐색하는 데 자료로 활용하도록 안내하고 있다. 이를 통해 앞으로 진로를 탐색하거나 선택할 때 개인이 더욱 발전시켜야 하는 적성요인이 무엇인지를 이해할 수 있도록 돕는다.

2) 특수적성검사

특수적성검사는 DAT 및 GATB 또는 한국고용정보원의 직업적성검사와 달리 구체적인 어느 한 분야의 적성을 측정하기 위한 검사이다. 즉, 특수적성검사들은 직무와의 관련성을 쉽게 확인할 수 있는 특정 기술 영역에 초점을 맞추고 있기 때문에 미래의 직무수행에 대한 예측변인으로서 타당성이 높은 편이다. 대표적인 특수적성검사로 미네소타의 사무검사와 베넷의 기계이해검사, 한국고용정보원(2006)의 영업직무 기본역량검사와 IT직무 기본역량검사가 있다. 이 중 한국고용정보원에서 개발된 두 검사는 워크넷(www.work.go.kr) 사이트에서 온라인으로 검사에 응시할 수 있도록 서비스가 제공되고 있다.

(1) 미네소타 사무검사

미네소타 사무검사(Minnesota Clerical Test: MCT)는 일종의 속도검사로 지각적 속도와 정확성을 측정하기 위해 개발되었다. 모든 문항은 짧고 간결하게 제시되며, 엄격하게 제한된 시간 내에서 정확하게 응답한 문항의 수로 개인차를 측정한다(Friedenberg, 2004). 검사는 숫자비교검사와 이름비교검사의 두 하위 검사로 구성되어 있으며, 검사-재검사신뢰도가 최소한 .7 이상으로 높을 뿐 아니라 상사가 평가한 직무수행 평가점수와의 상관도 높은 것으로 확인되었다(Murpy & Davidshofer, 1988). 즉, MCT는 신뢰도와 준거 관련 타당도가 확보된 양호한 적성검사라 할 수 있다.

- 숫자비교검사: 숫자 쌍 중 서로 다른 쌍을 찾는 것
- 이름비교검사: 알파벳 철자 중 하나의 철자가 다른 쌍을 찾는 것

(2) 베넷의 기계이해검사

베넷의 기계이해검사(Bennett Mechanical Comprehension Test)는 피검사자의 기계지식 및 기계와 관련된 추론능력을 측정하기 위해 개발된 것이다. 이 검사는 난이도 수준이 서로 다른 그림으로 구성된 선택형 문항을 사용하고 있으며, 기계, 도구 및 기구와 관련된 직무를 잘 알고 있는지를 묻거나 물리학 및 기계학의 원리를 적용한 문제해결력을 확인할 수 있는 문항들로 구성되어 있다. 검사의 문항내적 합치도 계수는 .8~.9 사이로 보고되고 있으며, 직무 훈련 과정에서의 수행 및 차후의 직무수행에 대해서도 뛰어난 예측변인인 것으로 알려져 있다(Friedenberg, 2004; Ghiselli, 1966).

(3) 영업직무 기본역량검사

한국고용정보원에서 개발한 영업직무 기본역량검사는 영업직 분야를 희망하는 구직자에게 그 분야에서 성공적으로 직무생활을 수행할 수 있을지에 대한 체계적인 정보를 제공하기 위해 개발되었다. 검사는 적성요인과 인성요인의 두 하위요인으로 구성되어 있으며, 50분의 시간제한을 두고 있다. 검사의 문항내적 합치도는 .66~.88 사이에 있는 것으로 측정되어 양호한 수준인 것으로 확인되며, 하위요인 간 상관이 .05~.35 사이에 있어 하위 검사 간의 독립성이 존재함도 확인되었다. 영업직무 기본역량검사의 구성을 〈표 5-6〉에 제시하였다.

〈표 5-6〉 영업직무 기본역량검사의 구성

구분	요인	평가 내용	하위 검사
적성	언어력	전달하고자 하는 내용을 효과적인 말과 글로 표현하고, 상대방의 말과 글을 잘 이해하여 의사소통을 할 수 있는 능력	• 어휘력 1(반의어) • 어휘력 2(유사어) • 문맥논리
	기억력	새로운 제품에 대한 끊임없는 학습능력, 고객정보를 잘 기억하기 위한 능력	
	근면	목표를 세워 지속적으로 지치지 않고 부지런히 일하는 성향	
	자율	자기가 할 일을 스스로 찾고, 자신이 맡은 역할을 주도적으로 수행하려는 성향	

인성	심리적 탄력	고객의 거절과 같은 어려운 상황이나 좌절에도 낙심하지 않고 평상심으로 빨리 돌아올 수 있는 성향	
	사회성	고객과의 관계 맺음을 중요하게 여기고 여러 사람 앞이나 모르는 사람 앞에서 불편함을 느끼지 않는 상황	
	타인배려	타인과 편안하고 조화로운 관계를 유지하려 하며, 타인에 대해 관대하고, 타인을 이해하고, 세심한 배려를 해 주는 성향	
	감정조절	화가 나더라도 충동적으로 행동하지 않고 참는 성향	

※ 출처: 워크넷(www.work.go.kr). 직업심리검사 가이드 e북.

(4) IT직무 기본역량검사

한국고용정보원의 IT직무 기본역량검사는 IT직 분야를 희망하는 구직자에게 그 분야에서 성공적으로 직무생활을 수행할 수 있을지에 대한 체계적인 정보를 제공하기 위해 개발되었다. 앞서 소개한 영업직무 기본역량검사와 동일하게 하위요인은 적성요인과 인성요인으로 구성되어 있으며, 95분의 시간제한을 두고 있다. 이 검사의 문항내적 합치도는 .64~.89 사이에 있는 것으로 측정되어 양호한 수준인 것으로 확인되었다. IT직무 기본역량검사의 구성을 〈표 5-7〉에 제시하였다.

〈표 5-7〉 IT직무 기본역량검사의 구성

구분	요인	평가 내용	하위 검사
적성	언어력	일상생활에서 사용되는 다양한 단어, 구, 문장, 문단의 의미를 정확히 알고, 글로 표현된 내용을 올바르게 파악하는 능력	• 문장논리 • 문맥논리
	추리력	주어진 정보를 종합해서 이들 간의 관계를 논리적으로 추론해 내는 능력	• 기호추리 • 언어추리 • 도형추리 • 규칙찾기 • 순서도
	집중력	작업을 방해하는 자극이 존재함에도 불구하고 정신을 한 곳에 집중하여 지속적으로 문제를 해결할 수 있는 능력	• 회로도 연결

인성	근면	목표를 세워 지속적으로 지치지 않고 부지런히 일하는 성향	
	자율	자기가 할 일을 스스로 찾고, 자신이 맡은 역할을 주도적으로 수행하려는 성향	
	적응력	변화하는 환경에 빨리 적응하고 유연하게 대처하는 성향	
	심미적 센스	예술 관련 대상이나 활동에 아름다움을 추구하며 이것을 즐기는 성향	

※ 출처: 워크넷(www.work.go.kr). 직업심리검사 가이드 e북.

3. 선호도 중심의 적성검사

능력 중심의 적성검사와 달리 피검사자의 선호경향성을 토대로 적성을 확인하는 검사가 있다. 즉, 적성에 대한 선호도검사는 대부분 직무(일)의 여러 가지 특성에 대해 자신이 해낼 수 있는 능력이 있는지를 스스로 판단하여 적성을 측정하는 검사이다. 따라서 자기이해의 과정을 필수로 하는 진로지도 및 직업탐색 과정에서 가장 많이 활용되고 있다.

이와 같은 형태의 적성검사는 대부분 홀랜드의 RIASEC 모델을 토대로 구성되어 있다. 따라서 이 절에서는 홀랜드의 이론을 먼저 살펴본 후, 이를 토대로 우리나라에서 제공하고 있는 선호도 중심의 진로적성검사에 대해 안내하고자 한다.

1) 홀랜드의 RIASEC 이론

진로심리학자인 홀랜드(Holland)는 제2차 세계대전 시기에 군대에 복무하면서 군인들이 소수의 유형으로 분류될 수 있다는 생각을 하게 되었고, 이후 상담자로서 다양한 사람과의 만남을 통해 서로 다른 흥미를 가진 사람들은 서로 다른 성격적 특성을 갖는다는 확신을 하게 되었다. 이론에 대한 지속적인 연구와 개정 과정을 거치면서 "직업적 흥미는 일반적으로 성격이라고 불리는 것의 일부이기 때문에, 개인의 직업적 흥미에 대한 설명은 곧 개인의 성격에 대한 설명이다."라는 가정을 수립하게 되었다(김봉환 외, 2014). 여기서 직업흥미는 일반적인 흥미와 달리 특정 직업에 대하여 호의적이고 수용적인 관심을 갖는 것을 말한다. 즉, 개인이 특정 범주에 속한 흥미를 가지고 있으면 그 범주에 속하는 어떤 특정 직업에도 흥미를 함께 나타낼 수 있다는 것이다(Hansen, 1990).

홀랜드는 이러한 직업흥미를 설명하기 위해 RIASEC 이론을 제안하였다. 이는 개인의 성격적인 특성과 직업환경이 여섯 가지 유형, 즉 실재적(Realistic), 탐구적(Investigative), 예술적(Artistic), 사회적(Social), 기업적(Enterprising), 관습적(Conventional) 유형 중 하나로 분류될 수 있다는 가정을 가지고 있다. 오늘날 이 이론은 단순히 직업흥미뿐 아니라 개인의 성격, 적성, 가치관 등에 대한 정보를 파악하는 기본이론으로 활용되고 있다.

(1) RIASEC 이론의 가정

홀랜드의 이론은 다음의 네 가지 기본 가정에 기초를 두고 있다.

첫째, 대부분의 사람들은 여섯 가지 성격유형, 즉 실재적, 탐구적, 예술적, 사회적, 기업적, 관습적 유형 중 하나로 분류될 수 있다.

둘째, 직업환경도 이와 같은 여섯 가지 유형으로 분류될 수 있는데, 각 유형에는 또 다른 하위유형이 존재한다. 예를 들어, 교사는 사회형(S)이지만, 음악교사는 사회형-예술형(SA)으로, 과학교사는 사회형-탐구형(SI)으로 볼 수 있다([참고자료] 참조).

셋째, 사람들은 자신이 가지고 있는 능력과 기술을 발휘할 수 있고, 자신의 가치나 태도를 표현하고, 자신에게 맞는 역할을 수행할 수 있는 환경을 찾고자 한다. 즉, 탐구적인 사람은 아이디어를 다루고 논리적·분석적 능력이 활용되는 환경을 찾고자 하며, 사회적인 사람은 다른 사람과 함께 관계를 형성할 수 있는 환경을 찾고자 한다. 또한, 특정 환경의 직업은 그 환경에 적합한 유형의 사람을 찾기도 한다.

넷째, 개인의 행동, 특히 직무와 관련된 행동은 성격과 직업환경의 상호작용에 의해 결정된다. 다시 말해서, 진로선택, 근속기간, 직업전환, 직업적응, 성취, 직무만족 등과 같은 특성은 성격과 직업환경의 상호작용에 의해 영향을 받는다. 예를 들어, S형의 성격을 가진 사람이 S형의 환경을 가진 직업을 선택할 가능성이 높고,

다른 유형보다 S형의 직업을 선택했을 때 직업적 적응이 더 잘 될 것이라 예측할 수 있다.

홀랜드는 이와 같은 가정에 의해 사람들의 성격유형과 직업환경 유형을 여섯 가지로 분류하였으나, 여섯 가지 유형만으로 다양한 사람과 직업의 특성을 설명하는 데 한계를 느꼈다. 따라서 이 유형을 조합하는 형태로 분류하는 작업을 시도하였다. 예를 들어, RI(실재 · 탐구형), AS(예술 · 사회형), ESA(기업 · 사회 · 예술형) 등과 같이 6개 유형을 720개(6×5×4×3×2)의 유형으로 확장하였다(고용정보원, 2008; 천성문 외, 2017).

홀랜드는 이상의 네 가지 기본가정 외에 다음과 같은 부가적인 가정을 제시하였다. 이 부가적 가정들은 홀랜드 이론의 구조를 설명하며, 앞서 제시한 네 가지 기본가정을 뒷받침해 준다(고용정보원, 2008; 김봉환, 정철영, 김병석, 2009).

일관성(Consistency)

- 여섯 가지 성격이나 직업환경의 유형 중 서로 더 밀접하게 관련되는 유형이 있음을 의미함
- 육각형 모형에서 서로 인접할수록 높은 일관성을 나타내고, 멀리 떨어져 있을수록 낮은 일관성을 가짐
- 예를 들어, RI형은 RA형보다 일관성이 높다고 할 수 있으며, RS형은 가장 일관성이 낮다고 할 수 있음

변별성(Differentiation)

- 성격이나 직업환경의 여섯 가지 유형 중 특정 유형으로 특성이 변별되는 정도를 의미함
- 어떤 사람이나 환경은 다른 사람 또는 환경과 비교하여 더욱 뚜렷하게 구별되기도 하지만, 어떤 경우는 여섯 가지 유형의 특징을 고루 가지고 있어 뚜렷한 차별성이 없어 보이기도 함
- 변별성이 높은 사람은 일에 있어 경쟁력과 만족도가 높을 것이며 사회적 · 교육적 행동에도 적절히 개입할 것임. 반면, 변별성이 낮은 사람은 특성이 부각되지 않아 명확한 예측을 하기가 어려움

정체성(Identity)

• 개인이나 직업환경에 대한 정체성이 얼마나 명료하고 안정적인지를 나타내는 개념
• 개인의 정체성은 한 개인이 가진 인생목표, 재능, 흥미, 관심 등에 대해 얼마나 명료하고 안정된 생각을 가지고 있느냐로 정의됨
• 직업환경의 정체성은 어떤 직업환경이 얼마나 분명하고 일관적인 조직목표나 직무, 보상체계를 갖추고 있느냐를 의미함
• 개인의 정체성, 직업환경의 정체성이 뚜렷할수록 환경 및 조직에 안정적으로 적응함

일치성(Congruence)

• 성격유형과 직업환경 유형이 유사하게 나타나는 정도를 나타냄
• 실재적 유형의 사람이 실재적 유형의 환경에서 일할 때에 일치성이 높음
• 성격과 직업환경의 유형이 일치할 때 직업만족도가 높아짐

계측성(Calculus)

• 성격유형과 직업환경 유형 사이의 유사성은 모형의 거리로 이해될 수 있음

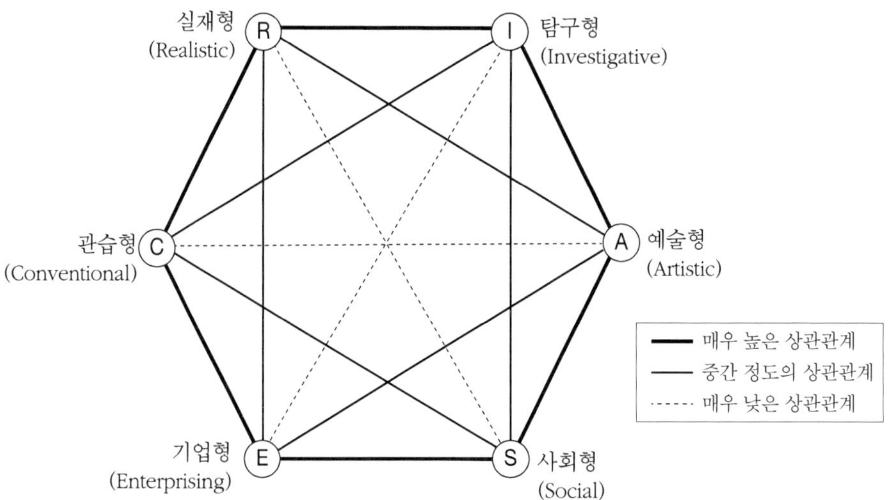

[그림 5-1] RIASEC 이론의 유형 간 유사성 정도

- 예를 들어, R과 I는 유사성이 매우 높으나, R과 A는 중간 정도의 유사성, R과 S는 매우 낮은 유사성을 지님

RIASEC 이론의 유형 간 유사성 정도를 나타내는 그림을 [그림 5-1]에 제시하였다.

(2) RIASEC 유형

홀랜드는 개인의 성격적인 특성과 직업환경이 여섯 가지 유형으로 분류된다고 보았다. 각 유형에 해당되는 특성에는 좋아하는 것뿐만 아니라 싫어하는 것도 있으며, 유능성을 발휘하는 영역이나 그렇지 못한 영역도 있다. 따라서 각 유형에 속하는 사람들은 어떤 종류의 활동을 선호하고 다른 종류의 활동은 회피하는 경향이 있다.

홀랜드 이론의 여섯 가지 유형에 대한 특성을 설명하면 다음과 같다(김봉환, 정철영, 김병석, 2009; 김인기, 2015; 리상섭 외, 2014; 서일수 외, 2013; 임경희 외, 2015; 한국고용정보원, 2011; Holland, 1992).

① 실재적 유형

실재형의 사람은 행동하는 사람(Doer)이다. 이들은 기계적 소질이 있는 반면에 사교능력이 부족하고, 물질 지향적 · 구체적 · 실용적이며, 기능성과 예측 가능성을 선호한다. 사교능력이 부족하다 보니 가끔 자신에 대해서나 자신의 감정에 관하여 타인에게 말로 표현하기 어려워하기도 한다. 이러한 성격적 특성을 가진 실재형의 사람들은 현장에서 직접 신체적으로 하는 활동이나 기계를 조작하는 작업, 예를 들어 불도저, 트렉터와 같은 중장비에서부터 엑스레이 촬영기나 현미경과 같은 정밀한 기계에 이르기까지, 다양한 공구나 기계를 다루는 업무 및 현장 기술 등과 관련된 직업에서 유능성을 발휘한다.

실재형 직업현장의 특성은 군대와 같은 상황에서 잘 볼 수 있다. 인간 또는 아이디어를 지향하기보다 물질 지향적이며, 장비기기 중심적인 활동, 즉 비행, 무기를 가지고 전투하는 일, 기계를 조작하는 일 등의 활동이 주로 이루어진다. 군인은 온정적이고 지지적으로 묘사되기보다 권위에 대한 복종, 엄격한 규율과 행동규칙을

준수해야 하고, 창의성보다 기능성을 발휘해야 하는 집단으로 표현된다.

이와 같이 실재적인 유형은 현실적, 물질적, 완고한, 단순한, 남성적, 직선적, 경직된, 비융통성 등으로 특징 지어지며, 이에 속하는 대표적인 직업으로는 군인, 운동선수, 엔지니어, 건설기사, 자동차 관련 기술자, 조경기사 등이 있다.

② 탐구적 유형

탐구형의 사람은 생각하는 사람(Thinker)이다. 이들은 체계적이고 정확한 것을 선호하며, 분석적이고 비판적인 경향이 있어 지식과 과정을 다루는 일에서 만족감을 느낀다. 그러나 대인관계에서 어려움을 느끼며 리더십 기술이 부족한 경향이 있다. 때로는 다른 사람들이 보기에 차갑고 거리감을 느끼게 하기도 한다. 군대에 실재형의 사람이 많은 반면, 의사나 연구원 중에는 탐구형인 경우가 많다. 이들은 주위의 간섭 없이 독립적으로 일하기를 좋아하지만, 필요할 경우에는 같은 탐구형의 사람들과 연구팀을 구성하여 함께 일하기를 선호한다.

탐구형의 직업은 연구소나 병원과 같은 상황과 관련이 많지만, 그 외에도 여러 분야에서 찾아볼 수 있다. 마케팅 회사에서 주 소비대상자의 요구를 조사하는 것, 식품생산업체에서 음식과 영양의 관계를 연구하는 것, 교육서비스 기관에서 사회적 동향과 학습자의 필요를 분석하는 것, 도시의 발전을 위해 도로의 교통흐름이나 인구의 변화추이를 지속적으로 확인하는 것 등과 같이 어느 곳이든 체계적이고 과학적인 방식으로 접근해야 하는 다양한 상황에서 탐구형의 사람 또는 직업환경을 볼 수 있다. 업무를 수행하는 과정에서 컴퓨터, 현미경, 망원경, 과학기구 등과 같이 도구를 사용한다는 점에서 실재형과 유사하지만, 실재형이 기계나 도구 자체에 초점을 두는 반면, 탐구형은 도구를 활용하여 정보나 데이터를 산출하는 것에 관심을 둔다는 점에서 다르다.

이와 같이 탐구형은 분석적, 비판적, 합리적, 정확한, 내성적, 독립적, 지적인 등의 특성으로 표현할 수 있으며, 이에 속하는 대표적인 직업으로는 과학자, 컴퓨터 분석가, 경제 관련 분석가 등이 있다.

③ 예술적 유형

예술형의 사람은 창조하는 사람(Creator)이다. 이들은 창의적이고 심미적인 활동을 선호하며, 새로운 아이디어를 통해 자신의 생각과 감정을 표현하고자 한다. 비교적 자유롭고 상상력이 풍부하여 자신을 표현할 수 있는 기회를 좋아하고, 작가나 음악가, 연극인과 같은 예술적인 창의성을 가지고 있다. 이 유형의 사람들은 매우 구조화된 상황이나 틀에 박힌 환경을 좋아하지 않는 경향이 있어서 현실에 순응하지 못하는 경우가 많다.

예술형의 직업은 종종 글, 음악 등과 같은 예술적인 방법으로 예술품을 창작하는 활동과 연관된다. 미술관, 음악 공연장, 인테리어 장식 사무실, 극단, 예술사진 스튜디오, 방송국 등에서 많이 찾아볼 수 있다. 예술형의 사람들이 혼자 일하는 것을 좋아한다는 점에서 탐구형과 유사하지만, 탐구형의 사람들보다 자기표현에 대한 열망이 강하다는 점에서 다르다.

이처럼 예술적 유형은 직관적, 감정적, 충동적, 독창적, 비순응적, 민감한 등의 특성으로 표현되며, 이에 속하는 대표적인 직업으로는 배우, 예술가, 디자이너, 작가 등이 있다.

④ 사회적 유형

사회적 유형의 사람은 도움을 주는 사람(Helper)이다. 이들은 다른 사람들과 협력하여 일하는 것을 좋아하고, 다른 사람들의 문제에 관심을 갖고 해결하며, 교육하는 활동에서 즐거움을 느낀다. 대체로 친절하고 사교성이 있어 대인관계 및 의사소통능력이 뛰어난 편이지만, 과학적이거나 분석적인 능력, 정확성 등에 있어서는 부족한 편이다. 양육과 지원을 하되 리더십은 발휘하지 않는 것이 이 유형의 전형적인 특성이고, 부드러운 사람이라는 평을 받는 경우가 많다.

사회형의 사람들은 외적인 보상보다 다른 사람을 육성 · 후원하고, 미래 세대의 형성에 도움을 주는 등과 같은 활동에 더 가치를 부여한다. 따라서 상담가, 교사와 같이 다른 사람들과 어울려 일하는 것, 다른 사람을 돕는 것, 돌보고 이끌어 변화시키는 것, 교육시키는 것 등과 관련이 많으며, 다른 사람들에게 무엇인가를 설명하고, 다른 사람들을 즐겁게 해 주고, 어려움을 겪는 사람들의 문제를 해결하도록 돕고, 사람 간의 이견을 좁혀 주는 업무 등에서 유능성을 발휘한다. 이들은 사교적인 재능이 있으며, 그룹 토의를 주도하는 것 같이 자신의 사교적 가치를 발휘할 수 있는 상황을 좋아하지만, 기계를 작동시키는 일이나 규율과 규칙을 엄격하게 준수해야 하는 곳에서 일하는 것은 힘들어한다.

이와 같이 사회적 유형은 사교적, 외향적, 협조적, 따뜻한, 관대한, 친화적 등의 특성을 가지며, 이에 속하는 대표적인 직업으로는 교육자, 상담가, 평생교육사, 사회복지사, 종교인 등이 있다.

⑤ 기업적 유형

기업적 유형의 사람은 열정적인 설득자(Persuader)이다. 이들은 특정 목표의 달성을 위해 다른 사람들에게 영향을 미치는 일에 관심이 많다. 성취 지향적이고 조직의 목표를 이루거나 경제적인 이익을 얻는 활동을 선호한다. 남보다 앞서 나가기를 좋아하며 직장의 위계구조에서 책임을 지는 직위에 올라가고자 하는 욕구가 강하다. 권력과 통제를 강조하기 때문에 통솔력과 지도력이 있으며, 말을 잘하고, 외향적 · 긍정적 · 열성적 성격을 가지고 있다. 이처럼 리더십은 뛰어난 편이지만 과학적인 분석과 상징적이고 체계적인 활동은 미흡한 편이다.

기업형의 사람들은 각 개인의 위치가 분명하고 권위나 권력의 위계가 잘 구조화된 체계에서 편안하게 일을 잘한다. 따라서 기업형의 직업은 판매업이나 정치, 매매업처럼 다른 사람이 나와 같은 견해를 갖도록 설득하는 일과 관련 있는 경우가 많다.

이와 같이 기업적 유형은 모험적, 자신감, 경쟁적, 의욕적, 열성적, 통솔하는, 극단적인 등의 특성을 가지며, 경영 관련직, 판매 및 영업직, 정치인, 법률가, 사업가 등에서 많이 보인다.

⑥ 관습적 유형

관습적 유형의 사람은 조직화하는 사람(Organizer)이다. 이들은 정확하고 조심성이 있으며 책임감이 강하다. 체계적이고 관습적이기 때문에 기존에 수립된 체계에 적응 · 순응하여 규칙을 잘 따르며, 세밀하고 꼼꼼한 일에 능숙하다. 규칙적인 업무시간과 편안하게 실내에서 하는 일을 선호하며, 자신에게 맡겨진 일을 성실하게 수행해 나가는 편이다.

또한, 분명하고 구조화된 일을 선호하므로 서류를 작성하고 기록하는 등의 사무적인 일에 유능성이 있는 편이다. 로우먼과 슈먼(Lowman & Schurman, 1982)은 연방정부 내 여섯 가지 유형의 조직, 즉 병원, 방위조직, 사회사업 조직, 대규모 행정 규제 조직 본부, 문서 처리부서에서 일을 하는 직원들을 대상으로 홀랜드의 직업선호도검사를 실시하였다. 그 결과, 문서처리부서 직원들의 경우 관습형이 가장 높은 것으로 나타났다.

이처럼 관습적 유형은 일반적으로 체계적, 계획적, 효율적, 조직적, 보수적, 경직된, 사무적, 규칙적, 엄격한, 비융통성 등의 특징을 지니며, 회계사, 행정 및 사무원, 세무 관련직, 은행원, 비서, 공무원 등이 이 유형에 속한다.

2) 진로적성검사

선호도 중심의 적성검사는 직무와 연관된 특성들에 대해 자신이 해낼 수 있는 능력이 있는지를 스스로 판단하는 형태이기 때문에 진로적성검사에 많이 활용되고 있다. 홀랜드 역시 진로심리학자로서 자신의 RIASEC 이론을 토대로 1953년에 직업선호도검사(Vocational Preference Inventory: VPI)를 최초로 개발하였다. 이후 꾸준한 개정을 거쳐 현재 사용되고 있는 진로탐색검사(Self-Directed Search: SDS)로 발전하기에 이르렀다. 우리나라에서도 홀랜드의 RIASEC 이론을 토대로 한 검사가 다양하게 개발되어 교육, 상담, 진로지도 등의 영역에서 활용되고 있다.

대부분의 진로적성검사가 홀랜드의 RIASEC 이론을 토대로 구성되었기 때문에 RIASEC을 토대로 선호 유형을 제시하고, 이에 해당하는 피검사자의 적성, 흥미, 성격, 관련 직업 등에 대한 정보를 추가로 제공해 준다. 예를 들어, 한국판 홀랜드 진로탐색검사(이동혁, 황매향, 2016)는 RIASEC을 토대로 활동, 역량, 직업, 자기평가, 희망직업 유형에 대한 정보를 제공하며, 추가적으로 진로정체성에 대한 결과를 제시하고 있다.

이 절에서는 이러한 특성을 가지고 있는 진로적성검사 중 한국고용정보원의 직업선호도검사와 성태제 등(2016)의 종합 진로 직업적성검사를 구체적으로 소개하였다.

(1) 직업선호도검사

한국고용정보원에서 개발한 직업선호도검사는 다양한 분야에 대한 선호도를 측정하는 흥미검사, 일상생활 속에서 보이는 개인의 성향을 측정하는 성격검사, 개인의 생활 특성을 측정하는 생활사검사의 세 가지 하위 검사로 구성되어 있다.

첫째, 흥미검사는 홀랜드의 이론에 기초하여 개발된 하위 검사이다. 이 부분에서는 RIASEC의 6개 요인점수 중 원점수가 가장 높은 2개 점수를 이용하여 개인별 코드를 결정한다. 개인의 선호 유형을 육각모형으로 제시하고, 각 코드에 따른 활동, 유능성, 직업, 선호 분야, 일반 성향에 대한 결과를 제시하고 있다. [그림 5-2]에 흥미검사 결과의 예시를 제시하였다.

- 활동: 어떤 종류의 일이나 활동을 좋아하는지 또는 하고 싶은지를 측정
- 유능성: 자신이 무엇을 잘할 수 있고 또 어떤 능력이 있다고 생각하는지를 측정
- 직업: 여러 가지 직업에 대해 개인이 좋아하고 마음에 들어 하는 직업이 무엇인지를 측정
- 선호 분야: 다양한 학문 분야에 대한 선호도 측정
- 일반 성향: 흥미와 관련하여 일반적으로 어떤 성향 혹은 태도를 가지고 있는지를 측정

둘째, 성격검사는 5요인 구조이론(Big Five 이론)에 기초하여 개발되었다. 따라서 Big Five의 하위요인인 외향성, 호감성, 성실성, 정서적 불안정성, 경험에 대한 개방성이 높거나 낮은지에 대한 정보를 제공해 준다.

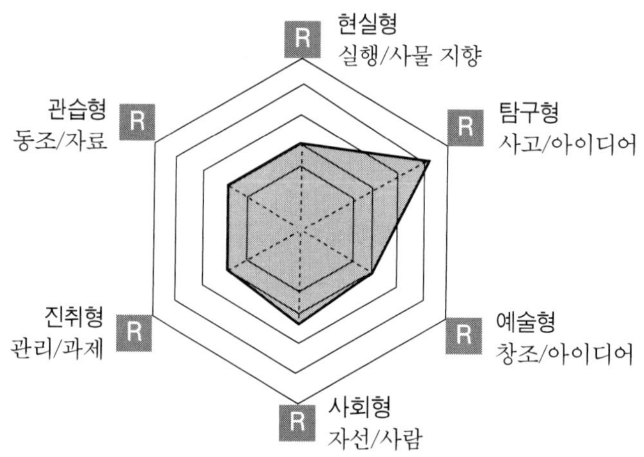

[그림 5-2] 흥미검사 결과의 예

- 외향성: 타인과의 상호작용을 원하고 타인의 관심을 끌고자 하는 경향
- 호감성: 타인과 편안하고 조화로운 관계를 유지하려는 경향
- 성실성: 사회적 규칙, 규범, 원칙들을 기꺼이 지키려는 경향
- 정서적 불안정성: 정서적으로 얼마나 안정되어 있고, 자신이 세상을 얼마나 통제할 수 있으며, 세상을 위협적이지 않다고 생각하는 정도
- 경험에 대한 개방성: 자기 자신을 둘러싼 세계에 대한 관심, 호기심, 다양한 경험에 대한 추구 및 포용력 정도

셋째, 생활사검사는 과거의 행동을 통해 미래 행동을 예측할 수 있다는 원리를 토대로 개발되었다. 이 검사는 대인관계 지향, 자존감, 독립심, 양육환경, 야망, 학업성취, 예술성, 운동선호, 종교성, 직무만족에 대한 10개의 하위요인으로 구성되어 있다.

- 대인관계 지향: 사람들과 어울려 지내는 것을 편안하고 즐겁게 여기는 정도
- 자존감: 자신의 능력, 외모, 인품에 대한 스스로의 평가 정도
- 독립심: 자기문제를 스스로 해결하려는 정도
- 양육환경: 성장기 때 가족의 심리적 지지와 관심 정도
- 야망: 자신에게 사회적 부와 명예가 얼마나 중요한지 정도
- 학업성취: 학창시절의 학업성적 정도
- 예술성: 예술적인 자질, 경험 및 관심 정도
- 운동선호: 운동에 관한 선호와 능력 정도
- 종교성: 생활속에서 종교의 중요성 정도
- 직무만족: 과거 또는 현재의 직무에 대한 만족 정도

현재 직업선호도검사는 S형(Short form)과 L형(Long form)으로 구성되어 고용노동부의 워크넷 사이트를 통해 서비스가 제공되고 있다. S형은 세 가지 하위 검사 중 흥미검사만으로 구성되어 있으며, L형은 세 가지 하위 검사 모두를 포함하고 있다. 따라서 필요로 하는 정보에 따라 선별하여 검사를 실시해 볼 수 있다.

(2) 종합 진로직업적성검사

성태제 등(2016)이 개발한 종합 진로직업적성검사(Comprehensive Assessment of Career Development and Vocational Interest: CACV)는 고등학생에게 집단적으로 실시하기 위해 제작된 표준화검사로서 개인의 잠재된 다양한 적성을 발견하여 대학 진학 시에 전공을 선택하거나 졸업 후 어느 분야에 종사할 것인가에 대한 정보를 제공하기 위한 목적으로 개발되었다. 즉, 고등학생들의 진로적성과 학업적성을 종합적으로 측정하고자 한다.

이 검사는 기초적성검사와 직업선호도검사의 두 영역으로 구성되어 있다. 일반적으로 기초적성은 특정 활동이나 작업을 수행하는 데 필요한 기초능력을 의미하는데, CACV에서는 이를 기초능력검사와 능력지각검사로 구분하였다. 기초능력검사에서는 언어적성, 수리적성, 사회인지적성, 과학인지적성, 사무적성, 공간적성을 측정하고 있으며, 능력지각검사에서는 수공, 신체운동, 예술, 대인관계를 얼마나 잘할 수 있다고 생각하는지의 여부를 피검사자가 직접 판단하여 측정한다. 엄밀하게 말하면, 기초능력검사는 앞서 언급한 능력 중심의 적성검사에 해당된다.

▮ 기초능력검사

- 언어적성: 정확한 의사소통력을 위해 적절한 단어를 선택하고, 어휘를 연상하며, 문장의 뜻을 이해하고, 의사를 발표하는 보편적 언어사용능력
- 수리적성: 계산을 정확하고 신속하게 할 수 있는 능력과 일상생활의 여러 응용 문제를 추리 · 이해하는 능력
- 사회인지적성: 사회생활을 영위하는 데 필요한 여러 사회 분야의 지식과 탐구 방법을 체계적으로 이해하고, 사회 문제의 합리적 해결을 위하여 지식을 활용하는 능력
- 과학인지적성: 과학의 기초 개념을 체계적으로 이해하여 자연 현상을 설명하거나 실생활에 적용하는 능력
- 사무적성: 자료를 규칙에 맞게 분류 · 정리하는 능력과 여러 문자와 기호, 숫자들을 정확하게 치환하는 문자기호 식별능력
- 공간적성: 입체적 공간관계를 이해하는 능력으로서 시각을 통하여 실체적 물체를 취급하고 실체적 물체를 회전 또는 분해했을 때의 형태를 상상하는 능력

■ 능력지각검사

- 수공적성: 손 또는 손가락을 정확하고 신속하게 움직여 여러 기구를 조작하고, 물건을 다루거나 완성시킬 수 있는 능력
- 신체운동적성: 힘의 조절력이나 순발력, 지구력 등을 발휘하여 신체를 사용하는 여러 가지 협동이나 운동을 능숙하게 잘할 수 있는 능력
- 예술적성: 인간의 정신적, 육체적 활동을 빛깔, 소리, 동작 등에 의하여 미적으로 창조하여 미술, 음악, 글쓰기, 무용, 영화, 뮤지컬 등의 영역에서 자신의 생각이나 느낌을 표현할 수 있는 능력
- 대인관계적성: 다른 사람의 기분이나 바라는 바를 이해하고 다른 사람에게 적절하게 반응하며 공감대를 쉽게 형성하고 잘 어울려 지낼 수 있는 능력

또한, 직업선호도검사는 홀랜드의 직업흥미 유형과 프레디저(Prediger, 1976)의 직업흥미 유형을 연계시켜 측정하고 있다. 여기에서 홀랜드의 직업흥미 유형은 이전 절에서 설명한 RIASEC 이론을 의미하며, 프레디저의 직업흥미 유형은 사물과 사람 및 사고와 자료 차원을 두 축으로 하여 사물형, 사람형, 사고형, 자료형의 네 영역으로 유형화한 것이다.

■ 프레디저의 직업흥미 유형

- 사물형: 이론이나 지식을 탐구하고 추리하여 무엇인가 새로운 방법으로 표현해 내는 활동 선호
- 사람형: 다른 사람을 이끌거나 인간 행동의 변화를 일으키는 활동 선호
- 사고형: 물건을 생산, 운송하거나 설비 및 수리하는 활동 선호
- 자료형: 사실적인 자료들을 수집하고 조직하여 기록하고 전달하는 활동 선호

이상과 같이 종합 진로직업적성검사는 기초적성과 직업선호도를 함께 측정하여 직업선택을 위한 적성의 유형을 분석하고, 개인에게 어떤 직업 유형이 적합한지를 종합적으로 분석하고 있다. 따라서 본 검사를 통해 피검사자가 어떤 적성에서 강점을 보이고 있으며, 이에 적합한 직업군이 무엇인지에 대한 결과를 쉽게 이해할 수 있다.

[참고자료] 간편진로코드 분류표

	RR	RI	RA	RS	RE	RC
R (실재형)	군장교	공정관리기사	건축가	동물사육사	건축기사	금형제작원
	엔지니어	방송기술자	산업디자이너	물리치료사	기관사	물류관리사
	요리사	컴퓨터기술자	의류디스플레이어	안경사	토목기사	음향조정사
	조경사	항공기조종사	플라워디자이너	호텔조리사	시스템오퍼레이터	항공측량사
	환경영향평가사	자동차제도사	오디어엔지니어	농업교사	정보통신기사	방사선기사
	IR	II	IA	IS	IE	IC
I (탐구형)	게임프로그래머	소프트웨어기술자	감정평가사	내과의사	경영컨설턴트	기업분석가
	반도체공학자	언어치료사	그래픽예술가	심리치료사	법학자	사회조사분석가
	생명공학연구원	와인감별사	발명가	프로바둑기사	애널리스트	의사
	의사	치위생사	웹플래너	한의사	인공지능전문가	컴퓨터GIS전문가
	화공학자	제품개발원	민속학자	향수제조가	체제분석가	화학자
	AR	AI	AA	AS	AE	AC
A (예술형)	공간배치가	건축가	그래픽디자이너	예능교사	게임개발자	디스플레이어
	모형제작가	삽화가	문학가	동화작가	광고디자이너	보석감정사
	의상가	시각디자이너	시나리오작가	북디자이너	스타일리스트	영상편집가
	캐드캠디자이너	어문학교수	이벤트 PD	웹자키	애니메이터	제품디자이너
	특수효과기사	컴퓨터디자이너	푸드스타일리스트	이미지컨설턴트	칼럼니스트	텍스타일디자이너
	SR	SI	SA	SS	SE	SC
S (사회형)	기술교사	교육학자	결혼상담사	간호사	대학교수	교통안전연구원
	생활체육지도자	상담심리학자	목사	분장사	방송프로듀서	레포츠지도사
	조리사	재활치료사	보육교사	사회복지사	상품중개인	수화통역사
	피부관리사	텔레커뮤니케이터	중등교사	식이요법사	심리학자	스튜어디스
	한식조리기능사	다이어트플래너	청소년지도사	이벤트업종사자	특수아동교사	초등교사
	ER	EI	EA	ES	EE	EC
E (기업형)	공인주택관리사	기업진단사	TV아나운서	기자	검사	국제변호사
	머천다이저	바이어	경매사	동시통역사	공인노무사	금융컨설턴트
	손해사정인	산업조직심리학자	공인기획자	방송PD	기업인	주식투자가
	자동차딜러	영업소장	사진기사	생활설계사	딜러	펀드매니저
	제조공장관리인	호텔사무원	선물딜러	스포츠마케터	쇼호스트	홍보사무원
	CR	CI	CA	CS	CE	CC
C (관습형)	신용분석가	보험상품개발원	도서관사서	고객지원분석가	감정평가사	공인회계사
	외주사무원	정보전문가	안전관리사	법률행정사무원	관세사	법무사
	초음파검사기사	증권투자분석가	웹에디터	변리사	백화점물품관리사	보안전문가
	특허법률사무원	컴퓨터안전전문가	인사사무원	재정분석가	세무사	은행원
	속기사	투자분석원	평가감정원	증권사무원	여행승무원	통계사무원

※ 출처: 한국고용정보원(2011). 대학생을 위한 직업지도 프로그램 CDP-C 직업궁합.

» 참고문헌

고용정보원(2008). 직업선호도 검사 개정 연구보고서(1차년도).

김봉환, 강은희, 강혜영, 공윤정, 김영빈, 김희수, 선혜연, 손은령, 송재홍, 유현실, 이제경, 임은미, 황매향(2014). 진로상담. 서울: 학지사.

김봉환, 정철영, 김병석(2009). 진로상담. 서울: 학지사.

김인기(2015). 진로탐색과 미래설계. 경기: 양서원.

김혜경(2012). 보육교사 적성검사 도구 개발. 경희대학교 박사학위논문.

리상섭, 김인숙, 박제일, 석기용, 김창환, 김소현, 노윤신, 최지은(2014). 직업·진로설계. 서울: 양서원.

서일수, 김도균, 김지혜, 이정배(2013). 진로개발과 직업세계. 서울: 한빛아카데미.

성태제, 시기자, 이경희, 박산하, 권승아(2016). 종합 진로 직업적성검사. 서울: 인사이트.

이동혁, 황매향(2016). Holland's SDS 진로탐색 검사. 경기: 한국가이던스.

이종승(2005). 표준화 심리검사. 경기: 교육과학사.

임경희, 박미진, 정민선, 한수미, 이종범, 김진희, 홍지영, 문승태, 김수리, 최인화, 조봉환, 이인혁(2015). 직업능력기초향상을 위한 자기개발과 진로설계. 서울: 학지사.

조주연, 백순근, 임진영, 여태철, 최지은(2004). 초등 교직적성 인성검사 모형개발 연구. 교육심리연구, 18(3), 231-247.

천성문, 김미옥, 함경애, 박명숙, 문애경(2017). 대학생을 위한 진로코칭. 서울: 학지사.

한국고용정보원(2015). 청소년 직업카드. 서울: 매일경제 출판.

Anastasi, A., & Urbina, S. (1997). *Psychological Testing* (7th ed.). New York: Macmillan.

Bennett, G. K., Seashore, H. G., & Wesman, A. G. (1982). *Administrator's Handbook, Differential Aptitude Tests, Forms V and W*. Cleveland, OH: The Psychological Corporation.

Friedenberg, L. (2004). *Psychological Testing: Design, Analysis, and Use*. Boston: Allyn and Bacon.

Ghiselli, E. E. (1966). *The Validity of Occupational Aptitude Tests*. New York: John Wiley & Sons.

Hansen, J. S. (1990). Interest inventories. In G. Goldstein & M. Hensen (Eds.), *Handbook of Psychological Assessment* (2nd ed., pp. 173-194). New York: Pergamon Press.

Holland, J. L. (1992). *Making vocation choice: A theory of vocational personalities and work environments* (2nd ed.). Odessa, FL: Psychological Assessment

Resources.

Lowman, R., & Schurman, S. (1982). Psychometric characteristics of a vocational preference inventory short form. *Educational and Psychological Measurement*, *42*(2), 601-613.

Murpy, K. R., & Davidshofer, C. O. (1988). *Psychological Testing: Principles and Applications*. Englewood Cokffs, NJ: Prentice Hall.

Prediger, D. J. (1976). A world of map for parrer exploration. *Voeational Guidance Quartely*, *24*, 198-208.

워크넷. www.work.go.kr

제6장

성격 및 인성 영역

1. 성격의 이해
   1) 성격의 의미
   2) 성격이론
   3) 성격검사의 발전 과정
2. 자기보고식 객관적 성격검사
   1) MMPI
   2) MBTI
   3) CPI와 KPI
   4) 16성격요인검사
   5) NEO 성격검사
   6) 에니어그램
   7) 성격평가질문지
3. 투사적 성격검사
   1) 로르샤흐 검사
   2) 주제통각검사
   3) 그림검사
   4) 문장완성검사

개인이 지닌 성향이나 기질 등을 토대로 자기이해나 자신의 성장과 발전을 도모하고자 할 때, 일반적으로 활용되는 심리검사가 성격검사(Personality Test)이다. 성격검사는 인성검사라고도 하며, 구조화된 정도에 따라 객관적 검사와 투사적 검사로 분류할 수 있다. 이 장에서는 성격이론 및 성격검사의 역사, 자기보고식 객관적 성격검사와 투사적 성격검사 등에 대해 살펴보았다.

1. 성격의 이해

성격(personality)은 일상적인 생활 속에서 보편적으로 사용되는 생활 용어이다. 원만한 대인관계를 유지하여 사회생활을 잘하기 위해서 자신과 타인의 성격을 제대로 파악하는 것이 중요하다는 것은 누구나 공감할 것이다. 특히 자신의 성격이 어떠한지를 제대로 파악하는 것은 자신에 대한 이해를 통해 다른 사람과 갈등의 여지를 줄일 수 있을 뿐만 아니라 자신의 삶을 보다 가치 있고 의미 있게 설계할 수 있게 해 준다.

1) 성격의 의미

성격이란 용어는 지성, 능력, 정서, 관념, 습관, 태도, 신체적 특징 등 많은 요소를 포함하고 있어서 매우 포괄적이면서 다의적이기 때문에 그 개념을 한마디로 이야기하는 것은 어렵다. 따라서 성격의 의미를 어원을 통해 이해하고자 한다. 성격을 의미하는 영어단어 'personality'는 원래 라틴어 페르소나(persona)에서 유래되었다. 이 단어는 가면, 외관, 역할, 개인적 특성의 총합 등을 의미한다. 당시에는 극장무대 위의 배우들이 쓰고 연기하던 가면을 뜻하는 용어로 사용되었지만, 점차 그 의미가 변형되어 개인의 외형적인 행동이나 모습 또는 개인이 지닌 전체적인 인상을 뜻하는 용어로 변용되었다. 오늘날에는 한 개인을 다른 사람들과 구별될 수 있게 해 주는 전체적인 인상을 의미하는 보편적인 개념으로 사용되고 있다(이재창, 정진선, 문미란, 2008; Phares, 2008).

우리가 한 개인의 성격에 대해 이야기할 때, 그 개인의 내면까지 속속들이 들여다보고 이야기하기보다 대부분은 그 사람의 겉으로 드러난 행동을 통해 추측하여, 그 사람의 성격은 원만하다 혹은 깐깐하다고 표현한다. 또한, 이 지구상의 수많은 사람 가운데 성격이 비슷한 사람은 있으나 똑같은 사람은 없다. 따라서 사람의 수만큼 성격을 표현한 내용은 다양하다고 볼 수 있다. 실제로 성격을 연구해 온 많은 심리학자의 수만큼이나 성격에 대한 정의는 많다.

따라서 성격의 의미와 개념을 한마디로 표현하는 데에는 한계가 있을 수밖에 없다. 심리학자와 교육학자를 비롯하여 다양한 분야의 전문가들이 각자 자신의 학문적 배경에 따라 성격을 정의하고 그에 따른 성격의 속성을 연구하고 있기 때문이다. 그러나 대표적인 성격심리학자들이 내린 성격에 대한 정의를 통해 그 개념과 핵심요소들을 이해할 수 있다(이재창, 정진선, 문미란, 2008).

정신분석이론(Psychoanalytic theory)의 대표학자인 프로이트(Freud)는 성격에 대해 원욕(id)과 자아(ego), 그리고 초자아(super-ego)의 역동이라고 하였고, 심리사회이론(Psycho-social theory)을 주창한 에릭슨(Erikson)은 인간의 성격이란 개인의 자아와 환경의 상호작용에 따른 발달 단계별 과업성취 과정에서 형성되는 특징이라고 하였다.

그리고 특질이론가인 올포트(Allport, 1961)는 성격을 환경에 대한 개인의 적응을 결정하는 정신 · 신체적 체계(psychophysical system)로 파악하고 개인 내에 존재하는 역동적 조직으로 보았다. 올포트는 성격을 논의할 때, 각 개인의 정신과 신체를 모두 다루어야 한다고 했다. 성격은 각 개인의 특징적인 요소인 독특성을 지니며, 사고와 행동을 비롯하여 인간의 모든 행동에 영향을 미치며, 정적인 존재가 아니라 끊임없이 발달하고 변화하는 역동적인 특징을 가지고 있다고 하였다. 또 다른 특질이론가인 카텔(Cattell, 1965)은 성격을 특정 상황에서 개인이 어떻게 행동할 것인가를 예측할 수 있게 해 주는 것이라 정의하였으며, 내현적인 행동과 외현적인 행동 모두와 연관이 있다고 하였다.

인간중심이론가인 로저스(Rogers)는 인간의 성격을 자기(self)로 보았는데, 자기란 개인이 경험을 통해서 자신의 특성이라고 받아들이는 모든 것을 말한다. 조작적 조건형성이론가인 스키너(Skinner)는 인간의 성격을 한 개인의 행동과 강화 결정 사이에 있는 패턴이라 하였다. 그는 이러한 패턴이 습득되는 원칙은 누구에게나 동일하게 적용되지만 나타나는 패턴은 서로 다르며, 이 패턴은 행동분석을 통하여 알 수 있다고 하였다.

다양한 성격이론에서 이야기하는 성격에 대한 정의를 다음 〈표 6-1〉에 정리하였다.

〈표 6-1〉 성격이론별 성격에 대한 개념

성격이론	대표학자	성격 개념
정신분석이론	프로이트	원욕과 자아, 그리고 초자아의 역동
심리사회이론	에릭슨	개인의 자아와 환경의 상호작용에 따른 발달 단계별 과업성취 과정에서 형성되는 특징
특질이론	올포트	정신 · 신체적 체계로 이루어진 개인 내에 존재하며 개인의 특징적인 행동과 사고를 결정하는 역동적 조직
	카텔	특정 상황에서 개인이 어떻게 행동할 것인가를 예측할 수 있게 해 주는 특징
인간중심이론	로저스	자기, 즉 개인이 경험을 통해서 자신의 특성이라고 받아들이는 모든 것
조작적 조건형성이론	스키너	한 개인의 행동과 강화 결정 사이에 있는 패턴

이처럼 다양한 성격이론가의 견해를 토대로 리버트와 리버트(Liebert & Liebert, 1998)는 성격에 대해 보다 포괄적이면서 구체적으로 정의하였다. 그들은 성격이란 사회적 환경과 물리적 환경에 대한 행동반응에 영향을 주는 유기체와 마음을 가진 한 특정 개인의 신체적 · 심리적 특징의 독특하고 역동적인 조직으로서, 이 독특한 특징은 사회적 · 물리적 환경에 대한 행동과 반응에 영향을 미친다고 하였다. 또한 이 특징 중 어떤 것(기억, 습관, 버릇 등)은 특정 개인에게만 독특하고, 다른 어떤 것은 소수의 사람, 다수의 사람 혹은 모든 사람이 공유한 것일 수도 있다고 하였다.

2) 성격이론

지금까지 많은 학자에 의해 인간의 성격에 대한 연구가 수행되어 왔다. 이 절에서는 성격에 관한 다양한 이론 중에 정신역동적 관점의 정신분석이론, 심리사회이론, 성향적 관점의 특질이론, 현상학적 관점의 인간중심이론, 학습적 관점의 조작적 조건형성이론에 관해 살펴보고자 한다.

(1) 정신분석이론

정신분석이론은 프로이트에 의해 창시된 최초의 체계적인 성격이론이다. 프로이트는 인간의 정신세계의 의식 너머에 무의식이 존재하고, 그 무의식에 인간을 움직이게 하는 힘이 있다고 보았다. 그는 마음속에서 일어나는 현상 중 많은 부분이 무의식에 속하기 때문에 정신세계의 많은 부분이 이해되지 않지만, 무의식적 원인이 발견되면 인과적으로 이해될 수 있다고 주장하였다. 따라서 정신분석에서 내담자가 보고하는 사고와 느낌, 행동, 자유연상과 꿈의 분석을 통해서 무의식에 접근하려고 노력하였다.

① 성격의 구조

프로이트에 따르면, 성격의 가설적 구조는 원욕, 자아, 초자아로 구성된다. 이와 같은 체제는 서로 밀접한 관계가 있고 행동은 이들 간의 상호작용에 의한 결과라는 것이다.

먼저 원욕은 본능을 포함하는 정신적 집행자로 성격의 기초이며, 에너지의 원천으로 후에 자아와 초자아를 발달시킨다. 원욕은 삶의 본능과 성 본능 등이 포함되는 본능적인 욕구충족을 하고자 하는 쾌락의 원리에 지배를 받는다.

자아는 원욕에서 파생되었지만 외부세계와 접촉하며 생존하고자 현실 원리에 지배를 받는 존재이다. 자아는 어떤 본능을 만족시켜야 할지 결정을 내리고, 원욕과 초자아 그리고 현실세계 간의 갈등을 중재한다.

그리고 초자아는 부모나 사회의 가치관에 대한 내적 표상으로 이상을 추구하며 유용성보다는 옳고 그름, 즉 도덕적 가치와 일치하는지 여부에 따라 판단한다. 초자아의 기준에 따라 행동과 사고가 수용될 수 있을 때 우리는 만족감을 느끼고 그렇지 못할 때는 죄책감을 느낀다.

앞의 내용을 정리하면 다음 〈표 6-2〉와 같다.

〈표 6-2〉 정신분석이론의 성격구조 개념

구조	의식	내용
원욕	무의식적	• 기본적인 충동(삶의 본능과 성 본능 등) • 결과와 상관없이 즉각적인 만족을 추구 • 즉각적, 비합리적, 충동적
자아	의식적	• 현실 검증 • 원욕의 충동과 초자아의 도덕성 사이를 중재 • 공간과 시간을 합리적이고 논리적으로 고려 • 안전과 생존 추구
초자아	의식적 및 무의식적	• 이상과 도덕 • 관습적이며 부모로부터 내면화됨 • 양심, 지시, 비판, 금지

프로이트는 원욕과 자아, 초자아 가운데 어떤 성격 구조가 개인의 정신세계를 지배하는지에 따라 성격이 다르게 나타난다고 하였다. 따라서 한 개인이 어떤 성격의 소유자가 되는지는 성격의 세 가지 요소인 원욕과 자아, 초자아가 얼마나 비중을 차지하느냐에 따라 나타난다.

② 성격의 발달

프로이트는 인간의 본능을 삶의 본능과 죽음의 본능으로 구분하고, 삶의 본능 중에서 가장 중요한 본능은 성 본능이라고 하였다. 이를 담당하는 성적 에너지인 리비도(libido)가 집중적으로 표출되고, 그로 인해 만족을 얻는 신체 부위의 변화에 따라 인간의 성격 발달을 구강기(oral stage), 항문기(anal stage), 남근기(phallic stage), 잠재기(latency stage), 성기기(genital stage)의 5단계로 나누어 설명하였다. 각 단계에서 리비도가 추구하는 욕구가 적절히 충족될 때 정상적인 성격 발달을 이룰 수 있으나, 리비도가 심하게 억압되거나 좌절되면 그 신체 부위의 욕구에 고착되어 성격 발달에 영향을 미치게 된다고 하였다. 또한 프로이트는 생후 5세까지인 구강기와 항문기 및 남근기를 성격형성의 결정적 시기로 보았다.

(2) 심리사회이론

심리사회이론은 에릭슨이 주창한 성격이론으로, 인간의 성격 발달을 심리사회적 갈등에 초점을 두고 설명하였다. 그는 인간의 성격을 개인의 내적인 정신 과정뿐만 아니라 사회적 관계인 부모, 친구, 애인 및 직장동료 등과의 관계에서 형성된다고 보았다. 에릭슨은 프로이트의 정신분석이론을 바탕으로 하면서도 전적으로 동의하지 않고 프로이트의 이론을 확장하여 자신만의 심리사회이론을 체계화하였다.

프로이트는 본능적 충동에 의해 지배되는 원욕의 발달을 강조한 반면에, 에릭슨은 한 개인의 생각, 정서, 행동을 조절하는 창조적이고 자율적인 기능을 가진 자아의 성장을 강조하였다(Steinberg, 2014). 그리고 인간의 전체 성격형성에 문화, 사회, 역사의 영향을 고려해야 한다는 점을 일깨웠다. 또한 인간의 성격이 생애 초기에 결정된다고 주장한 프로이트와 달리, 에릭슨은 평생에 걸쳐 성격이 발달하는 전 생애 발달(life-span development)이라는 개념을 제안하였다.

① 성격의 구조

에릭슨은 인간의 성격을 자아와 환경의 상호작용에 따른 발달 단계별 과업성취 과정에서 형성된다고 보았다. 그의 이론에서 자아란 한 개인이 자신의 특성으로 받아들이는 부분이며, 이 자아가 각 단계마다 다양한 환경과 접촉하는 과정에서 성취해야 하는 발달적 과업을 적절하게 완수할 때 건강한 성격을 형성한다고 하였다.

에릭슨은 자아가 원욕에 종속되거나 보조적인 것이 아닌 독립적이고 자율적인 성격 구조라는 점을 강조하였다. 그는 자아가 단순히 원욕과 초자아의 갈등을 피하려는 방어적인 역할만 하는 것이 아니라, 사회 적응 발달(social adaptive development)에 기여하는 창조적이고 자율적인 체제라고 보았다. 그렇기 때문에 초자아와 원욕, 그리고 사회로부터 발생하는 압력을 보다 잘 견딜 수 있도록 자아를 강화시키는 것이 성격의 발달에 있어서 중요하다는 것이다.

② 성격의 발달

에릭슨은 변화하는 욕구를 충족시키고자 환경과 자아가 접촉하는 과정에 개인이 경험하는 위기와 극복 과정을 성격 발달의 주 요인으로 보았다. 그의 관점에 따르면, 인간의 생애주기에 맞추어 8단계의 심리사회적 발달 단계를 거치게 되는데, 사람들은 각 발달 단계 동안 특정한 심리사회적 위기 혹은 갈등을 경험한다.

인간의 생애 가운데 첫 번째 위기는 기본적 신뢰의 발달로 유아기에는 신체에 대한 통제 및 그에 동반되는 자율성에 관심을 갖게 된다. 다음 쟁점은 자신의 힘을 행사하고자 하는 주도성이고, 이후 학령기에 들어서면서 아동은 사회환경이 자신들에게 근면성을 요구한다는 것을 깨닫기 시작한다. 청소년기가 되면서 인생의 새로운 단계 및 정체감과 관련된 위기로 들어선다. 성인 초기에는 친밀감에 대한 관심이 쟁점이 되며, 중기에 개인의 생산성에 대한 관심으로 옮겨 간다. 그리고 마침내 인생의 마지막 단계에서 사람들은 전체로서의 자신의 생에 대한 통합성에 직면한다.

각 단계에 나타나는 갈등은 서로 반대되는 심리적 특성의 쌍으로 구성되는 두 가지 가능성을 가지고 겨루게 된다. 쌍의 하나는 분명히 적응적이고 다른 하나는 덜 적응적으로 보인다. 에릭슨은 두 가지 특성에 붙인 명칭을 통해서 위기의 본질이 무엇인지를 이야기하였다. 그리고 각 단계의 적응적이고 긍정적인 정향성을 자아 특성(ego quality), 덕성(virtue)이라는 용어로 표현하였다. 다음 〈표 6-3〉에 심리사회이론의 성격 발달 8단계에 따른 발달과업 및 위기, 덕성, 성격 발달의 특성을 정리하였다.

〈표 6-3〉 심리사회이론의 성격 발달 8단계

발달 단계 (연령)	발달과업 및 위기	덕성 (자아 특성)	성격 발달의 특성
영아기 (0~1세)	신뢰감 대 불신감	희망	부모의 적절한 보살핌 속에서 충분한 신뢰감을 획득하지 못하면 스스로를 믿지 못하고 매사 거부적이 되며 모든 사람에 대한 두려움과 의심, 불신감으로 발전하게 됨
유아기 (2~3세)	자율성 대 의심과 수치심	의지력	자신에게 주어진 일에 자율과 부모의 허용 정도가 적절하게 균형을 이룰 때 자율성이 형성되며, 자기조절이 지나치거나 부족하게 되면 자기 의심과 수치심, 무력감을 느끼게 됨
학령 전기 (4~5세)	주도성 대 죄책감	목적의식	사회적 놀이나 기술 등을 서툴게 수행하더라도 인정하고 지지해 주면 주도성이 발달하지만 그렇지 않으면 죄책감을 가질 수 있음
학령기 (6~11세)	근면성 대 열등감	유능감	학교생활에서 노력하는 행동에 대한 교사의 적절한 칭찬이나 보상을 통해 근면성이, 그렇지 않을 경우 열등감이 발달함

청소년기 (12~19세)	자아정체감 대 역할 혼미	충실성	친구 관계나 동일시하는 사회집단을 통해 자아 정체감 형성에 영향을 받으며, 정체감이 확실하지 않으면 역할 혼미에 빠지게 됨
성인 초기 (20~24세)	친밀감 대 고립감	사랑	이성과의 관계를 적절히 잘 맺으면 친밀감이 형성되며, 친밀감을 형성한 사람은 사랑이라는 자아 특성을 나타냄
성인 중기 (25~64세)	생산성 대 침체	배려	직장동료와 원만한 관계를 맺으면서 주어진 일을 잘 수행할 때 생산성을 성취하며, 생산성이 결여되면 사회일원으로 기능하지 못하고 삶의 모든 면에서 의욕을 잃게 됨
노년기 (65세 이후)	자아 통합 대 절망감	지혜	인생에 대한 회고에서 그동안의 선택과 일을 수용하고 인생이 의미 있었다는 느낌을 갖게 되면 자아통합이 이루어지나 그렇지 못하면 절망을 느끼게 됨

에릭슨이 제안한 심리사회적 성격 발달의 원리는 다음과 같이 정리할 수 있다. 첫째, 성숙은 선천적이 아니라 후천적이다. 둘째, 심리사회적 발달의 각 단계마다 위기가 존재한다. 셋째, 자아는 성격 발달상의 위기에 대해서 적절한 방식으로 혹은 부적절한 방식으로 반응할 수 있다. 넷째, 심리사회적 발달 단계는 개인의 강점과 덕성을 발달시킬 수 있는 기회를 제공한다.

(3) 특질이론

특질이론(Traits theory)은 각 개인이 가지고 있는 독특한 특성이나 특징을 밝혀냄으로써 인간에 대한 이해를 도왔다. 올포트는 1930년대 심리학의 주류를 이루던 정신분석이론과 행동주의이론을 거부하고, 인간을 동기와 기능적 자율성을 가지고 미래 지향적으로 움직이는 존재로 이해하는 인본주의적 견해를 토대로 성격을 연구하였다.

① 성격의 구조

올포트는 특질을 성격의 기본적 구성 요소라 하였다. 그에 따르면 특질이란 많은 자극에 대해 유사하게 반응하도록 만들고, 일관성 있는 행동을 하게 하는 경향이라고 정의하였다. 그는 성격 특질의 특성을 다음과 같이 제시하였으며, 그의 주장은 지금까지도 특질이론을 이해하기 위한 주요 지침이 되어 왔다(Funder, 1991).

특질의 실재성

- 특질은 인간의 행동을 설명하기 위해 만들어진 이론적인 구성개념이나 명칭이 아니다. 특질은 개인 안에 실제로 존재한다.

특질은 습관보다 더 넓은 의미를 지님

- 이를 닦는 것과 같은 단순 행동이 특질이 아니며, 오히려 청결함과 같은 기본 행동으로 표현되는 습관을 특질로 설명할 수 있다.

특질의 역동성

- 특질은 행동을 결정하거나 또는 행동의 원인이 되며, 어떤 자극에 대한 반응으로 발생하는 것은 아니다. 특질은 적절한 자극을 찾도록 개인을 동기화하고, 행동을 생성하기 위해 환경과 상호작용한다.

특질은 경험적으로 증명 가능함

- 반복적으로 개인의 행동을 반복 관찰함으로써 특질의 본질을 확인하는 것이 가능하다.

특질의 상호 관련성

- 특질은 서로 다른 특성을 나타내지만 서로 밀접한 관계가 있다. 예컨대 공격성과 적개성은 다른 특질이지만 서로 밀접하게 관련된다.

특질의 상황에 따른 변화 가능성

- 개인은 어떤 상황에서는 청결의 특질이 나타날 수 있고 다른 상황에서는 그렇지 않을 수 있다.

② 성격의 발달

올포트는 성격의 비연속성을 주장하며 출생 이후 청소년기까지의 성격과 성인기의 성격은 전혀 다르다고 하였다. 그는 프로이트와는 달리 초기 유아기의 경험은 성격형성에 그다지 큰 영향을 미치지 않으며, 생후 6개월이 지나서야 욕구들이 동기화되고 기본적인 정서적 특성들이 나타나기 시작한다고 주장하였다.

그는 고유자아 발달 7단계로 성격형성 과정을 제시하였다. 고유자아란 자아(ego) 혹은 자기(self)를 의미하는 말이다. 고유자아는 태도, 목표 및 가치를 특징짓는 일관성의 바탕이 되며, 생득적이라기보다 출생 후 부모와의 상호작용을 통해 나이가 들면서 발달한다고 하였다. 그가 제시한 고유자아의 발달 7단계는 다음 〈표 6-4〉와 같다.

〈표 6-4〉 올포트 특질이론의 고유자아 발달 7단계

단계 (연령)	고유자아 발달	내용
1단계 (출생~15개월)	신체적 자아의식	신체적 느낌이나 증상을 통하여 자신의 존재를 인식하기 시작하며, 자신과 환경을 구분하기 시작함
2단계 (15~24개월)	자아정체감	언어를 통해서 자신이 누구인지를 인식하며, 일어나는 많은 변화에도 불구하고 자신이 같은 사람이라는 것을 깨달음으로써 자아정체감을 갖게 됨
3단계 (24개월~4세)	자아존중감	자신에 대한 평가적인 측면으로 주어진 과제를 성취하게 될 때 자신을 자랑스럽게 느끼게 되는 시기이며, 성취감을 획득할 수 있는 환경과 부모의 지지가 중요함
4단계 (4~5세)	자아 확장	주변에 있는 대상과 사람들이 자신이 속한 세계의 일부라는 것을 깨닫는 시기로, 자신과 관련된 주변 영역으로 의식이 확장되면서 소유 욕구가 발달함
5단계 (5~6세)	자아상	자신에 대한 실제적이며 이상화된 이미지, 자아상을 발전시키며, 자신의 행동이 부모나 다른 사람의 기대를 만족시키는지 여부를 인식할 수 있는 시기임
6단계 (6~12세)	합리적 적응체로서의 자아	학교생활에 적응하기 위해 교사나 친구와의 관계에서 어떻게 대처해야 하는지 생각하며, 사회생활을 위한 이성과 논리를 적용하는 시기임
7단계 (12세 이상)	고유자아 추구	청소년기에 해당되는 시기로 인생의 장기 목표 및 계획이 형성되는 시기임

(4) 인간중심이론

로저스의 인간중심이론은 당시 심리학계의 주류를 이루고 있던 정신분석이론과 행동주의이론에 대한 반작용과 두 번의 세계대전으로 인한 인간성 회복에 대한 자성의 목소리가 높아지면서 1940년대에 출현하였다. 로저스는 인간의 의식적 체험, 자기개념, 의도적 행동, 선택적 자유 등을 강조하면서 인간은 과거로부터 결정적 영향을 받는 존재가 아니고 자유의지를 갖고 자아실현을 향해 나아가는 존재라고 하였다.

로저스 이론은 초기에는 비지시적 상담이론이라고 하였으나, 1951년에 내담자중심이론으로, 1974년에는 인간중심이론으로 명칭을 변경하였다. 이는 인간의 무한한 잠재능력과 가능성을 믿고 인간 스스로 자신의 문제를 해결할 수 있는 능력이 있다고 믿는 로저스의 인간관에 기초하였다. 특히 그는 자신의 이론이 상담이나 치료장면뿐만 아니라 인간 전반에 대한 이해로 확대적용되기를 바랐기 때문에 인간중심이론이라고 하였다.

① 성격의 구조

인간중심이론에서 성격의 구조를 이야기할 때, 가장 중요한 개념은 유기체(organism)와 자기(self)이다. 유기체란 한 개인이 살아오면서 의식적, 무의식적으로 경험한 모든 것이 축적된 주관적 현실을 의미하며, 이러한 유기체와 환경 간의 상호작용으로부터 자기 혹은 내가 누구인가의 개념이 나온다. 자기란 스스로 느끼는 나에 관한 특징들과 타인과의 생활 속 관계에서 지각되어 체계화된 모든 것을 의미하며, 성격 구조의 중심이 된다고 하였다.

② 성격의 발달

로저스는 인간의 성격 발달에 대하여 구체적으로 제시하지 않았다. 그렇지만 그는 인간이 자신의 잠재력을 실현하려고 하는 경향성을 갖고 있으며, 이러한 자기실현(self-actualization)의 경향성이 제대로 발현하지 못하도록 방해받거나 또는 촉진받음에 따라 적응 혹은 부적응에 이르는 것으로 성격 발달을 설명하였다. 인간은 자기실현 경향성을 충족시켜 주는 경험은 긍정적 가치로, 그렇지 못한 경험은 부정적 가치로 평가한다. 다른 한편으로는 타인에게 긍정적으로 존중을 받고자 하는 욕구를 충족시키기 위해 부모나 중요한 타인이 제시한 가치 조건(conditions of worth)을 따르게 된다는 것이다. 로저스는 이러한 유기체적 경험과 자기의 일치 혹은 불일치를 통해 성격 발달이 이루어진다고 하였다.

(5) 조작적 조건형성이론

스키너는 행동주의 학습이론에 근거하여 인간의 모든 행동은 주어진 환경에 의해 결정된다는 환경결정론의 입장을 취하고 있다. 그는 한 개인의 행동에 그 사람의 감정과 사고가 포함되어 있으므로 겉으로 드러난 사람의 행동을 보면 성격을 알 수 있다고 하였다. 이와 같이 환경과 행동의 중요성을 강조한 스키너 이론의 핵심은 조작 행동(operant behavior)과 강화(reinforcement)라고 할 수 있다. 조작 행동이란 환경을 조작해서 어떤 결과를 낳는 행동을 의미하며, 강화는 환경적인 자극으로 인하여 특정한 행동의 빈도나 강도를 증가시키는 것을 말한다.

① 성격의 구조

스키너는 인간의 성격을 자극에 대한 반응으로 나타나는 행동 패턴의 집합체라고 하였다. 인간의 행동은 정상 행동이든 비정상 행동이든 모두 조작적 조건형성의 원리에 의해 학습된다. 따라서 성격이란 유기체가 강화와 처벌과 같은 환경적인 자극을 통하여 조건형성이 된 행동, 즉 학습된 행동의 체계이다. 다시 정리하면 하나의 자극에 대한 반응이 일정한 패턴을 이루어 습관이 되고, 이 습관은 그 사람만의 행동 특성으로 나타나는데 이를 그 사람의 독특성, 즉 성격으로 보았다.

② 성격의 발달

조작적 조건형성이론에 따라 인간의 성격형성 과정을 설명한다면, 한 개인의 성장 과정에서 경험한 강화와 처벌로 인해 구체적인 행동이 조건형성을 이루거나 없어진 과정을 통해 성격이 형성된다고 할 수 있다(이수연 외, 2013).

스키너의 이론은 다른 성격이론과 달리 다음과 같은 점에서 극단적인 것으로 평가된다. 첫째, 정신분석이론, 특질이론, 인간중심이론 등 대부분의 성격이론이 인간의 성격에서 무의식, 특질, 내적 경험 등 내적인 측면의 중요성을 강조하였지만, 스키너의 조작적 조건형성이론은 이러한 개념들이 과학적 발전을 저해하는 것이라며 거부하였다. 둘째, 스키너의 이론은 성격의 발달 단계에 대한 특별한 언급이 없으며, 각 개인의 성격형성을 학습 과정으로 간주하였다. 따라서 연령 변인을 환경 변인보다 덜 중요한 것으로 취급하였다. 셋째, 스키너의 이론은 개인과 환경 간의 관계에서 환경의 영향력을 지나치게 강조함으로써 성격 발달 및 변화에 있어서 개인의 내적 동기나 관심, 의식 등 개인적 변인의 중요성을 간과하였다. 따라서 인본주의 학자나 인지주의 학자들로부터 호된 비판을 받았다(Pinker, 1997).

다음 〈표 6-5〉는 주요 성격이론에 따른 성격의 구조 및 발달을 비교하여 제시하였다.

〈표 6-5〉 주요 성격이론 비교

구분	대표 학자	성격의 구조	성격의 발달 단계
정신분석이론	프로이트	원욕, 자아, 초자아	심리성적 발달 5단계
심리사회이론	에릭슨	자율적 자아	심리사회적 발달 8단계
특질이론	올포트	특질	고유자아의 발달 7단계
인간중심이론	로저스	유기체, 자기	구체적 단계 제시하지 않음
조작적 조건형성이론	스키너	행동 패턴	구체적 단계 제시하지 않음

3) 성격검사의 발전 과정

성격검사의 원조에 대해서 학자마다 다소 견해의 차이는 있으나 대표적으로 갈톤(Galton)과 크레펠린(Kraepelin)을 이야기하고 있다. 갈톤(1879)은 감각능력을 측정하기 위해 평정 척도와 질문지법을 처음으로 사용하였고, 자기 자신을 대상으로 자유연상 실험을 하였다. 그리고 1892년 크레펠린도 정신과 환자들을 대상으로 자극단어를 보고 제일 먼저 떠오르는 단어를 말하게 하는 자유연상검사를 개발하였다(김영환, 문수백, 홍상황, 2012). 이는 1900년대 융(Jung)의 단어연상검사 형태로 발전되었다. 이 검사는 사람의 정서를 불러일으킬 것이라고 보이는 100여개 단어 목록으로 구성되어 있으며, 환자가 각 단어에 대해 마음에 떠오르는 다른 단어로 반응하게 하여 환자들의 콤플렉스를 밝히는 것이다. 성격검사는 이런 자유연상을 사용한 검사에서 비롯되었다고 할 수 있으며, 자기보고식 성격검사와 투사적 성격검사로 구분하여 그 발전 과정을 살펴볼 수 있다.

(1) 자기보고식 성격검사

질문지법 형태인 자기보고식 성격검사의 효시는 제1차 세계대전 동안에 병역의무를 수행하지 못할 정도로 심한 장애가 있는 사람을 선별하기 위해 1920년에 우드워스(Woodworth)가 제작한 성격자료 기록지(Personal Data Sheet)이다. 이는 원래 정신과적 면접을 표준화하기 위한 것이었지만 집단용 검사로 발전되었다(김영환, 문수백, 홍상황, 2012). 이 검사는 여러 가지 감정과 행동의 진실 및 거짓 여부를 묻는 검사로 이후의 성격검사 개발에 많은 영향을 주었다. 특히 허구 척도(lie scale)의 경우는 현재까지 많은 자기보고식 성격검사에서 그대로 사용되고 있다(Anastasi & Urbina, 1997).

자기보고식 성격검사는 널리 보급된 1940년을 기점으로 MMPI, MBTI, CPI, 16성격요인검사, NEO 성격검사, 성격평가 질문지 등이 개발되어 사용되고 있다.

① MMPI

다면적 인성검사로 알려진 MMPI는 미국 미네소타 대학교의 해서웨이(Hathaway)와 맥킨리(McKinley)에 의해 개발되어 1943년에 출간되었다. 이후 미네소타 대학교에서 1989년에 MMPI-2(Butcher et al., 1989)를, 1992년에는 청소년용 MMPI-A을 개발·출간하였다. 그리고 2008년에는 383문항으로 단축된 MMPI-2 재구성판(MMPI-2 Restructured Form: MMPI-2-RF)이 개발되었다(Ben-Porath & Tellegen, 2008).

한국에서의 MMPI는 1963년 전범모, 이정균, 진위교에 의해서 표준화되어 처음으로 출시되었으며, 1989년 한국임상심리학회에서 재표준화 작업이 수행되었다. 이후 2005년 한국판 MMPI-2가 개발되었고, MMPI-A도 한국판으로 표준화 작업이 이루어졌다(김중술 외, 2005). 그리고 한국판 MMPI-2-RF 연구가 진행되어 2011년 출시되었다(한경희 외, 2011).

② MBTI

MBTI는 1920년에 브릭스(Briggs)가 융(Jung)의 심리유형론에 근거하여 연구를 시작하여, 그녀의 딸 마이어스(Myers)와 손자 마이어스(Myers)에 이르기까지 70여년에 걸쳐 개발 및 수정 작업이 이루어졌다. MBTI는 성격유형의 특징을 기술하는 예비문항들을 수집하였고 여러 차례 검토를 통해 1944년 166문항으로 구성한 A형과

B형이 개발되었다. 이후 1947년에 C형이, 1958년에 D형이, 1962년에 F형이 개발되었다. F형의 경우는 미국 ETS에서 출간하여 널리 보급되었으며, 1970년 초반까지는 표준화시키는 연구가 진행되었다. 그 뒤 3,362명을 대상으로 실시한 문항분석을 토대로 1975년 126문항으로 구성된 G형이 개발되어 CPP(Consulting Psychologists Press)에서 출간이 이루어졌다(김동민 외, 2013).

국내에서는 1988년 심혜숙과 김정택이 미국 CPP와 MBTI 한국판 표준화에 관한 법적 계약을 맺고, 1990년 G형을 표준화하였다. 이후 2012년에 MBTI M형과 Q형을 표준화하여 활용하였다.

③ CPI

캘리포니아 성격검사라 불리는 CPI는 미국 캘리포니아 버클리 대학교의 고흐(Gough)가 1956년에 MMPI를 기초로 제작하였다. 첫 개발 당시 17개 척도의 480문항이었던 CPI는 1978년 462문항으로 줄었으며, 다시 1996년 3판 개정 때는 성차별 문항들을 수정하여 4개의 척도군 총 20개 척도의 434문항으로 구성되었다(Gough & Bradley, 1996).

국내에서는 1992년 한국행동과학연구소(Korea Institute for Research in the Behavioral Sciences: KIRBS)에서 CPI의 척도들을 기본 모델로 하여 한국판 대학생 및 성인용, 중 · 고등학생용으로 개발하여 KPI(KIRBS Personality Inventory)라 명명하였다. KPI는 2006년 일부 문항을 수정하고 성격 이해와 진로지도를 할 수 있도록 해석을 보강하여 현재 사용 중에 있다.

④ 16성격요인검사

16성격요인검사는 1949년 카텔(Cattell)과 에버(Eber)가 인간의 성격특성을 기술하는 형용사를 모아 요인분석하여 개발하였다. 이후 이 검사는 5차례의 개정 작업이 이루어지면서 인간의 성격을 전반적으로 평가할 수 있는 유용한 도구로 인정받았다.

국내에서는 1990년 염태호와 김정규에 의해 표준화되어 성격요인검사로 개발되었고, 2003년 다요인 인성검사로 명칭을 변경하였다.

⑤ NEO 성격검사

NEO 성격검사는 코스타(Costa)와 맥크레이(McCrae)에 의해 1978년 처음 개발되었다. 이 검사는 성격심리학의 특질이론을 근거로 하고 있으며, 여러 가지 성격 척도의 문항들에 대한 요인분석적 방법을 통해 신경증, 외향성, 개방성의 세 요인을 발견하고 각 요인의 첫 글자를 따서 명명하였다. 이후 지속적인 연구를 통해 친화성, 성실성 요인을 추가적으로 발견하였고, 1985년에 5요인을 측정할 수 있는 NEO-PI(NEO-Personality Inventory)가 개발되었다. 그리고 하위요인들을 보강하여 수정한 NEO-PI-R(NEO-Personality Inventory-Revised)을 1992년에 구성하였다(Costa & McCrae, 1992).

국내에서는 이인혜(1997)가 NEO-PI-R의 신뢰도와 타당도 연구를 수행하였으며, 한국판 NEO-PI-R은 안창규와 채준호(1997)에 의해 NEO-PI-R S형을 번안하여 표준화되었다. 그리고 안현의와 김동일, 안창규(2006)가 NEO-PI-R을 토대로 NEO 청소년성격검사와 NEO 아동성격검사를 표준화하였다. 이후 한국판 NEO 성격검사는 2014년 안현의와 안창규에 의해 재표준화하여 출판되었다.

(2) 투사적 성격검사

투사적 성격검사는 비구조화된 과제를 피검사자에게 제시하여 그들의 요구, 경험, 내적 상태, 사고 과정 등을 반응하게 하여 성격을 밝히도록 한다. 1920년대와 1930년대에는 성격에 관한 연구의 중점이 양적인 측정보다 질적인 측정에 집중되면서 여러 투사적 성격검사가 출현하였다. 로르샤흐 검사, 주제통각검사 등이 이 당시에 개발되었다.

① 로르샤흐 검사

로르샤흐 검사는 스위스의 정신과 의사인 로르샤흐(Rorschach)에 의해 처음 개발된 투사검사이다. 그는 정신분열증 환자의 잉크반점 자극에 반응하는 자료를 체계적으로 수집 · 분석하여 10장의 카드로 구성된 도구를 1921년에 출간하였다. 이후 그는 형태 해석 검사(Form interpretation test)로 명명하고 연구하려고 했으나 1922년 37세로 사망하였다.

이 검사는 로르샤흐의 죽음과 함께 역사 속으로 사라질 위기에 있었으나 1929년 미국의 정신과 의사 벡(Beck)과 헤르츠(Hertz) 등에 의해 다시 연구가 시작되었다. 이들은 로르샤흐가 남긴 채점, 부호화 방식의 기본 틀을 발전시켜 로르샤흐 잉크반점 검사 연구에 기여하였다. 1974년에 액스너(Exner)는 여러 학자의 로르샤흐 검사 체계를 종합하여 로르샤흐 종합체계(The Rorschach: A Comprehensive System)를 고안하여 발표하였다. 이후 여러 번의 수정을 거쳐 1990년 개정 발표된 종합체계가 현재 임상가 사이에서 가장 표준화된 체계로 인정받아 널리 사용되고 있다.

② 주제통각검사

주제통각검사는 하버드 대학교의 머레이(Murray)와 모건(Morgan)에 의해 소개되었다. 이들은 1936년에 제작된 원 도판을 수정하여 1943년 31개의 도판으로 구성된 주제통각검사도구를 표준화하여 출판하였다. 이 도판은 현재까지 변경 없이 사용되고 있다. 이후 1949년 벨락(Bellak)이 아동용 주제통각검사를 제작하였고, 1952년에 수정판을 출판하였다.

한국에서는 1970년대에 주제통각검사에 대한 관심이 높아지면서 전용신이 머레이의 주제통각검사 실시요강과 벨락의 아동용 주제통각검사의 임상적 활용 일부분을 번역하였고, 이상로와 변창진, 김경린은 1974년 「TAT 성격진단법」을 출판하였다. 그리고 김태련 등(1976)은 한국판 아동용 주제통각검사를 표준화하였다.

③ 문장완성검사

문장완성검사는 여러 학자의 연구를 통해서 현재와 같은 형태를 갖추게 되었다. 그 시초는 갈톤의 자유연상법이라 볼 수 있으며, 이를 분트와 카텔이 단어연상법으로 발전시켰다. 그리고 크레펠린(Kraepelin)과 융은 임상적 연구를 통해 문장완성검사의 토대를 마련하였고, 라파포트(Rapaport)와 그 동료들에 의해 단어연상법이 투사적 성격진단의 유효한 방법으로 증명되면서 문장완성법으로 발전하였다. 현재와 같은 방식의 문장완성검사는 1928년 페인(Payne)이 처음 사용하였다.

2. 자기보고식 객관적 성격검사

피검사자 스스로 자신의 성격특성이나 태도, 행동 등에 대해 보고하거나 평정하게 하는 도구를 자기보고식 성격검사(self-report personality test)라고 한다. 그중 검사의 과제가 구조화되어 있고 채점 과정이 표준화되어 해석의 규준이 제시되어 있는 경우에 이를 객관적 검사(objective test)로 분류한다. 자기보고식 객관적 성격검사의 방법으로는 설문문항에 평정하게 하는 질문지법이 가장 보편적으로 사용되고 있으며, 대표적인 검사로는 MMPI, MBTI, CPI, 16성격요인검사 등이 있다(오윤선, 정순례, 2017).

자기보고식 객관적 성격검사는 검사의 실시와 해석이 간편하며, 검사의 신뢰도와 타당도가 검증되어 있고, 다른 사람이 관찰하거나 평가해서 얻은 성격에 관한 정보보다 상대적으로 정확할 수 있다. 또한 검사자의 개인변인과 검사의 상황변인에 영향을 적게 받으므로 개인 간 비교가 객관적으로 제시될 수 있다는 점에서 널리 사용된다.

반면에, 피검사자가 자신이 의도하는 방향으로 문항에 반응할 수 있는 여지를 제공할 수 있어 사회적으로 바람직하게 여기는 방향으로 답을 하거나 척도의 중간 혹은 극단에 평정하는 경향성이 발생할 수 있다는 문제를 가질 수도 있다. 또한, 검사가 측정하고자 하는 특성의 양적인 면에 초점이 있기 때문에 개인의 질적인 성격특성에 대한 정보는 간과된다는 한계를 가진다.

1) MMPI

(1) 검사의 개요

미네소타 다면적 인성검사(Minnesota Multiphasic Personality Inventory: MMPI)로 알려진 MMPI는 1943년에 미국 미네소타 주립대학교의 임상심리학자인 해서웨이(Hathaway)와 정신과 의사인 맥킨리(McKinley)에 의해 개발된 자기보고식 객관적 성격검사이다. MMPI는 해석 시 검사자료의 타당성을 판단할 수 있도록 검사의 구성에 타당도 척도를 포함한 최초의 성격검사이다. 출판되자마자 수많은 연구와 경험적 검증을 통해 효율적이고 신뢰성 있는 진단도구로 임상장면에서 인정받기 시작했다. 검사 실시와 채점이 쉽고, 규준에 의해 비교적 간편하게 해석이 가능하다는 장점으로 인해 임상장면뿐 아니라 학교와 교정 시설, 군대 등과 같은 다양한 장면에서 널리 사용되고 있다(박영숙 외, 2010).

MMPI는 원래 정신과의 성인 환자를 정확하게 평가하고 진단할 목적으로 개발되었으며, 가장 큰 특징은 경험적인 방법을 통해 척도와 문항을 개발하였다는 점이다. 논리적인 방법으로 개발되었던 기존의 성격검사와 달리 개인이 속한 집단을 어떤 문항이 잘 변별해 주는지에 대해 경험적으로 검토한 후 문항을 선택하여 제작하였다. 즉, 정신과 환자 집단에 대한 문항의 변별력을 살펴보기 위해 정상집단과 비교하여 두 집단을 명확하게 변별해 주는 문항을 선정하여 임상 척도로 구성하였다.

MMPI가 가진 이러한 장점에도 불구하고, 시간이 경과함에 따라 일부 MMPI 척도 및 문항에 대한 문제점이 지적되었고, 시대에 맞는 새로운 규준의 필요성 등이 제기되었다. 이러한 문제들은 MMPI 검사의 재표준화에 대한 필요성을 부각시켰으며, 1980년대 초 재표준화 작업이 시작되어 1989년 MMPI-2의 개발로 이어지게 되었다(Butcher et al., 1989). MMPI-2 검사의 주요 개선점을 요약하면 다음과 같다(박영숙 외, 2010).

▌검사 문항의 개선

- 원판에서 시대착오적 내용이나 성차별적인 내용, 구어적인 표현의 문항을 삭제, 개선하여 새로운 문항을 추가하였다.

▌타당도 척도의 추가

- 원판의 타당도 척도에 더해 6개 타당도 척도가 추가되었다. 이를 통해 결과의 해석을 위한 자료의 타당성을 보다 명확하게 판별하게 되었다.

▌재구성 임상(RC) 척도의 개발

- 원판의 임상 척도 간의 상관관계가 높다는 맹점 때문에 각 척도에 대한 차별적 해석이 어려움이 있어 다른 척도와 변별되는 핵심적인 임상 양상을 보여 주는 재구성 임상(RC) 척도가 개발되었다.

▮ 새로운 내용 척도의 개발

- 원판에서 제대로 반영하지 못하였지만 임상적으로는 중요한 자살, 약물 및 알코올남용, 대인관계 등의 영역을 MMPI-2에서는 추가적으로 평가할 수 있게 되었다.

▮ 보충 척도의 개발

- 성격병리 5요인(PSY-5) 척도와 함께 중독인증, 중독 가능성, 남성적 성역할, 여성적 성역할, 결혼생활 부적응 척도 등이 MMPI-2에 새롭게 추가되어 피검사자에 대해 더욱 자세한 정보를 제공받을 수 있게 되었다.

(2) 검사의 구성

① 원판 MMPI 검사의 구성

최초 개발된 MMPI 검사는 총 566개의 문항으로 이루어져 있으나, 그 가운데 16개의 문항이 중복되어 있기 때문에 실제로는 550개 문항이라 볼 수 있다. 각 문항에 대해 피검사자가 '그렇다'와 '아니다'로 대답하게 되어 있으며, 4개의 타당도 척도와 10개의 임상 척도를 기본 척도로 구성한다.

▮ 타당도 척도

자기보고식 검사는 피검사자가 의도적으로 반응을 왜곡하거나 거짓으로 응답할 수 있는 문제를 가지고 있다. 해서웨이와 맥킨리는 이러한 피검사자의 이상반응태도(deviant test-taking attitudes)를 찾아내려는 목적으로 타당도 척도를 개발하였다.

전통적으로 타당도 개념은 검사가 측정하려고 하는 바를 실제로 측정하고 있느냐의 문제를 다룬 것이다. 그러나 MMPI 검사에서 타당도 개념은 다소 다른 의미로서 피검사자가 검사수행에 있어서 취한 검사 태도, 즉 피검사자가 얼마나 정확하고 일관성 있게 검사 문항에 반응하였는가를 탐지하고자 하는 것이다.

원판 MMPI 검사의 타당도 척도에 대해 〈표 6-6〉에 설명하였다.

〈표 6-6〉 원판 MMPI 검사의 타당도 척도

척도	설명
?척도 (무응답)	응답하지 않은 문항 혹은 '그렇다'와 '아니다' 모두에 반응한 문항의 개수를 의미함 무응답이 많을수록 임상 척도의 점수가 낮아지는 경향이 있음 무응답 10개 이하는 프로파일의 타당성을 수용함 30개 이상인 경우는 타당한 해석을 어렵게 하므로 해석하지 않음
F척도 (비전형)	정상인 집단과는 다르게 반응하는 응답자를 찾기 위한 척도 점수가 높으면 임상 척도의 전반적 상승과 관계가 깊으므로 정신병이나 실직, 이혼, 사별 등에 의한 혼란된 감정을 반영한다고 볼 수 있음
L척도 (거짓)	방어적 검사수행 태도를 확인하는 척도 T점수가 79 이상이면 무효 프로파일로 볼 수 있음 자신을 지나치게 완벽하고 좋게 보여야 하는 상황에서 점수가 상승됨
K척도 (교정)	세련되고 교묘한 방어적 검사수행 태도를 찾아내고자 하는 척도 높은 점수는 과도한 경계심이나 민감성을 반영함 일반적으로 지적 수준이 높은 사람일수록 높게 상승할 수 있는 반면에 교육 수준이 낮을수록 점수가 낮게 나옴

임상 척도

원판 MMPI 검사의 주된 내용인 임상 척도는 주요 비정상 행동을 측정하기 위한 것으로 건강염려증, 우울증, 히스테리, 반사회성, 남성 특성-여성 특성, 편집증, 강박증, 정신분열증, 경조증, 사회적 내향성으로 구분할 수 있다. 일반적으로 MMPI 검사의 해석 시에는 임상 척도의 높은 점수를 보인 쌍의 해석을 강조한다. 이때 해석을 보충할 경우에는 개별 척도의 해석을 참고로 한다.

임상 척도의 명칭은 처음 MMPI 검사가 만들어지던 1940년대의 정신과적 진단명이었다. 그런데 그 의미나 내용이 오늘날의 진단명과는 다소 차이가 있고, 실제 임상장면에서 이 검사를 사용하여서 특정 임상 척도에서 높은 점수를 받더라도 그 척도명과 일치하지 않는 진단이 내려지는 사례가 많았다. 이러한 이유로 임상 척도의 명칭을 직접 사용하는 대신 10개 임상 척도에 일련번호를 붙여서 Hs(건강염려증) 척도부터 차례로 척도1, 척도2, 척도3 등으로 기호를 부여하였다. 그 중 척도5와 척도0은 엄밀한 의미에서 임상적 증상과 거의 관련이 없으며, 대체로 성격적인 경향성만 반영하는 것으로 간주한다.

원판 MMPI 검사 10개의 임상 척도는 다음 〈표 6-7〉과 같다.

〈표 6-7〉 원판 MMPI 검사의 임상 척도

기호(약자)		척도의 명칭	내용
신경증 척도	척도1 (Hs)	건강염려증 (Hypochondriasis)	신체 기능에 대한 과도한 불안이나 집착 같은 신경증적인 걱정이 있는지를 측정
	척도2 (D)	우울증 (Depression)	슬픔, 사기저하, 미래에 대한 비관적인 생각, 무기력 및 절망감 등을 측정
	척도3 (Hy)	히스테리 (Hysteria)	신체적 징후를 수단으로 하여 어려운 갈등, 위기를 모면 또는 회피하려는 정도를 측정
척도4 (Pd)		반사회성 (Psychopathic Deviate)	사회적 규범 무시, 깊은 정서적 반응 결핍, 처벌 등의 경험을 통해 학습하는 능력 부족 등을 측정
척도5 (Mf)		남성 특성-여성 특성 (Masculinity-Feminity)	전통적인 남녀의 역할과 흥미에 관련된 항목에 동의하는 정도를 측정
정신병리척도	척도6 (Pa)	편집증 (Paranoia)	대인관계의 예민성, 피해의식, 만연한 의심, 경직된 사고, 관계망상 등의 임상적 특징을 측정
	척도7 (Pt)	강박증 (Psychasthenia)	병적 공포, 근심 걱정, 불안, 강박 행동, 지나친 완벽주의, 우유부단, 자기비판 등을 측정
	척도8 (Sc)	정신분열증 (Schizophrenia)	억압, 현실에 냉담하고 무관, 각종 망상, 환각 등 사고, 감정, 행동장애와 사회적 소외 등을 측정
	척도9 (Ma)	경조증 (Hypomania)	사고와 행동의 과잉, 지나친 정서적 흥분, 관념의 비약, 과도한 낙천주의 등 정신적 에너지를 측정
척도0 (Si)		사회적 내향성 (Social introversion)	대인관계 욕구, 대인관계 상황에서의 예민성 또는 수줍음, 사회적 불편감이나 회피 등을 측정

② MMPI-2 검사의 구성

MMPI-2 검사는 타당도 척도와 임상 척도, 재구성 임상(Restructured Clinical Scale: RC) 척도, 성격병리 5요인(Personality Psychopathology Five Scale: PSY-5) 척도, 내용 척도, 보충 척도 등으로 구성되었으며, 중복 문항 없이 총 567문항으로 이루어졌다(Butcher et al., 1989).

▮ 타당도 척도

MMPI-2 검사는 기존 MMPI 검사의 4개 타당도 척도에 새롭게 6개 타당도 척도가 추가되었다. 이를 통해 보다 체계적이고 정확하게 피검사자의 검사 태도를 평가할 수 있게 되었다.

우선적으로 추가된 타당도 척도는 무선반응과 고정반응을 측정하기 위한 무선반응 비일관성(VRIN) 척도와 고정반응 비일관성(TRIN) 척도이다. 이 두 척도와 무응답 척도를 통해 피검사자가 제대로 문항을 읽고 일관성 있게 응답하였는지를 검토한다.

그리고 검사 후반부에 피검사자 태도의 변화를 확인하기 위한 비전형-후반부(FB) 척도와 심각한 정신병리에 의한 문제점을 보완하기 위한 비전형-정신병리(FP) 척도, 자신의 증상을 과장하는 피검사자의 태도를 가려내기 위한 증상타당도(FBS) 척도가 추가되었다. 이들 척도와 비전형(F) 척도를 통해 허위로 부정적으로 응답하는 경향을 탐지한다.

또한, 기존의 거짓(L) 척도와 교정(K) 척도와 더불어 상대에게 자신을 좋게 보이고자 하는 욕구가 강한 피검사자의 태도를 가려내기 위한 과장된 자기제시(S) 척도가 추가되었다. 이들 척도를 통해 허위로 긍정적으로 응답하는 경향을 탐지한다.

MMPI-2 검사의 타당도 척도를 〈표 6-8〉에 제시하였다.

〈표 6-8〉 MMPI-2 검사의 타당도 척도

척도의 명칭		약자	추가
성실성	무응답(Can not say)	?	
	무선반응 비일관성(Variable Response Inconsistency)	VRIN	○
	고정반응 비일관성(True Response Inconsistency)	TRIN	○
비전형성	비전형(Infrequency)	F	
	비전형-후반부(Back Infrequency)	FB	○
	비전형-정신병리(Infrequency Psychopathology)	FP	○
	증상타당도(Symptom Validity)	FBS	○
방어성	거짓 척도(Lie)	L	
	교정 척도(Defensiveness)	K	
	과장된 자기제시(Superlative Self-Presentation)	S	○

임상 척도

MMPI-2 검사의 임상 척도는 원판 MMPI와 동일하다. 그렇지만 MMPI-2 검사의 경우는 임상 척도의 보다 명확한 해석을 위하여 척도1과 척도5, 척도7을 제외한 7개 임상 척도의 문항들을 분류하여 임상 하위 척도를 제시하였다. 이에 대한 구체적 내용은 다음 〈표 6-9〉와 같다.

〈표 6-9〉 MMPI-2 검사의 임상 하위 척도

<table>
<tr><th>임상 척도</th><th>임상 하위 척도</th><th>임상 척도</th><th>임상 하위 척도</th></tr>
<tr><td>척도2
D</td><td>D1 주관적 우울감
D2 정신운동 지체
D3 신체적 기능장애
D4 둔감성
D5 깊은 근심</td><td>척도3
Hy</td><td>Hy1 사회적 불안의 부인
Hy2 애정 욕구
Hy3 권태-무기력
Hy4 신체증상 호소
Hy5 공격성의 억제</td></tr>
<tr><td>척도4
Pd</td><td>Pd1 가정불화
Pd2 권위불화
Pd3 사회적 침착성
Pd4 사회적 소외
Pd5 내적 소외</td><td>척도6
Pa</td><td>Pa1 피해의식
Pa2 예민성
Pa3 도덕적 미덕(순진성)</td></tr>
<tr><td rowspan="2">척도8</td><td rowspan="2">Sc1 사회적 소외
Sc2 정서적 소외
Sc3 자아통합 결여-인지
Sc4 자아통합 결여-동기
Sc5 자아통합 결여-억제부전
Sc6 기태적 감각 경험</td><td>척도9
Ma</td><td>Ma1 비도덕성
Ma2 심신운동 항진
Ma3 냉정함
Ma4 자아팽창</td></tr>
<tr><td>척도0
Si</td><td>Si1 수줍음/자의식
Si2 사회적 회피
Si3 내적/외적 소외</td></tr>
</table>

기타 척도

- 재구성 임상(RC) 척도

기존의 MMPI 임상 척도는 정신병리를 찾아내는 데 유용하지만, 임상 척도 간의 상관이 높고 독립적이지 않다는 문제 때문에 정신병리 진단의 변별에 어려움이 있었다. 이러한 문제를 해결하고 각 임상 척도의 핵심 특징들을 분리시켜 보다 정제되고 세련된 해석과 진단적 변별성을 높이고자 총 9개로 구성된 재구성 임상(RC) 척도를 개발·추가하였다. 먼저 모든 임상 척도에 공통적으로 반영되어 있는 일반요인을 추출하여 의기소침(RCd) 척도로 명명하였으며, RCd 요인 외에 척도5와 척도0을 제외한 8개의 임상 척도와 해당 기호에 상응하는 각각의 재구성 임상(RC) 척도를 개발하였다.

MMPI-2 검사의 재구성 임상(RC) 척도는 다음 〈표 6-10〉과 같다.

〈표 6-10〉 MMPI-2 검사의 재구성 임상(RC) 척도

RC척도	약자	의미
RCd	dem	의기소침(Demoralization)
RC1	som	신체증상호소(Somatic Complaints)
RC2	lpe	낮은 긍정정서(Low Positive Emotions)
RC3	cyn	냉소적 태도(Cynicism)
RC4	asb	반사회적 행동(Antisocial Behavior)
RC6	per	피해의식(Idea of Persecution)
RC7	dne	역기능적 부정정서(Dysfunctional Negative Emotions)
RC8	abx	기태적 경험(Aberrant Experiences)
RC9	hpm	경조증적 상태(Hypomanic Activation)

재구성 임상(RC) 척도는 매우 유용하나, 아직은 임상적 경험자료가 제한적이기 때문에 독립적으로 해석하기보다는 임상 척도의 정제된 해석을 위한 보조수단으로 사용하는 것이 바람직하다.

• 성격병리 5요인(PSY-5) 척도

성격병리 5요인(PSY-5) 척도는 성격장애와 정상적 개인의 성격특성을 평가할 목적으로 개발되어, 정상적인 성격 기능의 연장선상에서 성격장애를 개념화하고자 하였다. 공격성, 정신증, 통제결여, 부정적 정서성/신경증, 내향성/낮은 긍정적 정서성의 다섯 가지 척도로 구성되어 있다. MMPI-2 검사의 성격병리 5요인(PSY-5) 척도를 다음 〈표 6-11〉에 제시하였다.

〈표 6-11〉 MMPI-2 검사의 성격병리 5요인(PSY-5) 척도

약자	척도의 명칭
AGGR	공격성(Aggressiveness)
PSYC	정신증(Psychoticism)
DISC	통제결여(Disconstraint)
NEGE	부정적 정서성/신경증(Negative Emotionality/Neuroticism)
INTR	내향성/낮은 긍정적 정서성(Introversion/Low Positive Emotionality)

• 내용 척도

내용 척도는 문항의 내용과 관련된 척도로 구성되어 있으며, 검사를 받을 때 검사자에게 전달하고자 하는 내용을 명확하게 해 주고 구체적인 해석을 가능하게 하는 구성개념적 척도이다. 내용 척도는 먼저 임상 척도의 해석에 보완적 정보를 제공해주고, 상승한 임상 척도의 의미를 보다 분명히 하는 데 도움을 준다. 내용 척도의 구체적인 내용은 불안, 공포감, 강박감, 우울, 건강염려, 사고 기이성, 적대감, 냉소성, 반사회성, 경조증 경향, 낮은 자존감, 사회적 불편, 가족 갈등, 직무 곤란, 부정적 치료 예후 등이 있다.

• 보충 척도

보충 척도는 내용 척도 이외에 정상집단과 비교집단 간의 반응을 비교하여 개별적으로 제작한 특수 척도이다. 보충 척도는 타당도 척도와 임상 척도의 해석을 보강하기 위한 목적으로 사용된다. 따라서 자아강도, 사회적으로 바람직하게 반응하려는 경향성 척도, 학습부진아 변별 척도 등을 비롯하여 다양한 척도가 존재한다. 그 중에 많이 사용하는 척도는 중독 가능성 척도와 알코올문제나 약물문제를 측정하는 중독 인정 척도 등이 있다.

(3) 검사 실시

MMPI 검사는 검사 내용, 실시 방법 및 조건, 채점 과정을 표준화한 검사이므로 그 실시 방법에 따라 실시하고 채점하는 것이 중요하다. 그에 따르지 않고 나온 검사 결과를 표준화 과정에서 나온 규준에 비추어 해석한다는 것은 무의미하다. MMPI 검사와 같은 자기보고식 성격검사는 피검사자가 자신의 상태를 숨기거나 왜

곡하지 않고 솔직하게 반응할 수 있도록 분위기를 조성하는 것이 중요하다. 특히 임상장면에서는 피검사자가 검사에 대해 부정적 생각이나 태도를 지닐 가능성이 높기 때문에 매우 진지하고 신중하게 실시해야 한다. 여기서는 검사를 실시할 때 고려해야 할 검사자의 자격, 피검사자의 수행능력, 검사 실시, 해석 등에 대해 살펴보고자 한다.

① 검사자의 전문가적 자격

최근 들어 컴퓨터를 이용하여 MMPI-2 검사를 실시하고 채점하는 것이 가능해졌기 때문에 일정 수준의 교육과 지도 감독을 받은 사람이라면 검사 실시나 채점을 수행할 수 있게 되었다. 그러나 MMPI-2 검사는 매우 복잡하고 정교한 성격검사이므로 결과에 대한 적절한 해석을 위해서는 인간의 심리, 정신병리 및 심리측정에 대한 체계적이고 전문적인 지식을 갖추어야 하며, 검사의 윤리적 사용에 대한 이해와 태도가 필요하다. 때문에 임상훈련을 통해 자격을 취득한 전문가만이 사용할 수 있도록 제한을 두고 있다. 따라서 검사를 효과적으로 실시하기 위해서 검사자는 기본적으로 전문가로서의 자격을 갖추는 것이 중요하며, 검사자와 피검사자 간의 신뢰로운 관계를 기초로 검사를 실시할 수 있어야 한다.

② 피검사자의 검사 수행능력

MMPI-2 검사를 통해 얻은 정보의 유용성은 검사자의 요인뿐만 아니라 피검사자의 몇몇 요인에 의해서도 영향을 받는다. 피검사자의 검사 수행 태도, 검사 문항이 의미하는 바를 이해하고 이를 자신의 경험이나 상태에 비추어 응답할 수 있는지, 그리고 자신의 답을 검사가 요구하는 방식으로 적절히 기록할 수 있는지 등 다양한 요인이 이에 해당된다.

우선, 피검사자는 최소한 초등학교 6학년 수준 이상의 읽기능력, 즉 독해력을 지니고 있어야 한다. 이 정도의 독해력을 지니고 있어야 검사 문항을 읽고 답하는 데 문제가 없는 것으로 본다.

또한, 적절한 검사 수행을 방해하는 신체적 또는 정서적 문제가 있는지 확인해야 한다. 시력 저하, 난독증, 학습장애, 약물중독 상태 등은 검사 문항을 읽고 답하는 비교적 단순한 과제의 수행조차도 어렵게 할 수 있다.

실시 가능한 피검사자의 연령은 원판 MMPI 검사의 경우 16세 이상부터이고, MMPI-2 검사는 19세 이상의 성인이 대상이며, MMPI-A 검사는 중·고등학생에 해당하는 13~18세를 대상으로 한다. 결과자료의 타당성을 위해 고려해야 할 피검사자의 요건 가운데 몇 가지를 정리하면 다음 〈표 6-12〉와 같다.

〈표 6-12〉 검사 실시 전 피검사자 점검 사항

영역	점검 사항
독해력	• 최소 초등학교 6학년 수준 이상의 독해력이 필요
연령	• 원판 MMPI 검사: 16세 이상 • MMPI-2 검사: 19세 이상 • MMPI-A 검사: 13~18세
인지능력	• 표준화된 지능검사가 최소한 IQ 80 이상은 되어야 적절한 수행이 가능함
정신상태	• 심하게 혼란되어 있거나 동요되어 있는 경우를 제외하면 수행이 가능함

③ 검사 실시 및 환경의 조성

▮ 검사 실시의 환경

다른 검사와 마찬가지로 검사를 실시할 때 적절한 환경의 조성은 피검사자로 하여금 보다 안정적인 반응을 이끌어 내는 데 도움이 된다. 주변이 잘 정리되고 조용한 장소, 질문지를 읽기에 적절한 조명의 밝기, 편안한 의자와 함께 응답지를 작성하기 불편하지 않은 충분한 공간이 확보된 책상이 필요하다.

대규모의 집단을 대상으로 실시하는 경우 피검사자들의 협조적인 태도와 관심을 유지하여 검사를 끝까지 할 수 있도록 별도의 조치를 취할 필요가 있다. 소규모 집단의 경우는 검사자 혼자 실시할 수도 있지만, 일반적으로 20~25명 당 추가적으로 한 명의 보조 검사자가 있어야 한다.

▮ 검사 실시

현재 MMPI-2 검사는 컴퓨터 화면으로 실시하는 방식과 지필검사 방식이 모두 가능하다. 검사시간은 컴퓨터 화면을 통해 실시하는 경우는 평균 45~60분, 지필검사는 60~90분 정도가 걸린다. 검사시간이 너무 길거나 또는 짧은 경우 모두 진단적 의미가 있으므로 소요시간을 체크하는 것이 중요하다.

검사 실시 전에 검사자는 라포 형성을 통해 협조적인 태도를 이끌어 내는 것이 중요하다. 실시 중 피검사자의 질문에 답해 주어야 하고, 피검사자의 태도를 관찰하며, 수행에 있어서 어려움을 호소하는 피검사자에 대한 격려를 위해 검사자가 동석하여 실시해야 한다.

그리고 검사자는 검사를 받는 사람의 임상적 태도를 고려해야 한다. 예컨대, 문항 수가 많아서 불안하고 초조한 사람은 한 번에 검사를 끝내기 어려울 수 있는데, 이때는 융통성을 발휘하여 검사를 몇 번 나누어 실시하는 것이 바람직하다. 그리고 피검사자가 검사 문항에 현재 상태를 기준으로 생각이나 느낌을 응답할 수 있도록 안내하고, '그렇다'와 '아니다'로 응답하기 어려운 경우는 자신과 좀 더 비슷하다고 생각되는 쪽으로 답하라고 설명한다.

▮ 검사 채점

검사가 끝나고 나서 채점하기 전에 검사자는 피검사자의 답안지를 전체적으로 점검하여야 한다. 점검할 때에는 응답자의 무작위적 반응양식이 있는지, 빠진 문항이나 이중으로 응답한 문항을 자주 지운 흔적이 있는지 등을 확인하고 검사에 소요된 시간을 고려해야 한다.

원판 MMPI 검사 채점은 채점판을 사용하여 수동으로 할 수도 있고, 컴퓨터 채점 프로그램을 활용할 수도 있다. 그러나 한국판 MMPI-2 검사는 컴퓨터를 이용한 채점 프로그램을 사용하여야 하며, 수동 채점을 위한 채점판을 제작하지 않았다. 왜냐하면 MMPI-2 검사의 경우 채점해야 하는 척도의 수가 너무 많을 뿐 아니라, 일부 척도의 경우에는 채점 방법이 복잡하여 수동 채점을 하는 경우 세심한 주의가 필요하고 채점 과정에 실수의 가능성도 높기 때문이다.

(4) 해석

MMPI 검사는 근본적으로 정신의학적 진단을 하위 척도로 하고 있고 각 문항은 임상집단에 대한 경험적 변별력에 따라 개발된 것이다. 그리고 550개 이상의 수많은 행동표집을 포함하고 있으며 정서장애의 변별 및 감별진단에 유용한 성격검사이다. 각 문항에 대한 반응은 검사를 받는 사람의 주관적 판단에 의존하고 있기 때문에 실시하고 해석을 할 때 다음과 같은 세 가지 사항을 고려해야 한다(김중술 외, 2005).

첫째, 타당도 척도를 통해 전체 검사 결과의 타당성을 판단한다. 둘째, 개별 임상 척도의 T점수 상승 수준이 어떤지, 전체 프로파일의 맥락에서 임상 척도들이 어떤 형태로 배열되어 있는지 살펴본다. 셋째, 추가적인 정보를 얻기 위해 재구성 임상(RC) 척도, 임상 하위 척도, 내용 척도, 보충 척도의 점수를 살펴본다.

이와 같은 고려사항을 반영하여 일반적으로 MMPI-2 검사의 결과는 다음과 같은 절차에 의해 단계적으로 해석이 진행된다.

- 1단계: 피검사자의 검사신청 동기, 기초 신상자료 검토
- 2단계: 검사 수행 태도 및 검사 결과의 타당성 확인
- 3단계: 임상 척도별 점수의 확인
- 4단계: 임상 척도 프로파일의 코드 유형과 척도 간 연관성 확인
- 5단계: 기타 척도 및 결정적 문항에 대한 검토
- 6단계: 결과 해석에 대한 기술

1단계: 피검사자의 검사신청 동기, 기초 신상자료 검토

검사의 목적을 명확히 파악하고 그 목적에 맞게 필요한 정보를 제공하기 위하여 MMPI-2 검사를 실시하거나 해석하기 전에 검사를 신청하게 된 동기 및 경위, 기초 신상자료를 우선적으로 파악한다.

2단계: 검사 수행 태도 및 검사 결과의 타당성 확인

MMPI-2 검사 결과의 타당성은 타당도 척도를 통해 확인할 수 있다. 타당도 척도를 검토할 때 피검사자의 검사의뢰 사유, 상황요인, 인구학적 변인을 함께 고려할 필요가 있다. 이와 피검사자의 검사 수행 태도 역시 해석에 영향을 미치는데, 검사 소요시간, 검사수행 시 관찰되는 구체적인 행동 등을 통해 확인할 수 있다.

먼저, 지나치게 빠른 시간 안에 MMPI-2 검사를 마쳤다면 피검사자의 부주의함, 충동성 혹은 무성의한 응답으로 검사 결과가 타당하지 않을 가능성을 염두에 두고 살펴보아야 한다. 반면, MMPI-2 검사를 수행하는 데 2시간 이상의 지나치게 긴 시간이 걸렸다면 극심한 우울증이나 집중력 장애, 강박적인 특성으로 우유부단하거나 의사결정의 어려움, 낮은 지능 혹은 읽기 능력의 취약성, 심리적 손상 등의 가능

성을 고려해 볼 수 있다.

▮ 3단계: 임상 척도별 점수의 확인

MMPI-2 검사에서는 척도의 원점수를 변환한 T점수를 통해 해석이 이루어진다. 먼저 임상 척도의 점수가 얼마나 상승하였는지를 살펴보고 그것이 피검사자에게 있어 어떤 의미로 해석될 수 있는지를 검토해 본다. 이와 더불어 상승된 임상 척도의 하위 척도나 재구성 임상(RC) 척도를 통해 어떤 요인에 의해 임상 척도가 상승하였고, 피검사자에게 중요한 문제가 무엇인지 보다 자세하게 살펴볼 수 있다. 또한 척도점수가 어떤 범위에 포함되는지 뿐만 아니라 피검사자의 성별, 연령, 증상, 교육적 배경 등의 다양한 정보와 관련하여 고려할 수 있는 해석적 가능성은 어떤 것인지 살펴본다.

MMPI-2 검사 결과에 대한 해석을 할 때 높은 점수의 척도에만 주의를 기울이는데, 낮은 점수의 척도가 특별한 의미를 가지는 경우가 종종 있으므로 해석 시는 이 역시 고려해야 한다. 한편, 임상 척도는 각 척도마다 부여된 척도명이 있는데, 이러한 명칭이 피검사자의 진단명을 의미하는 것은 아니라는 점을 명심해야 한다. 예컨대, 정신분열증(Sc) 척도의 점수가 규준점수 이상으로 상승하였다고 해서 절대로 피검사자가 정신분열증이라고 섣부르게 판단해서는 안 된다.

▮ 4단계: 임상 척도 프로파일의 코드 유형과 척도 간 연관성 확인

임상 척도 프로파일에는 다양한 형태가 존재한다. 어떤 척도점수가 단일하게 상승하는 경우도 있으나 대부분 2개 혹은 그 이상의 척도가 같이 상승되는 경향이 있다. 이를 코드 유형이라고 하며, 이와 같은 코드 유형에 기초하여 해석하는 것이 가장 보편적인 방식이다.

또한 척도 간의 연관성에 대한 검토 역시 해석적 가설을 세우고 검증하는 데 있어서 필요하다. 즉, MMPI-2 검사의 각 척도 간의 연관성에 대한 검토를 통해 전체 프로파일 해석의 밑그림을 그려 나가는데, 각 척도점수의 의미와 가설을 종합하여 다른 척도들에 대한 예측을 할 수 있다. 예를 들어, 타당도 척도 중 L척도(부인 척도), K척도(교정 척도)가 상승하면 임상 척도는 덜 상승할 가능성이 있으며, 우울증(D) 척도가 상승한 경우는 경조증(Ma) 척도의 점수는 낮을 것이라고 예측하는 것이 일반적이다. 그러나 이러한 예측이 맞는 경우도 있지만, 그렇지 않은 경우와 피검사자의 주 호소 내용과 일치하지 않는 정보가 나타날 때는 프로파일 해석 시 의문을 갖고 통합적으로 잘 검토하여 신중하게 해석해야 한다.

5단계: 기타 척도 및 결정적 문항에 대한 검토

MMPI-2 검사에는 임상 하위 척도와 재구성 임상(RC) 척도 이외에 내용 척도, 보충 척도 등이 포함되어 있으며, 이는 피검사자에 대한 추가적인 정보를 제공해 준다. 또한 결정적 문항은 양적인 점수에서 드러나지 않아서 간과될 수 있는 증상이나 문제들을 확인할 수 있도록 해 준다.

6단계: 결과 해석에 대한 기술

앞에서 검토된 정보를 바탕으로 해석을 기술한다. MMPI-2 검사 결과의 해석은 필수적으로 다음과 같은 내용을 포함하여야 한다.

- 검사 수행 태도가 결과 해석에 미치는 영향
- 전반적인 적응 수준
- 현재 증상, 행동 및 정서 상태
- 행동 및 성격특성: 주요 욕구, 환경 및 대인에 대한 지각, 자기개념, 감정 조절, 대처 전략 및 방어기제, 대인관계, 심리적 강점과 약점 등
- 진단적 시사점과 치료적 함의

2) MBTI

(1) 검사의 개요

성격유형검사로 알려진 MBTI(Myers-Briggs Type Indicator)는 타고난 개인의 심리경향을 측정하는 자기보고식 검사이다. 이에 대한 연구는 1920년 미국의 브릭스와 그녀의 딸 마이어스가 개인 간의 차이점과 갈등을 이해하기 위해 먼저 여러 인물의 자서전 연구를 토대로 성격을 분류하였고, 융의 심리유형이론을 접하면서 본격적인 연구가 시작되었다(Myers & Briggs, 1962; 1977). 1943년 첫 검사인 A형

이 출시된 이후 지속적으로 연구를 수행해 왔으며, 1975년 G형이 CPP(Consulting Psychologists Press)에서 출간되면서 보다 널리 보급되는 계기를 마련하였다. 현재는 Q형까지 개발되었다.

국내에서는 심혜숙과 김정택이 1990년에 MBTI G형을 표준화하여 활용하기 시작하였다. 가장 보편적으로 사용되는 표준형은 MBTI G형이며, 최근 2012년에 MBTI M형과 Q형을 표준화하였다. MBTI Q형은 93문항의 M형에 다면척도를 산출할 수 있는 문항을 추가하여 총 144문항으로 구성된 것이다.

(2) 검사의 구성

MBTI 검사의 토대가 된 융의 이론에 따르면, 인간의 행동이 그 다양성으로 인해 예측할 수 없는 것처럼 보여도 사실은 개인이 인식하고 판단하는 특징에는 나름대로 질서정연하고 일관성이 있다고 하였다. 융은 인간의 심리적 에너지가 외부, 또는 다른 사람 등 객관적 세계로 흐르는지 아니면 외부 세계보다는 안으로, 즉 자기 자신을 향해 흐르는지에 따라서 외향성(extroversion)과 내향성(introversion)을 구분하였다. 그리고 개인이 체험하고 대처하는 방식으로 사용하는 네 가지 기능으로서 사고(thinking), 감정(feeling), 감각(sensing) 그리고 직관(intuiting)을 분류하였다. 외향성과 내향성의 두 가지 태도와 네 가지 기능이 연결되면 총 여덟 가지 성격유형이 나온다고 하였다. 이 여덟 가지는 모든 사람에게 해당되는, 세상을 살아가기 위한 정신적 도구이며 이는 다음과 같다.

▮ 인식: 외부세계와 내부세계의 정보를 받아들이는 두 가지 방식(감각과 직관)

- 외향적 감각
- 내향적 감각
- 외향적 직관
- 내향적 직관

▮ 판단: 외부세계와 내부세계의 정보를 조직하고 결론에 이르는 두 가지 방식(사고와 감정)

- 외향적 사고

- 내향적 사고
- 외향적 감정
- 내향적 감정

마이어스와 브릭스는 사람들이 여덟 가지 정신적 도구를 사용함에 있어서 이 기능 가운데 어느 하나를 더욱 선호하여 사용한다는 것을 강조하였다. 즉, 개인이 외부세계에 대처해 나갈 때 주로 판단적 태도를 취하는지 혹은 인식적 태도를 취하는지를 구분함으로써 위의 여덟 가지 유형을 다시 열여섯 가지로 세분화하였다.

따라서 인식과 판단의 사용 경향을 결정짓는 사람들의 선호경향은 네 가지의 분리된 지표로 구분될 수 있다. MBTI 검사의 네 가지 선호지표를 다음 〈표 6-13〉에 정리하였다.

〈표 6-13〉 MBTI 검사의 네 가지 선호지표

외향성(E) Extraversion 외부에 관심	⇦	에너지 방향은 어느 쪽인가? 주의집중	⇨	내향성(I) Introversion 내부에 관심
감각형(S) Sensing 세부를 보는 경향	⇦	무엇을 인식하는가? 인식 기능	⇨	직관형(N) iNtuition 전체를 보는 경향
사고형(T) Thinking 옳고 그름 일 중심적	⇦	어떻게 결정하는가? 판단 기능	⇨	감정형(F) Feeling 좋고 싫음 관계 중심적
판단형(J) Judging 계획과 통제	⇦	채택하는 생활양식은 무엇인가? 생활양식	⇨	인식형(P) Perceiving 적응과 융통성

① 선호지표

▮ 외향성-내향성(Extraversion-Introversion: EI)

외향성과 내향성은 주의집중과 에너지의 방향 및 원천과 관련된 태도이다. 외향적인 사람은 주로 외부세계의 일과 사람, 사물에 관심을 갖는다. 이들은 외부세계를 지향하므로 인식과 판단의 초점이 외부세계를 향해 있으며 외부세계에서 주로 영향력을 확인하고자 한다. 세상을 이해하기 위해서 사색보다는 외적인 경험과 행동을 더 선호하는 경향이 있다. 이러한 선호성은 외향적인 특성을 발달시키며, 대인관계에서 사교적이고 말하기를 좋아하며 충동적으로 사람을 만나는 경향도 있다.

반면에 내향적인 사람은 외부세계보다는 자기 자신의 내부세계에 몰입하는 것을 선호한다. 외적인 경험과 체험을 즐기기보다는 그러한 것들이 주는 의미를 찾는 데 더 집중한다. 인식과 판단의 초점 역시 마음속의 개념과 관념에 맞추어져 있으며 이러한 개념과 관념을 분명히 하는 데 더 관심을 갖는다. 내향적 선호성의 사람은 내향적 특징이 발달하여 사려 깊고 사색적이며, 고독과 사생활을 즐긴다.

▮ 감각형-직관형(Sensing-iNtuition: SN)

정보를 수집하는 모든 인식활동은 감각과 직관으로 나뉜다. 감각이란 구체적으로 존재하는 것, 현재 일어나고 있는 것의 관찰이다. 따라서 감각 기능을 선호하는 사람은 시각, 청각, 후각, 미각, 촉각의 오감을 통한 직접적인 경험에 의존하여 정보를 받아들이는 데 치중하는 경향이 있다. 이런 방식의 인식과 관련된 특징이 발달하면 현재를 즐기고 구체적이고 실제적이며 관찰능력이 뛰어나다.

직관은 감각정보를 초월하는 것으로 보다 심오한 의미, 관계, 가능성에 대한 인식이다. 통찰을 통해 일어나는 육감이나 예감, 창의적 발견과 같이 돌발적으로 나타나기도 한다. 직관적 인식을 선호하는 사람은 사물이 나타나는 형태나 색채보다는 그것과 관련된 의미를 먼저 발견한다. 이들은 구체적인 현실보다는 가능성을 추구하며 이러한 특징이 발달한다. 따라서 상상력과 영감에 큰 가치와 비중을 두고 미래 지향적이며 다양성을 더 즐긴다.

▮ 사고형-감정형(Thinking-Feeling: TF)

사고와 감정은 의사결정과 판단에 관여하는 기능이다. 사고는 아이디어를 논리적으로 연관시키는 기능으로서, 사고 기능을 선호하는 사람은 어떤 선택이나 행동에 대하여 논리적인 결과들을 예측하고 분석하며 평가해 보려는 경향이 강하다. 이들에게서는 사고와 관련된 특징이 발달하므로 어떤 일을 판단할 때 인정에 얽매이지 않고 객관적이고 원칙을 중시하며 정의와 공정성을 중요시한다.

감정은 논리보다 상대적인 가치를 더 중시하여 의사를 결정하는 기능을 말한다. 따라서 감정을 선호하는 사람은 일의 객관성과 논리보다는 사람을 더 중시하고 사람에게 초점이 맞춰져 있으며 자신과 타인이 부여하는 가치를 근거로 결정을 내리는 경향이 강하다. 이들은 감정에 의한 판단 기능이 발달하며, 인간관계를 좋아하고 상대방의 입장을 잘 고려하는 의사결정을 한다. 또한 동정심이 많고 남을 인정할 줄 알고 재치가 있는 편이다.

▮ 판단형-인식형(Judging-Perception: JP)

판단과 인식은 외부세계에 대한 태도와 관련된다. 태도는 외부세계에 대처하기 위해서 주로 사고와 감정을 사용하는지, 감각과 인식을 사용하는지에 따라 구분된다. 즉, 사고와 감정을 주로 사용하는 사람은 판단 기능을 선호하고, 감각과 인식을 주로 사용하는 사람은 인식 기능을 선호한다. 일반적으로 인간은 일상에서 판단과 인식 모두를 사용하지만, 이 양자 중 하나가 다른 것에 비해 더 편하고 자주 사용하게 되는지를 알아보는 것이다.

외부세계에 대해서 판단 지향적인 사람들은 가능한 한 빨리 결정하거나 결정을 내릴 만큼의 정보가 주어졌다고 생각되면 빨리 결론에 도달하고자 한다. 체계적으로 생활을 조절하고 통제하기를 선호해서 계획을 세우고 질서 있게 살아가는 경향이 있다. 이런 사람들의 행동은 목표가 뚜렷하며 조직화되어 있고 흔들림 없이 확고해 보인다.

반면, 인식 지향적인 사람들은 주어지는 정보 그 자체를 즐긴다고 할 수 있으며 상황에 맞추어 적응하며 행동하고 새로운 정보에 개방적이고 호기심과 관심이 많다. 이들은 생활을 조직화하고 체계화하기보다는 주어지는 상황들을 잘 이해하려고 하며 비교적 조직화되지 않은 애매한 상황이나 새로운 사건 또는 변화에도 잘 적응하는 편이다.

② 다면척도

MBTI 검사 결과는 열여섯 가지의 성격유형으로 나타난다. MBTI 점수는 각 선호지표에 대한 채점을 한 후 각 지표별 쌍에서 높은 점수를 유형으로 선택한다. 따라서 MBTI 점수 상, 비록 차이가 작더라도 둘 중 하나의 문자 코드 유형에 속하게 되기 때문에 이분적으로 성격유형이 결정된다는 한계가 있다.

이와 같은 한계를 보완하고자 MBTI Q형은 네 가지 선호지표의 복합적인 다면성을 정의하는 20개의 다면척도가 추가되어 선호경향 및 유형에 대한 세부적인 이해를 도모하고자 하였다. 다면척도는 자신의 유형이 분명하지 않을 경우나 같은 유형 안에서도 존재하는 차이점을 파악하고자 할 때 유용하게 활용할 수 있다.

(3) 성격유형별 특징

네 가지 선호지표의 조합으로 구성된 열여섯 가지 성격유형 도표는 MBTI 검사 결과를 효과적으로 이해하고 응용하는 기초가 된다. 한 개인의 MBTI 검사 결과는 열여섯 가지 성격유형 중 하나로 드러나며, 각각의 유형은 독특한 방식으로 표현되는 심리적 에너지의 역동을 보여 준다. 다음 〈표 6-14〉에 각 유형별 대표적 특징을 한국적으로 표현하여 제시하였다.

〈표 6-14〉 열여섯 가지 성격유형

ISTJ 세상의 소금형	ISFJ 임금 뒤편의 권력형	INFJ 예언자형	INTJ 과학자형
ISTP 백과사전형	ISFP 성인군자형	INFP 잔다르크형	INTP 아이디어뱅크형
ESTP 수완좋은 활동가형	ESFP 사교적인 유형	ENFP 스파크형	ENTP 발명가형
ESTJ 사업가형	ESFJ 친선도모형	ENFJ 언변능숙형	ENTJ 지도자형

다음은 열여섯 가지 성격유형에 대한 구체적 성격특성을 제시하여 설명하였다 (심혜숙, 김정택, 1993).

■ **ISTJ: 세상의 소금형**

조용하고 신중하며 집중력이 강하다. 매사에 철저하고 사리분별력이 뛰어나다. 실제 사실을 체계적으로 정확하게 기억한다. 집중력이 강하고 현실감각이 뛰어나 일할 때 실질적이고 조직적으로 처리해 나간다. 충동적으로 일을 처리하지 않으며 일관성 있고 관례적이고 보수적인 성향이 있어 전통을 따르려고 한다. 현재의 문제를 해결하는 데 있어 과거의 경험을 잘 적용하며, 반복되는 일상적인 일에 대한 인내심이 강하다.

자신의 방법과 생각만을 고집하기 쉬우므로, 장기적인 안목을 갖고 변화와 다른 가능성에 대해 개방적인 태도를 취할 필요가 있다. 자신의 일에 지나치게 책임지려 하며, 직무가 요구하는 이상으로 일을 진지하게 다루는 경향이 있다.

■ **ISTP: 백과사전형**

조용하며 절제된 호기심을 가지고 논리적 · 분석적 · 객관적으로 인생을 관찰한다. 말을 적게 하고 필요 이상으로 자신을 드러내지 않으며, 가까운 친구 외에는 대체로 사람들과 사귀지 않는다. 상황을 민첩하게 파악하는 능력이 있으며, 가능하면 일을 수행하기 위해 투입되는 노력을 절약하려는 경향이 있다. 사실적인 정보를 조직하기 좋아하는 반면, 일과 관계되어 있지 않는 이상은 어떤 상황이나 타인의 일에 직접 뛰어들지 않는 경향이 있다.

목표를 달성하기 위해 계획을 세우면, 계획을 실천하는 것에 집중하고 성취할 때까지 인내하는 노력이 필요하다. 지나치게 편의적이고 노력을 최소화하려는 경향이 있으므로 열성과 적극성을 키울 필요가 있다. 또한 자신의 생각, 정보, 계획을 개방하고 타인과 나누는 것이 필요하다.

■ **ESTP: 수완 좋은 활동가형**

적응력이 뛰어나고 관대하며 느긋하다. 어떤 사람이나 사건에 대해 선입견을 갖지 않으며 개방적이다. 자신에게나 타인에게 관용적이며, 일을 있는 그대로 보고 받아들인다. 그래서 갈등이나 긴장감이 생기는 상황에 대한 해결책을 모색하고 타협하는 능력이 있다. 오감으로 보고 듣고 느끼고 만질 수 있는 생활의 모든 것을 즐기는 유형이다. 특히 주어진 현실 상황과 그 순간에 무엇이 필요한지를 잘 감지하며 많은 사람을 쉽게 기억한다. 예술적인 멋과 판단력을 지니고 도구나 재료들을 다루는 데 능하다.

사전 계획 없이 즉흥적으로 행동하는 경향이 있으므로 일을 시작하면 끝까지 마무리하는 노력이 필요하다. 추상적인 아이디어나 개념에 대해서는 흥미가 없으므로 직접적인 경험을 통해 배우는 것을 선호한다.

■ **ESTJ: 사업가형**

현실적이고 사실적이며 체계적 · 논리적으로 사업이나 조직체를 이끌어 나가는 타고난 지도력이 있다. 일을 조직하고 프로젝트를 계획하고 추진하는 능력이 있다. 혼란스럽거나 불분명한 상태 또는 실용성이 없는 분야에는 큰 흥미가 없으나, 필요하다면 언제나 응용하는 힘이 있다. 대체로 결과를 당장 확인할 수 있는 일을 즐기는 편이며, 사업이나 기업체, 조직체를 이끌며 관리자로서 일의 목표를 설정 · 지시하는 결정권을 이행하는 역할을 즐긴다. 분명한 규칙을 중요하게 여기며, 그에 따라 행동하고 일을 추진하고 완성한다. 어떤 계획이나 결정을 내릴 때 확고한 사실에 바탕을 두고 이행한다.

지나치게 일 중심적인 경향이 있고 너무 성급하게 결정하는 경향이 있기 때문에 모든 측면, 특히 자신과 타인의 정서적 측면을 고려하는 것이 필요하다. 그리고 변화와 새로운 시도, 추상적 이론 등을 고려하려는 노력이 필요하다.

■ **ISFJ: 임금 뒤편의 권력형**

책임감이 강하고 온정적이며 헌신적이다. 세부적이고 반복적이며 치밀성을 필요로 하는 일을 끝까지 해 나가는 인내력이 높다. 자신이 틀렸다는 것을 경험으로 확인할 때까지 어떠한 난관이 있어도 꾸준히 밀고 나가는 편이다. 많은 양의 사실을 기억하고 이용할 수 있으며, 그 사실이 모두 정확하고 명확하게 사용되는 것을 좋아한다. 다른 사람의 사정을 잘 고려하며 자신과 타인의 감정 흐름에 민감하다. 일 처리할 때는 현실감각을 가지고 실제적이고 조직적으로 이행한다. 위기 상황에 대처할 때에도 겉으로는 차분하며 안정되어 있다. 하지만 외면의 차분함 뒤에 심할 정도로 개인적인 감정을 느끼고 있다.

주체성을 키우고 다른 사람에게 지시하는 역할에도 익숙해지도록 노력해야 한다. 또한 자신의 견해를 다른 사람에게 이야기할 때, 확신 있는 태도로 말하는 것이 필요하다.

■ **ISFP: 성인군자형**

마음이 따뜻하고 동정적이며, 말보다는 행동으로 따뜻함을 나타낸다. 그러나 상대를 잘 알게 될 때까지 이 따뜻함을 잘 드러내지 않는다. 사람이나 일을 대할 때는 내적인 가치에 준하여 행하며 말로 잘 표현하지 않는다. 자신의 주관이나 가치를 다른 사람에게 요구하지 않으며 열여섯 가지 성격유형 중에서 자기 능력에 대해 가장 겸손하게 평가한다. 일상생활에서 개방적이고, 적응력이 뛰어나며 현재의 삶을 즐긴다. 어떤 실제적 대가보다 인간을 이해하고 타인의 기쁨 등에 공헌하는 일에 관심이 많다.

타인을 지나치게 신뢰하고 비판하지 못하는 반면, 자신은 쉽게 상처받고 그 상황에서 물러나는 경향이 있다. 겸손한 태도를 취하기보다 자신의 능력을 다른 사람에게 알릴 필요가 있다. 인간관계를 다루는 데 있어 자신과 타인의 감정에 지나치게 민감할 수 있으며, 결정력과 추진력에 대해 생각하는 것이 필요하다.

■ **ESFP: 사교적인 유형**

사교적이고 수용적이며 낙천적이다. 어떤 상황에서도 잘 적응하고 타협적이다. 선입견이 별로 없으며 개방적 · 관용적이고 대체로 사람들을 잘 받아들인다. 주위 사람이나 현재 발생하는 일에 대해 관심이 많으며, 기꺼이 그 일에 참여하고자 한다. 새로운 사건이나 물건에도 관심과 호기심이 많다. 사람이나 사물을 다루는 데 필요한 사실적인 상식이 풍부하다. 이론이나 책을 통해 배우기보다 실생활을 통해 배우는 것을 선호하며, 추상적 관념이나 이론보다는 구체적인 사실들을 잘 기억하는 편이다.

인간 중심의 가치에 따라 어떤 결정을 내리므로 논리적이고 분석적으로 판단하는 능력을 개발할 필요가 있다. 일과 여가활동을 잘 조절하여 균형을 맞추는 것이 필요하다. 일을 시작하기 전에 전체적인 계획을 세울 필요가 있고, 시간 관리에 노력을 많이 들여야 한다.

■ **ESFJ: 친선도모형**

동정심과 동료애가 많으며, 친절하고 재치가 있어 이야기하는 것을 좋아한다. 다른 사람에게 관심을 쏟으며 인화를 도모하는 일을 중요하게 여긴다. 일상적인 일에 잘 적응하며 현실적이고 실제적이다. 물질적인 소유를 즐기기도 한다. 양심적이고 정리정돈을 잘하며, 참을성이 많고 다른 사람을 잘 돕는다. 타인의 지지를 받으면 일에 더욱 열중하며, 다른 사람들의 무관심한 태도에 민감하다.

다른 사람이나 상황에 대해 속단하는 경향이 있으며, 비판과 객관성이 결여된 상태로 의견에 동의하거나 견해에 집착하는 경향을 보일 수 있다. 따라서 다른 사람에게 필요한 것이 무엇이고 무엇을 원하는지 진지하게 들을 필요가 있으며, 일이나 사람들과 관련된 문제에 대해 냉철한 입장을 가지도록 노력해야 한다.

■ **INFJ: 예언자형**

인내심이 강하고 통찰력과 직관력이 뛰어나다. 강한 직관력으로 의미와 진실된 관계를 추구한다. 탁월한 영감을 가지고 있으며, 말없이 타인에게 영향을 미친다. 자신의 생활 속에 확고한 신념과 뚜렷한 원리원칙을 가지고 공동의 이익을 가져오는 일에 열정을 기울이며, 인화와 동료애를 중요시하는 경향이 있어 존경받고 사람들이 따른다. 타인에게 강요하기보다는 행동과 권유로 사람들의 마음을 움직여 따르게 만드는 지도력이 있다.

풍부한 내적 생활을 가지고 있지만, 다른 사람들과 공유하는 것을 어려워한다. 한 곳에 몰두하는 경향 때문에 목적 달성에 필요한 주변적 조건을 경시하기 쉽고, 이 때문에 난관에 부딪칠 때가 있다. 내면에 갈등이 많고 복잡한 경향이 있으므로 현실을 있는 그대로 수용하고 현재를 즐기고자 하는 노력이 요구된다.

■ **INFP: 잔다르크형**

자신이 지향하는 이상에 대해 정열적인 신념을 지니고 있으며, 자신이 관계하는 사람이나 일에 대하여 책임감이 강하고 성실하다. 내적 성실성과 이상, 깊은 감정이나 부드러운 마음을 좀처럼 표현하지 않으나 조용하게 생활 속에서 묻어난다. 이해심과 적응력이 높고 대체로 관대하며 개방적이다. 그러나 내적인 신의가 위협을 당하면 한 치의 양보도 허용하지 않는다. 노동의 대가를 능가해서 자신이 하는 일에 의미를 찾고자 하는 경향이 있으며, 인간이해와 인간복지에 기여할 수 있는 일을 하고 싶어 한다.

너무 많은 사람을 동시에 만족시키고자 하는 경향이 있으므로 이러한 부담에서 벗어나기 위해 노력하며 주변 사람들에 대해 객관적인 입장을 취하는 태도가 필요하다. 또한 어떤 일을 할 때 자신의 이상과 실제적인 현실 상황을 검토해 보는 노력이 필요하다.

■ **ENFP: 스파크형**

창의적이며 정열적이고 활기가 넘친다. 풍부한 상상력과 영감을 가지고 새로운 프로젝트를 잘 시작한다. 일을 할 때는 상상력과 순간적인 에너지를 발휘하여 재빠르게 처리해 나간다. 관심 있는 일이면 무엇이든 척척 해내는 열성파이다. 뛰어난 통찰력으로 다른 사람에게 있는 발전 가능성을 들어다보며, 자신의 열성으로 타인들을 잘 도와준다.

반복되는 일상적인 일에는 도무지 흥미와 열성을 불러일으키지 못한다. 그러나 어려운 일을 겪을 때는 더욱 자극을 받고 어려움을 해결하는 데 매우 독창적으로 대응한다. 새로운 가능성을 추구하기 때문에 한 가지 일을 마무리하지 못하고 창의적 · 즉흥적으로 몇 가지 일을 새롭게 시작하고 또 다른 일로 옮겨 다니는 경향이 있다. 관심이 가는 모든 것을 시도하기보다 일의 우선순위를 두고, 어떤 것에 집중할 것인지 선별하는 노력을 기울일 필요가 있다.

■ ENFJ: **언변능숙형**

동정심과 동료애가 많으며 친절하고 재치 있고 인화를 아주 중요하게 여긴다. 주위 사람의 의견이나 생각에 관심을 가지고 조화 있는 인간관계에 높은 가치를 두며 타인에게 우호적이다. 전체의 이익을 위해서 대체로 상대방의 의견에 동의한다. 현재보다는 미래의 가능성을 추구하고, 앞으로의 계획을 능숙하고 쉽게 제시하며 집단을 이끌어 가는 능력이 있다. 쓰기보다는 말로써 생각을 잘 표현한다.

사교적이고 사람을 좋아하며, 때로는 다른 사람들의 좋은 점을 지나치게 이상화하고 맹목적으로 충성을 보이는 경향이 있다. 다른 사람으로부터 인정과 칭찬을 받으면 맡은 일에 더욱 열중하나 비판에 민감하다. 일이나 사람과 관계된 문제에 대해 냉철한 입장을 취하지 못하는 경향이 있다. 다른 사람들에 대해서도 자기와 같을 것이라고 생각하는 경향성이 있으며, 인간관계에 이끌려 과업을 소홀히 다루기 쉽다.

■ INTJ: **과학자형**

독창적으로 생각하고 행동하며, 강한 직관력을 가지고 있다. 비판적 분석력이 뛰어나고 내적 신념과 가치관은 산이라도 움직일 만큼 강하다. 열여섯 가지 성격유형 중에서 가장 독립적이고 단호하며, 문제에 대하여 고집이 세다. 자신이 가진 영감과 목적을 실현시키고자 하는 의지와 결단력, 인내심을 가지고 있다. 자신과 타인의 능력을 중요시하며, 목적달성을 위하여 온 시간과 노력을 투자한다. 행동에서뿐만 아니라 생각까지도 냉철한 혁신을 추구한다. 새로운 진실과 의미를 추구하는 데 직관적인 통찰력을 발휘한다.

냉철한 분석력 때문에 일과 사람을 있는 그대로 수용하는 것이 어렵다. 그러므로 현실을 있는 그대로 보고, 그 상황의 구체적이고 사실적인 면을 보려는 노력이 필요하다. 또한 다른 사람의 관점에 귀를 기울이고 감정을 고려할 필요가 있다.

■ **INTP: 아이디어뱅크형**

조용하고 과묵하지만 관심이 있는 분야에 대해서는 말을 잘한다. 사람 중심의 가치보다 아이디어에 관심이 많다. 작업 원리와 인과관계나 실체를 안고 있는 가능성에 관심이 많아서 문제를 논리적 · 분석적으로 해결하는 것을 좋아한다. 이해가 빠르며 높은 직관력으로 통찰하는 재능과 지적 호기심이 강하다. 매우 분석적이고 논리적이며 객관적 비평을 잘한다.

개인적인 인간관계나 잡담에는 흥미가 별로 없다. 어떤 경우는 아이디어에 몰입하여 주위에서 돌아가고 있는 일을 모를 때가 있다. 지나치게 추상적이고 비현실적으로 생각하는 경향이 있으며, 사교성이 부족한 편이다. 때로는 자신의 지적 능력을 은근히 과시하는 경향이 있어 거만하게 보일 수 있다.

■ **ENTP: 발명가형**

민첩하고 독창적인 혁신가로, 창의력이 풍부하며 늘 새로운 가능성을 찾고 새로운 시도를 한다. 넓은 안목을 갖고 있으며 다방면에 관심과 재능이 많다. 풍부한 상상력을 발휘하여 새로운 프로젝트를 남보다 먼저 시도하고 솔선수범한다. 여러 가지 일에 재능을 발휘하고 자신감이 많다. 사람들의 동향에 대해 기민하고 박식하며, 다른 사람들을 판단하기보다는 이해하려고 노력한다. 새로운 문제나 복잡한 문제를 해결하는 능력이 뛰어나며, 새로운 관심사에 눈을 돌리며 프로젝트를 시작하는 가운데서 끊임없이 에너지 충전을 받는다.

어떤 일을 시작하고 그 일을 마무리하기 전에 또 다른 새로운 일에 뛰어드는 경향이 있다. 일상적이고 세부적인 일은 경시하고 태만하기 쉬우며, 새로운 도전거리가 없는 일은 큰 흥미가 없다.

■ **ENTJ: 지도자형**

활동적이고 솔직하다. 결정력과 통솔력이 있으며, 거시적인 관점에서 바라보며 장기계획을 세우는 일을 선호한다. 지식에 대한 욕구와 관심이 많은데, 특히 지적인 자극을 주는 새로운 아이디어에 관심이 많다. 일을 처리할 때는 사전 준비를 철저하게 하고 논리적으로 분석하여 계획한다.

비능률적이거나 확실하지 않은 상황에 대해서는 인내심이 별로 없으나 상황이 필요할 때는 강하게 대처한다. 관념 자체에 집중하는 경향이 있으며 관념 외의 사람에는 별로 관심이 없다. 때로는 현실적인 사항을 쉽게 지나쳐 버리거나 성급하게 일을 추진시키는 경향이 있다. 그러므로 현실이 안고 있는 치밀한 상황을 있는 그대로 볼 줄 알고, 다른 사람들의 의견에 귀를 기울이며, 자신과 타인의 감정을 잘 살펴볼 필요가 있다. 자신의 느낌이나 감정을 인정하고 표현하는 것이 중요하며, 성급한 판단이나 결론은 피해야 한다.

(4) 검사 실시 및 활용

① MBTI 검사의 실시

MBTI 검사는 전문사용 자격 교육을 받은 MBTI 전문가에게 검사의 사용 및 해석 권한을 부여하여 실시하도록 제한하고 있다. MBTI 검사는 자기보고식 성격검사이므로, 정신적 장애를 갖고 있거나 생활상의 극심한 변화(이혼, 배우자 사망, 이별 등)를 겪고 있는 사람의 경우, 심리적으로 매우 불안정하여 신뢰성 있는 검사 결과를 얻을 수 없으므로 검사를 피하는 것이 바람직하다. 또한, 입사시험과 같은 특정한 조건에서 검사를 실시한 경우도 MBTI 검사 결과가 왜곡될 수 있으므로 주의하여야 한다.

대체로 중학교 3학년 이상의 학력을 가진 일반인이면 성인용 MBTI 검사 수행이 가능하고, 어린이 및 청소년용(Murphy-Meisgeiger Type Indicator for Children: MMTIC)은 초등학교 3학년부터 중학교 2학년까지 실시할 수 있다. 검사시간은 개인에 따라 다소의 차이는 있으나 30분 정도의 시간이 소요된다. 검사 수행 후 피검사자가 직접 채점하는 방식과 컴퓨터를 사용해서 채점하는 방식 모두가 가능하다.

검사를 실시할 때는 비교적 안정된 장소에서, 검사자는 피검사자가 느낄 수 있는 심리상태를 고려하여 MBTI 검사의 성격과 목적을 충분히 알려 주어야 한다. 피검사자는 검사를 통해 자신의 숨겨진 성격적 결함이나 능력의 한계가 드러나지는 않을까 하는 불안을 가지고 있을 수 있다. 따라서 이 검사는 성격의 선천적 선호 경향성을 알려 주는 검사로서, 성격의 좋고 나쁨을 진단하는 것이 아니며, 특히 능력검사나 지능검사가 아니라는 점을 강조한다.

그리고 피검사자가 문항에 응답할 때는 한 문항에 너무 오래 생각하지 말고, 의식적으로 일관성 있게 응답할 필요가 없다는 것을 알려 준다. 또한 맞고 틀린 답이 없으므로 현재의 자신이 하는 행동, 현재 선호하는 방향에 조금이라도 가까운 쪽을 선택하도록 안내한다. 검사가 진행되는 과정에서 혹시 피검사자가 이해하지 못하는 문항이 있더라도 검사자는 그 문항에 대해 설명하는 것을 피해야 한다.

② MBTI 검사의 해석 및 활용

기본적으로 MBTI 검사 결과는 성격유형과 선호환산점수로 표현된다. 이렇게 표현된 점수는 어느 쪽을 더 일관성 있게 선호하는가를 나타낸다. 일반적으로 점수가 높으면 선호성이 더 분명하다는 것을 의미한다. 그러나 점수가 높다고 해서 어떤 기능이나 태도가 더 개발되어 좋거나 나쁘다는 의미는 아니다. 따라서 낮은 점수도 그 의미가 결코 나쁘다는 것은 아니다. 이것은 선호도가 명확하지 않다는 것을 의미한다.

▮ 점수대별 의미 해석

- 1~9점: 낮은 선호도
- 10~19점: 중간 정도의 선호도
- 20~39점: 뚜렷한 선호도
- 40점 이상: 아주 뚜렷한 선호도

MBTI 검사 결과를 가지고 상담이나 면담을 할 때는 "당신은 이러이러한 유형입니다." 하고 단정적으로 이야기하지 않는 것이 바람직하다. 대신 "이것은 당신이 성격을 드러내는 방식을 보여 줍니다. 이 성격유형이 자신에게 맞는 것 같습니까?"라고 말하면서 검사 결과에 나온 유형에 대한 판단은 최종적으로 피검사자 스스로 하도록 해야 한다. 성격유형 및 선호환산점수를 토대로 유용하게 활용할 수 있는 영역을 살펴보면 다음과 같다.

첫째, 상담 전에 MBTI 검사를 실시하여 내담자의 선호경향에 따른 장점을 이해함으로써 상담자는 보다 효율적으로 내담자의 문제를 조력할 수 있다. 부부 및 가족 간에 발생하는 갈등과 오해도 서로의 성격유형을 이해함으로써 성숙한 관계로 발전시킬 수 있도록 한다.

둘째, 교육장면에서 교사는 학생들의 성격유형을 이해하여 적절한 교수 방법을 적용할 수 있다. 뿐만 아니라 학생의 학습 방법이나 생활지도에 관해 교사와 학부모 간의 원활한 의사소통 및 협조가 가능하도록 한다.

셋째, MBTI 검사요강에는 검사를 실시한 다양한 직업의 사람들에 대한 자료를 토대로 각 직업에서 발견되는 유형의 목록을 제시하고 있다. 따라서 진로 및 직업을 선택할 때, 자신의 성격유형 이해를 통해 적합한 전공, 직업을 탐색하고 작업환경 등을 찾는 데도 유용하게 활용할 수 있다. 직장에서는 구성원의 인식 및 판단 유형을 활용하여 부서 배치 및 업무 분담을 할 수 있으며, 구성원 간의 성격유형 이해를 통해 건강한 대인관계 및 의사소통 기술을 발달시키는 데 도움을 줄 수 있다.

넷째, 공동체 활동이나 팀워크를 발휘해야 하는 경우에 집단 구성원들의 성격유형을 서로 이해함으로써 갈등이나 문제를 유발할 수 있는 성격상 차이점을 미리 파악하고 효율적인 관계를 형성하도록 도움을 받을 수 있다.

3) CPI와 KPI

(1) 검사의 개요

캘리포니아 성격검사라 불리는 CPI(California Psychological Inventory)는 일반 성인을 대상으로 성격특성을 측정하기 위해 캘리포니아 버클리 대학교의 고흐에 의해 1956년 개발되었다(Gough & Bradley, 1996). 처음 개발된 CPI는 심리적으로 건강한 사람들을 위한 MMPI라 불릴 만큼 문항의 절반 정도가 MMPI와 동일하였다. 그렇지만 궁극적으로 CPI는 사회성, 관용성, 책임성과 같은 사회문화적 성격특성들을 측정하기 위해 행동유형과 태도를 확인하는 문항으로 구성되었다. 그러므로 정상적인 개인의 대인관계 행동 및 정서적 안정, 지적인 탐구와 관련된 성취욕구 등을 이해하는 데 도움을 주는 성격검사이다.

CPI는 단일 척도에 근거하는 것이 아니라 개별 척도들에 대한 종합적인 프로파일 해석을 기본으로 하고 있어 전문가에 의한 해석이 필요하다. CPI 개발 이후 임상 및 상담, 인사선발 등 여러 장면에서 꾸준히 활용되어 왔다. 특히 검사에 임하는 피검사자의 왜곡반응 정도를 평가하는 안녕감(Well-being), 좋은 인상(Good impression), 동조성(Communality) 척도의 3개의 타당도 척도가 포함되어 있기 때문에 인사선발 과정에 많이 활용된다.

첫 개발 당시 CPI는 17개 척도 480문항으로 구성되었으나, 1978년 개정되면서 462문항으로, 1996년 3판 개정 때는 434문항으로 줄었다. 현재 미국에서 사용되는 CPI는 3판인 434문항과 260문항으로 구성된 축약형 검사이다(Gough & Bradley, 1996).

현재 국내에서는 한국행동과학연구소(KIRBS)에서 CPI의 척도들을 기본 모델로 하고 일부 문항을 차용하여 한국판 캘리포니아 성격검사인 KPI(KIRBS Personality Inventory)를 개발하였다. KPI는 심리적으로 건강한 중·고등학생들을 대상으로 학습 및 생활장면에서의 특징과 대인관계, 문제해결 양상을 파악하여 성격을 이해하고 예측하고자 하는 목적으로 1992년 개발되었다. 그 이후 학교현장 및 상담 장면에서 지속적으로 활용되어 온 KPI는 검사를 통해 학생 스스로 자신의 성격특성에 대한 자기이해를 도모하고, 교사와 학부모의 생활지도와 진로지도에 도움을 주기 위한 목적으로 2006년에 재구성되었다. 여기에서는 KPI를 중심으로 살펴보고자 한다.

(2) KPI 척도의 구성

KPI는 CPI를 기초로 하여 재구성되었으나 대부분의 타당도 척도를 삭제하여 그 구성에서 차이를 보인다. KPI는 대인관계, 사회적 성숙도, 성취 성향, 흥미 상태의 네 가지 요인에 대한 10개 하위 척도의 총 203문항으로 구성되어 있다. 문항은 예와 아니요로 답하는 진위형 문항이다.

10개의 하위 척도 가운데 주도성, 사교성, 자신감 척도는 대인관계에서의 안정과 적절성을 측정하기 위한 것이고, 책임감과 자기통제성, 호감성, 동조성 척도는 사회규범의 내면화를 토대로 한 내적 성숙 정도를 측정한다. 성취욕구 척도는 잠재적 성취 성향을 측정하기 위한 것이며, 유연성과 여향성(여성성향) 척도는 흥미 상태를 측정한다. KPI의 네 가지 요인 및 10개 하위 척도의 구체적 측정 내용을 다음 〈표 6-15〉에 정리하여 제시하였다.

KPI는 CPI와 마찬가지로 호감성(좋은 인상)과 동조성을 타당도 척도로 사용한다. 호감성의 T점수가 60점 이상이거나 동조성의 T점수가 30점 미만이면 검사에 임하는 피검사자가 사회적으로 바람직한 행동에 근거하여 응답했거나 자기방어적 태도로 응답했을 가능성이 있으므로 검사의 해석 시에 유의하여야 한다.

〈표 6-15〉 KPI의 네 가지 요인 및 10개 하위 척도

요인	하위 척도	측정 내용
대인관계	주도성	대인관계에서 주도권을 잡고 리더십을 발휘하기를 좋아하며, 타인과의 경쟁을 두려워하지 않는 정도
	사교성	사교적이고 모임에 적극 참여하는 정도
	자신감	사회적 활동 정도에 관계없이 심리적으로 안정되어 있고, 자신에 대한 확신을 갖고 있는 정도
사회적 성숙도	책임감	규칙과 질서를 잘 지키며 양심적이고, 주인의식을 가지고 행동하는 정도
	자기 통제성	자기통제를 적절히 잘하고, 충동성과 자기중심성에서 벗어날 수 있는 정도
	호감성	타인에게 좋은 인상을 주며, 타인이 자신에 대해 어떻게 반응하는가에 늘 관심을 기울이는 정도
	동조성	사회적 통념이나 관습에 대한 동조의 정도
성취 성향	성취욕구	독립적인 사고, 창조력, 자기실현을 위해 노력하는 성취 성향의 정도
홍미 상태	유연성	개인의 사고와 사회적 행동의 융통성 및 순응성 정도
	여향성	홍미와 관련된 남성적 성향이나 여성적 성향의 정도 점수가 높을수록 여성적 홍미나 특성이 강함

(3) 검사 실시 및 활용

KPI는 지필검사와 온라인 검사 모두 가능하며, 학교에서 집단검사로 활용할 수도 있다. 온라인 검사 실시 및 구매의 경우는 전문기관을 통해 할 수 있으며, 검사 시간은 약 40분 정도 소요된다.

KPI의 가장 큰 특징은 각 하위 척도에 대한 점수와 기술을 제공하고, 더불어 개인별 프로파일에 대한 구체적 해석이 제공된다는 점이다. KPI는 하위성격특성 간의 상호관계를 기초로 하여 종합적 해석을 제공함으로써 피검사자는 물론 교사나 학부모들에게도 검사 결과에 대한 이해가 수월하도록 돕고 있다.

또한 10개 하위 척도에 대한 정보를 바탕으로 성격과 관련된 진로 정보를 제공하여 진로 선택 시에 참조할 수 있도록 하였다. 학교현장에서 진로지도와 관련하여 진로 선택 이전에 혹시라도 겪고 있을지 모르는 성격과 관련된 부적응 여부를 파악하고 대처하는 데 도움을 줄 수 있다. 또한 심리적으로 건강한 학생들은 각자의 성격특

성을 충분히 살리면서 적합한 진로를 결정하기 위한 중요한 정보로 활용할 수 있다.

4) 16성격요인검사

(1) 검사의 개요

16성격요인검사(Sixteen Personality Factor Questionnaire: 16PF)는 카텔이 그의 성격이론인 특질이론을 입증하기 위한 도구로서 개발하여 1949년 발표한 것이 시초이다. 인간의 행동을 기술하는 수많은 형용사를 발췌하여 최소한의 공통요인을 추출해 내는 요인분석 방법으로 개발되었다.

카텔(1957)에 의하면, 성격이란 한 개인이 특정한 상황에서 어떻게 행동할지를 예언하게 해 주는 총체적 특징이다. 이러한 성격은 상황적 특성과 잠재적 특성으로 구분되었다. 상황적 특성은 상태(states), 역할(roles), 기분(moods) 등으로서 일시적으로 작용하는 것이다. 반면에 잠재적 특성은 상황과 독립적으로 항상 작용하는 것이다. 따라서 카텔은 이러한 인간의 표면적 행동의 근원이 되는 잠재적 특성을 확인하기 위해 16성격요인검사를 구성하였다.

카텔은 만약 인간에게 잠재적 특성이 존재한다면, 인간의 언어 가운데 단어로 표현되어 있을 것이라는 가정에 기초하여 사전을 통해 인간에게 적용되는 모든 형용사의 목록을 검토하여 4,500개의 목록을 만들었다. 그리고 이 단어들 중 잠재적 특성을 잘 표현해 낸다고 생각하는 171개 단어 목록을 선정하고, 이러한 과정으로 얻어진 자료를 토대로 요인분석을 실시하여 16개의 요인을 찾아내었다.

16성격요인검사는 처음 개발된 이후 총 다섯 차례 개정이 이루어지면서 인간의 성격을 전반적으로 평가할 수 있는 유용한 도구라는 것이 입증되었다. 그리고 각종 직업군과 임상집단에 대한 규준을 제시하는 16성격요인검사편람(Handbook for the 16 Personality Factor Questionnaire, 1970)이 출판되어 다양한 사례의 분석이 가능할 수 있었다.

국내에서는 염태호와 김정규(1990)가 중학생을 대상으로 성격요인검사를 표준화하였는데, 이는 2003년 다요인 인성검사라는 이름으로 개정하여 사용되고 있다. 이 검사는 대부분의 성격범주를 포괄하고 있어 일반인들의 성격 이해와 임상장면에서 정신과 환자의 문제를 진단하는 데 두루 활용되고 있다.

(2) 검사의 구성

성인용 16성격요인검사는 187개 문항으로 구성된 형태와 105개 문항으로 구성된 형태, 그리고 독해력이 낮은 사람들을 위해 128개 문항으로 구성된 형태가 있다. 각 척도에서 높고 낮은 점수는 '신뢰-의심' '수줍음-대조적' '편안-긴장' 등과 같이 대조적인 성격특성을 나타낸다. 이 검사는 3개의 타당도 척도를 포함하고 있는데, 첫 번째는 무작위 반응 척도이며, 두 번째는 좋은 인상을 주려고 시도하는 동기화 왜곡(Faking Good) 척도이고, 세 번째는 나쁜 인상을 주려고 시도하는 동기화 왜곡(Faking Bad) 척도이다. 검사는 성인과 대학생, 고등학생별로 9개 규준집단을 대상으로 표준화되어 남성과 여성, 전체 집단 각각에 대해 활용 가능하도록 되어 있다.

한국의 경우, 원판 16성격요인검사 문항 중 신뢰도가 낮은 문항을 삭제하여 성격요인검사라는 명칭으로 개발되었다. 그 후 2003년 개정판 다요인 인성검사에서는 다음 〈표 6-16〉와 같이 14개의 1차 성격요인 척도와 2개의 특수 척도로 재구성되었다.

〈표 6-16〉 다요인 인성검사의 척도

구분	명칭	낮은 점수	높은 점수
1차 성격 요인	척도 1(A요인)	냉정한(Coolness)	온정성(Warmth)
	척도 2(C요인)	약한 자아강도(Unstableness)	강한 자아강도(Stableness)
	척도 3(E요인)	복종성(Submissiveness)	지배성(Dominance)
	척도 4(F요인)	신중성(Desurgency)	정열성(Surgency)
	척도 5(G요인)	약한 도덕성(Low Superego)	강한 도덕성(High Superego)
	척도 6(H요인)	소심성(Shyness)	대담성(Boldness)
	척도 7(I요인)	둔감성(Tough-mindedness)	예민성(Tender-mindedness)
	척도 8(M요인)	실제성(Praxernia)	공상성(Autia)
	척도 9(N요인)	순진성(Naivete)	실리성(Shrewdness)
	척도 10(O요인)	편안감(Untroubled-adequacy)	자책감(Guilt-proneness)
	척도 11(Q1요인)	보수성(Conservatism)	진보성(Liberalism)
	척도 12(Q2요인)	집단의존성(Group-dependency)	자기결정성(Self-sufficiency)
	척도 13(Q3요인)	약한 통제력(Self-conflict)	강한 통제력(Self-control)
	척도 14(Q4요인)	이완감(Relaxation)	불안감(Tension, Anxiety)
특수 척도	동기화 왜곡 척도(MD)	솔직하게 대답함	잘 보이려는 의도로 대답함
	무작위 척도(RANDOM)	진지하게 대답함	아무렇게나 대답함

(3) 검사의 실시

다요인 인성검사는 지필검사로 이루어진다. 응답지는 수기 채점과 컴퓨터 채점을 위해 두 가지로 구분되어 있다. 검사자는 검사 안내에 관한 지시문을 읽어 주고 지시문에 제시된 보기 또한 피검사자와 함께 보면서 설명해 준다. 피검사자가 지시문을 이해하면 검사를 시작하고 시간제한은 없으나 대략 30~40분 정도 소요된다. 다요인 인성검사는 5점 척도로 평가된다.

5) NEO 성격검사

(1) 검사의 개요

성격이론 가운데 특질이론을 지지하는 연구자들은 특질 차원의 기본 단위를 발견하기 위한 노력으로 요인분석 방법을 사용하였다. 여러 특질이론가는 요인분석으로 얻은 몇 개의 특질이 성격의 기본 단위라는 점에는 견해를 같이 하지만 성격의 기본 단위가 몇 개 또는 어떤 특정한 것이 되어야 하는지에 대해서는 의견을 달리하였다. 예를 들어, 아이젱크(Eysenck)는 3개의 성격요인을 발견하였고, 카텔은 16개의 성격요인을 찾아내었다. 또한, 노르만(Norman, 1963)이 올포트, 카텔 등의 초기 연구들을 토대로 동료평정을 통한 요인분석을 실시하여 5개의 기본적인 성격요인을 발견하였다.

이후 다수의 성격심리학자는 성격이 5개의 요인으로 구성되어 있다는 Big Five 모형을 지지하고 있다. 여기서 Big이란 각 요인들이 더 구체적이고 다양한 하위특성으로 이루어져 있다는 뜻이다. 학자들에 따라 5요인의 명칭이 다르지만, 가장 일반적으로 인정받고 있는 5요인은 신경증(Neuroticism: N), 외향성(Extroversion: E), 개방성(Openness: O), 친화성(Agreeableness: A), 성실성(Conscientiousness: C)으로 명명되었다(Goldberg, 1990; McCrae & Costa, 1992; Norman, 1963).

이러한 연구 결과에 따라 1985년 코스타와 맥크레이(Costa & McCrae)는 NEO 성격검사(NEO-Personality Inventory: NEO-PI)를 개발하였다. 처음에는 신경증(N), 외향성(E), 개방성(O)의 3개 요인을 중심으로 검사를 구성하고 첫 글자를 따서 NEO 검사(NEO-Inventory: NEO-I)로 명명하였다. 이후 지속적인 연구를 통해 친화성(A), 성실성(C)을 추가하게 됨으로써 1992년에는 수정판 NEO 성격검사(NEO-

Personality Inventory-Revised: NEO-PI-R)가 개발되었다. 그리고 2016년에 NEO-PI-3로 다시 개정되었다.

국내에서는 안현의와 김동일, 안창규(2006)가 수정판 NEO 성격검사(NEO-PI-R)를 가지고 청소년과 아동을 대상으로 한 NEO 청소년성격검사와 NEO 아동성격검사로 표준화하였다. 이후 한국판 NEO 성격검사는 2014년 안현의와 안창규에 의해 재표준화되었다.

(2) 검사의 구성

수정판 NEO 성격검사의 5개 성격특성 요인으로 구성된 상위 척도는 다시 각각 6개의 구체적인 하위 척도로 세분화되어 있다. 하위 척도들은 각각 8개의 문항으로 이루어지기 때문에 총 240개 항목으로 구성되어 있다. 이 검사의 5개 상위 척도의 내용을 다음 〈표 6-17〉에 정리하였다.

〈표 6-17〉 NEO 성격검사의 5개 상위 척도

척도	내용
N: 신경증	• 정서적 불안정성이나 부적응의 수준을 측정함 • 신경증이 높은 사람은 정서적 안정감이 부족하고 충동을 잘 조절하지 못하며 예민하고 스트레스에 취약할 수 있음 • 낮은 사람은 정서적으로 안정되어 있어서 어떤 스트레스에도 잘 대처해서 무리 없이 적응할 수 있음
E: 외향성	• 대인관계에서의 상호작용 양상과 신체 · 심리적 에너지 수준 정도를 평가함 • 이 성향이 높은 사람은 사람들과 만나기를 좋아하며 적극적이고 자기주장이 강하고 열성적이고 낙천적인 편임 • 낮은 사람은 조용하고 혼자 지내는 것을 좋아하며, 무리에서나 사회 속에서 잘 드러나지 않으므로 비사교적이고 우유부단하며 일의 속도가 느릴 수 있음
O: 개방성	• 개인의 정신적이고 경험적인 생활의 폭과 깊이, 진취적 행동 특성 정도를 측정함 • 개방성이 높은 사람은 세상에 대한 호기심이 많으며 새로운 아이디어와 가치를 추구하며, 자신의 감정에 민감하고 창조적이고 탐구적인 일을 좋아하는 경향이 있음 • 낮은 사람은 친숙하지 않는 것에 대한 관용이 적고, 전통적이고 현실적이며 비예술적이고 비분석적인 경향이 있음

A: 친화성	• 대인관계에서 나타나는 정서, 사고, 행동을 통해서 상호작용의 질을 평가함 • 친화성이 높은 성향은 타인에게 따뜻한 감정을 가지고 신뢰하며 공감력이 뛰어나고, 타인과 친밀한 관계를 맺으며 남들을 돕고자 함 • 낮은 사람은 자기중심적이고 냉소적이며 비협조적이고 타인의 의도를 잘 의심함
C: 성실성	• 과제를 수행하는 목표 지향적 행동 및 자기통제력을 평가하는 척도임 • 이 척도의 높은 점수는 유능감과 자신감을 의미하며 과제조직력과 책임감이 강하며 계획적이고 신중한 성향임 • 낮은 점수는 목표의식이 없고 의지가 박약하여 경솔하고 게으르며 쾌락적임을 의미함

한국판 NEO 청소년성격검사와 NEO 아동성격검사는 모두 5점 척도로 평정된다. 청소년용 척도의 구성은 5개 상위 척도와 26개 하위 척도로, 아동용의 경우는 5개 상위 척도와 18개 하위 척도로 이루어졌다. 검사반응의 타당도를 측정하는 2문항과 각 하위 척도별 8문항씩 청소년용은 총 210문항, 아동용은 총 148문항이다. 한국판 NEO 아동 및 청소년성격검사의 척도는 다음 〈표 6-18〉과 같다.

〈표 6-18〉 NEO 아동 및 청소년성격검사의 척도 구성

요인	하위 척도		
	NEO-PI-3	한국판 청소년용	한국판 아동용
N: 신경증	N1: 불안 N2: 분노 적개심 N3: 우울 N4: 자의식 N5: 충동성 N6: 심약성	N1: 불안 N2: 적대감 N3: 우울 N4: 충동성 N5: 사회적 위축 N6: 정서충격 N7: 심약성 N8: 특이성 N9: 반사회성 N10: 자손감	N1: 불안 N2: 적대감 N3: 우울 N4: 충동성 N5: 사회적 위축 N6: 정서충격
E: 외향성	E1: 온정 E2: 사교성 E3: 주장 E4: 활동성 E5: 자극 추구 E6: 긍정적 정서	E1: 사회성 E2: 지배성 E3: 자극 추구 E4: 활동성	E1: 사회성 E2: 지배성 E3: 자극 추구

O: 개방성	O1: 상상 O2: 심미성 O3: 감정의 개방성 O4: 행동의 개방성 O5: 사고의 개방성 O6: 가치의 개방성	O1: 창의성 O2: 정서성 O3: 사고유연성 O4: 행동진취성	O1: 창의성 O2: 정서성 O3: 사고유연성
A: 친화성	A1: 신뢰성 A2: 겸손 A3: 순응 A4: 이타성 A5: 솔직성 A6: 동정	A1: 온정성 A2: 신뢰성 A3: 공감성 A4: 관용성	A1: 온정성 A2: 신뢰성 A3: 관용성
C: 성실성	C1: 유능감 C2: 자기통제력 C3: 성취지향성 C4: 충실성 C5: 정연성 C6: 신중성	C1: 유능감 C2: 성취동기 C3: 조직성 C4: 책임감	C1: 유능감 C2: 조직성 C3: 책임감
5개	30개	26개	18개

(3) 검사 실시 및 활용

▮ 검사의 실시

NEO 청소년 및 아동성격검사의 지필검사 구매 및 온라인 검사 실시는 전문기관 홈페이지를 통해 할 수 있으며, 검사의 소요시간은 약 40~45분 정도 걸린다. 검사를 채점하기에 앞서 부정반응과 무선반응을 통해 검사에 성실하게 임하였는지 확인한 후 해석해야 한다.

부정반응은 '아니다'와 '아주 아니다'와 같은 방향으로 응답한 반응의 문항 수를 말한다. 부정반응이 50개 문항 미만일 경우에는 주의 깊은 해석이 필요하다.

▮ 검사 채점 및 해석

NEO 청소년성격검사는 컴퓨터를 이용한 채점만이 가능하다. 채점 결과는 5개 상위 척도와 26개 하위 척도에 대해서 먼저 그래프로 제시된다. 그래프와 함께 제공되는 결과 해석은 피검사자 본인과 교사용 또는 상담용의 두 가지 방식으로 제시된다. 그리고 결과에 대한 해석 정보는 다음과 같은 9개 부분으로 나뉘어 제공된다.

- 피검사자의 개인정보
- 검사 결과의 신뢰도(검사반응의 타당도평가 결과)
- 검사 프로파일
- 외향성-내향성 특징
- 심리적 개방성
- 대인관계
- 학습 스타일
- 임상적 특징
- 자기계발을 위한 권고사항

6) 에니어그램

(1) 검사의 개요

그리스어로 9를 뜻하는 에니어(enneas)와 그림이라는 의미의 그라모스(grammos)의 합성어인 에니어그램(Enneagram)은 아홉 개의 점이 있는 그림을 의미한다(Riso & Hudson, 1999). 에니어그램은 원과 9개의 점, 그 점들을 잇는 선으로 구성된 도형으로 인간의 성격적인 측면을 설명하고자 하였는데, 이에 아홉 가지 기본 세계관과 각기 다른 행동양식에 따른 개인의 심리적 특성과 장단점의 성격유형을 내포하고 있다.

에니어그램은 BC 2500년경 중동지방에서 발생한 것으로 추정되며, 수피즘의 수도자들에 의해 구전되어 오다가 1900년대 초에 러시아의 구르제프(Gurdjieff)에 의해 처음 서구 사회에 소개되었다. 이후 스탠포드 대학교의 리소(Riso)가 에니어그램을 심리학과 접목하여 현재 사용하는 심리검사의 이론적 기반을 정립하였다. 9개의 성격유형에 대한 체계적인 정의를 정교화하고 각 성격유형의 발달 수준을 밝히고, 각 성격유형의 포괄적인 이해와 통합 및 분열의 방향을 제시하고 있는 에니어그램의 역동성을 제시하였다(Riso, 1990).

한국에는 다양한 종류의 에니어그램 검사들이 개발·소개되었으며, 각 검사마다 검사의 구성 방법과 문항 수 등에 차이가 있다. 그 가운데 윤운성(2001)이 개발한 한국형 에니어그램 성격유형검사(Korean Enneagram Psychological Type Indicator: KEPTI)와 이은하(2007)가 개발한 에니어그램 심리역동검사(Enneagram Psychological Dynamic Indicator: EPDI)가 주로 활용되고 있다.

2001년 윤운성이 개발하여 표준화한 KEPTI는 5점 평정 척도의 81문항으로 중학생부터 성인까지 사용할 수 있다. 그리고 2007년 이은하가 개발한 EPDI는 초등학교 4학년부터 6학년까지인 아동용과 청소년용, 성인용이 각각 표준화되어 개발되었다. 아동용 EPDI는 총 108문항, 청소년용은 135문항, 대학생과 성인용은 108문항의 5점 평정 척도로 이루어져 있다.

(2) 9개 성격유형

에니어그램을 이해하기 위해서는 먼저 힘의 중심에 따른 가슴 중심, 머리 중심, 장 중심의 세 가지 분류와 아홉 가지의 기본 성격유형을 파악해야 한다. 사람들은 누구나 세 가지 힘의 중심을 가지고 있으나 그중 한 중심에서 나오는 힘이 다른 두 중심의 힘보다 우세하며, 특히 부정적이거나 스트레스 상황일 때에 먼저 사용하는 의식과 관련된 신체기관이 그 사람의 중심이 된다고 본다. 에니어그램 힘의 중심과 성격유형에 따른 특성을 다음 〈표 6-19〉에 제시하였다.

〈표 6-19〉 에니어그램 힘의 중심과 성격유형

힘의 중심	성격유형	특성
가슴 중심	2번 조력가형	타인을 돌보면서 관계 지향적인 유형. 타인과 감정적인 교류를 잘하고 진지하며 마음이 따뜻한 사람들. 타인에게 도움을 주고자 하는 성향이 강하기 때문에 자신을 잘 돌볼 줄 모름
	3번 성취가형	상황에 잘 적응하고 성공 지향적인 유형. 자신감이 있고 야망이 있으며 유능하고 에너지가 넘침. 효율성을 중시하며 성공하기 위해 노력하는 성향으로 일 중독에 빠지는 것과 지나친 경쟁의식을 조심해야 함
	4번 개인주의자형	낭만적이고 내향적인 유형. 자신에 대한 생각이 많고 민감하며, 신중하고 표현력이 풍부함. 특별한 사람이라고 스스로를 자부하는 자의식이 지나치게 강하면 거만하고 방종해질 수 있음

머리 중심	5번 탐구가형	집중력이 강하며 지적인 유형. 지식을 쌓아 가는 것을 좋아하며 뛰어난 분석력과 통찰력을 바탕으로 객관적으로 파악하고자 함. 독창적이고 독립적인 성격이 지나치면 고립되고 괴팍해질 수 있음
	6번 충성가형	안전을 추구하는 유형. 신뢰할 수 있고 근면하며 책임감이 강함. 신뢰를 중요하게 여기며 약속, 체계, 틀을 지키고자 함. 조심성이 많고 우유부단하나 때로 당돌하고 반항적이 되기도 함
	7번 열정가형	바쁘고 생산적인 유형. 변덕스럽고 긍정적이며 즉흥적임. 아이디어가 풍부하며 즐거움을 추구하여 놀기를 좋아하고 실질적이나 지나치게 피상적이고 충동적이 될 수 있음
장중심	8번 도전자형	성격이 강하며 사람들을 지배하는 유형. 용기와 힘이 넘치며 자신이 옳다는 것을 위해 전력을 다해 싸우고 자기주장을 잘하는 반면에 지나치면 타인과의 친밀한 관계를 허용하지 않고 타인에게 위협적이 될 수 있음
	9번 중재자형	느긋하고 잘 나서지 않는 유형. 타인을 잘 수용하며, 상대방에게 신뢰를 주는 안정적인 성격이고 갈등과 긴장을 피하고자 하므로 다른 사람과 잘 지내나 지나치면 수동적이고 고집스러워질 수 있음
	1번 개혁가형	원칙적이고 이상적인 유형. 상황을 개선시키기 위해 노력하며 실수를 두려워하는 사람들. 윤리적이고 양심적이기 때문에 쉽게 비판적이 되고, 매사에 완벽함을 추구하고자 함

(3) 검사의 실시 및 활용

에니어그램 검사는 온라인 검사 및 오프라인 지필검사가 모두 가능하며, 지필검사의 경우 집단검사로 활용될 수 있다. 검사에서 요구하는 소정의 검사자 교육을 이수한 사람들을 대상으로 검사의 사용과 해석이 이루어지도록 권고하고 있으며, 전문기관을 통해 각 검사의 교육 및 구입을 할 수 있다.

에니어그램 유형검사는 피검사자에 대한 성격 이해와 타인과의 관계 개선을 위해 활용된다. 또한 학교장면에서는 학생들의 성격유형 및 기질에 맞는 효율적인 진로지도와 적합한 학습 방법을 찾을 수 있도록 도와주며, 교사가 자신의 교수 방법을 이해하고 효율적인 교수 방법을 훈련하도록 도움을 줄 수 있다. 그리고 기업장면에서는 조직 내부에서 겪을 수 있는 내적 갈등과 심리적 역동을 이해하여 갈등을 해소하는 데 도움을 줄 수 있다.

7) 성격평가 질문지

(1) 검사의 개요

성격평가 질문지(Personality Assessment Inventory: PAI)는 모레이(Morey, 1991)가 18세 이상의 성인을 임상평가하기 위해 개발한 성격검사로서 자기보고식 질문지이다. 이 검사가 처음 소개되었을 때 임상적 적용범위가 매우 넓고 심리측정에 있어 매우 발전을 이루었다고 호평을 받았다(Helmes, 1993). 현재까지 PAI는 임상, 상담, 법정, 교도소 등과 같은 여러 장면에서 성격평가도구로 사용되고 있을 뿐만 아니라 연구도구로도 많이 활용되고 있다. 기존의 성격검사와 다른 특징을 제시하면 다음과 같다(Helmes, 1993; Schlosser, 1992).

- 환자집단의 성격뿐만 아니라 정상인의 성격평가 모두 유용한 것으로 평가됨
- 기존의 성격검사가 '그렇다-아니다'의 양분법적 반응양식인데 반해 PAI는 4점 평정 척도로 이루어져 정확히 측정하고 평가할 수 있음
- 절단점수(cut-off score)를 사용한 각종 장애의 진단과 다양한 긍정적 또는 방어적 반응왜곡의 탐지에 유용함
- 문항을 중복시키지 않아서 변별타당도가 높고 꾀병지표, 방어성 지표, 자살 가능성 지표 등과 같은 여러 가지 지표가 있어서 유용함
- 피검사자의 반응 외에도 임상장면에서 반드시 체크해야 할 위기문항을 제시하여 추가 정보를 수집할 뿐만 아니라 임상 척도의 의미를 보다 정확하게 평가할 수 있음

국내에서는 김영환 등에 의해 2002년에 18세 미만의 고등학생을 포함하여 고등학생, 대학생, 성인 및 임상환자 집단을 대상으로 표준화되어 사용되었다. 이후 2007년에 모레이가 기존의 PAI 문항 중 청소년에게 적합한 문항을 선정하고 일부 문항을 수정하여 청소년 성격평가 질문지(PAI-A)를 개발하였고 이를 계기로 우리나라에서도 2014년 PAI-A를 표준화하였다(김영환 외, 2014).

(2) PAI 척도의 구성

PAI는 4개의 타당도 척도와 11개의 임상 척도, 5개의 치료고려 척도, 2개의 대인관계 척도로 총 22개의 척도로 구성되어 있다. PAI를 구성하는 22개의 척도 중 10개의 척도는 복잡한 임상적 구성개념을 보다 전반적이고 심도 있게 평가하기 위해 개념적으로 도출한 하위 척도를 포함하고 있다. 이에 대한 구체적 내용은 다음 〈표 6-20〉과 같다.

〈표 6-20〉 PAI 척도의 구성

척도		하위 척도
타당도 척도	비일관성(Inconsistency, ICN)	-
	저빈도(Infrequency, INF)	-
	부정적 인상 (Negative Impression, NIM)	-
	긍정적 인상 (Positive Impression, PIM)	-
임상 척도	신체적 호소 (Somatic Complaints, SOM)	전환(Conversion, SOM-C)
		신체화(Somatization, SOM-S)
		건강염려(Health Concerns, SOM-H)
	불안 (Anxiety, ANX)	인지적(Cognitive, ANX-C)
		정서적(Affective, ANX-A)
		신체생리적(Physiological, ANX-P)
	불안 관련 장애 (Anxiety-Related Disorders, ARD)	강박장애(Obsessive-Compulsive, ARD-O)
		공포증(Phobias, ARD-P)
		외상적 스트레스(Traumatic Stress, ARD-T)
	우울 (Depression, DEP)	인지적(Cognitive, DEP-C)
		정서적(Affective, DEP-A)
		신체생리적(Physiological, DEP-P)
	조증 (Mania, MAN)	활동 수준(Activity Level, MAN-A)
		과대성(Grandiosity, MAN-G)
		초조성(Irritability, MAN-I)

임상 척도	망상 (Paranoia, PAR)	과경계(Hypervigilance, PAR-H)
		피해망상(Persecution, PAR-P)
		원한(Resentment, PAR-R)
	조현병 (Schizophrenia, SCZ)	정신병적 경험(Psychotic Experiences, SCZ-P)
		사회적 위축(Detachment, SCZ-S)
		사고장애(Thought Disorder, SCZ-T)
	경계선적 특징 (Borderline Features, BOR)	정서적 불안정성(Affective Instability, BOR-A)
		정체감 문제(Identity Problems, BOR-I)
		부정적 관계(Negative Relationships, BOR-N)
		자기손상(Self-Harm, BOR-S)
	반사회적 특징 (Antisocial Features, ANT)	반사회적 행동(Antisocial Behaviors, ANT-A)
		자기중심성(Egocentricity, ANT-E)
		자극 추구(Stimulus-Seeking, ANT-S)
	알코올문제 (Alcohol Problems, ALC)	-
	약물문제(Drug Problems, DRG)	-
치료고려 척도	공격성 (Aggression, AGG)	공격적 태도(Aggressive Attitude, AGG-A)
		언어적 공격(Verbal Aggression, AGG-V)
		신체적 공격(Physical Aggression, AGG-P)
	자살관념(Suicidal Ideation, SUI)	-
	스트레스(Stress, STR)	-
	비지지(Nonsupport, NON)	-
	치료거부 (Treatment Rejection, RXR)	-
대인관계 척도	지배성(Dominance, DOM)	-
	온정성(Warmth, WRM)	-

(3) 검사 실시 및 활용

PAI는 개별적 또는 집단적으로 실시할 수 있으며, 대부분의 경우 검사를 끝내는 데 40~50분 정도 소요된다. 검사가 끝나면 검사자는 먼저 피검사자가 응답한 검사지 혹은 응답지를 검토하여, 응답하지 않은 문항이나 이중으로 응답한 문항이 17개 이상일 경우 피검사자에게 다시 응답하도록 권유한다. 최근 사용되고 있는 PAI는 척도와 하위 척도의 수가 많고 구조적 해석을 위한 지표들과 여러 가지 보충지표를 계산하는 과정이 복잡하고 시간이 많이 걸리기 때문에 전문기관 홈페이지에 접속하여 채점하도록 하고 있다.

PAI 프로파일은 22개 척도와 하위 척도의 원점수를 규준집단의 자료에 근거해서 T점수로 환산하여 제공할 뿐만 아니라 해석할 때 상호보완적으로 사용할 수 있도록 백분위점수를 같이 제시하고 있다. 백분위점수는 심리측정에 관한 지식이 풍부하지 않은 사람들에게 결과를 설명할 때 흔히 사용한다. PAI 프로파일을 해석하기 위해서는 성격과 정신장애의 핵심적인 개념과 심리측정이론, PAI의 척도와 하위 척도 및 보충지표의 의미를 이해하고 평가 맥락을 고려할 수 있는 전문가적 지식과 식견을 필요로 한다. PAI 결과를 해석할 때에는 먼저 피검사자의 반응태도를 검토하여 검사 결과의 타당성을 결정한 후 결정문항, 하위 척도, 전체 척도, 형태적 수준이라는 네 가지 단계를 거친다.

PAI는 임상 및 상담장면뿐 아니라 교도소, 보호관찰 등과 같은 교정장면, 그리고 학교에서 중·고등학생을 대상으로 한 선별검사로 널리 활용되고 있다.

3. 투사적 성격검사

투사적 검사(projective test)라는 말은 프로젝션(projection), 즉 투영 또는 투사라는 개념에서 파생되었으며, 프로이트(Freud)에 의해서 처음으로 사용되었다. 투사적 검사는 표준화 조건은 갖추고 있지만 비구조화 검사라는 특징 때문에 구조화된 검사에 비해 검사로서의 조건, 즉 타당도, 신뢰도, 객관도를 충분히 갖추고 있지 않으므로 반드시 숙련된 전문가에 의해 활용되어야 한다. 또한 개인의 내면을 검사도구에 투사시키는 방식으로 진행되는 검사이므로 반드시 개인적으로 실시한다.

투사적 성격검사는 개인의 독특한 심리적 특성에 관심을 가지고 이러한 개인의 독특성을 측정하기 위한 비구조화된 검사 과제를 제공한다는 점이 특징이다. 이러한 투사적 성격검사는 개인의 다양한 반응을 무제한으로 허용해 주기 위해 검사 지시 방법이 간단하고 일반적인 방식으로 진행되며, 검사자극이 불분명하고 모호한 특징을 지니고 있다. 투사적 성격검사에 대한 피검사자의 반응은 주로 문장완성, 연상, 이야기 등 제한 없이 자유롭게 나타나며(Anastasi, 1988), 이러한 반응의 다양성이 개인의 독특한 심리적 특성을 반영해 준다. 특히 객관적 성격검사에 비해 피검사자가 방어적으로 반응하는 것을 어느 정도 차단할 수 있으므로 검사에 대한 피검사자의 허위반응의 가능성이 적다.

투사적 성격검사의 모호한 자극에 대한 피검사자 반응의 종류가 다양하기 때문에 검사자는 하나의 반응에서 특정 이론을 도출하지 않고, 반응을 분류하여 개인의 성격과 관련된 일반적인 사실이나 추론을 이끌어 낸다. 따라서 투사적 성격검사를 실시하고 해석하기 위해서는 많은 훈련과 경험이 필요하며, 숙련된 전문가에 의해 활용되어야 하는 이유가 여기에 있다.

채점 과정은 매우 복잡하고 검사자의 주관적인 측면이 개입될 수 있으며, 검사자 간에도 해석과 추론이 엇갈릴 수 있다. 이러한 결과의 주관성과 복잡성은 투사적 검사의 신뢰도 및 타당도를 낮추게 하면서 비판의 대상이 되고 있다. 그러나 이러한 비판에도 불구하고 투사적 검사는 실제 상담장면에 의미 있는 자료를 제공하고 있다.

대표적인 투사적 성격검사로는 로르샤흐 검사, 주제통각검사, 그림검사, 문장완성검사 등이 있다.

1) 로르샤흐 검사

(1) 검사의 개요

로르샤흐 검사(Rorschach Test)는 스위스 정신과 의사인 로르샤흐(Rorschach, 1921)에 의해 처음 개발되었다. 10장의 카드 속에 담긴 잉크반점을 통해 인간의 심리를 알아보는 로르샤흐 검사는 현재 임상에서 가장 널리 활용되는 대표적인 투사검사라고 할 수 있다. 잉크반점을 이용하여 개인의 특성을 파악하는 연구는 커널(Kerner, 1857)에 의해 처음 활용되었다. 이후 비네와 헨리(Binet & Henri, 1895)는 지능검사를 연구하는 과정에서 처음으로 성격진단에 잉크반점 검사를 사용하였다. 1897년에 델본(Dearborn)은 무채색과 유채색 잉크반점을 개발하였고, 위플

(Whipple, 1910)은 최초로 표준화된 잉크반점과 체계화된 실시요강을 제작하였다(오윤선, 정순례, 2017에서 재인용). 이러한 연구에 영향을 받은 로르샤흐는 잉크반점을 통해 개인의 전체적인 성격이나 기질, 습관 및 반응양식 등을 진단할 수 있는 최초의 검사법을 제시하면서 10장의 카드로 구성된 검사도구를 출판하였다.

그 후 잉크반점 검사에 대한 관심이 고조되면서 다양한 접근과 해석에 대한 시도들이 이어졌는데, 1970년대 이후 엑스너(Exner, 1974)에 의해 개발된 로르샤흐 종합체계(The Rorschach: A Comprehensive System)는 통합적이고 표준화된 채점 체계로 활용되고 있다. 우리나라에서도 최근 엑스너의 종합체계 방식에 따라 검사를 실시하고 채점 방식과 해석을 활용하고 있다.

로르샤흐 검사를 통해 나타나는 반응은 매우 다양하게 표현될 수 있는 개인의 독특한 심리적 특성을 이해하는 데 유용하게 사용될 수 있다. 이는 객관적 검사와는 다르게 자극의 내용이 불분명하기 때문에 피검사자가 방어적으로 반응하는 것을 어느 정도 차단할 수 있기 때문이다. 로르샤흐 검사의 모호한 자극이 무엇처럼 보이는지 생각하는 과정은 피검사자가 자신도 모르는 사이에 무의식적인 과정을 통해 이루어진다. 이러한 과정은 검사자극에 대하여 유발된 감각과 기억 흔적의 통합 과정으로 볼 수 있다. 즉, 피검사자에게 제시된 잉크반점이 기억 속에 저장된 이미지들과 반드시 일치하지 않기 때문에 비교적 비슷한 심상으로 연상하게 된다. 사람들이 감각적인 이미지와 기억들을 연합하는 과정에는 개인차가 있으며, 이러한 개인차로 인하여 같은 검사자극에 대해서 다양한 반응을 나타내는 것이다.

로르샤흐는 이러한 반응 과정을 지각 과정 및 통각 과정으로 보았으며, 엑스너와 그의 동료들은 문제해결 과정으로 보았다(Exner et al., 1978). 로르샤흐 검사는 개인의 인지, 정서, 자기상, 대인관계 등 성격 차원의 종합적이고 다각적인 정보를 제공해 준다는 강점이 있다. 하지만 검사가 다양하고 복잡한 정보를 주면서 그 중요도가 높게 평가되고 있는 만큼, 신뢰도와 타당도에 관하여 많은 논의와 이의가 제기되어 왔다. 실시나 해석 과정에서 검사자의 주관이나 편향이 개입되어 결과가 달라지거나 오도될 가능성이 많으며, 해석자가 다수일 경우 의견일치에 어려움을 겪을 수 있다. 이러한 문제를 해결하기 위해서는 검사를 통한 변인들의 양적인 측면과 함께 질적인 측면에 대한 접근도 매우 중요하다. 질적인 측면에 대한 해석을 위해서는 충분한 훈련 과정과 풍부한 임상 경험이 필요하다. 이를 통해 검사자의 주관에 따른 임의적 해석의 오류에서 벗어날 수 있을 것이다.

(2) 검사의 구성

로르샤흐 검사도구는 17.17×24.13cm 사이즈의 대칭적인 잉크반점 카드 10장으로 구성되어 있다. 10장의 카드 중 Ⅰ, Ⅳ, Ⅴ, Ⅵ, Ⅶ번의 카드는 무채색으로 된 흑백카드이며, Ⅱ, Ⅲ번 카드는 검정색과 붉은색이 섞여 있고, Ⅷ, Ⅸ, Ⅹ번 카드는 여러 가지 색깔이 혼합되어 있다. 각 카드는 여러 가지의 형태와 색채, 음영과 공간이 체계화되어 있지 않으며, 불투명하여 정형화되어 있지 않은 모호한 그림으로 이루어져 있다. 이러한 특징은 보는 사람에 따라서 자신이 지각하고 느끼는 다양한 반응을 유발할 수 있으며, 검사 과정에서 피검사자의 다양한 성격적 특성의 영향을 받게 된다.

검사를 실시할 수 있는 대상은 그림을 보고 자유로운 표현을 할 수 있는 초등학생 이상으로서, 자신의 성격에 대한 객관적이고 정밀한 분석을 원하거나 자신의 심리적 문제에 대한 심층적인 진단을 받고자 하는 사람이어야 한다. 검사를 통해 정신건강, 인지적 사고 기능, 정서 상태, 대인관계, 자아상 등을 밝히는 데 유의한 정보를 제공할 수 있으며 이를 통해 피검사자는 자신의 욕구와 전체적인 성격특성을 이해하는 데 도움을 받을 수 있다.

로르샤흐 검사에 활용되는 잉크반점 카드의 구성은 [그림 6-1]과 같다.

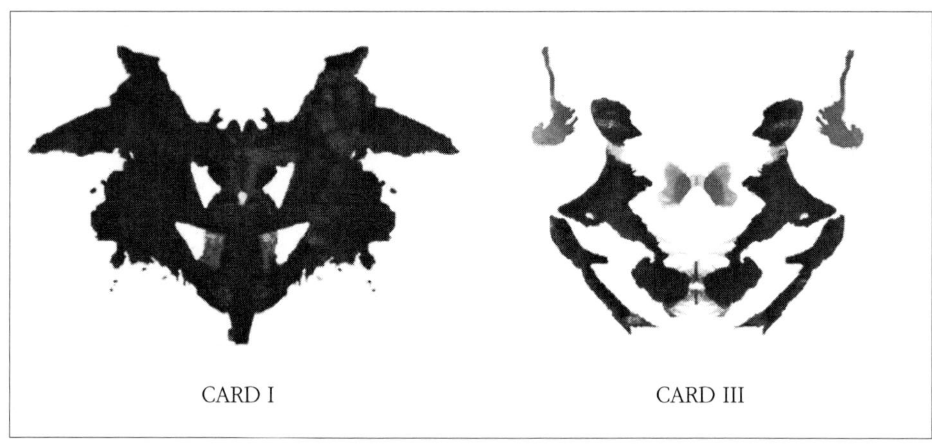

[그림 6-1] 로르샤흐 검사 그림의 예시

(3) 검사 실시

① 준비 및 유의사항

검사자는 검사를 시작하기 전에 피검사자의 심리적인 상태에 관심을 기울이면서 검사 시 고려해야 할 사항에 대해 점검해야 한다. 먼저, 검사에 필요한 로르샤흐 카드 세트, 충분한 양의 반응 기록지와 반응 영역 기록지(location sheets), 초시계, 필기도구를 잘 정리하고 좌석을 적절하게 배치하도록 한다. 검사자와 피검사자는 마주보고 앉는 것을 가급적 피하고 옆으로 나란히 앉거나 90도 방향으로 앉는 것이 좋다. 하지만 좌석의 위치에 대해서는 임상가에 따라 주장하는 바가 다르므로 검사의 특성에 맞게 적절하게 배치하도록 한다.

검사 실시 전 유의사항은 다음과 같다.

- 색채효과에 영향을 줄 수 있는지 여부에 따라 형광등 사용이 검토되어야 함
- 피검사자의 주의를 산만하게 할 만한 것은 미리 정리해 두고 창문이 보이는 위치를 피하도록 좌석을 배치함
- 검사카드는 피검사자의 손이 닿지 않는 위치에 놓아두고 피검사자에게 카드를 제시할 때 그림이 거꾸로 제시되지 않도록 주의함
- 검사카드에는 연필자국이나 손톱자국 또는 낙서가 되어 있지 않아야 함

검사 과정에 소요되는 시간은 성인의 경우 반응기록을 모두 마치는 데까지 약 40~60분 정도, 10세 미만의 아동은 약 30~45분 정도 소요되고 10세 이상의 아동은 성인과 비슷한 정도의 시간이 소요된다.

② 로르샤흐 검사 소개하기

검사를 실시하기 전에 로르샤흐 검사에 대한 개괄적인 설명을 해 준다. 장황한 설명이나 지나치게 상세한 설명은 오히려 피검사자에게 불필요한 불안이나 선입견을 가지게 할 수 있으므로 주의한다. 피검사자와 검사자 간에 라포가 충분히 형성되어 있고 검사 상황에 대해서 피검사자가 잘 알고 있거나 익숙해져 있다면, 검사에 대한 간단한 소개와 실시 요령을 알려 주는 것으로 충분하다. 또한 검사에 대한 시간제한이 없다는 점도 알려 주어야 한다.

특히 검사자는 피검사자에게 카드의 잉크반점들이 모호하다거나 구조화되어 있지 않은 자극이라고 말하지 않도록 주의해야 한다. 이럴 경우 피검사자는 자신이 관찰하는 것에 대해서 반응하기보다는 잉크반점에 대해 연상(association)되는 것을 보고할 수 있기 때문이다. 단지 "지금 실시하는 검사는 잉크반점으로 만든 검사입니다. 이제부터 여러 장의 카드를 보여 드리겠습니다. 카드의 그림이 무엇으로 보이는지, 저에게 말씀해 주시면 됩니다."라고 소개하는 것으로 충분하다.

③ **지시하기**

검사 지시는 간단하고 명료하게 하도록 한다. 첫 번째 카드를 제시하면서 "이것이 무엇으로 보입니까?"라고 말하는 것으로 충분하며, 이 말을 다른 방식의 표현으로 바꾸거나 다른 설명을 추가해서는 안 된다. 그럴 경우 피검사자의 반응이 달라질 수 있으므로 반드시 표준화된 방식을 따라야 한다. 표준화된 지시를 듣고 피검사자는 그림을 훑어보고 부호화하며, 분류・비교하여 취사선택하는 일련의 복잡한 인지적 조작을 일으킨다. 각각의 잉크반점에 대하여 반응하는 과정 동안 수많은 의사결정이 일어나게 된다(김영환, 문수백, 홍상황, 2012).

④ **피검사자의 질문에 응답하기**

검사가 진행되는 동안 피검사자는 여러 가지 질문을 할 수 있는데, 검사자의 응답 원칙은 비지시적으로 간결하게 대답하는 것이다. 예를 들어, 피검사자가 "이 카드를 돌려 봐도 되나요?"라고 질문을 하였을 때, "편한 대로 하십시오." 또는 "좋을 대로 하십시오."라고 답한다. "몇 개나 대답해야 하나요?"라는 질문에 대해 "대부분의 사람들은 하나 이상 대답합니다." 등의 답변이 적절하다.

⑤ **반응 기록하기**

원칙적으로 검사자는 검사의 전 과정에서 피검사자의 말이나 표현한 모든 것을 그대로 기록해야 한다. 이를 통해 피검사자에 대한 중요한 정보를 얻을 수 있기 때문이다. 반응을 받아 적으면서 반응 내용 기록을 배열할 때, 각 반응 간에 충분한 간격을 두고 기록하도록 한다. 이는 질문 단계에서 피검사자가 말하는 내용을 빠짐없이 받아쓸 수 있는 공간을 미리 확보하기 위해서이다.

⑥ **질문하기**

질문 단계의 목적은 피검사자의 반응을 정확히 기호화하고 채점하려는 데 있다. 즉, 피검사자가 어떻게 그렇게 보게 되었는지를 명료화하는 데 목적이 있으며, 새로운 반응을 이끌어 내려는 것이 목적이 아님을 명심해야 한다. 이 과정에서 검사자의 질문이나 태도에 따라 피검사자의 반응이 유도되기 쉬우므로 주의해야 한다.

검사자는 이 단계에서 중요한 정보를 얻어야 한다. 반응의 위치가 어디인지, 어떤 부분에서 그렇게 보였는지, 반응결정 요인이 무엇인지, 무엇 때문에 그렇게 보였는지 등 반응 내용에 대하여 상세하게 질문하여야 한다.

(4) 검사의 해석

① **채점하기**

로르샤흐 검사의 채점 과정은 피검사자의 반응을 기호화하는 것을 말한다. 기호화란 로르샤흐 검사에서 약속된 기호를 말하며, 각 기호의 빈도, 백분율, 비율, 특수점수의 산출 등 이를 수치적으로 요약하는 구조적 요약(structural summary) 과정을 거치게 된다. 이 과정에서 나온 결과를 토대로 피검사자의 성격특성 및 병리 상태에 대한 해석이 이루어지게 되므로 채점이 정확해야만 해석의 타당성이 확보될 수 있다. 따라서 정확한 채점 방법을 익히기 위해 전문적인 수련 과정이나 반복적인 연습이 필요하다.

최근 활용되고 있는 엑스너 종합체계에 대한 채점 항목은 다음과 같다(김영환, 김지혜, 홍상환, 2006).

〈표 6-21〉 엑스너 종합체계의 채점 항목

채점 항목	채점 내용
반응의 위치 (location)	피검사자가 잉크반점의 어느 위치에 반응하였는가를 채점
반응 위치의 발달 수준 (developmental quality)	피검사자가 반응하는 위치는 어떤 발달 수준을 나타내는가를 채점
반응의 결정인 (determinant)	반응을 결정하는 데 영향을 미친 잉크반점의 특징은 무엇인가를 채점

형태의 질 (form quality)	반응한 내용이 자극 대상의 특징에 적절한가를 채점
반응 내용 (content)	반응한 내용이 어떤 내용 범주에 속하는가를 채점
평범 반응 (popular)	일반적인 반응인지 독특한 반응인지 채점
조직화 활동 (organizational activity)	피검사자가 자극을 어느 정도 조직화하여 응답하는가를 채점
특수점수 (special score)	특이한 언어반응을 하고 있는가에 대해 채점
쌍반응 (pair response)	사물을 대칭적으로 지각하는지의 여부를 채점

채점 시 반드시 지켜야 할 기본적인 원칙은, 첫째, 피검사자가 자유반응 단계에서 응답한 자발적인 반응만 채점해야 한다. 질문 단계에서 검사자의 질문을 받고 유도된 반응은 채점하지 않으며, 검사자의 질문과 상관없이 자발적으로 응답한 반응에 대해서만 채점한다. 둘째, 반응 단계에서 나타난 모든 요소는 빠짐없이 채점에 포함해야 한다. 또한 여러 개의 결정인이 혼합반응처럼 복합적으로 사용된 경우, 각 요인들은 모두 개별적으로 채점되어야 한다. 이러한 채점 원칙하에 반응을 기호화한 뒤에 각 반응을 카드 순서에 따라 반응 기록지(sequence of score)에 기록한다.

각 반응을 정확하게 기호화하는 것은 구조적 요약을 완성하기 위함이다. 구조적 요약은 일정한 순서대로 반응을 채점하고, 반응의 빈도를 계산하고, 마지막으로 반응의 비율, 백분율, 총 점수 등을 계산하는 세 단계를 거친다. 먼저, 반응 기록지의 오른쪽에 채점해 둔 각 반응의 기호와 점수들을 점수계열지에 기록한다. 점수계열지에는 각 카드별 반응을 순서대로 번호를 매기면서 채점한 것을 그대로 옮겨 적으면 된다. 다음으로 기록된 각 변인의 빈도를 계산하는데, 구조적 요약지의 상단부에 반응 영역, 결정인, 형태질, 내용, 접근 방식, 특수점수 등을 기록한다. 마지막으로 이를 토대로 반응 간의 비율, 백분율, 산출점수들을 계산하여 구조적 요약지의 하단에 기록한다. 이를 근거로 구조적 요약 과정을 거치게 되는 것이다.

② **해석하기**

구조적 요약지를 작성하고 난 후 이를 토대로 핵심 영역, 사고 영역, 정서 영역, 중재 영역, 대인관계 영역, 과정 영역, 자기지각 영역의 7개 자료 영역에 해당되는 다양한 항목과 관련된 정보들을 참고하여 피검사자의 성격특성 및 병리 상태에 대한 정보를 제공할 수 있다. 그러나 한 변인이 반드시 한 영역에만 해당되는 것은 아니고 여러 영역에 중복하여 해석적 의미를 줄 수 있으며, 보다 구체적이고 객관적인 해석을 위해서는 변인들의 양적인 측면뿐 아니라 반응의 질적인 면에 대한 접근도 함께 이루어져야 한다는 사실을 기억해야 한다.

〈표 6-21〉 구조적 요약의 구성 영역

영역	해석적 의미
핵심(core) 영역	피검사자의 통제적인 성격유형과 관련되는 특성과 스트레스와 인내력에 대한 해석에 활용됨
사고(ideation) 영역	입력되어 해석된 정보가 어떻게 개념화되고 어떤 방법으로 조직화되는지에 대한 정보를 제공해 줌
정서(affect) 영역	피검사자의 정서조절 및 내면화와 관련된 정보를 제공해 줌
중재(mediation) 영역	피검사자가 정보처리과정에서 이미 입력된 정보를 확인하고 어떻게 전환하는지에 대한 정보를 제공해 줌
대인관계(interpersonal) 영역	피검사자의 대인관계 양상에 대한 정보를 제공해 줌
과정(processing) 영역	피검사자의 인지 과정 중 정보를 입력하는 단계에서 어떤 일이 일어나고 있는지에 대한 해석에 활용됨
자기지각(self-perception) 영역	피검사자가 자기 자신을 어떻게 지각하고 있는지에 대한 해석에 활용됨

2) 주제통각검사

(1) 검사의 개요

주제통각검사(Thematic Apperception Test: TAT)는 로르샤흐 검사와 함께 널리 활용되고 있는 그림 카드를 활용한 투사검사이다. 이 검사 역시 모호한 대상을 지각하는 과정에 개인 특유의 심리적인 특성이 포함되어 독특한 해석을 도출하게 된다는 이론적 가설을 근거로 한다는 점은 로르샤흐 검사와 동일하다. 그러나 로르샤흐 검사는 피검사자의 원초적인 욕구와 환상에 대한 정보를 도출하는 데 유용한 반면, TAT는 다양한 대인관계상의 역동적인 측면을 파악하는 데 유용하다. TAT는 피검사자에게 인물들이 등장하는 모호한 내용의 그림 자극을 제시하고, 그에 대한 이야기를 구성해 보도록 하는 방법을 사용한다. 이 과정에서 피검사자의 과거 경험, 상상, 욕구, 갈등 등이 투사되면서 성격의 특징, 발달적 배경, 환경과의 상호관계 방식 등에 대한 정보를 제공해 준다.

1879년 갈톤(Galton)에 의해 행해진 자유연상 실험은 TAT의 시발점이 되었다. 그는 자유연상을 통해 반복적으로 떠오르는 주제가 어린 시절 경험이나 생활과 관련이 있을 것이라고 가정하며, 이 과정에서 개인의 과거경험에 대한 생각, 욕구, 상상, 갈등 등을 알아낼 수 있을 것이라고 제안하였다. 이후 리비(Libby, 1908)는 아동 및 청소년에 대한 연상 실험을 실시하여 나이에 따라 연상의 내용에 유의미한 차이가 있음을 발표하였으며, 클라크(Clark, 1926)는 정신분석치료의 보조수단으로 그림 연상카드를 활용하였다. 그는 자기애적(narcissistic) 환자에게 그림을 제시하고 그에 대한 연상을 해 보게 함으로써 치료에 많은 진전이 있었다고 주장하였다.

여러 임상장면에서 진단적, 치료적 보조 도구로 활용되어 오던 그림 연상법은 1935년 하버드 대학교의 머레이(Murray)와 모건(Morgan)에 의해 TAT라는 이름으로 세상에 소개되었다. 1943년까지 세 차례의 개정 작업을 거쳐 31장의 그림 카드가 표준화되었고, 같은 해에 TAT 실시요강이 출판되었다. 이후 다양한 학자가 TAT에 대한 이론구성과 기술적 발전에 크게 공헌하였으며 장애인을 위한 AAT(Auditory Apperception Test)까지 출판될 정도로 널리 활용되고 있다(김영환, 문수백, 홍상황, 2016).

현재 우리나라에서는 TAT가 활발하게 사용되고 있지는 않으나, 1973년에 전용신이 머레이의 TAT 실시요강과 벨락(Bellak)이 쓴 TAT를 일부 번역하여 임상적 활용을 하고 있다. 그리고 1974년에는 이상로, 변창진, 김경린이 『TAT 성격진단법』을 출판하여 임상현장에 많은 도움을 주었다. 1976년 김태련을 중심으로 벨락이 제작한 아동용 주제통각검사(Children Apperception Test: CAT)를 표준화하여 한국판으로 개정하였고, 이는 임상장면에서 심리평가도구로 유용하게 활용되고 있다.

(2) 검사의 구성

개정 과정을 통해 완성된 TAT 도구는 31장(10장 공통, 성별, 연령에 따라 10장씩)의 표준화된 도판(그림 카드)으로 구성되었으며, 그 중 성별과 연령에 따라 20장만 사용한다. 카드는 번호만 적혀 있는 것과 번호 뒤에 F(female), M(male), G(girl), B(boy)의 알파벳이 적혀 있는 것이 있다. 알파벳은 각 카드에 해당되는 검사대상을 알려 주는 것이며, 알파벳이 없는 카드는 모든 대상에게 공통으로 사용되는 카드이다.

도판 번호	카드	도판 번호	카드
1		6BM	

[그림 6-2] TAT 카드의 예시

(3) 검사의 실시

TAT는 피검사자의 내면에 있는 모호한 면과 역동적인 요소를 다루는 복잡한 투사검사이므로 전문적이고 숙련된 임상가가 시행해야 한다. 특히 다른 검사에 비해 대인관계의 역동성을 더 잘 보여 주는 검사이다. 개인에 따라 의사표현이 억제되고 자유롭지 않을 경우 검사에 매우 제한적인 반응이 나타날 수 있으므로 검사자는 피검사자가 검사에 참여하는 동안 자유롭게 상상하고 표현할 수 있도록 동기 부여를 시키는 것이 중요하다.

31장의 카드 중 성, 연령을 고려하여 선정된 20장의 카드를 2회에 걸쳐서 한 회기에 10장씩 사용하여 검사한다. 1회기 검사 후 하루 정도의 시간을 두고 2회기 검사를 실시하는 것이 바람직하다. 상황에 따라 9~12장의 그림을 사용하여 간단하게 실시되기도 한다. 대상별로 적용되는 카드는 〈표 6-23〉와 같다.

〈표 6-23〉 적용대상별 TAT 도판

적용대상	매수	도판 번호
모든 대상에게 공통적으로 적용되는 도판	11	1, 2, 4, 5, 10, 11, 14, 15, 16, 19, 20
성인 남자(M)와 소년(B)에게 적용되는 도판	7	3BM, 6BM, 7BM, 8BM, 9BM, 17BM, 18BM
성인 여자(F)와 소녀(G)에게 적용되는 도판	7	3GF, 6GF, 7GF, 8GF, 9GF, 17GF, 18GF
성인 남자(M)와 성인 여자(F)에게 적용되는 도판	1	13MF
소년(B)과 소녀(G)에게 적용되는 도판	1	12BG
성인 남자(M)에게만 적용되는 도판	1	12M
성인 여자(F)에게만 적용되는 도판	1	12F
소년(B)에게만 적용되는 도판	1	13B
소녀(G)에게만 적용되는 도판	1	13G

검사 실시에 앞서 검사자와 피검사자 사이에 편안하고 적절한 라포가 형성되어야 한다. 그리고 피검사자가 편안한 상태에서 자신의 생각과 감정을 충분히 표현할 수 있도록 신경을 써야 한다. 피검사자는 각 도판의 그림을 보고 그림에서 현재 어떤 일이 일어나고 있는지, 앞으로 어떻게 진행될지, 그림 속에 있는 사람들의 감정은 어떠한지, 이야기의 끝은 어떻게 되는지 등에 대한 이야기를 만들게 되는데, 회기별로 추천되는 구체적인 지시 내용은 다음과 같다(오윤선, 정순례, 2017).

■ 1회기 검사 시 지시 내용

“이 검사는 이야기를 만드는 검사입니다. 여기 몇 장의 그림이 있는데 이제 당신에게 한 번에 한 장씩 그림을 보여 주겠습니다. 당신은 각 그림을 보고 과거에 무슨 일이 일어났는지, 현재는 무슨 일이 일어나고 있는지, 등장인물들은 무엇을 느끼고 어떤 생각을 하고 있는지, 그리고 이야기의 결과는 어떻게 될지에 대해 이야기해 주세요. 어떤 이야기든지 자유롭게 만들어 보세요. 어떻게 진행하는지 이해되셨

나요? 지금부터 10장의 그림을 볼텐데 한 장에 5분 정도 이야기할 수 있습니다. 자, 이제 첫 번째 그림을 볼까요?"

▮ 2회기 검사 시 지시 내용

"오늘은 몇 장의 그림을 더 보여줄 것입니다. 지난 회기 때 아주 훌륭한 이야기를 만들어 주셨는데, 이번에는 동화나 신화처럼 상상력을 마음껏 발휘해서 더 흥미로운 이야기를 만들어 보세요. 여기 첫 번째 그림이 있습니다."

▮ 도판 16의 백지카드 지시 내용

"이 백지카드에서 무엇을 볼 수 있는지 알아봅시다. 이 백지에서 어떤 그림을 상상해 보고, 그것에 대해 이야기를 만들어서 자세히 말씀해 주세요."

(4) 검사의 해석

TAT는 피검사자의 갈등, 경험, 욕구 등이 이야기 반응에 투사된다고 가정하므로 이를 반영하여 결과를 해석해야 한다. 특히 다양한 주제에 대한 빈도, 이야기 길이, 결과 등을 고려하여 평가하지만, 임상장면에서 검사자의 주관이 상당히 개입되어 검사자 간에도 의견 차이가 많은 편이다. 대표적인 TAT 해석 방식으로는 표준화법, 주인공 중심의 해석법, 직관적 방법, 대인관계법, 지각법 등이 있다(김계현 외, 2012).

▮ 표준화법

TAT 해석을 수량화하려는 입장으로 통계적인 분석을 시도하는데, 각 개인의 검사 기록에서 추출한 반응상의 특징을 항목별로 분류하여 표준화된 자료와 비교하여 분석한다.

▮ 주인공 중심의 해석법

이야기에 나오는 주요 인물, 주인공을 중심으로 분석하는 방법으로 주인공 중심법, 욕구-압력 분석법, 이야기 속의 인물 분석법 등이 있다.

▮ 직관적 방법

정신분석이론에 근거한 가장 비조직적인 분석 방법으로 해석자의 통찰적인 감정이입능력을 바탕으로 해석이 이루어진다.

▮ 대인관계법

인물들의 대인관계 분석, 등장인물에 대한 피검사자의 감정을 중심으로 분석하는 방법, 등장인물의 사회적 지각 및 상호관계 분석법 등이 있다.

▮ 지각법

피검사자가 제시하는 이야기 내용의 형식을 분석하는 것으로 도판의 시각 자극의 왜곡, 언어의 이색적 사용, 사고나 논리의 특성, 또는 이야기 자체의 기묘한 왜곡 등을 포착하는 방법으로 해석이 이루어진다.

위의 해석 방식 중 가장 일반적으로 적용되는 것은 주인공 중심의 해석법 중 욕구-압력 분석법이다. 욕구-압력 분석법은 개인의 욕구(need)와 환경의 압력(pressure) 사이의 상호작용 결과를 분석함으로써 개인의 심리적 상황을 평가하고자 하는 방식이다. 이 분석법의 과정은 7단계로 진행이 되는데, 간단하게 소개하면 다음과 같다(김동민 외, 2013).

▮ 주인공 찾기

피검사자는 대체로 이야기 속의 주인공과 자신을 동일시하는 것으로 가정할 수 있다. 주인공에게 미치는 압력이나 주인공의 욕구, 집중하고 있는 대상 등은 피검사자에게 미치는 압력, 욕구, 집중대상과 같다고 볼 수 있다. 주로 제일 먼저 이야기에 등장하는 인물, 이야기 전체에서 피검사자가 관심을 집중시키는 인물, 중요한 행동을 주동하는 인물, 이야기를 전환시키는 인물, 다른 사람으로부터 행동을 강요받는 인물, 연령이나 성과 같은 심리적 특징이 피검사자와 유사한 인물 등을 주인공으로 볼 수 있다.

■ 환경의 압력 분석하기

이야기 속에서 환경을 어떻게 묘사하는지를 통해 피검사자가 자신을 둘러싼 환경을 어떻게 바라보고 있는지에 대해 유추할 수 있다. 환경은 일반 환경과 특정 자극이 있으며, 특정 자극에는 동생의 출생, 사기 또는 배신 등과 같은 주변 인물에 의한 압력, 재해와 같은 주변 환경에 의한 압력, 열등감과 같은 주인공 자신의 내적 압력 등이 포함된다.

■ 주인공의 반응에서 드러나는 욕구 분석하기

주인공의 욕구가 다양하게 드러나는 경우, 주요 욕구는 빈도나 강도, 지속 시간에 따라 결정된다. 사물이나 상황에 대한 주인공의 욕구는 성취, 획득, 섭취, 확보, 인지 등이 있으며, 타인에 대한 욕구는 친화, 지배, 인정, 구원 등이 있다. 다른 사람의 행동에 대한 욕구는 자율, 존경과 복종, 방어, 은둔 등이 있다.

■ 주인공이 애착을 표현하고 있는 대상 분석하기

반응 내용 가운데 주인공에게 긍정적이거나 부정적인 감정을 일으키는 사물, 활동, 사람, 관념을 찾아본다.

■ 주인공의 내적인 심리 상태 분석하기

이야기 속에서 주인공이 경험하는 내적 심리 상태가 발생하는 환경 자극과 그것이 해결되는 방식이 연구되어야 한다. 심리적 행복 상태, 갈등 상태, 비관적 상태로 구분한다.

■ 주인공의 행동이 표현되는 방식 분석하기

주인공이 환경적 힘에 자극되었거나 자극되고 있을 때 반응하는 행동 방식을 검토한다. 주인공의 행동 방식을 통해 피검사자의 행동 수준은 몸짓으로만 표현되는 제스처, 능동적 반응, 수동적 반응, 외향적 행동, 내향적 행동으로 구별될 수 있다.

■ 일의 결말 분석하기

이야기의 종료 상황뿐 아니라 결과를 유발한 조건들에도 주의를 기울여야 한다. 욕구와 압력 관계에 의해 상황의 결말이 행복한가 또는 불행한가, 성공적인가 또는 실패인가, 그리고 문제해결이 이루어지고 욕구가 충족된 상태인가 또는 문제해결이 지연되는 상태인가에 주목한다.

지금까지 제시된 욕구-압력 분석법의 과정에서 볼 수 있듯이 TAT 해석 과정은 심도 있는 전문성이 요구된다. 경험이 적은 검사자가 TAT를 해석할 때 일반적으로 범하기 쉬운 오류는 검사자 자신의 욕구나 감정, 갈등 등을 투사하여 각 그림에 대한 피검사자의 이야기를 지나치게 문자 그대로 해석하는 것이다. 이러한 오류를 극복하기 위해서는 검사자가 자신의 욕구나 갈등에 대해 잘 파악하고 있어야 하고, 각 그림의 공통적인 이야기를 파악하여 2개 이상의 이야기에서 입증이 되는 경우에만 해석을 채택하는 것이 바람직하다.

3) 그림검사

(1) 검사의 개요

그림은 인간의 기본적인 언어라고 할 수 있다. 문자가 생기기 훨씬 전부터 사람들은 벽화나 토기에 그림을 그려 넣으면서 자신의 감정과 행동을 기록해 두기도 하였다. 특히 글을 배우기 전의 어린아이들은 그림으로 자기를 표현하기 시작한다. 그림을 통해 피검사자의 경험이나 심리상태를 투사해 보는 것이 바로 투사적 그림검사라고 할 수 있다.

1910년경부터 프로이트와 로르샤흐 등의 정신분석가는 그림으로 환자의 심리상태를 분석하였으며, 1922년 프린츠호른(Prinzhorn)은 『정신질환자의 그림』이라는 책을 출판하여 미술치료 활동이 환자의 심리상태로 접근하는 중요한 통로가 된다고 제시하여, 이를 심리학과 정신병리학적 관점에서 논의하였다. 이후 투사적 그림검사에 대한 시도가 활발해졌는데, 굿이너프(Goodenough, 1926)는 아동기에서 청소년기에 이르기까지 그림의 발달 수준을 연구하여 그림검사를 개발하고 이를 심리학적 평가의 도구로 사용하였다. 그는 그림의 특정한 측면들이 아동의 정신연령과 높은 상관관계를 보이기 때문에 지능측정의 도구로 쓰일 수 있다는 가정을 세웠다(오윤선, 정순례, 2017).

1940년대에 투사적 그림치료가 개인의 정신적 측면과 성격을 평가하는 도구로 사용될 수 있다는 주장이 대두되면서 투사적 그림검사가 발전하게 되었다. 정신분석가인 벅(Buck, 1948)은 단일과제의 그림보다는 집-나무-사람(House-Tree-Person: HTP)을 그리게 하는 것이 피검사자의 성격을 이해하는 데 보다 효과적이라 생각하였다. 그가 특별히 집-나무-사람의 세 가지 과제를 투사적 그림으로 활용한 이유는 누구에게나 친밀감을 주는 주제로서 피검사자의 연령대에 영향을 받지 않으며, 솔직하고 자유로운 언어표현으로 연결시킬 수 있는 자극이라는 점 때문이다.

벅의 연구에서 한발 더 나아가 마코버(Machover, 1949)는 사람 그림의 상징적인 의미와 구조적인 요인을 모두 고려하여, 투사적 성격검사로서의 인물화 검사 체계를 개발시켰다. 그녀는 피검사자들이 인물화를 묘사할 때, 크기, 위치, 획의 강도 등에서 차이가 있다는 점에 주목하게 되었고, 이는 다각적으로 가치 있는 진단적 자료를 제공하고 있음을 알게 되었다. 피검사자가 그린 인물화에 나타나는 특성을 상징적 언어로 여기고 이를 해석하기 위해 신체 심상(body Image)의 투사라는 기본적인 가정을 확립하였다. 즉, 인간의 성격은 발달 초기에 신체의 운동, 느낌, 생각을 통하여 발달되므로 투사된 신체 심상은 피검사자의 충동, 불안, 갈등, 보상 등을 반영한다. 이러한 맥락에서 그림으로 표현된 인물은 피검사자 자신이며, 그려진 종이는 환경을 의미하는 것으로 보았다. 1958년 하머(Hammer)는 임상적 평가로서 미술 치료 전후를 비교분석하여 HTP 그림검사의 효과성을 검토한 연구를 정리하였으며, HTP 그림검사에 대한 정교한 평가도구를 발달시켰다.

HTP 검사는 누구에게나 친숙하지만 상징성이 강한 대상인 집, 나무, 사람 그림을 활용하여 대상 속에 투사된 피검사자의 경험이나 심리 상태를 확인할 수 있는 투사적 검사이다. 이는 집, 나무, 사람을 인지하여 개념화하는 피검사자만의 독특한 정서적 경험이 하나의 상징체를 형성하게 되어 그림으로 나타난다는 가정에서 비롯된 것이다. 이러한 HTP 검사의 타당도와 신뢰도에 대한 논의가 최근까지 이어지고 있지만, 실시 방법이 쉽고 중간 채점 과정 없이 그림을 직접 해석할 수 있으며 연령, 지능, 예술적 재능, 성격적 특성, 언어표현능력에 제한받지 않는 검사라는 점에서 임상장면에서 널리 활용되고 있다. 특히 환상 등에 시달리는 환자에게는 치료적 효과로 연결되기도 한다.

이 검사가 피검사자에 대한 함축적인 정보를 다양하게 제공하기는 하지만, 단일 검사의 결과만으로 지나친 해석을 하지 않도록 주의하여야 한다. 총체적 검사자료, 환자의 개인력 및 면담 등에서 얻은 임상적 자료들을 함께 고려하는 것이 바람직하다.

(2) 검사의 구성

투사적 그림검사인 HTP 검사는 집-나무-사람을 자유롭게 그리도록 하여 다른 검사에 비해 피검사자의 저항이 적은 것이 특징이다. 이 검사의 구성은 다음과 같다.

① 집(House)

집은 현실을 반영한다. 따라서 집 그림에는 피검사자의 가족, 가족 관계, 가정생활 등 가족 구성원 각자에 대하여 갖는 내면화된 표상, 이미지, 생각과 그와 관련된 여러 가지 경험에 의해 축적된 정서, 소망 등이 투사되어 나타난다. 또한 집은 피검사자가 일차적인 집단인 가족구성원과 상호작용하면서 살아가고 있는 상징적인 공간이기 때문에 피검사자가 지각하고 있는 과거, 현재 가족구성원과의 관계, 가정생활에 대한 만족 정도, 가족구성원이나 자신에 대한 미래의 소망을 반영한다.

② 나무(Tree)

인간의 발달을 은유적으로 나타내고자 할 때, 가장 흔하면서도 보편적으로 사용되는 것이 나무이다. 사람 그림이 의식적인 측면을 반영하는 데 비해 나무 그림에는 좀 더 심층적인 수준에서의 자기와 자기개념에 부여된 무의식적인 핵심감정이 투사된다. 사람 그림에 비해 나무 그림은 자기노출에 대한 불편감이 덜하므로 방어의 필요성을 약화시켜 보다 심층적인 면을 드러내 표현할 수 있기 때문이다.

나무를 그릴 때 피검사자는 수많은 기억으로부터 그가 가장 동일시하는 나무를 선택하며, 자신의 내적인 감정이 이끄는 방향으로 수정하고 재창조하면서 그려 나가게 된다. 피검사자가 그린 나무 그림의 기둥은 기본적 힘과 내적인 자아 강도에 대한 피검사자의 느낌을 제시하며, 나무의 가지는 환경으로부터 만족을 얻을 수 있는 능력, 그려진 나무 전체의 구조는 피검사자의 대인관계 균형감을 반영한다(Buck, 1948).

③ 사람(Person)

사람 그림에는 현실생활에서 느끼고 있는 자기 자신에 대한 태도와 감정들이 투사된다. 피검사자가 그린 사람 그림은 자화상이 될 수도 있고 이상적인 사람, 중요한 타인 또는 일반적인 사람을 어떻게 인지하고 있는지를 나타내기도 한다. 나무를 그릴 때보다 방어를 유발할 수 있으므로 피검사자는 자신의 상태를 의식적 · 무의식적으로 왜곡시켜서 표현하기도 한다.

피검사자가 자신에 대해 스스로 느끼는 점을 묘사한 자화상을 그릴 경우, 신체적인 자아뿐 아니라 심리적인 자아의 모습도 그림 속에 투사된다. 그림으로 투사된 이상적인 자아상의 경우 피검사자가 평소 이상적으로 바라는 자기의 모습이며, 중요한 타인의 묘사는 피검사자의 현재 혹은 과거의 경험과 환경으로부터 도출된 특정 인물일 수 있다.

(3) 검사의 실시

① 그림 단계

검사를 실시할 때는 동일한 재료, 일정한 지시와 절차에 따라 진행하여야 한다. 검사에 필요한 준비물은 A4용지 4장, HB연필, 지우개, 초시계이다. 검사자는 피검사자에게 자신이 그리고 싶은 대로 자유롭게 그리도록 해야 하며, 그림의 크기, 위치, 방법 등에 대한 어떠한 단서나 지시도 제공하지 않도록 주의해야 한다. 검사가 진행되는 동안 피검사자의 질문에 대해 단정적인 답변을 하지 않도록 하고, 피검사자가 그림을 그리는 동안 보이는 특정한 행동들을 잘 관찰하여 기록해 둔다. 이러한 검사 실시 과정은 아동과 성인에 동일하게 적용된다.

검사에 대한 지시사항과 진행 과정은 다음과 같다.

■ 집 그림을 그릴 때

지시사항	진행 과정
"지금부터 그림을 그려 봅시다. 잘 그리고 못 그리는 것은 상관없으니 자유롭게 그려 보세요."	☞ 피검사자에게 A4용지 1장을 가로로 제시한다.
"여기에 집을 그려 보세요."	☞ 그림을 완성하는 데 걸린 시간, 피검사자의 말과 행동을 관찰하여 기록한다.

■ 나무 그림을 그릴 때

지시사항	진행 과정
"이번에는 나무를 한번 그려 보세요."	☞ 피검사자에게 두 번째 종이를 세로로 제시한다.
	☞ 그림을 완성하는 데 걸린 시간, 피검사자의 말과 행동을 관찰하여 기록한다.

■ 사람 그림을 그릴 때

지시사항	진행 과정
"지금부터 한 사람의 전신 그림을 그려 보세요. 단, 선으로 된 막대형 캐릭터나 만화 주인공은 그리지 않습니다."	☞ 피검사자에게 세 번째 종이를 세로로 제시한다.
	☞ 그림을 완성하는 데 걸린 시간, 피검사자의 말과 행동을 관찰하여 기록한다.
"앞서 그린 사람과 반대되는 성별의 사람을 그려 보세요."	☞ 피검사자에게 네 번째 종이를 세로로 제시한다.
	☞ 그림을 완성하는 데 걸린 시간, 피검사자의 말과 행동을 관찰하여 기록한다.

② 질문 단계

그림 단계가 끝난 후 각각의 그림에 대해 여러 가지 질문을 하는 단계이다. 정해져 있는 일정한 형식은 없으며, 그림에서 피검사자가 나타내고 있는 개인적인 의미, 즉 현상적 욕구나 압박의 투사 등을 알아보기 위한 단계이다. 각 피검사자에게 적합한 질문을 하는 것이 좋으며, 각 그림에 대한 일반적인 질문의 유형은 다음과 같다.

집 그림에 대한 일반적인 질문 유형

- 이 집에는 누가 살고 있나요?
- 이 집에 사는 사람은 어떤 사람들인가요?
- 이 집안의 분위기는 어떠한가요?
- 당신이라면 이 집에서 살고 싶은가요?
- 이 그림에 추가로 더 그리고 싶은 것이 있나요?
- 당신이 그리고 싶은 대로 잘 그려졌나요? 그리기 어렵거나 잘 안 그려진 부분은 무엇인가요?
- (이해하기 힘든 부분에 대해)이것은 무엇인가요? 왜 그렸나요?

나무 그림에 대한 일반적인 질문 유형

- 이 나무는 어떤 나무인가요?
- 몇 살 정도 된 나무인가요?
- 지금 계절은 언제인가요?
- 이 나무의 건강은 어떠한가요?
- 나무는 어디에 있는 건가요?
- 나무 주변에는 무엇이 있나요?
- 만약 나무가 사람처럼 감정이 있다면 지금 이 나무의 기분은 어떠한가요?
- 나무에게 소원이 있다면 무엇인가요?
- 앞으로 이 나무는 어떻게 될 것 같은가요?
- 이 그림에 추가로 더 그리고 싶은 것이 있나요?
- 당신이 그리고 싶은 대로 잘 그려졌나요? 그리기 어렵거나 잘 안 그려진 부분은 무엇인가요?
- (이해하기 힘든 부분에 대해)이것은 무엇인가요? 왜 그렸나요?

사람 그림에 대한 일반적인 질문 유형

- 이 사람은 무엇을 하고 있나요?
- 이 사람의 나이는 몇 살인가요?
- 이 사람의 직업은 무엇인가요?

- 지금 이 사람의 기분은 어떤 것 같아요?
- 무슨 생각을 하고 있는 것 같아요?
- 지금까지 살면서 이 사람이 가장 좋았던 일은 무엇이었을 것 같나요? 가장 힘들었던 일은 무엇이었을 것 같아요?
- 이 사람의 성격은 어떤 것 같아요? 장점은 무엇인가요? 단점은 무엇인가요?
- 당신은 이 사람이 좋은가요? 아니면 싫은가요?
- 당신은 이 사람이 되고 싶은가요?
- 당신은 이 사람과 친구가 되어 친하게 지내고 싶은 마음이 있나요?
- 누군가를 생각하며 그린 사람이 있나요?
- 당신은 이 사람을 닮았나요?
- 이 그림에 추가로 더 그리고 싶은 것이 있나요?
- 당신이 그리고 싶은 대로 잘 그려졌나요? 그리기 어렵거나 잘 안 그려진 부분은 무엇인가요?
- (이해하기 힘든 부분에 대해)이것은 무엇인가요? 왜 그렸나요?

(4) 검사의 해석

HTP 검사의 해석은 검사를 실시하는 동안 피검사자가 보이는 표현적 요소와 그림의 구조적 요소 및 내용적 요소를 모두 고려하여야 한다. 즉, 그림만 가지고 성격의 단면을 추론하는 것은 바람직하지 않다.

① 구조적 · 표현적 요소

각 그림을 해석함에 있어 그림의 구조적 · 표현적 요소를 관찰하여 해석에 유의해야 한다. 유의해야 할 요소들은 아래의 내용을 참고할 수 있다.

▮ 태도 및 소요시간

같은 그림이라도 검사 시에 보인 피검사자의 태도에 따라 다르게 해석될 수 있다. 그림을 그리는 데 소요되는 시간이 지나치게 짧거나 긴 경우 등을 관찰하여 해석에 참고할 수 있다.

▮ 그림을 그리는 순서

그림을 그려 나가는 일반적인 순서에서 이탈된 경우, 남자와 여자를 그리는 순서 등은 피검사자의 심리상황을 반영할 수 있다.

▮ 지우개의 사용

지우개를 과도하게 사용할 경우 심리적인 불안정 상태를 반영하는 것일 수 있다.

▮ 그림의 위치

그림을 그린 위치(용지의 중앙, 가장자리, 위쪽, 아래쪽, 모퉁이)에 따라 해석이 달라질 수 있다.

▮ 선의 강도

그림을 구성하는 선의 강도는 피검사자의 에너지 수준에 대한 지표로서 어느 특정한 부분을 진하게 그렸는지, 또는 연하게 그렸는지를 관찰하여야 한다.

▮ 그림의 크기

제시되는 용지의 2/3 정도를 활용하여 그리는 것이 일반적이며, 지나치게 큰 그림이나 지나치게 작은 그림은 피검사자의 자존감, 자기상, 자기확대의 욕구, 공상적인 자아 등에 대한 단서를 제공할 수 있다.

▮ 그림의 선

선의 방향 면에서 수평선, 수직선, 곡선 중 어떠한 것이 강조되었는지, 선의 질적인 면에서 확신에 찬 선, 끊긴 선, 스케치된 선, 떨리고 흔들리는 선, 짧은 선, 긴 선 등의 여부에 따라 해석을 달리할 수 있다.

▮ 세부 묘사

각각의 그림에는 필수적으로 그려야 하는 세부 요소들을 생략하거나 과도하게 부각하였는지 살펴보아야 한다. 예를 들면, 집 그림에는 최소한 벽 하나, 지붕 하나, 문 하나 등을 포함해야 하며, 나무 그림에는 줄기와 가지, 사람 그림에는 머리,

몸, 두 다리, 두 팔, 두 눈, 코, 입 등이 포함되어야 한다.

■ 왜곡

대상의 일반적인 형태를 그리지 않고 왜곡된 형태로 그리는 것은 정신증이나 불안의 결과로 해석할 수도 있다.

■ 투명화

현실적으로 볼 수 없는 대상의 내부를 보이는 것처럼 그리는 경우, 특히 사람의 내장이나 뼈를 그리는 경우 임상적으로 주목할 필요가 있다.

② **내용적 요소**

각 그림을 해석함에 있어서 그림의 내용적 요소를 관찰하여 해석에 유의하여야 한다. 해석 시 유의하여야 할 각 그림의 요소들은 아래의 내용을 참고할 수 있다.

■ 집 그림을 해석할 때 유의해야 할 요소

지붕, 벽, 문, 창문, 굴뚝, 진입로와 계단, 기타 부속물 등이 일반적이지 않은 모습이거나 지나치게 과장, 축소 또는 삭제, 강조된 경우

■ 나무 그림을 해석할 때 유의해야 할 요소

둥치, 가지, 옹이, 수관, 뿌리, 잎, 나무껍질 등이 일반적이지 않은 모습이거나 지나치게 과장, 축소 또는 삭제, 강조된 경우

■ 사람 그림을 해석할 때 유의해야 할 요소

머리, 얼굴, 사지, 나머지 신체부분, 인물에 대한 조망, 의상 등이 일반적이지 않은 모습이거나 지나치게 과장, 축소 또는 삭제, 강조된 경우. 각 요소들의 비율이 비정상적인 경우

4) 문장완성검사

(1) 검사의 개요

문장완성검사(Sentence Completion Test: SCT)는 피검사자가 다수의 미완성 문장을 읽을 때 떠오르는 생각이나 느낌을 적어서 문장을 완성하도록 하는 검사로서, 단어연상검사를 변형하여 발전시킨 것이다. 카텔은 갈톤의 자유연상검사(free association test)로부터 단어연상검사(word association test)를 발전시켰다. 그 후 여러 학자들의 임상적 연구를 거쳐서 라파포트와 그의 동료들(Rapaport et al., 1945)에 의해 단어연상검사는 성격진단을 위한 유효한 투사적 검사로 확립되었다. 이러한 단어연상검사는 이후 여러 학자에 의해 문장완성검사로 더욱 발전되었다(김동민 외, 2014).

문장완성검사는 문장에 나타나는 맥락에 따라 피검사자의 감정, 분노, 공격성, 생각, 태도, 특정 대상, 사회적 관계망, 욕구, 소망 등 다양한 영역이 표현될 수 있다. 미완성 상태의 자극문을 통해 다양한 정보가 자유롭게 허용될 수 있도록 이끄는 특징이 있다. 문장완성검사의 자극문에 따라 문장의 모호함이 다르기 때문에, 동일한 검사 내에서도 각 문항이 주는 자극은 피검사자로 하여금 각각 다른 반응을 이끌어 낼 수 있다. 예를 들어, '나의 장래는' '내가 보는 나의 앞날은'과 같이 개인에 대하여 질문하고 있는 자극문은 피검사자에 따라 부여되는 자극의 강도가 다르기 때문에, 다양한 투사적 반응을 일으킬 수 있다. 더 중요한 것은 문장 속에 드러나는 내용에서 피검사자의 생각이나 의미, 신념부터 과거에 경험되었던 정서적인 부분까지 피검사자의 미묘하고 독특한 면모가 드러난다는 것이다.

문장완성검사는 다른 투사적 검사인 로르샤흐 검사나 TAT보다 간편하면서도 구조화되어 있으므로 피검사자의 성격이나 가족관계, 대인관계에서의 갈등상황, 개인의 자아개념 등을 평가하는 데 도움이 된다. 임상현장에서 피검사자에 대한 평가의 도구로 사용될 뿐 아니라, 상담현장에서 내담자들의 자기객관화 과정에 유용한 도움을 주어 활용 가치가 높다. 또한 심층적인 상담 현장에 활용되어 문장에 대한 구체적인 질문을 통해 내담자를 이해하는 데 사용되며, 비자발적으로 상담을 받는 청소년, 아동들을 이해하는 데에도 많은 도움을 줄 수 있다.

대표적인 문장완성검사로는 로터(Rotter)가 개발한 RISB(Rotter Incomplete

Sentence Blank)(Rotter & Rafferty, 1950)와 사크(Sacks)가 개발한 SSCT(Sacks Sentence Completion Test)(Sacks & Levy, 1950) 문장완성검사가 있다. 이 중 로터의 문장완성검사는 고등학생과 대학생 및 성인용으로 구분되어 있다. 현재 우리나라 임상현장에서 가장 많이 활용되고 있는 SSCT는 성인용 50문항([참고자료 1]), 청소년용 52문항, 아동용 33문항으로 구성되어 있다. 이 장에서는 SSCT를 중심으로 살펴보고자 한다.

(2) 검사의 구성

SSCT는 크게 네 가지 영역인 가족 영역, 성적(性的) 영역, 대인관계 영역, 자기개념 영역으로 구분된다. 우리나라에서 주로 활용되는 SSCT는 4개의 영역을 다시 각각 세분화하여 총 14개 하위영역으로 분류된다. SSCT의 구성 영역과 문항 수는 〈표 6-24〉과 같다.

〈표 6-24〉 SSCT의 구성 영역과 문항 수

영역	하위영역	문항 번호	문항 수
가족 영역	어머니에 대한 태도	13, 26, 39, 49	12
	아버지에 대한 태도	2, 19, 29, 50	
	가족에 대한 태도	12, 24, 35, 48	
성적 영역	여성에 대한 태도	9, 25	9
	남성에 대한 태도	8, 20, 36	
	이성 관계 및 결혼에 대한 태도	10, 23, 37, 47	
대인관계 영역	친구나 친지에 대한 태도	6, 22, 32, 44	6
	권위자에 대한 태도	3, 31	
자기개념 영역	자신의 능력에 대한 지각	1, 15, 34, 38	23
	과거에 대한 태도	7, 33, 45	
	미래에 대한 태도	4, 11, 16, 18, 28	
	두려움에 대한 태도	5, 21, 40, 43	
	죄책감에 대한 태도	14, 17, 27, 46	
	목표에 대한 태도	30, 41, 42	
총 문항 수			50

① 가족 영역

가족 영역은 가족에 대한 자신의 태도, 자기를 대하는 가족의 태도, 가정의 분위기 등을 표현할 수 있는 문항으로 구성되어 있다. 피검사자가 회피적이고 경계적인 성향을 보인다고 하더라도 여러 개의 문항 중 최소 한 개 이상에서 유의미한 정보를 나타낸다.

〈예시 1〉

어머니와 나는 ______________________

내가 바라기에 아버지는 ______________________

우리 가족이 나에 대해서 ______________________

② 성적 영역

성적 영역은 성에 대한 생각이나 이미지 등의 정보를 알 수 있는 문항으로 구성되어 있다. 이러한 문항들을 통해 피검사자가 평소에 인식하고 있는 여성과 남성에 대한 이미지나 개인적인 결혼관, 성적 관계에 대하여 내면화된 신념과 관련된 의미 있는 정보를 얻을 수 있다.

〈예시 2〉

내 생각에 여자들은 ______________________

남녀가 같이 있는 것을 볼 때 ______________________

③ 대인관계 영역

대인관계 영역은 친구와 지인, 직장 동료, 직장 상사인 권위자에 대한 태도를 포함한다. 이 영역의 문항들은 가족 외의 사람들에 대한 생각이나 감정, 자신에 대해 타인이 어떻게 느끼는지에 관한 피검사자의 생각을 표현하게 한다.

〈예시 1〉

내가 없을 때 친구들은 ______________________

윗사람이 오는 것을 보면 나는 ______________________

④ 자기개념 영역

자기개념 영역은 자신의 능력에 대한 지각 4문항, 과거에 대한 태도 3문항, 미래에 대한 태도 5문항, 두려움 4문항, 죄책감 4문항, 목표에 대한 태도 3문항의 6개 하위 영역 총 23개 문항으로 구성되어 있다. 자기개념 영역에서 표현되는 피검사자의 태도는 과거, 현재, 미래의 자기개념과 그가 바라는 미래의 자기상, 실제로 자기가 바라는 삶, 이루고 싶은 소망, 또는 절망감, 실패감 등의 피검사자에 대한 정보를 제공해 준다.

〈예시 4〉

무슨 일을 해서라도 잊고 싶은 것은 ______________________
내가 어렸을 때는 ______________________
언젠가 나는 ______________________

(3) 검사 실시

문장완성검사도구로는 검사 용지와 필기구가 필요하며, 지우개는 사용하지 않는 것이 좋다. 검사에 소요되는 시간은 피검사자의 연령, 지능, 성격 등에 따라 다르겠지만 대략 30~40분 정도 소요된다. 개인과 집단에게 모두 실시될 수 있으며, 집단 검사를 실시할 경우 지시하는 자극문을 읽고 이해하여 짧은 글을 만들어 표현할 수 있을 정도인 보통 수준의 지능이 필요하다.

개별검사를 실시할 경우에는 지능이 낮은 피검사자에게도 실시할 수 있는데, 검사자가 자극문을 읽어 주고 피검사자가 문장을 완성하는 글을 쓰도록 한다. 피검사자가 글을 못 쓰는 경우에는 말로 표현하도록 하고 검사자가 그 응답을 기록하도록 한다. 만약 피검사자가 정서적으로 혼란하여 자신의 생각이나 감정을 제대로 표현하지 못할 경우에는 검사자가 검사 항목에 따라 인터뷰를 하는 과정에서 영역별 문항을 해석해 주면서 검사를 진행시키는 방법도 고려해 볼 수 있다.

보통의 경우 피검사자에게 검사지를 주면서 지시문을 읽게 하고 질문이 있으면 하도록 한다. 지시문은 다음과 같다.

다음에 기술된 문항들은 뒷부분이 빠져 있습니다. 각 문항을 읽으면서 맨 먼저 떠오르는 생각이나 느낌을 뒷부분에 기록하여 문장을 완성하여 주십시오. 시간제한은 없으나 가능한 한 빨리 기록하여 주십시오. 만약 문장을 읽고 생각이나 느낌이 떠오르지 않을 때는 표시를 해 두었다가 나중에 완성하셔도 상관없습니다.

피검사자가 지시문을 읽고 나면, 아래의 내용을 알려 준다.

- 답에는 정답, 오답이 없으므로 생각나는 것을 쓰도록 한다.
- 글씨나 글짓기 시험이 아니므로 글씨나 문장의 좋고 나쁨을 걱정하지 않도록 한다.
- 주어진 자극문을 읽고 제일 먼저 떠오르는 생각이나 느낌을 쓰도록 한다.
- 시간제한은 없으나 너무 오래 생각하지 말고 빨리 쓰도록 한다.

이 내용을 읽고 난 후라도 피검사자들은 "짧게 써도 되나요?" "한 단어만 써도 되나요?" "천천히 생각나는 대로 써도 되나요?" 등의 질문을 자주하는데, 자극문을 읽고 제일 처음 떠오르는 생각이나 느낌을 써야 한다고 강조하고 단어나 문장의 길이는 상관없음을 알려 준다. 때로는 글이나 글씨를 잘 쓰지 못한다고 호소하는 경우가 있는데, 글을 잘 썼는지 못 썼는지에 대해 평가하는 것이 아니므로 떠오르는 대로 쓰면 된다고 말해 주고, 문장 속에 들어 있는 단어의 의미를 물어볼 경우 이해할 수 있도록 쉽게 설명해 주도록 한다. 문장완성검사를 실시할 때의 유의사항은 다음과 같다.

▮ 문장완성검사를 실시할 때의 유의사항

- 지우개는 쓰지 않으므로 고쳐 쓸 경우에는 해당 부분에 가로줄 두 개를 긋고 위의 빈 곳에 쓰도록 한다. 고쳐 쓰기 전의 원래 문장에 특별한 의미가 있는 경우가 많기 때문이다.
- 피검사자가 검사를 시작한 시간과 끝낸 시간을 기록해 둔다.
- 가능하면 피검사자가 검사를 끝낸 직후 바로 질문 단계를 실시한다. 피검사자의 반응에서 중요하거나 숨겨진 의도가 있다고 보이는 문장에 대해서는 "이 부

분에 대해 좀 더 설명해 줄 수 있나요?" 등의 질문을 통해 피검사자들이 검사지에 표현하지 못한 부분까지 이야기할 수 있는 기회를 가질 수 있다.

- 심하게 불안해하는 피검사자의 경우 문항을 읽어 주고 피검사자의 답변을 검사자가 받아 적는 것이 도움이 되기도 한다. 이러한 구술 검사를 통해 반응시간, 안색의 변화, 표정 변화, 목소리 변화, 전반적인 태도 등을 관찰할 수 있기 때문이다.
- 집단으로 검사를 실시할 때, 다른 사람들에 비해 아주 빨리 끝내는 피검사자도 있는데, 이런 경우 검사지를 확인하고 지나치게 간단히 작성된 문항은 좀 더 자세히 쓰도록 독려한다.
- 검사의 진행 과정을 확인하고 마지막 10분을 알려 주어 주의를 환기시키는 것이 좋다.
- 문장을 완성하는 데 있어서 구체적인 언급을 피하도록 하고, 반응을 거부하거나 회피하는 항목이 있을 경우 답을 강요하지 않는다.

(4) 검사의 해석

① 해석 방법

첫째, 피검사자가 스트레스 상황에서 정서적 반응을 어떻게 하는지 살펴보아야 한다. 즉, 피검사자의 반응이 충동적인지 아니면 잘 통제되고 있는지를 확인해야 한다. 예를 들면, '나에게 이상한 일이 생겼을 때'의 자극문에 대해 '왜 이런 일이 생겼는지 곰곰이 생각해 본다.'라고 반응했다면 잘 통제된 정서 반응이라고 할 수 있다. 이와 반대로, '당황스럽고 혼란스럽다.' 또는 '피하고 싶다.'와 같이 반응한 피검사자는 스트레스 상황이 되면 좀 더 충동적인 정서반응을 보일 것으로 예측할 수 있다.

둘째, 피검사자의 반응이 내적인 충동에 의한 반응인지 혹은 외부환경 자극에 의한 반응인지를 살펴보아야 한다. 예를 들어, '어리석게도 내가 두려워하는 것은'의 자극문에 '분노를 참지 못하는 것이다.'라고 반응한 피검사자는 자신의 내적인 감정에 자극을 받으면 분노 감정이 폭발하여 관계에 대한 어려움을 가질 수 있다. 즉, 내적인 충동에 대한 일차적인 반응을 보이게 된다. 반면, '큰 소음이다.'라고 반응한 피검사자는 외부환경 자극에 반응하는 경우이다.

셋째, 피검사자의 사고가 성숙한지 혹은 미성숙하고 자기중심적인지를 살펴보아야 한다. 예를 들면, '내가 정말 행복할 수 있으려면'의 자극문에 '내가 하고 싶은 것을 해야 한다.'라고 반응한 피검사자와 '나 자신부터 올바른 가치관을 가지려고 노력해야 한다.'라고 반응한 피검사자 중 후자의 경우가 성숙한 사고를 지니고 있다고 할 수 있다.

넷째, 자신의 행동에 대한 책임감과 대인관계에서 상대에 대한 관심 및 관계에 대한 고려를 점검해 보아야 한다. 예를 들면, '결혼에 대한 나의 생각은'의 자극문에 '신뢰감을 상대방에게 주어야 한다.'라고 반응한 피검사자와 '한 번도 행복했던 순간이 없다.'라고 반응한 피검사자를 비교해 보면 책임감과 타인에 대한 관심 및 고려가 상반된 경향임을 확인할 수 있다.

다섯째, 사고가 현실적인지 아니면 비현실적이고 공상적인지를 점검해야 한다. 이를 점검할 때, 피검사자의 능력이나 미래에 대한 태도, 죄책감, 두려움, 목표 등의 영역을 주의 깊게 살펴보아야 한다. 예를 들면, '내가 믿고 있는 내 능력은'의 자극문에 '다른 사람의 마음을 읽는 능력이다.'라고 반응하거나, '나의 야망은 세계 최고의 부자가 되는 것이다.'라고 반응한 피검사자는 비현실적이거나 공상적인 사고의 경우라고 할 수 있다.

검사자는 위와 같은 점을 참고하여 피검사자의 태도에 대한 임상적인 인상을 구체화시켜 해석적 요약을 한다.

② 검사의 평점

문장완성검사의 평점 기록지는 각 태도에 대한 2~5개의 자극 문항들과 그것에 대한 피검사자의 반응을 종합하도록 구성되어 있다. 평점을 실시할 때, 각 영역에서의 손상 정도에 따라 채점한다. 영역의 정서적 갈등을 다루기 위해서 치료적 도움이 필요하다고 보일 때는 심한 손상(-2점)으로 처리하고, 정서적 갈등이 있는 것으로 보이지만 치료적 도움 없이 다룰 수 있을 것으로 보일 때는 경미한 손상(-1점)으로 채점한다. 그리고 영역에서 유의한 손상이 발견되지 않을 경우에는 0점으로 평가하며, 확인 불능이거나 충분한 증거가 부족할 때는 X로 처리한다([참고자료 2]).

문장완성검사 자체의 반응을 단독으로 분석하는 것도 유용하지만 다른 투사검사에서 얻은 자료와의 비교를 통해 피검사자에 대한 보다 풍부한 정보와 이해를 얻을 수 있다.

[참고자료 1] SSCT 검사(성인용)

다음에 기술된 문항들은 뒷부분이 빠져 있습니다. 각 문항을 읽으면서 맨 먼저 떠오르는 생각이나 느낌을 뒷부분에 기록하여 문장을 되도록 완성하여 주십시오. 시간제한은 없으나 가능한 한 빨리 기록하여 주십시오. 만약 문장을 읽고 생각이나 느낌이 떠오르지 않을 때는 표시를 해 두었다가 나중에 완성하셔도 상관없습니다.

번호	문항
1	나에게 이상한 일이 생겼을 때
2	내 생각에는 가끔 아버지는
3	우리 윗사람들은
4	나의 장래는
5	어리석게도 내가 두려워하는 것은
6	내 생각에 참다운 친구는
7	내가 어렸을 때는
8	남자에 대해서 무엇보다 좋지 않게 생각하는 것은
9	내가 바라는 여인상은
10	남녀가 같이 있는 것을 볼 때
11	내가 늘 원하기는
12	다른 가정과 비교해서 우리 집은
13	나의 어머니는
14	무슨 일을 해서라도 잊고 싶은 것은
15	내가 믿고 있는 내 능력은
16	내가 정말 행복할 수 있으려면
17	어렸을 때 잘못했다고 느끼는 것은
18	내가 보는 나의 앞날은
19	대개 아버지들이란
20	내 생각에 남자들이란
21	다른 친구들이 모르는 나만의 두려움은
22	내가 싫어하는 사람은
23	결혼 생활에 대한 나의 생각은
24	우리 가족이 나에 대해서
25	내 생각에 여자들이란

26	어머니와 나는
27	내가 저지른 가장 큰 잘못은
28	언젠가 나는
29	내가 바라기에 아버지는
30	나의 야망은
31	윗사람이 오는 것을 보면 나는
32	내가 제일 좋아하는 사람은
33	내가 다시 젊어진다면
34	나의 가장 큰 결점은
35	내가 아는 대부분의 집안은
36	완전한 남성상은
37	내가 성관계를 했다면
38	행운이 나를 외면했을 때
39	대개 어머니들이란
40	내가 잊고 싶은 두려움은
41	나의 평생 가장 하고 싶은 일은
42	내가 늙으면
43	때때로 두려운 생각에 내가 휩싸일 때
44	내가 없을 때 친구들은
45	생생한 어린 시절의 기억은
46	무엇보다도 좋지 않게 여기는 것은
47	나의 성생활은
48	내가 어렸을 때 우리 가족은
49	나는 어머니를 좋아하지만
50	아버지와 나는

[참고자료 2] SSCT 평점 예시

가족에 대한 태도

사례 1) (평점: -2점)

12. 다른 가정과 비교해서 우리 집안은 함께 많은 시간을 지내지 않는다.
24. 우리 가족이 나에 대해서 이방인처럼 본다.
35. 내가 아는 대부분의 집안은 근심을 갖고 있다.
48. 내가 어렸을 때 우리 가족은 모두 흩어져 있었고 정착하지 못했다.

해석적 요약: 가족에게 배척받은 느낌을 갖고 있다. 연대감이 부족하고 난관에 부딪혀 왔다.

사례 2) (평점: -1점)

12. 다른 가정과 비교해서 우리 집안은 괜찮은 편이다.
24. 우리 가족이 나에 대해서 어린애처럼 다룬다.
35. 내가 아는 대부분의 집안은 우리 가족과 같다.
48. 내가 어렸을 때 우리 가족은 내게 잘 대해 주었다.

해석적 요약: 가족이 자기를 성숙한 인간으로 생각하지 않는 것을 알지만, 가족과 동일시하는 데 문제를 겪고 있지 않다.

사례 3) (평점: 0점)

12. 다른 가정과 비교해서 우리 집안은 매우 훌륭하다.
24. 우리 가족이 나에 대해서 친한 친구처럼 대한다.
35. 내가 아는 대부분의 집안은 좋은 사람들이라고 알고 있다.
48. 내가 어렸을 때 우리 가족은 많이 이사했다.

해석적 요약: 가족 주거의 불안정성이 가족에 대한 좋은 감정에 거의 영향을 미치지 않았다.

※ 출처: 최정윤(2016). 심리검사의 이해.

》 참고문헌

김계연, 황매향, 선혜연, 김영빈(2012). 상담과 심리검사(2판). 서울: 학지사.

김동민, 강태훈, 김명식, 박소연, 배주미, 선혜연, 이기정, 이수현, 최정윤(2013). 심리검사와 상담. 서울: 학지사.

김영환, 김재환, 김중술, 노명래, 신동균, 염태호, 오상우(1989). 다면적 인성검사 실시 요강(개정판). 경기: 한국가이던스.

김영환, 김지혜, 홍상황(2006). 로르샤하 종합체계 워크북(5판). 서울: 학지사.

김영환, 문수백, 홍상황(2012). 심리검사의 이론과 실제. 서울: 학지사.

김완일, 김옥란(2015). 성격심리학. 서울: 학지사.

김정택, 심혜숙(2008). 간편유형 해석집. 서울: 어세스타.

김정택, 신혜숙, 심민보, 김명준(2013). MBTI Form Q 매뉴얼. 서울: 어세스타.

김중술(1988). 다면적 인성검사: MMPI의 임상적 해석. 서울: 서울대학교 출판부.

김중술, 한경희, 임지영, 이정흠, 민병배, 문경주(2005). 다면적 인성검사II 매뉴얼. 서울: (주)마음사랑.

김태련, 서봉연, 이은화, 홍숙기(1976). 아동용 주제통각검사. 경기: 한국가이던스.

박경, 김혜은(2017). 심리평가의 이해와 활용. 서울: 학지사.

박소진(2006). 처음 시작하는 심리검사와 심리평가. 서울: 소울메이트.

박영숙, 박기환, 오현숙, 하은혜, 최윤경, 이순, 김은주(2010). 최신 심리평가. 서울: 하나의학사.

심혜숙, 김정택(1990). MBTI 표준화연구. 서울: 한국심리검사연구소.

심혜숙, 김정택(1998). MBTI 성장프로그램 지도사 안내서(I). 서울: 한국심리검사연구소.

심혜숙, 김정택(1993). MBTI Form G 프로파일. 서울: 어세스타.

안창규, 채준호(1997). NEO-PI-R의 한국표준화를 위한 연구. 한국심리학회지: 상담 및 심리치료, 9, 443-472.

안현의, 김동일, 안창규(2006). NEO 아동 및 청소년 성격검사의 해석과 활용. 경기: 한국가이던스.

인현의, 인칭규(2014). NEO 성격검사 전문가지침서. 서울: 인싸이트.

염태호, 김정규(1990). 성격요인검사: 실시요강과 해석방법. 서울: 한국심리적성연구소.

염태호, 김정규(2003). 16PF(다요인인성검사)의 이해와 활용. 경기: 한국가이던스.

오윤선, 정순례(2017). 심리검사의 이해와 활용. 경기: 양서원.

우재현(2006). 에니어그램 성격유형검사. 대구: 정암서원.

윤운성(2001). 에니어그램 성격검사의 개발과 타당화. 교육심리연구, 15(3), 131-161.

이상로, 변창진, 김경린(1974). TAT 성격진단법. 서울: 중앙적성연구소.

이수연, 권해수, 김현아, 김형수, 문근식, 서경현, 유영달, 정종진, 한숙자(2013). 성격의 이해와 상담. 서울: 학지사.

이우경, 이원혜(2012). 심리 평가의 최신 흐름. 서울: 학지사.

이은하(2007). 에니어그램 심리역동검사 해석과 활용. 경기: 한국가이던스.

이인혜(1997). NEO-PI-R의 타당성 연구. 성격 및 개인차 연구, 6, 57-69.

이재창, 정진선, 문미란(2008). 성격심리학. 서울: 태영출판사.

전범모, 이정균, 진위교(1963). MMPI 다면적 인성검사법요강. 서울: 코리안테스팅센터.

전용신(1972). 로흐샤하 검사법. 서울: 문천사.

최정윤(2016). 심리검사의 이해. 서울: 시그마프레스.

한경희, 김중술, 임지영, 이정흠, 민병배, 문경주(2011). 다면적 인성검사II 매뉴얼(개정판). 서울: (주)마음사랑.

한경희, 문경주, 이주영, 김지혜(2011). 다면적 인성검사II재구성판 매뉴얼. 서울: (주)마음사랑.

한국가이던스(2017). TAT 한국어판 그림카드 및 검사요강. 경기: 한국가이던스.

한국행동과학연구소(2006). 표준인성검사 요강. 서울: 아이진로.

Allport, G. W. (1961). *Pattern and Growth in personality.* New York: Holt, Rinehart and Winston.

Anastasi, A. (1988). *Psychological testing* (6th ed.). New York: Macmillan.

Anastasi, A., & Urbina, S. (1997). *Psychological testing* (7th ed.). New Jersey: Prentice Hall.

Beck, S. J. (1937). *Introduction to the Rorschach method: A manual of Personality study.* American Orthopsychiatric Association monograph, 1.

Beck, S. J. (1950). *Rorschach's Test, I: Basic processes* (2nd ed.). New York: Grune and Stratton.

Beck, S. J., Beck, A., Levitt, E., & Molish, H. B. (1961). *Rorschach's Test, I: Basic processes* (3nd ed.). New York: Grune and Stratton.

Bellak, L. (1940). *Analysis of the Thematic Apperception Test.* Cambridge: Harvard Psychological Clinic.

Bellak, L. (1949). The use of oral barbiturates in psychotherapy. *American Journal of Psychiatry, 15,* 849-850.

Bellak, L. (1971). *The TAT and CAT in the clinical use.* New York: Grune & Stratton.

Ben-Porath, Y. S., & Tellegen, A. (2008). *Minnesota Multiphasic Personality Inventory-2 Restructured Form manual.* Minneapolis: University of Minnesota Press.

Bernreuter. R. G. (1931). *The personality inventory.* Stanford, CA: Stanford University Press.

Buck, J. (1948). *The House-Tree-Person Technique*. Los Angeles: Western Psychological Services.

Butcher, J. N., Dahlstrom, W. G., Graham, J. R., Tellegen, A., & Kaemmer, B. (1989). *Minnesota Multiphasic Personality Inventory-2(MMPI-2): Manual for administration and scoring*. Minneapolis: University of Minnesota Press.

Cattell, R. B. (1957). *Personality and motivation: Structure and measurement*. New York: Harcourt Brace Jovanovich.

Cattell, R. B. (1965). *The scientific analysis of personality*. Baltimore: Penguin.

Cattell, R. B., Cattell, A. K., & Cattell, H. E. (1993). *The 16PF test booklet*. Champaign, IL: Institute of Personality and Ability Testing.

Cattell, R. B., Eber, H. W., & Tatsuoka, M. M. (1970). *Handbook for the sixteen Personality Factor Questionnaire*. Champaign, IL: Institute of Personality and Ability Testing.

Clark, L. P. (1926). The phantasy method of analyzing narcissistic neuroses. *Medical Journal Review*, *123*, 154-158.

Costa, P. T. Jr., & McCrae, R. R. (1985). *The NEO Personality Inventory manual*. Odessa, FL: Psychological Assessment Resources.

Costa, P. T. Jr., & McCrae, R. R. (1992). *The NEO-PI-R: Professional Manual*. Odessa, FL: Psychological Assessment Resources.

Ellis, A. (1976). The biological basis of human irrationality. *Journal of Individual Psychology*, *32*, 145-168.

Exner, J. E. (1974). *The Rorschach: A Comprehensive System*. I. New York: John Willey & Sons.

Exner, J. E., Ambruster, G. L., & Mittman, B. (1978). The Rorschach response process. *Journal of Personality Assessment*, *42*, 27-38.

Eysenck, H. J. (1967). *The Biological Basis of Personality*. Springfield, IL: Thomas.

Funder, D. C. (1991). Global traits: A neo-Allportian approach to personality. *Psychology Science*, *2*, 31-39.

Galton, F. (1879). Psychometric experiments. *Brain*, *2*, 149-162.

Goldberg, L. R. (1990). An alternative "description of personality": The Big Five Factor structure. *Journal of Personality and Social Psychology*, *59*, 1216-1229.

Goldberg, L. R. (1993). The structure of phenotypic personality traits. *American Psychologists*, *48*, 26-34.

Goodenough, F. L. (1926). A new approach to the measurement of intelligence of young children. *Journal of Genetic Psychology*, *33*, 185-211.

Gough, H. G. (1957). *California Psychological Inventory manual*. Palo Alto, CA:

Consulting Psychologists Press.

Gough, H. G. (1987). *California Psychological Inventory administrator's guide*. Palo Alto, CA: Consulting Psychologists Press.

Gough, H. G., & Bradley, P. (1996). *CPI Manual Third Edition*. Palo Alto, CA: Consulting Psychologists Press.

Hammer, E. (1958). *The Clinical application of Projective drawings*. Springfield, IL: Charles C. Thomas.

Hathaway, S. R., & Mckinley, J. C. (1943). *Manual for the Minnesota Multiphasic Personality Inventory*. Minneapolis: University of Minnesota Press.

Helmes, E. (1993). A modern instrument for evaluating psychopathology: The Personality Assessment Inventory Professional Manual. *Journal of Personality Assessment*, *61*, 414-417.

Libby, W. (1908). The imagination of adolescents. *American Journal of Psychology*, *19*, 249-252.

Liebert, R. M., & Liebert, L. L. (1998). *Personality. Strategies & issue*. Pacific Grove: Brooks/Cole Publishing Company.

Machover, K. (1949). *Personality Projection in the drawing of the human figure*. Springfield. IL: Charles C Thomas.

McCrae, R. R., & Costa, P. T. Jr. (1982). Discrimination validity of NEO-PI-R facet scales. *Educational and Psychological Measurement*, *52*, 229-237.

Morey, L. C. (1991). *Personality Assessment Inventory manual*. Odessa, FL: Psychological Assessment Resources.

Murray, H. A. (1938). *Explorations in Personality*. New York: Oxford University Press.

Murray, H. A. (1943). *Thematic apperception test manual*. Boston: Harvard College Fellows.

Murray, H. A. (1951). Uses of the Thematic Apperception Test. *American Journal of Psychiatry*, *17*, 577-581.

Myers, I. B. (1977). *The Myers-Briggs Type Indicator: Supplementary Manual*. Palo Alto, CA: Consulting Psychologists Press.

Myers, I. B., & Briggs, K. C. (1962). *The Myers-Briggs Type Indicator*. Palo Alto, CA: Consulting Psychologists Press.

Myers, I. B., & McCaully, M. H. (1985). *Manual: A Guide to the Development and Use of Myers-Briggs Type Indicator*. Palo Alto, CA: Consulting Psychologists Press. 김정택, 신혜숙, 제석봉 역(1995). MBTI 개발과 활용. 서울: 한국심리검사연구소.

Norman, W. T. (1963). Toward an adequate taxonomy of personality attributed: Replicated factor structure. *Journal of Abnormal and Social Psychology*, *66*, 574-

583.

Payne, A. F. (1928). *Sentence completions.* New York: New York Guidance Clinic.

Pervin, L. A. (1996). *The science of personality.* New York: Willey.

Phares, E. J. (2008). 성격심리학(홍숙기 역). 서울: 박영사.

Pinker, S. (1997). *How the mind works.* New York: W. W. Norton & Company.

Rapaport, D., Gill, M., & Schafer, R. (1945). *Diagnostic Psychological testing 1.* Chicago: Year Book Publishers.

Riso, D. R. (1990). *Understanding the Enneagram: The Practical guide to personality types.* New York: Houghton Mifflin Company.

Riso, D. R. (1993). *Enneagram transformations.* New York: Houghton Mifflin Company.

Riso, D. R., & Hudson, R. (1999). *The Wisdom of the Enneagram: The Complete guide to psychological and spiritual growth for the nine personality types.* New York: Bantam Books.

Rotter, J. B., & Rafferty, J. E. (1950). *Manual for the Rotter Incomplete Sentences Blank: College Form.* New York: The Psychological Corporation.

Sacks, J. M., & Levy, S. (1950). *The sentence completion test.* In L. E. Abt & L. Bellak (Eds.), Projective psychology (357-402). New York: Knopf.

Schlosser, B. (1992). Computer assisted practice. *The Independent Practitioner, 12,* 12-15.

Steinberg, L. (2014). *Adolescence.* (10th ed.) New York, NY: McGraw-Hill.

Thurstone, L. L., & Thurstone, T. (1930). A neurotic inventory. *Journal of Social Psychology, 1,* 3-30.

제7장

기타 검사

1. 흥미
   1) 흥미의 이해
   2) 흥미검사
2. 창의력
   1) 창의력의 이해
   2) 창의력검사
3. 불안
   1) 불안의 이해
   2) 불안검사
4. 우울
   1) 우울의 이해
   2) 우울검사
5. 중독
   1) 중독의 이해
   2) 인터넷 중독의 이해
   3) 인터넷 중독검사
6. 정서 · 행동장애
   1) 정서 · 행동장애의 이해
   2) 정서 · 행동장애 관련 검사

지금까지 살펴본 지능, 학업, 적성, 성격 및 인성 등 다양한 영역에 대한 심리검사는 실질적으로 교육 및 상담을 비롯한 다양한 상황에서 내담자를 이해하는 데 유용한 정보를 제공하고 있다. 한편, 이상의 영역에 포함되지는 않지만 내담자의 상황과 특성을 파악하는 데 필요한 다양한 검사가 있다. 이 장에서는 앞서 다루지 못한 심리검사 중 현장에서 자주 활용되고 있는 흥미, 창의력, 불안, 우울, 중독, 정서·행동장애를 진단할 수 있는 검사에 대해 살펴보고자 한다.

1. 흥미

흥미는 특정한 사물이나 활동에 대한 긍정적인 감정을 바탕으로 지속적으로 끌리는 행동 경향이라고 할 수 있다. 사람들은 흥미를 가지는 대상에 대해 각별한 주의를 가지고 열중하게 되며, 그러한 주의와 태도가 자발적인 활동을 촉진하는 동기로 작용하기도 한다.

1) 흥미의 이해

흥미는 특정한 일을 처리할 수 있는 능력을 의미하는 것이 아니므로 흥미가 곧 그 일에서의 성공을 가져온다고는 볼 수 없다. 하지만 흥미와 그 일의 성공적인 수행 사이에는 인과적인 관계는 아니더라도 상당한 정도의 정적인 상관을 보인다. 따라서 자기가 좋아하는 일을 하게 되면 동기화 수준이 높고 더 열심히 일하게 되며 성공적인 직무를 수행할 가능성이 높아진다(이상로, 변창진, 1972).

피검사자들에게 어떤 활동을 어느 정도 좋아하는지 혹은 어느 정도 싫어하는지를 물어보는 흥미검사는 다양한 상황에서 유용한 정보를 제공해 준다. 특히 피검사자의 학업 및 진로계획을 조력하는 데 자주 활용된다. 피검사자의 진로계획을 조력하기 위한 목적으로 흥미검사를 실시할 때 다음의 몇 가지 지침을 기억할 필요가 있다.

첫째, 흥미검사는 좋아하거나 싫어하는 것을 측정하는 것이지 능력을 측정하는 것이 아니라는 사실을 잊지 말아야 한다. 홍미검사는 피검사자가 만족할 수 있는 진로나 일의 상황이 무엇인지를 알려 주지만 피검사자가 그 곳에서 어느 정도 성공할 수 있는지에 대한 정보를 제공하는 것은 아니다.

둘째, 피검사자는 검사를 할 때 긍정적으로 동기화되어 있는 상태이어야 한다. 피검사자가 검사의 목적을 잘 이해하고 충분히 인정하고 있어야 자신의 홍미나 의도에 대해 솔직하게 응답할 수 있다(Zytowski, 1977). 피검사자가 자신의 홍미와 상관없이 부모나 다른 사람의 요구에 맞추어서 응답을 하거나, 빨리 검사를 마치고 싶어서 불성실하게 답하는 경우에는 검사 결과에 대한 타당도와 신뢰도가 낮을 수밖에 없다.

셋째, 홍미검사의 결과와 피검사자의 능력, 가치, 이전 일의 경험, 고용 가능성 등 상황에 대한 다른 정보들을 함께 고려하여 직업이나 진로를 선택하기 위한 의사결정에 활용되는 것이 바람직하다.

넷째, 검사를 실시하기 전에 피검사자가 현재 정서적인 문제를 가지고 있는지를 확인해야 한다. 정서적으로 불안한 상태에서는 부정적이고 수동적인 태도로 검사에 응답하기 쉬우므로 정서적인 문제를 가지고 있는 피검사자에게 홍미검사를 사용하는 것은 바람직하지 않다.

다섯째, 청소년의 홍미검사 결과는 가변적이므로 검사를 실시한 시기를 확인하여 6개월 이전의 것이라면 검사를 다시 실시하는 것이 바람직하다. 즉, 20세 이하의 연령대가 새로운 일이나 학업을 시작한 경우라면 홍미가 변화되기 쉽다는 점을 기억해야 한다.

홍미를 측정하는 검사로는 스트롱, 잭슨, 쿠더가 각각 개발한 직업홍미검사가 활용되고 있다. 스트롱 검사는 특정 직업에 종사하는 사람은 비슷한 홍미를 가진다는 전제 아래 수백 개의 직업적 활동에 대한 개인의 반응을 구분하여 그의 홍미가 어떤 직업집단과 같은지를 해석해 주는 검사이다. 잭슨의 검사는 개인의 직업홍미를 업무 역할과 업무 스타일의 두 가지 관점에서 설명하고 있으며, 쿠더의 검사는 개인의 특수 홍미 각각에 대해 설명해 주려는 목적으로 제작된 검사이다.

2) 흥미검사

(1) 스트롱의 직업흥미검사

① 검사의 개요

미국의 직업심리학자인 스트롱(Strong)은 1927년에 최초로 스트롱 직업흥미검사(Strong Vocational Interest Blank: SVIB)를 제작하였다. 이 검사는 흥미를 측정하는 최초의 검사이다. 스트롱에 의해 직업흥미검사가 개발될 당시 대부분의 심리학자들은 직업흥미보다 인간의 지적 능력이나 성격을 이해하고 측정하는 데 관심이 있었다. 하지만 스트롱은 직업흥미에 대한 정의, 흥미 및 직업생활과의 관계에 대해 관심을 가지고 관련 연구를 진행해 나갔다(김정택, 김명준, 심혜숙, 2004).

스트롱은 흥미란 특정한 대상에 관심을 쏟고 열중하려는 경향이라고 하였다. 직업활동은 그 직업에 종사하는 사람들의 흥미가 반영되므로, 만일 직업이 필요로 하는 지식과 능력, 가치 등을 충분히 보유하고 있고 자기 직업의 주요 활동들에 흥미를 가지고 있는 사람이라면 자신의 직업에 만족할 것이라고 생각하였다. 또한 특정 직업군에 종사하는 사람 사이에는 공통적인 흥미 패턴이 있으며, 유사한 흥미 패턴을 가진 사람들은 특정 직업을 잘 수행하고 직업에 만족할 가능성이 공통적으로 높을 것이라고 가정하였다. 이러한 가정을 토대로 직업 표본을 선정하는 방법과 흥미를 측정하는 방법 등을 제시함으로써 검사를 개발하는 근거를 제공하였다.

스트롱 직업흥미검사는 다양한 직업세계의 특징과 개인의 흥미에 대한 유용한 결과를 제공해 준다. 그는 오랜 기간 동안 관련 이론과 경험적 자료를 분석하여 체계적인 흥미 목록을 구성하고, 이를 토대로 작성한 친숙한 문항을 사용하여 피검사자의 흥미 정도를 파악하였다. 검사의 결과는 개인이 어떤 활동에 가치를 두는지, 어떤 직업이 적합한지, 어떤 환경이 적합한지, 어떤 사람들과 일하는 것을 좋아하는지 등과 관련된 척도별 점수를 제공한다. 이를 통해 개인의 전체적인 흥미의 경향성을 알아보고, 이 경향성과 직업세계의 관련성을 파악하여 개인의 진로 및 직업탐색에 도움을 받을 수 있다.

시대가 변하고 직업세계의 특성이 변화하면서 스트롱 직업흥미검사도 새로운 시대의 직업적 요구에 맞도록 개정을 거듭해 왔다. 검사의 개정은 크게 새로운 척도의 구성과 성별에 대한 고려를 중심으로 이루어졌는데, 1964년 10개의 직업 척도

(Occupational Scales: OS) 이외에 직업 목록 가운데 상관이 높고 동일한 요인으로 나타나는 직업 목록을 유목화하여 기본흥미 척도(Basic Interest Scales: BIS)를 추가하였다. 1974년에는 직업흥미에 관한 홀랜드의 이론을 토대로 일반직업 분류(General Occupational Theme: GOT)를 새로 도입하였으며, 스트롱 직업흥미검사의 여성용과 남성용을 통합하였다(Campbell & Borgen, 1999).

이후 1981년과 1985년에 한센(Hansen)의 도움으로 개정 과정을 거쳐 스트롱-캠벨 흥미검사(Strong-Campbell Interest Inventory: SCII)를 제작하였으며, 1994년는 일반직업 분류, 기본흥미 척도, 직업 척도, 개인 특성 척도(Personal Style Scales: PSS)의 4개 척도로 구성된 개정판(Strong Interest Inventory: SII)이 출간되었다.

우리나라의 경우 2001년에 SII 한국판이 출간되었으며 2004년에 김정택, 김명준, 심혜숙에 의해 표준화되었다. 이후 2012년에 개인 특성 척도의 팀 지향 유형(Team Orientation)이 추가된 스트롱 진로흥미검사II가 출간되어 활용되고 있다.

② 검사의 구성

한국판 스트롱 직업흥미검사 II는 고등학교 이상 성인에게 적용 가능하며, 세분화된 직업흥미 탐색을 통한 개인의 흥미 영역 세분화에 초점을 두고 보다 구체적인 진로탐색 및 진학계획, 경력개발 등에 효과적으로 사용될 수 있도록 구성되었다. 이 검사는 미국판 SII를 구성하는 4개의 척도 중 직업 척도를 제외한 일반직업 분류, 기본흥미 척도, 개인 특성 척도의 3개 척도를 채택하여 표준화하였으며, 291개 문항으로 구성되었다.

▮ 일반직업 분류(GOT)점수

직업심리학자인 홀랜드의 진로선택이론이 반영된 6개 분류(RIASEC)로서의 GOT 점수는 피검사자의 흥미에 관한 포괄적인 정보를 제공한다. 이 점수는 주로 해당 유형의 사람들이 좋아하는 활동은 무엇인지, 그들에게 적합한 직업의 종류는 무엇인지, 어떠한 환경(직업, 여가, 생활환경 등)이 그들에게 편안한지, 어떤 종류의 사람이 그들의 마음을 끄는지 등에 관련된 것이다.

기본흥미 척도(BIS)점수

BIS는 GOT의 하위 척도이며, 상관이 높은 문항을 유목화시켜 완성한 특정 활동 및 주제에 대한 25개의 세부 척도로 구성된다. GOT는 내용과 그 범위가 넓고 다양한 반면, BIS는 특정한 흥미 분야에 집중되어 있다. 이 점수는 피검사자에게 적합한 직업 분야를 확인하는 데 유용하다.

〈표 7-1〉 스트롱 직업흥미검사의 GOT와 BIS

GOT	BIS	내용
R (realistic)	농업	야외활동에서의 힘든 신체적 노동에 대한 흥미를 반영함
	자연	자연의 아름다운을 감상하고 야영, 사냥, 낚시 등과 같이 야외에서의 재창조적인 활동에 대한 흥미를 반영함
	군사활동	구조화된 환경, 질서 있고 명령의 체계가 분명한 영역에서의 활동에 대한 흥미를 반영함
	운동경기	경기관람을 포함, 스포츠에 대한 강한 흥미를 말하며, 개인 스포츠보다는 단체 경기나 경쟁적인 스포츠에 대한 흥미를 반영함
	기계 관련 활동	기계장비뿐 아니라 정밀한 의료기기 등을 잘 다루는 일에서 요구되는 작업에 대한 흥미를 반영함
I (investigative)	과학	자연과학에 대한 흥미를 말하며, 특히 과학이론과 진리에 대한 탐구, 과학적 연구와 실험 등에 대한 흥미를 반영함
	수학	수를 다루고 통계적 분석에 대한 흥미를 말하며, 현실에 기반을 둔 탐구적인 영역에 대한 흥미를 반영함
	의학	과학 척도는 물리학에 대한 흥미를 나타내는 데 비해 이 항목은 의학, 생물학 등에 대한 흥미를 반영함
A (artistic)	음악/드라마	공연활동에 참여하거나 공연 관람에 대한 흥미를 반영함
	미술	순수미술가, 디자이너, 건축가 등 작품을 창조하고 관람 또는 수집하는 것에 대한 흥미를 반영함
	응용미술	시각적인 창의성과 공간을 시각화하는 포괄적인 면을 강조하는 항목으로, 현실적인 예술부문에 대한 흥미를 반영함
	글쓰기	문학, 독서, 비평적인 글에 대한 흥미를 말하며, 언어와 관련된 흥미를 반영함
	가정/가사	다른 사람을 접대하는 일에 대한 흥미를 반영함

S (social)	교육	초, 중, 고등학교 교직에 대한 흥미를 반영함
	사회봉사	사회사업, 사회봉사, 자선활동 등 사람과 함께 일하거나 사람을 돕는 데 대한 인간적인 흥미를 반영함
	의료봉사	앞서 설명한 의학 척도와 달리 진료상황에서 환자를 직접적으로 돕는 데 대한 흥미를 반영함
	종교활동	종교교육 지도자, 사제, 목사, 사회단체 지도자 등과 같이 영적 혹은 종교적 문제에 대한 흥미를 반영함
E (enterprising)	대중연설	관심받기를 좋아하고 다른 사람들의 생각과 관점에 영향을 주고자 하며 언어적 활동을 통하여 다른 사람을 설득하는 것에 대한 흥미를 반영함
	법/정치	논쟁과 토론을 통해서 개념을 전달하는 것에 대한 흥미를 반영함
	상품유통	물건을 파는 도·소매 활동에 대한 흥미를 말하며, 주로 백화점 관리자, 유통업자 등과 같이 구조화된 환경에서 판매하는 것에 대한 흥미를 반영함
	판매	방문 판매 등과 같이 예상치 않은 상황에 대해 적극적인 대처 및 활약을 통해 판매하는 것에 대한 흥미를 반영함
	조직관리	다른 사람들을 지휘하고 감독하는 등의 권위와 힘에 대한 흥미를 반영함
C (conventional)	자료관리	자료 및 정보를 다루고 처리하는 것에 대한 흥미이며, 독립성과 의사결정권이 포함되는 위치에 대한 흥미를 반영함
	컴퓨터활동	컴퓨터, 프로그래밍, 문서 작성 그리고 사무기기를 다루는 작업에 대한 흥미를 반영함
	사무활동	워드프로세싱, 오탈자 교정과 같은 단순한 사무활동에 대한 흥미를 반영함

개인 특성 척도(PSS)점수

일상생활과 직업에 관련된 광범위한 특성에 대해 개인이 선호하는 경향을 측정하는 척도이며, 5개의 하위 척도로 구성된다. 피검사자가 일반적으로 어떻게 학습하고, 일하고, 놀고, 생활하는지에 대해 탐색하게 함으로써, 어떤 특정 환경과 자신과의 관계에 대해 평가할 수 있는 틀을 제공한다. 결과적으로 이 점수는 GOT, BIS의 결과로 측정된 개인의 직업흥미에 대해 보완하고 설명하는 기능을 갖는다. 5개의 하위 척도에 대한 간략한 설명은 다음과 같다.

• 업무 유형(work style)

사람과 함께 일하는 것을 좋아하는지, 자료, 사물, 아이디어 등을 다루는 것을 좋아하는지를 알아보는 항목

⇦ 프로파일에서 왼쪽 방향으로 갈수록		프로파일에서 오른쪽 방향으로 갈수록 ⇨
- 혼자 일하기를 선호함 - 자료, 사물, 아이디어 다루기를 선호함 - 자신의 독립적인 생각과 판단으로 과업을 완성함		- 조직이나 팀의 일원으로 사람들과 함께 일하는 것을 선호함 - 다른 사람을 지원하는 일에 관심이 많음

• 학습 유형(learning environment)

학문적인 분야에 관심을 두는지, 실용적인 분야에 관심을 두는지를 알아보는 항목

⇦ 프로파일에서 왼쪽 방향으로 갈수록		프로파일에서 오른쪽 방향으로 갈수록 ⇨
- 실제 경험을 통한 학습을 선호함 - 단기간 학습을 선호함 - 구체적인 목표와 기술 습득을 선호함		- 책을 읽거나 강의 등을 통한 학습을 선호함 - 장기간의 교육을 선호함 - 본질적인 원리, 이론에 관심이 많음

• 리더십 유형(leadership style)

타인과의 업무 접촉이나 지시, 설득 그리고 지도력을 측정하는 항목

⇦ 프로파일에서 왼쪽 방향으로 갈수록		프로파일에서 오른쪽 방향으로 갈수록 ⇨
- 다른 사람들 앞에 나서서 책임지는 일이 편하지 않음 - 다른 사람을 지휘, 통솔하기보다 주어진 과업을 수행하는 것을 선호함 - 과업 중심적이고 과묵한 편임		- 다른 사람을 지휘, 통솔하는 일이 어렵지 않음 - 일과 행동을 시작하는 것이 즐거움 - 자신의 견해를 자유롭게 표현할 수 있음

• 위험감수 유형(risk taking)

신체적인 위험 상황을 감수하거나 위기상황을 극복하는 정도를 측정하는 항목

⇦ 프로파일에서 왼쪽 방향으로 갈수록		프로파일에서 오른쪽 방향으로 갈수록 ⇨
- 위험부담이 없는 상황을 선호함 - 조용한 활동을 선호함 - 상황에 대한 안전 요소를 고려하는 편임		- 모험적인 활동을 좋아함 - 위험부담이 있더라도 시도해 보는 것을 선호함 - 기회를 활용하는 편임

• 팀 지향 유형(team orientation)

과제 및 업무를 해결하는 유형에 대해 알아보는 항목

⇦ 프로파일에서 왼쪽 방향으로 갈수록		프로파일에서 오른쪽 방향으로 갈수록 ⇨
- 독립적인 과제를 선호함 - 혼자서 하는 문제해결을 선호함		- 팀 과제를 선호함 - 팀과 함께하는 문제해결을 선호함

③ **검사의 실시 및 해설**

스트롱 직업흥미검사는 주로 온라인 검사로 실시된다. 검사도구는 17~19세를 대상으로 하는 고등학생용과 20세 이상을 대상으로 하는 성인용으로 나뉜다. 검사유형은 자기보고식 검사이며, 검사시간은 30분 정도가 소요된다.

검사에 대한 해설은 직업의 흥미적성을 여섯 가지 유형에 따라 분류하는 GOT 척도, 25개의 특정 활동에 대한 자신의 홍미를 측정하는 BIS 척도, 개인의 업무, 학습, 리더십, 모험심, 팀 지향 유형을 파악하는 PSS 척도의 3개 척도에 대한 결과를 중심으로 구성된 프로파일 보고서 및 상세한 해설이 추가된 전문 해석 보고서를 통해 이루어진다. 개인별 전문 해석 보고서는 프로파일의 내용에 대해 개인의 특성을 상세하게 설명해 주기 때문에 자신의 직업흥미 유형을 이해하는 데 많은 도움을 받을 수 있다. 특히 각 척도에 대한 개인별 결과를 근거로 적합한 직업군을 소개하고 진로 및 직업선택 시 참고할 수 있도록 상세한 해설이 제공된다.

(2) 잭슨의 직업흥미검사

캐나다의 심리학자인 잭슨(Jackson)은 1977년 직업흥미검사인 JVIS(Jackson

Vocational Interest Survey)를 개발하였다. 스트롱 흥미검사가 문항선정 및 규준해석 과정에서 구체적인 직업들에 초점을 맞추고 있다면 잭슨 직업흥미검사의 문항은 문항개발과 채점 과정에서 광범위한 흥미 영역을 이용하고 있다(김춘경 외, 2016). 잭슨 직업흥미검사의 개발은 측정하려는 구성개념과 차원들의 정의에서 시작되었는데, 직업심리학에서 발표된 연구들을 토대로 한 차원과 직업흥미 문항에 대한 요인분석 및 논리적 분류를 토대로 한 차원으로 나뉜다. 하나는 업무 역할의 관점에서 정의되었고, 다른 하나는 업무 스타일의 관점에서 정의되었다.

업무 역할(work roles)은 개인이 자신의 업무에서 하는 일과 관계된다. 이들 역할 중 어떤 것은 엔지니어링, 법조계, 초등학교교육과 같은 특정 직업이나 직업 유형과 밀접하게 연관된다. 업무 스타일(work styles)은 직무 관련 활동들이 아니라 어떤 종류의 행동이 기대되는 작업환경이나 직업 상황에 대한 기호를 말한다. 업무스타일은 계획성, 독립성, 지배적 리더십 등과 같이 직접적 혹은 간접적으로 개인의 가치와 관련된다.

JVIS는 26개 업무 역할 척도와 8개 업무 스타일 척도의 총 34개 기초흥미 척도로 구성되었다. 이 검사는 남성과 여성에게 동일한 검사를 활용하지만 백분위 규준은 각 성별로 제시하고 있다. 실시와 채점은 온라인과 오프라인 모두 가능하지만, 온라인으로 채점할 경우 진로탐색을 위한 정보와 개별화된 설명 및 해석자료를 함께 확인할 수 있다(백순근, 2007).

(3) 쿠더의 직업흥미검사

스트롱 흥미검사가 직업적, 예언적, 경험적 특징을 지니고 있는 반면 1940년에 개발된 쿠더 직업흥미검사(Kuder Occupational Interest Survey: KOIS)는 기술적, 합리적, 동질적 특징을 지니고 있다. 쿠더는 처음부터 흥미가 어떻게 분류되는가를 발견하기 위해 많은 문항을 요인분석하고, 이 결과를 토대로 문항을 유목화하였다(김춘경 외, 2016).

쿠더 직업흥미검사는 A, B, C, D의 네 가지 유형이 있는데, A형은 일종의 인성검사이고 B형은 직업흥미검사의 초기판이라고 할 수 있다. C형은 B형을 개정하여 현재 사용되고 있는 검사이고 D형은 스트롱 흥미검사처럼 특정한 직업을 예언하도록 최근에 제작된 것이다.

쿠더 직업흥미검사 방법은 피검사자에게 직업, 학교, 여가생활과 관련된 세 문항 중 가장 좋아하는 것과 가장 싫어하는 것을 선택하도록 하는 강제 선택법을 사용하여 표시하도록 하였다. 또 구체적인 직업들을 제시하는 것이 아니라 운동적(outdoor), 기계적(mechanical), 연산적(computational), 과학적(scientific), 설득적(persuasive), 미술적(artistic), 문예적(literary), 음악적(musical), 사회봉사적(social service), 사무적(clerical) 흥미라는 열 가지의 광범위한 영역에서 점수를 구한다(백순근, 2007).

쿠더 직업흥미 척도는 스트롱 검사처럼 특정의 구체적인 직업군을 참조하는 점수를 제공하지만 스트롱 검사와는 달리 일반참조집단을 사용하지 않고 각 직업 척도의 응답자점수를 그 사람의 흥미 패턴과 특정 직업군의 흥미 패턴의 상관관계로 표현하여 직업점수들과 함께 10개의 기초흥미점수를 제공한다. 이 점수를 직업흥미 추정치라고 부른다.

쿠더 흥미검사는 오랜 역사를 지녔음에도 불구하고 강제선택법이 점수에 미친 효과를 밝히지 못한 점과 타당도에 관한 증거가 불충분한 것이 결점으로 지적되고 있다.

2. 창의력

최근 들어 지식정보사회와 4차 산업혁명사회 도래에 대한 인적자원 차원의 준비에 관심이 높아지고 있으며, 이러한 관심의 결과는 인간만이 가지고 있는 창의력으로 귀결되고 있다. 세기의 대결이었던 인공지능 알파고와 이세돌의 바둑 대국에서 바둑의 모든 경우의 수를 활용할 줄 아는 인공지능에게 인간이 한 번이라도 이길 수 있는 것은 바로 인간만이 발휘할 수 있는 창의적인 능력 때문일 것이다.

1) 창의력의 이해

새롭고 적절한 산물을 산출할 수 있는 능력인 창의력(creativity)은 라틴어의 Creo를 어근으로 하는 'Creatio'라는 단어에서 유래된 것으로 창의성과 함께 혼용되어 사용되고 있으며, 무에서 또는 기존의 자료에서 새로운 것을 발견하거나, 새로운 것을 만들고 산출하는 능력을 뜻한다. 즉, 기존의 지식, 경험, 산물에 근거하여 놀랄만한 새로운 발명이나 생산적이고 독창적인 사고 및 착상 등 고차원적인 사고능력을 포함한다. 또한 일상생활에서 당면하는 여러 상황이나 문제를 새롭고 참신한 방식으로 재생산해 내는 과정을 의미하는 데 그 핵심요소는 바로 새로움과 적절성이다(조연순, 성진숙, 이혜주, 2008).

창의력이 학문적 관심을 받게 된 것은 길퍼드(Guilford)에 의해서였다. 1950년에 개최된 미국심리학회에서 길퍼드가 창의성의 중요성에 대한 연설을 한 이후로 창의성과 관련된 연구가 활발하게 이루어졌다. 미국의 심리학자이자 의사였던 길퍼드는 인간 지능을 연구한 초기연구자 중 한 사람이며, 그가 제시한 지능구조이론에서 확산적 사고는 새롭고 신기한 것을 낳는 힘이라고 설명하여 창의력과 확산적 사고를 동일한 개념으로 제시하였다. 이후 그의 영향을 받은 많은 학자는 창의력에 대한 중요성을 인식하고 계속적으로 연구를 발전시켜 나갔다.

한편, 창의력을 지능이 우수한 특정 그룹에게만 나타나는 특징으로 볼 것인지, 모든 사람이 가지고 있는 잠재된 능력인지에 대한 의견이 분분한 가운데 창의력에 대한 정의는 학자별로 다양하게 제시되었다.

〈표 7-2〉 창의력에 대한 학자별 정의

학자	정의
매슬로(Maslow)	개인에게 새로운 가치의 경험을 제공하며 창조 행위를 통한 자기실현을 의미함
길퍼드(Guilford)	인간의 다섯 가지 지적 지능인 인지력, 기억력, 수렴적 산출력, 확산적 산출력, 판단력 중 확산적 산출력을 의미함
테일러(Taylor)	사회적으로 유익하고 모든 사람이 바라던 것을 창조할 수 있는 능력을 의미함
토란스(Torrance)	지적 활동을 통해 새로운 것을 창출해 내는 능력을 의미함
헬만(Hellman)	과학자나 천재만이 지닌 독특한 특성이 아니라 모든 인간에게 잠재되어 있는 능력으로 주위 환경에 의해 예민하게 통제받는 능력을 의미함
서스턴(Thurstone)	새롭다는 개념이 포함된 것으로 비범한 발명이나 천재적 사고뿐 아니라 개인의 표현, 자기실현 욕구에서 출발하는 상상적 경험을 의미함

※ 출처: 전혜진, 이경현(2017). 숨은그림찾기 그림책에 의한 창의력 효과 연구.

창의력에 대한 여러 학자의 의견을 종합해 볼 때, 창의력이란 어떤 특정한 사람이 아닌 모두에게 내재되어 있는 특성으로 볼 수 있으며, 지식을 종합하여 새로운 것을 창출하거나 추상적 상황에 적용하는 능력이라고 정리할 수 있다. 특히 창의력은 다양한 요소로 구성되어 있다. 이러한 요소들이 종합되어 기존에 형성되어 있는 지식을 바탕으로 한 사고 과정 속에서 이루어진다. 학자들이 제시한 창의력의 구성 요소를 종합하면 다음과 같다.

■ 민감성

일상생활에서 접하는 다양한 문제에 대해 관심과 호기심을 바탕으로 새로운 생각을 만들어 낼 수 있는 능력

■ 독창성

기존의 것에서 탈피하여 참신하고 독특한 아이디어를 산출해 내는 능력

■ 개방성

고정된 사고나 틀에 얽매여 반응하는 것이 아닌 자유롭고 융통적인 사고

■ 유창성

특정한 문제 상황에서 가능한 한 많은 아이디어나 해결책을 산출하는 데 필요한 초기능력으로서 자유롭고 신속하게 사고하는 능력

■ 융통성

문제를 해결하는 과정에 있어서 하나의 답에 집착하지 않고 여러 가지 방법으로 생각하는 유연한 사고능력

■ 정교성

주어진 문제를 세밀하게 검토하고 평가하여 결여된 부분을 정교하게 다듬는 능력

▮ 조직성

주어진 상황이나 아이디어를 재조직하는 능력

▮ 상상력

눈에 보이지 않는 것을 구체적인 이미지로 표현해 내는 능력

▮ 감수성

오감을 통한 일차원적인 정보 인식을 넘어서 관찰, 의미 파악, 느낌 등으로 연결할 수 있는 능력

창의력을 측정하는 검사는 확산적 사고검사와 산출물평가로 나뉜다. 확산적 사고검사는 창의력이 일반적인 특성이라는 전제에 근거한 객관적인 측정이라고 할 수 있으며, 토란스의 창의적 사고검사와 길퍼드의 창의적 사고검사가 여기에 해당된다. 산출물평가는 창의력이 특수한 특성이라는 전제에 근거한 주관적 측정이라고 할 수 있으며 그림, 글짓기, 음악, 발명품 등의 창의적인 산출물을 근거로 전문가에 의해 창의력이 평가되는 에마빌(Amabile)의 합의적인 평가가 대표적이다.

한편, 창의적 능력검사인 창의력 검사와는 다르게 창의적 성격검사는 창의적인 태도, 흥미 등에 대해 본인이나 교사가 체크하는 형태의 검사이다. 호기심, 독립심, 융통성, 인내심, 다양한 흥미 등을 측정할 수 있는 초등학생용 검사인 창의적 재능발견 집단검사(Group Inventory for Finding Creative Talent: GIFT)와 창의적 영재 프로그램에 참여할 학생을 선별할 목적으로 개발된 중·고등학생용 창의적 흥미발견 집단검사(Group Inventory For Finding Interests: GIFFI)가 대표적이다. 각 창의적 성격검사에 대한 예시는 다음과 같다.

■ 창의적 재능발견 집단검사(GIFT)의 예시

문항	예	아니요
나는 내가 직접 노래를 만들어서 부르는 것을 좋아한다.		
나는 질문을 많이 하는 편이다.		
가끔씩 게임의 규칙을 바꾸는 것은 괜찮다.		
나는 어려운 과제를 하는 것을 좋아한다.		

■ 창의적 흥미발견 집단검사(GIFFI)의 예시

문항	아니다	별로 그렇지 않다	보통이다	약간 그렇다	정말 그렇다
나는 유머감각이 많다.					
나는 단순한 일에도 빠져드는 경향이 있다.					
나는 다양한 취미를 가지고 있다.					
나는 모험을 좋아한다.					

※ 출처: 김현주, 김혜숙, 박숙희(2009). 심리검사의 이해.

2) 창의력 검사

(1) 토란스의 창의적 사고검사

① 검사의 개요

토란스는 창의력이란 창의적인 성취를 수행할 때 작용한다고 생각되는 일반화된 정신능력의 집합이라고 보았으며, 일부 교육학자나 심리학자는 이러한 능력을 확산적 사고, 생산적 사고, 발명적 사고, 또는 상상력이라 부르기도 하였다. 1966년 토란스는 창의력을 측정할 수 있는 검사인 창의적 사고검사(Torrance Test of Creative Thinking: TTCT)를 개발하여 창의력에 대한 객관적인 평가가 가능하도록 하였는데, 이 검사에서 높은 점수를 받는 사람은 창의적으로 행동할 가능성이 높다고 주장하였다(Torrance, 1966).

이 검사는 특별한 사람만을 검사대상으로 삼던 기존의 창의성 연구의 관행을 깨고 일반인을 대상으로 창의력을 측정할 수 있다는 데 그 의의가 있다. TTCT가 기존의 지능검사와 다른 점은 한 문항에 답이 여러 개 나올 수 있다는 점이며 적용대상도 유아기부터 성인기에 이르기까지 다양하다는 것이다.

현재 우리나라에서 활용되고 있는 창의력 검사는 세계적으로 가장 광범위하게 사용되고 있는 토란스 창의적 사고검사를 우리나라의 상황에 맞게 번안한 것이다. 이 검사는 유치원생에서 대학생과 일반인에게까지 다양하게 활용할 수 있다.

② 검사의 구성

TTCT 검사에는 TTCT 언어검사와 TTCT 도형검사의 두 가지가 있다. 이들은 검사를 구성하는 활동뿐 아니라 창의력의 하위요인들이 서로 다른 독립적인 검사이며, 각 검사는 A형과 B형으로 나뉜다. 각 검사의 A형과 B형은 동형검사로서 측정하려는 내용은 같지만 사전, 사후로 나누어 검사를 할 때나 측정기간이 짧을 경우 반복으로 인한 연습효과를 예방하기 위함이다.

언어검사는 창의력의 하위요인 중 유창성, 융통성, 독창성의 세 가지 점수에 대해 측정할 수 있다. 검사를 구성하는 활동은 질문하기, 원인 추측하기, 결과 추측하기, 작품 향상시키기, 독특한 용도, 가정해 보기 등의 6개이다. 비언어적 검사인 도형검사는 유창성, 독창성, 정교성, 제목의 추상성, 성급한 종결에 대한 저항의 5개 하위요인을 측정할 수 있으며, 검사를 구성하는 활동은 그림 구성하기, 그림 완성하기, 선 그리기 등의 3개로 나뉘어 있다.

③ 검사의 실시 및 해설

TTCT는 실시가 비교적 간단하며, 5세부터 성인에 이르기까지 다양한 연령대에 적용할 수 있다. 언어검사와 도형검사는 독립된 검사이므로 단독으로 실시할 수 있으며, 피검사자의 연령대에 따라 두 검사를 함께 실시할 수도 있다. 검사자는 각 검사의 활동 과정에 따라 피검사자가 무엇을 해야 하는지를 이해할 수 있도록 지도하면서 개별 활동에 소요되는 제한시간을 지키도록 하는 것이 중요하다. 언어검사와 도형검사의 실시 방법은 다음과 같다.

▮ 언어검사

이 검사는 언어적인 과제를 사용할 때의 창의력을 진단한다. 즉, 단어 기호 또는 문장 등의 언어적인 과제를 다룰 때 새롭고 다양한 아이디어를 얼마나 많이 생성해

내는지를 진단하는 검사이며, 소요시간은 45분 정도이다. 초등 3학년 이하의 대상은 개별검사로 실시하는 것이 바람직하며 그 이상의 연령에서는 집단검사로 실시해도 된다. 검사도구는 A형과 B형으로 구분되는데, 검사의 예시는 다음과 같다.

〈A형 예시〉

• 활동 1: 질문하기(제한시간 5분)
제시된 하나의 모호한 그림을 보고 어떤 일이 일어나고 있는지를 확실히 파악하기 위해 필요한 질문들을 적어 보게 한다.

• 활동 2: 원인 추측하기(제한시간 5분)
그림에서 일어나고 있는 일의 원인을 상상하여 가능한 한 많이 나열해 보게 한다.

• 활동 3: 결과 추측하기(제한시간 5분)
그림에서 일어나고 있는 일의 결과로 앞으로 일어날 가능성이 있는 상황을 가능한 한 많이 나열해 보게 한다.
※ 활동 1, 2, 3은 같은 그림을 활용한다.

• 활동 4: 작품 향상시키기(제한시간 10분)
장난감 코끼리와 그것을 그린 그림을 보여 주고 이것을 피검사자가 보다 더 재미있게 가지고 놀 수 있는 것으로 바꾸거나 향상시킬 수 있는 방법들을 나열해 보게 한다.

• 활동 5: 독특한 용도(제한시간 10분)
깡통을 활용하여 재미있고 독특하게 상상할 수 있는 다양한 방법을 가능한 한 많이 나열해 보게 한다.

• 활동 5-1: 특이한 질문하기(제한시간 5분)
깡통에 대해 다른 사람의 호기심과 흥미를 끌 수 있는 다양한 질문을 적어 보게 한다.
※ 활동 5, 5-1의 B형 검사는 깡통 대신에 마분지 상자를 활용한다.

• 활동 6: 가정해 보기(제한시간 5분)
구름에 달려 있는 많은 줄이 아래로 지면까지 내려와 있다는 가정을 한다. 만약 이런 불가능한 장면이 실제로 일어난다면 어떤 일들이 일어날 것 같은지를 추측해서 나열해 보게 한다.
※ B형 검사는 거대한 안개가 지구를 덮치고 있다는 가정을 하게 한다.

■ 도형검사

이 검사는 주로 그림을 그려서 반응하게 된다. 다시 말하면 시각적 · 도형적인 과제를 다룰 때 새로운 아이디어를 얼마만큼 많이, 다양하게 그리고 독특하게 생성해 낼 수 있는지를 검사한다. 3개의 활동마다 소요시간은 10분씩 제한되어 있어 총 검사시간은 30분이다. 검사도구는 A형과 B형으로 구분되는데, 검사 내용은 다음과 같다(창의력 한국 FPSP, 2018. 6. 26. 인출).

[활동 1] 그림 구성하기

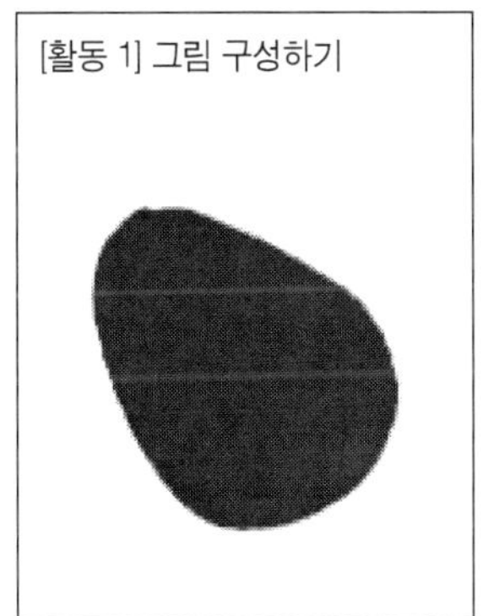

[활동 2] 그림 완성하기

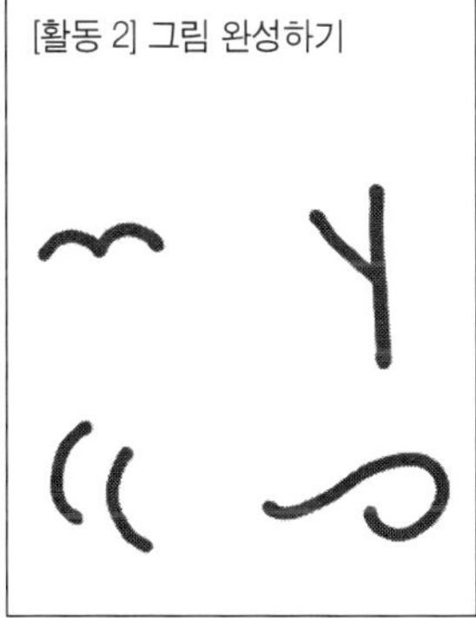

[활동 3] 선 완성하기

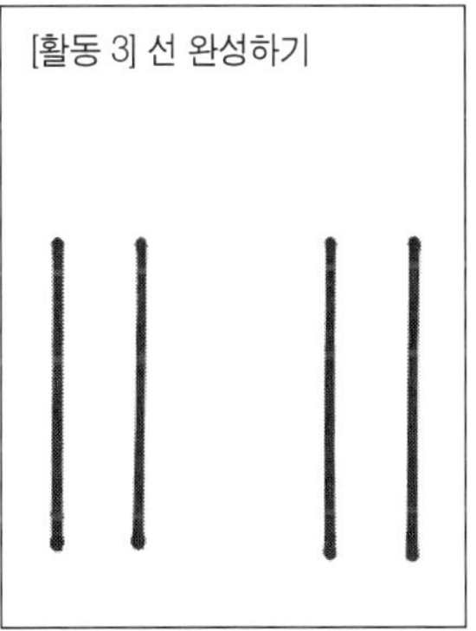

[그림 7-1] TTCT 도형검사

• 활동 1: 그림 구성하기(제한시간 10분)

곡선 모양의 형태를 하나 제시하고 이것이 일부가 되는 어떤 그림이나 물건을 생각해 보게 한다. 거기에다 아이디어들을 계속 더하기하여 재미있는 이야기의 내용이 되게 한다. 그림을 완성하면 그럴듯한 제목을 적게 한다.

• 활동 2: 그림 완성하기(제한시간 10분)

10개의 불완전한 도형들을 제시하고 최대한 완전하고 재미있는 이야기가 되도록 물건이나 그림을 많이 그리게 한다. 그리고 빈 칸에다 제목을 적어 넣게 한다.

• 활동 3: 선 그리기(제한시간 10분)

쌍을 이루고 있는 두 개의 직선을 세트(set)로 30개 제시하고 원하는 대로 선들을 더 그려 넣어 어떤 물건이나 그림을 최대한 많이 생각해 보게 한다. 각각은 될 수 있는 대로 완전하고 재미있는 이야기의 내용이 되게 한다. 또한 각각에 대하여 이름이나 제목을 적어 넣도록 한다.

■ 도형검사 활동 3의 예시

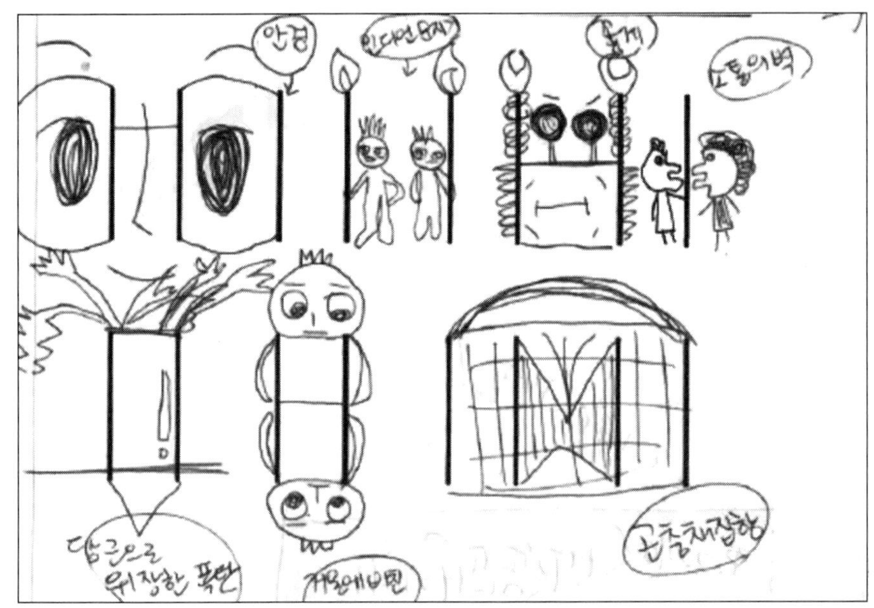

검사의 결과는 창의력 지수와 함께 하위요인별 결과를 표준점수와 백분위로 제시하며, 활동별로 하위요인들의 원점수도 함께 제시한다. 이러한 점수들은 요소별로 프로파일이 제시되어 피검사자의 점수를 전국에 있는 같은 학년의 전체 학생 점수와 비교해 상대평가하고 있다. 특히 도형검사에서는 정서적 표현력, 이야기의 명료성, 운동 또는 행위, 제목의 표현성, 불완전한 도형들의 종합, 선들의 종합, 독특한 시각화, 내적인 시각화, 경계의 확대 또는 파괴, 유머, 심상의 풍요함, 심상의 다채로움, 환상 등의 13개 창의적 강점 리스트에 따라 특별한 창의적 강점들을 절대평가하여 추가적으로 제시한다.

TTCT는 창의력의 전체적인 발달 수준뿐만 아니라 강점 또는 약점이 되는 하위요소에 대해서도 진단할 수 있다는 장점이 있다. 하지만 검사를 통해 도출된 점수는 고정적인 것이 아니므로 검사 결과의 점수를 불변적이고 단정적인 것으로 해석하지 말아야 한다. 검사 결과 보고서에 나타나 있는 점수는 단순히 현재까지 개발된 정도를 나타내기 때문이다.

(2) 우리나라의 창의성 검사

2004년에 최인수와 이종구에 의해 개발된 창의성 검사(Creativity Inventory Scale: CIS)는 창의력의 인지적인 측면과 성격적인 면을 모두 측정할 수 있도록 구성되어 있다(한국가이던스, 2018).

CIS는 초등학생용(4~6학년)과 중 · 고등학생용의 2개 유형으로 나뉘어 있다. 두 유형 모두 124개 문항으로 구성되어 있으며, 소요시간은 40~45분 정도이다. 또한 검사를 구성하고 있는 하위요소는 창의적 성격을 측정할 수 있는 5개 하위요소와 창의적 사고를 측정할 수 있는 3개 하위요소, 창의적 동기를 측정할 수 있는 4개 하위요소의 총 12개이다(〈표 7-3〉 참고).

〈표 7-3〉 CIS 검사 구성 및 내용

구분	하위요소	내용
창의적 성격	철저함, 최선을 다함	자신이 맡은 일에 대해 철저하고 최선을 다하는 것
	사회적 책임감	정의감이 있고 사회적 규칙이나 질서를 지키려고 하는 것
	개방성	다른 사람이 나에 대해 비판하는 것에 수용적이고 융통성이 있으며 정서적으로 민감한 것
	독립성	유행에 따르지 않고, 자신의 판단에 의해서 의견을 결정하는 것
	독단적 · 충동적 성향	창의적인 사람에게 보이는 독특한 성향으로 자기중심적인 것
창의적 사고	상상력과 환상	상상을 많이 하고 유머 감각이 있는 것
	확산적 · 수렴적 사고	창의적인 사고의 대표적인 것으로 하나의 물건을 보고 그것에 대해 좀 더 확대해서 생각해 보거나 여러 가지 생각들을 하나의 생각으로 모으는 것
	창의적 사고능력	창의성을 발휘하기 위한 인지적인 능력
창의적 동기	내재적 동기	어떤 일을 할 때 자기 스스로 정말 그 일을 하고 싶다는 생각을 가지고 열심히 하는 것
	호기심, 다양한 관심	궁금하고 알고 싶은 것이 많은 것
	근면	어떤 일을 할 때 부지런하고 성실하게 하는 것
	용기	도전정신이 강하고 모험심이 강한 것

※ 출처: 한국가이던스.

검사의 결과를 활용하여 청소년의 창의적인 성향뿐 아니라 인지적인 측면이 포함된 종합적인 창의성을 평가할 수 있고, 각 요인별로 프로파일 점수도 제시되기 때문에 창의적인 장점과 단점을 확인할 수 있다.

3. 불안

현대사회에 사는 모든 사람이 느낄 수 있는 일반적인 감정 가운데 하나가 불안이다. 이는 뚜렷한 대상이나 목적이 없으면서도 어떤 위험이나 두려움이 올 것만 같이 생각되고, 그 위험이나 두려움에 대해 정서적으로나 신체적으로 불쾌하며 피하고 싶은 감각 내용이라 할 수 있다.

1) 불안의 이해

불안은 자신의 안전에 어떤 실제적인 위협이나 상상적 위협을 느끼게 될 때 생기는 매우 광범위하고 불쾌하며 긴장된 경험이다. 스필버그(Spielberger, 1966)는 불안이란 긴장과 염려, 그리고 자율신경계의 증대된 활동으로서 유동적인 정서 상태라고 정의하였다. 또한 벡과 그의 동료들(Beck et al., 1988)에 따르면, 불안은 외부 정보에 대해 개인의 안전이나 보안을 위협하고 위험한 존재로 인식하는 것이라 하였다.

따라서 불안은 주로 미래의 위험에 대한 예측으로부터 발생하게 되며, 이는 신체적 증상과 행동 증상을 동반한다. 신체적 증상으로는 심장 박동 수가 증가하고, 손발의 떨림이나 땀 흘림, 호흡 곤란, 소화불량, 어지러움 등의 자율신경계 항진증상이 나타나며, 행동 증상으로는 과민성, 서성댐 등을 보인다.

일반적으로 불안이란 생체가 친숙하지 않은 환경에 적응하고자 할 때 나타나는 가장 기본적인 반응양상이므로 정상인도 위험이나 고통이 예견될 때나 혹은 예기치 않은 상황에 직면했을 때 불안 현상을 경험하게 된다. 이와 같은 정상적인 불안(normal anxiety)에 반해, 같은 자극에도 부적절하게 반응하는 병적 불안(pathological anxiety)의 경우는 위협상황을 실제보다 과도하게 받아들이거나, 위험

상황에서 벗어나서 현실적인 위험이 존재하지 않음에도 불구하고 계속해서 과도한 긴장을 유발하며 혼란 상태를 일으킨다(권석만, 2013). 때문에 병적 불안이 과도하게 지속될 경우 수행 능률 저하를 비롯하여 정서 및 적응에 역기능을 발생시켜 정상적인 생활을 하는 데 방해가 될 수도 있다(민성길, 2015).

이와 같은 병적 불안이 지속되어 현실 적응에 어려움을 겪는 경우 불안장애(anxiety disorder)로까지 이어질 수 있다. 미국정신의학회(American Psychiatric Association: APA)에서 2013년 다섯 번째 개정하여 출간된 정신장애 진단 및 통계편람(Diagnostic and Statistical Manual of Mental Disorders: DSM-5)에 따르면, 현대사회의 대표적인 불안장애로는 반복적으로 예상하지 못하는 공황발작이 일어나는 공황장애, 사회적인 상황에 노출되는 것을 몹시 두려워하거나 불안해하는 사회공포증, 일상 활동에 있어서 지나치게 불안, 걱정을 하는 범불안장애, 강박장애, 외상후 스트레스 장애 등을 들 수 있다.

쫓기듯 경쟁하고 비교하는 삶 속에 살아가는 현대인들이 스스로 불안 정도를 쉽게 자가점검할 수 있도록 하는 검사로는 시험불안검사(Test Anxiety Inventory: TAI), 상태-특성불안검사(State-Trait Anxiety Inventory: STAI), 벡 불안검사(Beck Anxiety Inventory: BAI) 등이 알려져 있다.

2) 불안검사

심리학 분야에서 불안을 측정하기 위해 그 속성의 본질을 개념화하려는 연구가 오랫동안 진행되었다. 최초로 불안에 대한 개인차를 평가하기 위하여 개발된 측정도구는 1950년대에 제작된 테일러(Taylor)의 표출불안검사(Taylor Manifest Anxiety Scale: TMAS)와 맨들러(Mandler)와 사라손(Sarason)이 제작한 시험불안 질문지(Tcst Anxiety Questionnaire: TAQ)를 들 수 있다. 이때부터 불안에 대한 개념이 관찰 가능한 것으로 조작적 정의가 되어 측정할 수 있게 되었다. 이 두 가지 불안 척도는 불안 경향에 있어서 개인차를 의미하는 특성불안을 측정하는 것이었다(Spielberger & Diaz-Guerrero, 1976). 그러나 이후에 불안의 속성에 대한 연구를 통해 불안은 상태불안(state anxiety)과 특성불안(trait anxiety)으로 구분되었으며(Spielberger, Gorsuch & Lushene, 1970), 이에 대해 측정하는 검사들이 개발되었다.

(1) 시험불안검사

시험불안(test anxiety)은 불안의 한 특수한 유형으로서, 그 용어가 사용되는 맥락이나 성질에 따라 특성불안과 상태불안으로 구분된다(Spielberger, 1972). 상태 특수적인 특성불안의 한 형태로 이야기되는 시험불안은 개인으로 하여금 일반적으로 평가적인 상황을 위협적으로 자각하도록 하는 하위요인을 말한다. 이에 비해, 일종의 상태불안으로서의 시험불안은 어떤 특정한 평가 상황에서 개인이 느끼는 불쾌한 긴장감과 우려, 그리고 자율신경계의 활성화로 특징 지어지는 일시적인 불안반응을 일컫는다.

특성불안 수준의 시험불안을 측정하기 위한 도구 중 사라손(Sarason, 1978)이 개발한 시험불안 척도(Test Anxiety Scale: TAS)가 박순환(1986)에 의해 한국판으로 번안되었고, 스필버그(Spielberger, 1980)의 시험불안검사(Test Anxiety Inventory: TAI)가 김문주(1991)에 의해 한국판으로 개발되었다. TAS와 TAI는 공통적으로 요인을 시험불안의 두 차원인 걱정(worry)과 정서성(emotionality)으로 구성하고 있다. 걱정 요인은 개인의 수행, 능력 또는 적절성에 대한 염려에 초점을 맞춘 일종의 인지적 반응이라면, 정서성 요인은 평가 상황에 직면했을 때 보이는 긴장에 대한 과도한 자각으로 생기는 부정적인 감정과 신체 각성에 따른 생리적 반응을 포함하고 있다.

한국판 TAI는 총 25문항으로 구성되었고, 5점 평정 척도로 응답하도록 되어 있다([참고자료 1]). 한국판 TAI의 개인별 점수는 25점에서 125점 사이로 나타나며, 개인의 점수가 높으면 시험불안이 높은 것으로 본다. 시험불안이 높으면 이에 대한 대처기술을 습득하도록 함으로써 해소시킬 수 있다.

TAS와 TAI는 오랫동안 널리 사용되어 왔으나, 측정요인인 걱정과 정서성 사이에 높은 중복이 문제점으로 지적되었다. 이와 같은 문제점을 개선하고자 사라손(1984)은 요인분석을 통해 걱정, 긴장, 신체증상, 시험무관 사고라는 4차원으로 구성된 시험반작용 척도(Reactions to Test Scale: RTT)를 제안하였으나, 이 역시 내적 일치도가 낮다는 문제가 지적되었다. 그 이후에 시험불안에 대한 보다 신뢰롭고 타당한 측정 도구를 개발하고자 하는 연구자들의 노력으로 걱정, 긴장, 신체증상, 시험무관 사고의 4요인, 20문항으로 개정된 시험불안 척도(Revised Test Anxiety Scale: RTA)가 개발되었다(Benson & El-Zahhar, 1994). 고등학생 또는 그 이상의 성인들을 대상으로 한국판 RTA가 조용래(2008)에 의해 번역되었으며, 그 척도 및 문항 수를 정리하여 다음 〈표 7-4〉에 제시하였다.

〈표 7-4〉 RTA 척도 및 문항의 구성

구성요인	문항 예시	문항 수	비고
긴장	• 시험 보는 동안 긴장된다 • 중요한 시험을 앞두고 불안감을 느낀다	5	4점 평정 척도 • 1점: 거의 느끼지 않음 • 2점: 때때로 느낌 • 3점: 자주 느낌 • 4점: 거의 항상 느낌
걱정	• 시험 보는 동안 잘하지 못할 것이라는 생각 때문에 집중력에 방해를 받는다	6	
신체증상	• 시험 보는 동안 입이 마르다 • 시험 보기 전후에 몸이 떨리는 것을 때때로 느낀다	5	
시험무관 사고	• 시험 보는 동안 나는 시험과 관계없는 것들에 대해 생각하게 된다	4	

(2) 상태-특성불안검사

대부분의 불안 척도들은 불안 경향에서 개인차를 의미하는 특성불안을 측정하기 위한 것이었지만, 스필버그 등(1970)은 불안의 유형을 상태불안과 특성불안으로 나누어 개념화하고 상태-특성불안이론으로 발전시켰다. 그들에 의하면, 상태불안이란 유발상황에 대한 반응으로서, 현재의 일시적 정서 상태이며 불안한 감정 상태를 말하는 것이다. 그리고 특성불안은 개인이 지닌 고유한 불안 성향이며 비교적 변화가 없는 것을 일컫는다. 예를 들어, 시험상황에서 느끼는 불안은 상태불안이지만, 일상생활을 하면서 느끼는 불안을 특성불안이라고 한다.

따라서 특성불안은 상태불안과 달리 개인의 성격이나 기질을 반영한다. 더욱이 특성불안은 과거에 나타났던 불안상태의 빈도와 강도가 사람마다 얼마나 다른지, 앞으로 상태불안을 경험할 확률이 얼마나 높은지도 반영한다. 즉, 특성불안이 강할수록 스트레스 상황에서 상태불안을 더 높게 경험할 확률이 크다. 일반적으로 특성불안이 높은 사람이 낮은 사람보다 상태불안을 더 자주 느끼는데, 그 이유는 어떤 상황을 더 위험하다거나 위협적이라고 해석하는 경향이 있기 때문이다.

스필버그 등(1970)은 상태-특성불안이론을 바탕으로 상태-특성불안검사(State-Trait Anxiety Inventory: STAI)를 제작하였다. STAI의 원본격인 X형은 현재 어떻게 느끼는가를 묻는 상태형(state form) 20문항과 평소 일반적으로 어떻게 느끼는가를 묻는 특성형(trait form) 20문항의 총 40문항으로 구성되어 있다. 조사대상의 상태-특성불안을 측정하기 위해 4점 평정 척도로 '전혀 아니다' 1점에서 '매우 그렇다' 4점까지 응답하도록 되어 있다. STAI 상태형에서 10문항, 특성형에서 7문항이 역채점된다. 총점의 범위는 각각 20점에서 80점으로 나오며, 총점이 높을수록 불안 수준이 높음을 의미한다([참고자료 2]). STAI-X형의 구성요인 및 문항 내용을 정리하면 다음 〈표 7-5〉와 같다.

〈표 7-5〉 STAI-X형 구성요인 및 문항 내용

구성요인	문항 내용	문항 수	비고
상태불안	• 현재 어떻게 느끼는가를 묻는 문항 • 일시적 정서 상태인 상태불안	20	역 채점 10문항: 1, 2, 5, 8, 10, 11, 15, 16. 19, 20
특성불안	• 평소 일반적으로 어떻게 느끼는가를 묻는 문항 • 비교적 안정적인 성격특성인 특성불안	20	역 채점 7문항: 1, 6, 7, 10, 13, 16, 19
전체		40	역 채점 17문항

국내에서는 김정택(1978)이 STAI-X형을 번안하여 고등학생과 대학생을 대상으로 개발하였다. 이후 1993년에는 한덕웅과 이창호, 탁진국도 독자적으로 번안하여 대학생을 대상으로 표준화하였다.

한편, 스필버그는 처음에 개발된 STAI-X형의 30%에 해당하는 문항들을 개정하여 불안과 우울의 변별력을 향상시키고, 다양한 집단에 적용할 수 있도록 한 STAI-Y형을 발표하였다. 국내에서는 1996년에 STAI-Y형을 번안한 한국판이 발표되었으나, 아직까지는 임상과 연구 분야에서 STAI-X형이 많이 쓰이고 있다(이건석, 배활립, 김대호, 2008).

STAI-X형은 국내에서 저작권 없이 사용할 수 있다는 장점 때문에 임상 및 연구 분야에서 다양하게 활용되고 있다. STAI 상태형의 경우는 상담과 심리치료, 행동치료 등에서 내담자가 경험하는 일시적인 불안을 민감하게 포착해 내거나 스트레스, 불안 그리고 학습 등에 관한 실험 연구에서 상태불안의 변화를 측정하는 데 많이 사용되고 있다. 그리고 STAI 특성형은 임상 실제에 있어서 신경증적 불안문제를 겪고 있는 사람들을 대상으로 환자집단과 정상집단을 구분하고, 불안 경향이 서로 다른 연구 참여자를 표집하기 위한 도구로 활용되고 있다(한덕웅, 이창호, 탁진국, 1993).

(3) 벡 불안검사

벡과 그의 동료들은 불안과 우울을 신뢰롭게 구별해 주는 측정도구의 필요성 때문에 자기보고식 벡 불안검사(Beck Anxiety Inventory: BAI)를 개발하였다. 개발 당시 BAI는 불안과 공황에 대한 주관적 인지 7개 문항과 신체적 증상을 반영한 14개 문항의 총 21개 문항들로 구성되었다. BAI의 각 문항은 전혀 느끼지 않음 0점부터 심하게 느낌 3점의 4점 평정 척도로 응답하도록 되어 있다(Beck et al., 1988).

검사 총점의 범위는 0점에서 63점까지이며, 점수가 높을수록 불안 수준이 높은 것으로 볼 수 있다. 이렇게 측정된 점수를 통해 불안증상의 강도와 심각도를 평가하는 기준은 총점 0~9점일 경우 정상 수준, 10~18점은 가벼운 불안, 19~29점은 심각한 불안, 30점 이상은 매우 심각한 불안으로 구분된다(박병선, 허만세, 2016).

BAI는 초기 정신과 환자들을 대상으로 개발되었으나 이후 내과 환자, 일반인, 노인, 대학생, 청소년 등 다양한 대상의 불안증상을 평가하는 데에도 널리 사용되고 있다. 국내외의 여러 연구를 통해 BAI는 내적 일치도가 높고, 비교적 시간적인 안정성이 있으며, 치료에 따른 변화에 민감하고, 수렴 및 변별타당도가 대체로 양호한 것으로 알려져 있다(한은경 외, 2003).

국내에서는 권석만(1997)이 번안한 한국판 BAI를 대부분의 연구에서 사용하고 있다. 한국판 BAI는 지난 일주일 동안 경험한 불안의 정도를 측정하는데, 문항을 예로 들면 '가끔 몸이 저리고 쑤시며 감각이 마비된 느낌을 받는다.' '자주 손이 떨린다.' '불안한 상태에 있다.' '자주 소화가 안 되고 뱃속이 불편하다.' 등이 있다([참고자료 3]).

[참고자료 1] 한국판 시험불안검사(K-TAI)

• 자신이 느끼는 정도를 가장 적합하게 표현한다고 생각되는 곳에 ✓표 하세요.

문항	전혀 그렇지 않다 1점	그렇지 않다 2점	그저 그렇다 3점	자주 그렇다 4점	항상 그렇다 5점
1. 시험 전에 걱정을 한다.					
2. 성적이 나쁘면 가족들이나 주위 사람들에게 창피하다.					
3. 시험 결과가 나쁘면 부모님께 꾸중을 들을까 봐 걱정이 된다.					
4. 시험을 볼 때 손이 떨린다.					
5. 시험공부를 하면 머리가 복잡해진다.					
6. 시험을 망치면 어쩌나 하는 생각 때문에 시험에 집중할 수가 없다.					
7. 시험을 치르는 동안 시험에 실패할 경우를 생각한다.					
8. 중요한 시험 중에 가슴이 두근거린다.					
9. 잘 알고 있는 내용에 대해서도 걱정을 한다.					
10. 시험을 볼 때는 잘 알고 있던 것도 잊어버린다.					
11. 시험을 보는 것이 두렵다.					
12. 시험과 관련하여 배가 아플 때가 있다.					
13. 시험 결과를 알기 직전에 초조하다.					
14. 못하는 과목일수록 시험 때 더 걱정이 된다.					
15. 시험 결과로 인해 학교 선생님께 인정을 받지 못하게 될까 봐 두렵다.					
16. 점수에 대한 걱정 때문에 시험을 제대로 치를 수가 없다.					
17. 나의 점수를 친구들이 알까 봐 걱정된다.					
18. 열심히 해도 좋은 성적을 얻을 것이라는 생각이 된다.					
19. 시험을 치르는 동안 시험문제가 머리에 잘 들어오질 않는다.					
20. 시험 준비를 철저히 했어도 시험을 잘 치르지 못할까 봐 걱정한다.					
21. 꼭 공부해야 할 것을 못한 것 같아 초조해진다.					
22. 시험을 보는 동안 매우 불안하고 초조하다.					
23. 시험시간이 지날수록 조급한 마음에 실수를 많이 한다.					
24. 차라리 시험이 없으면 긴장이 적어 더 열심히 공부하게 될 것 같은 생각이 든다.					
25. 시험 전날 밤에는 잠이 잘 오지 않는다.					
▶ 개인별 점수 범위: 25점에서 125점 사이 ▶ 총점이 높으면 시험불안이 높은 것으로 해석함	총점 ______점				

※ 출처: 김문주(1991). 우리나라 학생들의 시험불안 진단을 위한 도구 개발 과정.

[참고자료 2] 한국판 상태-특성불안검사(K-STAI-X형)

• 다음은 감정을 알아보기 위한 문항입니다. 각 문장을 읽고 자신이 현재 어떻게 느끼는가와 일치하는 정도에 해당하는 곳에 ✓표 하여 주십시오.

문항	전혀 아니다	약간 그렇다	그런 편이다	매우 그렇다
1. 나는 마음이 차분하다.				
2. 나는 마음이 든든하다.				
3. 나는 긴장되어 있다.				
4. 나는 후회스럽고 서운하다.				
5. 나는 마음이 편하다.				
6. 나는 당황해서 어찌할 바를 모르겠다.				
7. 앞으로 불행이 닥칠까 봐 걱정하고 있다.				
8. 나는 마음이 놓인다.				
9. 나는 두렵다.				
10. 나는 편안하게 느낀다.				
11. 나는 자신감이 있다.				
12. 나는 짜증스럽다.				
13. 나는 마음이 조마조마하다.				
14. 나는 극도로 긴장되어 있다.				
15. 내 마음은 긴장이 풀려 푸근하다.				
16. 나는 만족스럽다.				
17. 나는 걱정하고 있다.				
18. 나는 흥분되어 어쩔 줄 모른다.				
19. 나는 즐겁다.				
20. 나는 기분이 좋다.				

※ 출처: 한덕웅, 이창호, 탁진국(1993). Spielberger 상태-특성불안검사의 표준화.

• 다음은 감정을 알아보기 위한 문항입니다. 각 문장을 읽고 자신이 평소에 일반적으로 어떻게 느끼는지와 일치하는 정도에 해당하는 곳에 ✓표 하여 주십시오.

문항	전혀 아니다	가끔 그렇다	자주 그렇다	늘 그렇다
1. 나는 유쾌하다.				
2. 나는 쉽게 피로해진다.				
3. 나는 울고 싶은 심정이다.				
4. 나도 다른 사람들처럼 행복했으면 한다.				
5. 나는 마음을 빨리 정하지 못해서 실패를 한다.				
6. 나는 마음이 놓인다.				
7. 나는 차분하고 침착하다.				
8. 나는 어려운 문제가 너무 많이 밀어닥쳐서 극복할 수 없을 것 같다.				
9. 나는 하찮은 일에 너무 걱정을 많이 한다.				
10. 나는 행복하다.				
11. 나는 무슨 일이건 힘들게 생각한다.				
12. 나는 자신감이 부족하다.				
13. 나는 마음이 든든하다.				
14. 나는 위기나 어려움을 피하려고 애쓴다.				
15. 나는 울적하다.				
16. 나는 만족스럽다.				
17. 사소한 생각이 나를 괴롭힌다.				
18. 나는 실망을 지나치게 예민하게 받아들이기 때문에 머릿속에서 지워버릴 수가 없다.				
19. 나는 착실한 사람이다.				
20. 나는 요즈음의 걱정이나 관심거리를 생각만 하면 긴장되거나 어찌할 바를 모른다.				

※ 출처: 한덕웅, 이창호, 탁진국(1993). Spielberger 상태-특성불안검사의 표준화.

[참고자료 3] 한국판 Beck 불안검사(K-BAI)

• 각 문장을 읽고 오늘을 포함하여 지난 일주일 동안 경험한 증상과 일치하는 정도에 해당하는 곳에 ✓표 하여 주십시오.

문항	전혀 느끼지 않음 (0점)	조금 느낌 (1점)	상당히 느낌 (2점)	심하게 느낌 (3점)
1. 가끔씩 몸이 저리고 쑤시며 감각이 마비된 느낌을 받는다.				
2. 흥분된 느낌을 받는다.				
3. 가끔씩 다리가 떨리곤 한다.				
4. 편안하게 쉴 수가 없다.				
5. 매우 나쁜 일이 일어날 것 같은 두려움을 느낀다.				
6. 어지러움(현기증)을 느낀다.				
7. 가끔씩 심장이 두근거리고 빨리 뛴다.				
8. 침착하지 못하다.				
9. 자주 겁을 먹고 무서움을 느낀다.				
10. 신경이 과민해 있다.				
11. 가끔씩 숨이 막히고 질식할 것 같다.				
12. 자주 손이 떨린다.				
13. 안절부절못한다.				
14. 미칠 것 같은 두려움을 느낀다.				
15. 가끔씩 숨쉬기 곤란할 때가 있다.				
16. 죽을 것 같은 두려움을 느낀다.				
17. 불안한 상태에 있다.				
18. 자주 소화가 잘 안되고 뱃속이 불편하다.				
19. 가끔씩 기절할 것 같다.				
20. 자주 얼굴이 붉어지곤 한다.				
21. 땀을 많이 흘린다(더위로 인한 경우 제외).				
▶ 0~9점: 정상 수준 ▶ 10~18점: 가벼운 불안 ▶ 19~29점: 심각한 불안 ▶ 30점 이상: 매우 심각한 불안	총점 ______ 점			

※ 출처: 권석만(1997). 불안장애의 정신병리 평가.

4. 우울

현대사회와 같은 복잡하고 분화된 사회에서 대부분의 사람들에게 찾아볼 수 있는 보편적인 정서 상태 중 하나가 우울이다. 일종의 심리적 감기라고 표현할 정도로 매우 흔한 심리적 문제로, 실패와 상실에 대한 심리적 반응이라고 할 수 있다.

1) 우울의 이해

우울이라는 단어의 어원은 '무겁게 내리 누른다' 혹은 '밑으로 가라앉는 상태를 일으키는 것'이라는 의미의 라틴어 'deprivere'에서 비롯되었다. 그리고 고대 그리스 시대에 감정과 활력의 저하 또는 조절의 어려움을 설명하기 위해 'melancholia'라는 개념을 사용하였다. 이후에 스위스의 심리학자 블로일러(Bleuler, 1930)가 우울에는 우울한 감정 상태와 정신운동의 지연, 의지의 억압이라는 3대 기본요소가 포함된다고 하면서, 처음으로 우울(depression)이라는 용어를 사용하였다.

우울은 건강한 사람들도 흔히 경험할 수 있는 정서적 어려움, 심리적 좌절상태로 볼 수 있지만, 자살과 같은 치명적인 결과를 초래할 수 있다는 점에서 심각한 심리적 장애로 볼 수도 있다(권석만, 2016). 즉, 우울은 단순한 슬픔이나 울적한 기분에서부터 지속적인 상실감이나 무력감, 나아가서는 자살기도를 포함하는 정신병적 상태에 이르기까지 다양하며, 인간의 정신건강에 중요한 지표로 간주되고 있다. 우울은 1차적 우울과 2차적 우울로 구분할 수 있다. 1차적 우울은 외부 원인 없이 생물학적인 원인으로 생긴 것으로 우울한 느낌 등의 증상을 동반하며, 2차적 우울은 다른 신체적인 질환이나 약물, 생활사건 또는 다른 정신 질환과 관련되어 나타나는 것이다(민성길, 2015).

또한, 우울은 내인성 우울과 반응성 우울로도 나눌 수 있다. 내인성 우울은 뇌의 구조와 기능에 장애가 있거나 독성, 감염, 상해 등 분명하지 않는 과정에 의해 나타나는 우울로서 외부적 사건과는 관계없이 발생하여 주기를 이루어 반복된다. 반면에 반응성 우울은 사랑하는 사람, 물건, 기회 등의 특별하고 의미 있는 것의 상실이나 심하게 지속되는 긴장의 외부적 사건에 대한 반응에 의해 나타나는 것으로 전체 우울의 75%를 차지한다. 이러한 우울로 인해 부정적인 감정들을 지속적으로 경험하게 되면 지각, 판단, 인지, 사고, 태도 등에서부터 대인관계에 이르기까지 다양한 영역에 해로운 영향을 미치게 된다(Beck, 1967). 이 때문에 개인의 능률과 의욕이 저하되고 현실적 적응을 어렵게 하는 등 다양한 개인적, 사회적 문제로 이어질 수도 있는데, 이를 정신의학에서는 우울증, 즉 우울장애(depressive disorder)로 진단한다(권석만, 2016).

우울과 우울증은 정신병리 현상 중에서 가장 흔히 관찰되고 임상장면에서 쉽게 접할 수 있으며, 심리장애를 연구하고 치료하는 임상심리학과 이상심리학, 정신의학 등에서 많은 연구가 이루어지고 있는 주제이기도 하다. 특히 임상심리학 분야에서는 우울증의 인지적 특성을 밝히려는 시도와 인지치료 혹은 인지행동치료적 효과를 알아보려는 노력이 이루어져 왔다. 그 중에서 셀리그먼(Seligman)의 학습된 무력감 모델과 벡의 인지적 모델이 소개되면서 우울의 인지적 측면이 더욱 부각되기 시작하였다.

셀리그먼(1975)은 인간이 반응과 결과 간의 무관성을 지각하게 되면 학습된 무력감이 생기고 이는 우울반응을 일으키는 원인이 된다고 하였다. 벡(1976)은 자신에 대한 부정적 견해, 경험의 부정적 해석, 미래에 대한 부정적 기대를 우울의 기저가 되는 인지적 요소로 보았다. 이와 같이 반복되는 우울한 생각 및 도식과 왜곡된 정보 처리 등이 우울장애를 발생시키고 악화시킨다는 이론을 바탕으로 우울증의 인지행동치료를 개발하였다(Beck et al., 1979).

우리나라에서도 우울증에 관한 인지이론과 인지행동치료에 영향을 받아 이 분야에 대한 연구가 활발하며, 이 연구들에 벡 우울검사(Beck Depression Inventory: BDI)와 중(Zung)의 자가평정 우울 척도(Self-Rating Depression Scale: SDS)가 흔히 사용되고 있다.

2) 우울검사

최근에는 인지행동치료와 정신약물학 등과 같이 우울증에 대한 보다 효과적인 치료법이 개발됨에 따라 우울증 환자의 조기 확인과 증상의 정확한 측정에 대한 관심이 높아졌다. 따라서 우울증상을 객관적이고 손쉽게 평가할 수 있는 도구의 개발이 꾸준히 이루어져 왔다. 그 중에서 가장 보편적으로 알려져 있는 BDI와 SDS, 그리고 일반인들이 경험하는 우울증상을 보다 용이하게 측정하기 위해 개발된 역학연구센터 우울 척도(Center for Epidemiologic Studies Depression Scale: CES-D)를 중심으로 살펴보고자 한다.

(1) 벡 우울검사

BDI(Beck et al., 1961)는 우울증 환자의 우울 정도를 평가하고, 일반인의 우울증에 대한 1차 선별(screening)을 위해 가장 많이 사용되어 온 검사도구 중 하나이다. BDI는 우울의 정서적, 인지적, 동기적 그리고 생리적 영역을 포괄한 우울증상을 측정하기 위해 개발된 총 21개 문항의 자기보고식 검사이다.

이 검사는 다음 [그림 7-2]에 제시된 것과 같이 각 개별 증상의 심한 정도를 이미 평가되어 있는 4개의 구체적인 진술문 중에 자신에게 가장 적절하다고 생각되는 하나를 선택하도록 함으로써, 피검사자들이 자신의 심리상태를 수량화하는 데에서 겪는 혼란을 줄일 수 있다(한홍무 외, 1986). 각 문항 진술문의 증상 강도에 따라 0점에서 3점으로 채점되며, 총점의 범위는 0점에서 63점까지이다.

번호	점수	문항
1	0	나는 슬픔을 느끼지 않는다.
	1	나는 슬픔을 느낀다.
	2	나는 항상 슬픔을 느끼고 그것을 떨쳐 버릴 수 없다.
	3	나는 너무나도 슬프고 불행해서 도저히 견딜 수가 없다.

[그림 7-2] 한국판 BDI 문항 예시

1961년 개발 이후에 BDI의 심리측정 속성에 대해 많은 연구가 이루어졌다. 그 연구의 결과를 통해 BDI는 내적 일관성이 높고, 비교적 시간적인 안정성이 있는 타당한 척도로 검증되었다(이민규 외, 1995). 또한 BDI는 피검사자가 자신의 우울 정도를 수량화하는 데 있어 어려움을 덜 느낄 수 있고, 실시와 채점이 간편하며, 검사자 혹은 면담자의 편향이 배제될 수 있다는 장점을 갖고 있다(김정호 외, 2002).

그러나 BDI가 정신장애 진단 및 통계편람(DSM)의 주요 우울증의 아홉 가지 기준

중 여섯 가지만을 충족하며, 식욕과 수면 감소는 묻지만 그 증가에 대한 질문이 없고, 정신운동적 활동과 초조(psychomotor activity and agitation)에 대한 문항이 없다는 것이 지적되어 왔다(Moran & Lamber, 1983). 이러한 이유로 BDI 개정의 필요성이 부각되어 벡과 그의 동료들(1996)은 BDI-II를 개발하여 표준화하였다. BDI-II는 대부분의 문항에서 진술 항목의 문구, 내용 등이 개선되어 BDI와 비교하여 현재의 우울 진단 기준에 더 부합된다.

국내에서는 이영호와 송종용(1991)이 한국판 BDI로 번안하였고, 이민규 등(1995)이 표준화하였다. 한국판 BDI-II는 김명식과 이임순, 이창선(2007)이 번안하였으며, 다음 〈표 7-6〉에 제시된 것처럼 정서적 증상, 부정적 인지, 신체적 증상의 3개 구성요인, 총 21개 문항으로 구성되어 있다.

〈표 7-6〉 한국판 BDI-II 구성요인 및 문항

구성요인	내용	문항 수
정서적 증상	슬픔, 비관, 짜증, 울음, 초조함, 즐거움의 상실 등	10
부정적 인지	자기비판, 벌 받는 느낌, 죄책감, 과거의 실패 등	6
신체적 증상	피로와 피곤, 에너지 상실, 수면 변화. 식욕 변화 등	5
전체		21

한국판 BDI-II도 각 문항마다 우울증상의 심한 정도를 기술하는 4개의 문장 중 지난 2주 동안의 피검사자의 경험에 적합한 한 문장을 선택하도록 되어 있고, 총점이 높을수록 우울 수준이 높음을 의미한다([참고자료 4]).

(2) 자가평정 우울 척도

SDS는 1965년 듀크 대학교의 정신과 의사인 중(Zung)이 개발한 자기보고식 우울검사이다. 이 검사는 우울의 증상을 심리적 및 생리적 우울로 구분한 대표적인 우울 척도로 총 20개 문항으로 구성되었다. SDS에서 심리적인 우울성향은 심리적인 과정에 부정적인 영향을 주는 것으로서 혼동, 정신운동 지연, 정신운동 홍분, 절망감, 과민성, 우유부단, 자기비하, 공허감, 자살사고의 반복 그리고 불만 등을 일으키는 우울증상을 지칭한다. 이에 비해서 생리적인 우울은 신체적 및 생리적인 과정에 부정적인 영향을 주는 것으로서, 수면장애, 식욕감소, 성욕감소, 체중감소, 변비, 두근거림 및 피로 등이며, 그리고 전반적인 정동을 포함하고 있는 우울 및 울음 등의 문항으로 구성되어 있다(이중훈, 1995). SDS는 자기보고식이며 문항이 짧아서 사용과 채점이 간단하기 때문에 집단적으로 검사하는 데 편리하다는 장점이 있다.

국내에서는 양재곤(1982)이 번안한 한국판 SDS가 주로 사용되고 있다([참고자료 5]). 한국판 SDS는 20개 문항 중 10개 문항이 우울증상과 연관이 있는 부정적인 기술이고, 10개 문항은 우울증상과 반대되는 긍정적인 기술로 이루어져 있다. 우울증상과 연관되는 부정적 기술 문항을 예로 들면, '나는 매사에 의욕이 없고 우울하다' '나는 별 이유 없이 잘 피로하다' 등이 있으며, 우울증상과 반대되는 긍정적인 기술 문항은, '나의 장래는 희망적이다' '내 인생은 즐겁다' 등을 들 수 있다.

한국판 SDS의 각 문항에 대한 평정은 그 증상에 따라 '전혀 아니다' 1점부터 항상 '그렇다' 4점까지 4점 척도로 이루어진다. 우울증상과 반대되는 긍정적인 기술 문항은 반대로 채점하여야 하며, 전체 문항의 합계로 산출되는 점수의 범위는 20점에서 80점까지이다. 우울을 판단하는 기준점수는 49점 이하면 정상적 우울, 50~59점은 가벼운 우울, 60~69점은 중한 우울, 70점 이상은 심한 우울로 본다(양재곤, 1982).

(3) 역학연구센터 우울 척도

BDI와 SDS는 임상적 우울 환자를 대상으로 하는 검사로 개발된 반면, 역학연구센터 우울 척도(Center for Epidemiologic Studies Depression Scale: CES-D)는 지역사회의 일반인을 대상으로 이들이 경험하는 우울증상을 측정하기 위해 개발되었다(Radloff, 1977). CES-D의 20개 문항은 기존의 표준화된 우울 척도(예: BDI, SDS, MMPI-D 등)에서 추출되었으며, 우울 감정, 긍정적 감정, 신체 및 행동 둔화, 대인관계의 4개 구성요인으로 이루어져 있다.

CES-D는 지난 한 주 동안 경험했던 각 증상의 빈도에 따라서 심각성을 4단계의 수준으로 평가하도록 설계되어 있다. 각 문항과 같은 증상을 지난 1주 동안 느낀 빈도를 기록하는 데 1일 이하로 느끼면 극히 드물게(0점), 1~2일 정도면 가끔(1점), 2~4일 정도 느끼면 자주(2점), 5~7일 정도면 거의 대부분(3점)의 평정을 하도록 한다. 이 중 4, 8, 12, 16번 문항은 긍정적 감정을 측정하는 문항으로 채점 과정에서

역점 처리하여 점수가 높을수록 우울 정도가 심함을 의미한다(김선민, 2012).

우리나라에서도 이러한 자기보고식 도구가 지니는 경제성과 적용의 용이성, 문항의 간결성 등으로 인해 전겸구와 최상진, 양병찬(2001)에 의해 통합적 한국판 CES-D가 개발되었다([참고자료 6]). 통합적 한국판 CES-D의 구성요인과 문항 수를 정리하면 다음 〈표 7-7〉과 같다.

〈표 7-7〉 통합적 한국판 CES-D의 구성요인 및 문항

구성요인	내용	문항 수	비고
우울 감정	우울, 실패, 걱정, 외로움, 슬픔 등	7	
긍정적 감정	즐거움, 희망, 행복, 즐김 등	4	역채점
신체 및 행동 둔화	괴로움, 식욕, 수면, 수고, 말하기 등	7	
대인관계	비우호적, 반감(싫음)	2	
전체		20	

한편, 각국에서 폭넓게 사용되는 20개 문항의 CES-D가 가진 유용성에도 불구하고, 많은 종류의 검사에 응해야 하는 피검사자나 신체적 질병을 가진 대상자, 노인, 문항을 읽거나 이해하는 데 어려움이 있는 사람에게는 상당한 부담이 될 수 있어서 축약형 CES-D가 개발되었다(Cole et al., 2004; Grzywacz et al., 2006; Kohout et al., 1993). 즉, 일반인은 CES-D 실시 시간이 5분 밖에 걸리지 않는 짧은 측정일 수 있지만 노인의 경우는 약 12분 정도가 소요되며, 모든 문항에 응답하지 못하고 중도 포기하거나 거부하는 비율이 10%에 달하는 것으로 보고되었다. 이러한 경향에 따라 국내에서도 전 연령대를 포괄하여 조사가 진행되는 패널 조사의 경우 11개 문항으로 축약된 한국판 CES-D 11([참고자료 7])이 개발되어 사용되고 있다(허만세, 박병선, 배성우, 2015).

[참고자료 4] 한국판 Beck-II 우울검사

- 다음 글을 주의 깊게 읽어 보시고, 각 번호의 네 가지 문장 중 오늘을 포함하여 지난 2주 동안 자신이 느껴 온 것에 가장 적합한 항목을 골라 해당하는 □란에 ✓표 하십시오. 만약 문항에서 여러 항목이 동일하게 자신에게 적용된다면, 가장 높은 점수를 선택하십시오. 하나도 빠뜨리지 말고 반드시 한 가지만 답해 주시기 바랍니다.

번호	점수	문항
1. 슬픔	0	나는 슬픔을 느끼지 않는다.
	1	나는 슬픔을 느낀다.
	2	나는 항상 슬픔을 느끼고 그것을 떨쳐 버릴 수 없다.
	3	나는 너무나도 슬프고 불행해서 도저히 견딜 수가 없다.
2. 비관	0	나는 앞날에 대해 별로 걱정하지 않는다.
	1	나는 앞날에 대해 별로 기대할 것이 없다고 느낀다.
	2	나는 앞날에 대해 기대할 것이 하나도 없다고 느낀다.
	3	나는 앞날이 암담하고 전혀 희망이 없다고 느낀다.
3. 과거의 실패	0	나는 실패감 같은 것을 느끼지 않는다.
	1	나는 다른 사람에 비해 실패의 경험이 많다고 느낀다.
	2	살아온 과거를 뒤돌아보면 항상 많은 일에 실패를 한다.
	3	나는 한 인간으로서 완전히 실패했다고 느낀다.
4. 즐거움의 상실	0	내가 전에 즐기던 일에서 여전히 즐거움을 느낀다.
	1	나의 일상생활은 예전처럼 즐겁지 않다.
	2	나는 전에는 즐거웠던 일들이 거의 즐겁지 않다.
	3	나는 전에 즐거움을 느꼈던 일에 대해 전혀 즐거움을 느낄 수 없다.
5. 죄책감	0	나는 특별히 죄책감을 느끼지 않는다.
	1	나는 내가 해 온 일이나 했어야만 했던 많은 일에 죄책감을 느낀다.
	2	나는 대부분의 시간에 죄책감을 느낀다.
	3	나는 항상 죄책감을 느낀다.
6. 벌 받는 느낌	0	나는 벌을 받고 있다고 느끼지 않는다.
	1	나는 벌을 받을 수도 있다고 느낀다.
	2	나는 벌을 받게 될 것이라고 예상한다.
	3	나는 벌을 받고 있다고 느낀다.
7. 자기혐오감	0	나는 나 자신에 대해 전과 같이 느낀다.
	1	나는 나 자신에 대한 확신을 잃었다.
	2	나는 나 자신에 대해 실망한다.
	3	나는 나 자신을 싫어한다.
8. 자기비판	0	나는 전보다 나 자신을 비판하거나 비난하지 않는다.
	1	나는 전보다 나 자신에 대해 더 비판적이다.
	2	나는 나의 모든 잘못에 대해 내 탓이라고 생각한다.
	3	나는 어떤 나쁜 일이 생기더라도 모두 내 탓이라고 생각한다.

9. 자살 사고	0	나는 죽고 싶다는 생각을 해 본 적이 없다.
	1	나는 가끔 죽고 싶은 생각이 들지만 실행하지는 못할 것이다.
	2	나는 죽고 싶다는 생각을 할 때가 많다.
	3	나는 기회만 있으면 자살할 것이다.
10. 울음	0	나는 전보다 더 울지 않는다.
	1	나는 전보다 더 많이 운다.
	2	나는 아주 사소한 일에도 번번이 운다.
	3	나는 울고 싶지만, 울지 못한다.
11. 초조함	0	나는 평소보다 더 초조하거나 더 상처를 받지 않는다.
	1	나는 평소보다 더 초조하고 더 상처를 받고 있다고 느낀다.
	2	나는 가만히 앉아 있기가 어려울 정도로 초조하고 안절부절 못한다.
	3	나는 계속 움직이거나, 무엇인가를 해야만 할 정도로 너무 초조하고 안절부절못한다.
12. 흥미의 결여	0	나는 다른 사람이나 활동에 대한 관심을 잃지 않고 있다.
	1	나는 다른 사람이나 일에 대해 전보다 관심이 줄었다.
	2	나는 다른 사람이나 일에 대한 대부분의 관심을 잃었다.
	3	나는 무엇에도 흥미를 갖기가 어렵다.
13. 우유부단	0	나는 평소처럼 결정을 내린다.
	1	나는 평소보다 결정을 내리기 어려워한다는 것을 깨닫는다.
	2	나는 전에 비해 결정을 내리기가 훨씬 더 어렵다.
	3	나는 어떤 것이든 결정을 하기가 어렵다.
14. 무가치함	0	나는 자신이 가치가 없다고 느끼지 않는다.
	1	나는 전보다 나 자신이 가치가 있거나 쓸모 있다고 생각하지 않는다.
	2	나는 다른 사람과 비교해서 더 가치가 없다고 느낀다.
	3	나는 완전히 무가치하다고 느낀다.
15. 에너지 상실	0	나는 평상시만큼 충분한 에너지가 있다.
	1	나는 전보다 에너지가 더 적다.
	2	나는 많은 것을 할 만큼 에너지가 충분하지 않다.
	3	나는 어떤 것을 하기에 에너지가 충분하지 않다.
16. 수면의 변화	0	나의 잠자는 유형에 어떤 변화도 경험하지 않는다.
	1a	나는 평소보다 잠을 다소 더 잔다.
	1b	나는 평소보다 잠을 다소 덜 잔다.
	2a	나는 평소보다 잠을 훨씬 더 많이 잔다.
	2b	나는 평소보다 잠을 훨씬 더 적게 잔다.
	3a	나는 하루의 대부분을 잔다.
	3b	나는 1~2시간 일찍 일어나고 다시 잠들기 어렵다.
17. 짜증	0	나는 평소보다 더 짜증을 내지는 않는다.
	1	나는 평소보다 더 짜증이 난다.
	2	나는 평소보다 아주 많이 짜증이 난다.
	3	나는 항상 짜증이 나 있다.

18. 식욕의 변화	0	나의 식욕에 어떤 변화도 경험하지 않는다.
	1a	나의 식욕은 평소보다 다소 줄었다.
	1b	나의 식욕은 평소보다 다소 늘었다.
	2a	나의 식욕은 전보다 훨씬 줄었다.
	2b	나의 식욕은 전보다 훨씬 늘었다.
	3a	나는 식욕이 전혀 없다.
	3b	나는 항상 음식에 대한 욕구가 있다.
19. 집중의 어려움	0	나는 항상 집중할 수 있다.
	1	나는 평소보다 집중할 수 없다.
	2	나는 어떤 것에도 오랫동안 집중하기가 어렵다.
	3	나는 어떤 것에도 집중할 수 없음을 깨닫는다.
20. 피로와 피곤	0	나는 평소보다 더 피로하거나 피곤하지 않다.
	1	나는 평소보다 더 쉽게 피로하고 지친다.
	2	너무 피로하고 지쳐서 내가 했던 일들 중 많은 일을 하지 못한다.
	3	너무 피로하고 지쳐서 내가 했던 일들 중 대부분의 일을 하지 못한다.
21. 성적 관심 상실	0	나의 성(섹스, sex)적 관심에 대한 어떤 변화도 느끼지 못한다.
	1	나는 전보다 성(섹스, sex)에 대한 관심이 줄었다.
	2	나는 전보다 성(섹스, sex)에 대한 관심이 매우 줄었다.
	3	나는 성(섹스, sex)에 대한 관심이 전혀 없다.
총점	__점	▶ 0~13점: 정상 ▶ 14~19점: 가벼운 우울(mild depression) ▶ 20~28점: 중간 우울(moderate depression) ▶ 29~63점: 심한 우울(severe depression)

※ 출처: 김명식, 이임순, 이창선(2007). 한국판 BDI-II의 타당화 연구 I.

[참고자료 5] 한국판 자가평정 우울 척도(K-SDS)

• 다음은 문항을 잘 읽고 최근 자신을 가장 잘 나타낸다고 생각되는 정도에 해당하는 곳에 ✓표 하여 주십시오.

문항	전혀 아니다 1점	가끔 그렇다 2점	자주 그렇다 3점	항상 그렇다 4점
1. 나는 매사에 의욕이 없고 우울하다.				
2. 나는 하루 중 기분이 가장 좋은 때는 아침이다.				
3. 나는 갑자기 눈물을 쏟거나 울고 싶어진다.				
4. 나는 밤에 잠을 잘 못 잔다.				
5. 나는 전과 같이 식욕이 좋다.				
6. 나는 매력적인 여성(혹은 남성)을 보거나 앉아서 이야기하는 것이 좋다.				
7. 나는 요즈음 체중이 줄고 있다.				
8. 나는 변비 때문에 고생한다.				
9. 나는 요즈음 가슴이 두근거린다.				
10. 나는 별 이유 없이 잘 피로하다.				
11. 내 머리는 한결같이 맑다.				
12. 나는 예전처럼 어려움 없이 일을 해낸다.				
13. 나는 안절부절못해서 진정할 수가 없다.				
14. 나의 장래는 희망적이다.				
15. 나는 전보다도 더 안절부절못한다.				
16. 나는 결단력이 있다고 생각한다.				
17. 나는 사회에 유용하고 필요한 사람이라고 생각한다.				
18. 내 인생은 즐겁다.				
19. 내가 죽어야 다른 사람들, 특히 가족들이 편할 것 같다.				
20. 나는 진과 다름없이 일하는 것은 즐겁다.				
▶ 49점 이하: 정상적 우울 ▶ 50~59점: 가벼운 우울 ▶ 60~69점: 중한 우울 ▶ 70점 이상: 심한 우울	총점 _____점			

※ 출처: 양재곤(1982). 정신과 환자의 자기평가 우울 척도에 관한 조사.

[참고자료 6] 통합적 한국판 CES-D

• 다음은 문항을 잘 읽은 후, 지난 1주 동안 본인이 느끼시고 행동한 것을 가장 잘 나타낸다고 생각되는 정도에 해당하는 곳에 ✓표 하여 주십시오.

나는 지난 1주일(7일) 동안 …	극히 드물게 (1일 이하) 0점	가끔 (1~2일) 1점	자주 (3~4일) 2점	거의 대부분 (5~7일) 3점
1. 평소에는 아무렇지도 않던 일들이 귀찮게 느껴졌다.				
2. 먹고 싶지 않았다(입맛이 없었다).				
3. 가족이나 친구가 도와주더라도 울적한 기분을 떨쳐버릴 수 없었다.				
4. 다른 사람들만큼 능력이 있다고 느꼈다.				
5. 무슨 일을 하던 정신을 집중하기가 어려웠다.				
6. 우울했다.				
7. 하는 일마다 힘들게 느껴졌다.				
8. 미래에 대하여 희망적으로 느꼈다.				
9. 내 인생은 실패작이라는 생각이 들었다.				
10. 두려움을 느꼈다.				
11. 잠을 설쳤다(잠을 잘 이루지 못했다).				
12. 행복했다.				
13. 평소보다 말을 적게 했다(말수가 줄었다).				
14. 세상에 홀로 있는 듯한 외로움을 느꼈다.				
15. 사람들이 나에게 차갑게 대하는 것 같았다.				
16. 생활이 즐거웠다.				
17. 갑자기 울음이 나왔다.				
18. 슬픔을 느꼈다.				
19. 사람들이 나를 싫어하는 것 같았다.				
20. 도무지 무엇을 시작할 기운이 나지 않았다.				
※ 역채점 문항: 4, 8, 12, 16번 ▶ 역채점: 0점 → 3점, 1점 → 2점, 2점 → 1점, 3점 → 0점 ▶ 총점이 높을수록 우울 정도가 심함을 의미함	총점 ____점			

※ 출처: 전겸구, 최상진, 양병찬(2001). 통합적 한국판 CES-D 개발.

[참고자료 7] 한국판 CES-D 11

• 다음은 문항을 잘 읽은 후, 지난 1주 동안 본인이 느끼시고 행동한 것을 가장 잘 나타낸다고 생각되는 정도에 해당하는 곳에 ✓표 하여 주십시오.

나는 지난 1주일(7일) 동안 …	극히 드물게 (1일 이하) 0점	가끔 (1~2일) 1점	자주 (3~4일) 2점	거의 대부분 (5~7일) 3점
1. 기분이 우울했다.				
2. 세상에 홀로 있는 듯 외로움을 느꼈다.				
3. 슬픈 기분이 들었다.				
4. 행복했다.				
5. 즐겁게 지냈다.				
6. 입맛이 없어서 별로 먹고 싶은 기분이 안 들었다.				
7. 내가 하는 모든 일이 힘겹게 느껴졌다.				
8. 잠을 제대로 자지 못했다.				
9. 하루하루 지내기가 힘들었다.				
10. 사람들이 나에게 잘 대해 주지 않았다.				
11. 사람들이 나를 싫어한다고 느꼈다.				
▶ 총점이 높을수록 우울 정도가 심함을 의미함	총점 ____점			

※ 출처: 허만세, 이순희, 김영숙(2017). 한국어판 CES-D 11의 개발.

5. 중독

물질문명의 발전은 생활을 위한 필요와 편리의 두 측면을 모두 혁신적으로 변화시키게 되었다. 이러한 변화는 풍요로운 삶으로 이어지게 되고 사람들은 생존에 필요한 재화뿐 아니라 개인의 삶 속에서 즐거움을 유발시킬 수 있는 다양한 재화에도 관심을 가지게 되었다. 이러한 맥락에서 커피, 술, 담배 등의 기호품은 생존을 위한 필수 요소는 아니지만 개인이 추구하는 생활의 즐거움을 충족시켜 줄 수 있는 요소라고 할 수 있다. 최근에는 디지털 기술이 급속히 발달하면서 많은 영역에서 거대한 인프라를 구축함과 동시에 개인의 여가 시간 활용에도 영향을 끼치고 있다. 반면, 풍요로운 물질과 정보통신의 발달이 사회에 미친 긍정적인 효과 이면에는 중독이라는 심각한 사회 문제가 동반되고 있음을 생각할 때, 이를 위한 예방 및 문제해결에 소홀할 수 없는 실정이다.

1) 중독의 이해

사람들은 일상에서 자신이나 타인이 초콜릿, 커피, 도박, 쇼핑, 인터넷이나 게임 등에 중독되었다는 표현을 흔하게 사용한다. 또는 누군가가 어떤 대상에 빠져있거나 몰입하는 행동을 언급할 때 중독이라는 단어를 사용하기도 한다. 최근에는 중독이라는 용어를 대신하여 의존증이라는 표현을 사용하고 있는데, 알코올 중독을 알코올 의존증으로 표현하는 것이 바로 그 예이다.

중독(addiction)은 약물 사용에 대한 강박적 집착, 일단 사용하거나 시작하면 끝장을 보고야 마는 조절 · 통제 곤란, 해로운 결과가 있을 것이라는 것을 알면서도 사용하는 강박적 사용 등의 상태를 의미한다. 이러한 개념으로 중독을 이해하면 술이나 약물 이외에도 음식, 도박, 일 등에 중독되어 있는 사람들을 쉽게 찾아볼 수 있다. 의학적 접근으로 정리한 중독의 정의는 유전적, 심리적, 환경적 요인들을 포함한 만성적인 신경생물학적 질병이다. 중독 행동은 물질(술, 담배, 마약 등) 및 비물질(도박, 인터넷, 게임 등) 중독 행동을 모두 포함한다(신수경, 조성희, 2015).

어떠한 대상에 중독되었다고 볼 수 있는 것은 네 가지 증상, 즉 탐닉, 의존, 내성,

금단증상들이 나타나는 경우이다. 중독은 먼저 어떤 것에 대한 집착과 탐닉으로부터 시작한다. 탐닉의 정도가 심해지면서 그 어떤 것에 자신의 신체나 정신을 의존하게 된다. 그것에 대한 의존이 없으면 불안하고 신체적 · 정신적으로 부정적인 문제들이 발생한다. 의존이 점점 심해지면 시간이 갈수록 만족도가 현저히 떨어지고 그 강도와 기간이 증가하기 시작하여 내성이 쌓이게 된다. 내성이 쌓이면 쉽게 의존의 상태가 될 뿐만 아니라 갈수록 점점 더 깊은 수렁에 빠지게 된다. 그리고 마지막으로 이러한 탐닉과 의존, 그리고 내성을 거부하고 중독의 원인을 끊거나 줄이고자 할 때 금단의 증상이 나타난다. 결국 벗어나기 힘든 상황에서 다시 중독의 원인에 의존하게 되고 내성을 더 강력하게 만들어 간다(한선관, 이철현, 2013).

〈표 7-8〉 중독의 증상

증상	내용
탐닉	특정 물질이나 활동에 대한 강한 집착에서 비롯된 것으로 부정적 결과에도 불구하고 충동적 행동을 하는 것으로 특징 지어지는 뇌기능 장애를 의미함
의존	특정 물질이나 활동에 대한 강한 열망과 강박적 집착, 통제력 상실, 부정적인 결과가 초래되는 경우에도 계속적으로 사용하는 행동을 의미함
내성	물질을 반복해서 사용하여 일어나는 변화로, 동일한 효과를 얻기 위해서는 물질 사용량 혹은 활동의 강도나 빈도를 증가시켜야 하거나, 동일한 사용량이나 활동으로는 종전과 같은 효과를 얻지 못하는 현상을 의미함
금단증상	물질 사용이나 활동을 중단하는 경우에 나타나는 견디기 어려운 고통스러운 증상을 의미함

※ 출처: 박상규(2009). 중독의 이해와 실제.

이러한 중독 행동에 대한 심각성이 사회적인 문제로 대두되면서 치료적 개입과 관련된 새로운 기술 및 예방을 위한 사회적 관심이 높아지고 있다. 특히 만 19세 이상 연령의 스마트폰 사용자 비율이 93%를 넘어서고 있는 현재 우리나라에서는 인터넷 중독 및 게임 중독이 심각한 상황에 이르고 있다(국민일보, 2018. 08. 09. http://www.news.kmib.co.kr). 주목해야 할 부분은 이러한 인터넷 및 게임 중독의 연령대가 점점 낮아지고 있다는 것이다. 연령이 낮을수록 중독 대상에 대한 의존이 심하게 일어날 수 있으므로 가정 및 일선 학교에서는 이를 예방하기 위해 정확한 진단과 구체적인 조치가 필요하다. 현재 활용되는 중독검사로는 약물남용 선별검사, 알코올사용 장애인식 검사, 니코틴 의존 척도, 인터넷 및 게임 중독검사 등이 있으며, 치료적 접근을 위한 상담이나 프로그램에서 활용되고 있다.

이 절에서는 청소년 활동 현장이나 학교 현장에서 가장 많이 활용되고 있는 인터넷 및 게임 중독검사에 대해 알아보고자 한다.

2) 인터넷 중독의 이해

단순히 인터넷을 사용하는 시간이 길다고 해서 인터넷 중독이라고 하지는 않는다. 인터넷 중독에 대한 정확한 의학 용어가 정해져 있지 않지만, 2012년 정신장애 진단 및 통계편람(Diagnostic and Statistical Manual of Mental Disorders: DSM-5)의 개정 이후 인터넷 중독이라는 용어가 매뉴얼에 포함되었다. 또한 최근 인터넷 중독과 관련된 많은 연구가 진행되면서 조금씩 그 실체가 드러나고 있다.

인터넷 중독(Internet Addiction Disorder: IAD)은 일상생활을 방해할 정도로 컴퓨터를 과도하게 사용하는 증상을 의미한다. 즉, 컴퓨터 사용 및 인터넷 이용에 대한 과도한 집착이나 충동적인 행동을 보이고, 이로 인해 사회적 기능에 장애를 일으키며 경우에 따라서는 우울증, 사회적 고립, 충동조절장애와 약물남용 등의 문제를 일으키는 상태를 말한다(한선관, 이철현, 2013).

인터넷 중독이 의심될 경우는 인터넷 중독 평가뿐만 아니라 인터넷 중독을 유발할 수 있는 생물학적, 심리사회적 원인에 대한 전반적인 평가를 전문적으로 받아야 한다. 또한 우울증 등 인터넷 중독으로 인해 나타날 수 있는 다른 정신과적 질환에 대한 평가도 필요하다. 인터넷 중독은 인터넷을 사용하는 절대시간이라는 양적인 측면보다 그로 인해 발생하는 부적응적 행동을 중심으로 이해해야 한다(서울대학교병원 온라인 의학정보, http://www.snuh.org).

공인된 인터넷 중독의 진단 기준은 아직 없지만, 영(Young, 1997)이 개발한 자가 진단 척도가 널리 활용되고 있다. 영은 인터넷 중독을 병리적이고 강박적으로 인터넷을 사용하는 것으로 규정하고 병적 도박장애 진단 기준을 적용하여 8개의 기준 중 5개 이상에 해당되는 사용자를 인터넷 의존자로 정의하였다. 그 기준을 제시하면 다음과 같다.

① 인터넷에 접속하지 않았을 때도 접속했을 때의 경험에 대한 생각에서 벗어나지 못한다
② 만족을 얻기 위해서 더 많은 시간을 인터넷 사용에 쓰려고 한다
③ 인터넷 사용을 중단하려고 했지만 실패한다
④ 인터넷 사용을 중단하면 불안하고 짜증나며 우울감을 느끼게 된다
⑤ 처음 계획했던 것보다 인터넷을 더 오래 사용하게 된다
⑥ 인터넷 사용으로 인하여 대인관계, 직업, 학업, 경력 등 중요한 영역에서 문제가 발생한 적이 있다
⑦ 인터넷 사용에 대해 가족이나 다른 사람에게 숨기게 된다
⑧ 현실의 여러 가지 어려움을 피하거나 불쾌감을 줄이기 위해 인터넷을 사용한다

또한 그는 인터넷 중독의 유형을 게임 중독, 검색 중독, 음란물 중독, 채팅 중독, 온라인쇼핑 중독, 온라인도박 중독의 여섯 가지로 나누어 제시하였다.

■ 게임 중독

온라인상의 게임에 접속하여 자제력을 잃고 지속적으로 탐닉하며 컴퓨터 또는 다른 대상과의 경쟁을 통해 자신의 이상을 실현하려고 하는 상태

■ 검색 중독

특정한 목적이 없이 생각나는 단어를 이용하여 검색하거나 자료를 수집하며 이슈가 되는 뉴스거리나 카페의 글, 다른 이의 글 등에 반응하여 자기통제력 없이 웹에 참여하는 상태

■ 음란물 중독

음란한 동영상이나 사진에 접속하여 지속적으로 검색하거나 자료를 내려받는 상태 또는 온라인상에서 만난 상대와 음란한 언어를 사용하여 채팅을 하는 강박적인 상태

▮ 채팅 중독

메신저나 채팅 도구를 이용하여 틈만 나면 문자를 주고받고 영상통화를 하는 등 온라인상의 상대와 대화에 집착하는 상태 또는 이메일에 집착하여 틈나는 대로 메일을 확인하는 상태

▮ 온라인쇼핑 중독

틈만 나면 온라인 쇼핑몰에 있는 상품을 검색하거나 비교하면서 시간을 보내고, 온라인을 통해 대부분의 물건을 구입하며, 심지어 필요 없거나 경제적 여유가 없는데도 불구하고 끊임없이 구입하는 상태

▮ 온라인도박 중독

온라인상에서 운영하는 도박 시스템에 빠져 경제적 · 정신적으로 제어하지 못하는 상태

우리나라에서는 2004년부터 해마다 한국정보화진흥원을 중심으로 인터넷 중독 실태조사를 실시하였으며, 2016년부터는 인터넷 과의존 실태조사로, 2017년에는 스마트폰 과의존 실태조사로 명칭을 변경하여 조사를 실시하고 있다. 실시 결과를 근거로 하여 과의존 경향에 따라 고위험 사용자군, 잠재적 위험 사용자군, 일반 사용자군으로 분류된다(〈표 7-9〉 참고).

해마다 과의존 위험군인 인터넷 중독 고위험 사용자군과 잠재적 위험 사용자군의 비율이 꾸준히 증가하고 있는 실정이며, 2017년 조사 결과에 따르면 조사대상 중 18.6%가 과의존 위험군으로 나타났다. 특히 전 연령 중 청소년이 과의존 위험에 가장 취약하고 유아동 과의존 위험군은 최근 3년 간 가장 큰 폭으로 증가한 것으로 나타났다(과학기술정보통신부, 한국정보화진흥원, 2018). 이는 과의존 위험군, 즉 중독 위험군이 이제 전 연령대에 걸쳐서 나타나고 있음을 확인할 수 있는 결과이다.

〈표 7-9〉 인터넷 · 스마트폰 사용자군 분류

←―― 과의존 위험군 ――→

고위험 사용자군	잠재적 위험 사용자군	일반 사용자군
인터넷 · 스마트폰 사용에 대한 금단과 내성증상을 보이며, 이로 인한 일상생활장애를 보임. 관련 기관의 전문적인 지원과 개입이 필요함	인터넷 · 스마트폰 사용에 대한 금단, 일상생활장애 중 한 가지 이상의 증상이 나타나며, 인터넷 · 스마트폰 사용 조절력 감소, 이에 따른 심리적 · 사회적 기능이 저하됨. 인터넷 · 스마트폰 과의존 관련 정신건강 분야의 전문적인 상담이 필요함	인터넷 · 스마트폰을 이용 목적에 맞게 사용하고 있음. 자기관리 및 예방 프로그램이 필요함

3) 인터넷 중독검사

한국정보화진흥원에서는 우리나라 국민의 인터넷 중독 실태를 파악하기 위해 2002년에 인터넷 중독검사(K-척도) 개발을 시작으로 게임 중독검사인 게임 과몰입 경향성 검사(G-척도)를 개발하였으며, 2011년에는 스마트폰 과의존 검사(S-척도)를 개발하였다. K-척도와 S-척도는 일상생활장애, 가상세계 지향성, 금단, 내성의 4개 하위요인으로 구성되었다.

〈표 7-10〉 중독검사의 하위요인

하위요인	내용
일상생활장애	인터넷 및 스마트폰 사용으로 인한 생활 기능 저하, 갈등 등의 문제발생 정도
가상세계 지향성	현실보다 가상세계에 의미를 두고 지향하는 정도
금단	인터넷 및 스마트폰 사용을 못하였을 때 불안, 초조 등을 유발하는 정도
내성	점점 더 많은 시간 동안 인터넷 및 스마트폰 사용을 해야 만족감을 느끼고 사용 조절을 실패한 경험 정도

(1) 인터넷 중독진단 척도: K-척도

한국형 인터넷 중독진단 척도(K-척도)는 정보통신부 산하 한국정보문화진흥원에서 초, 중, 고등학생의 인터넷 중독을 진단하기 위한 목적으로 개발된 검사이다(김청택 외, 2002). 이후 2011년에 표준화 과정을 거친 K-척도는 리커트 4점 척도의 자기보고식 검사이다. 또한, 연령대별 산출을 위해 유아동 관찰자용, 청소년용 및 성인용으로 나뉘어져 있으며 각 15문항으로 구분하여 사용되고 있다([참고자료 8]). 검사를 통해 산출되는 총점의 범위는 15~60점이며 점수가 높을수록 인터넷 몰입이 높음을 의미한다. K-척도를 통해 도출된 점수를 근거로 고위험 사용자군, 잠재적 위험 사용자군, 일반 사용자군의 3유형으로 진단하고 있다.

(2) 인터넷게임 중독진단 척도: G-척도

인터넷 중독 고위험군의 청소년들은 인터넷을 통해 하는 활동의 대부분이 게임인 것으로 나타났다. 이는 청소년들의 인터넷 중독은 대부분 인터넷 게임중독이라고 볼 수 있는 결과이다(오윤선, 2008). 이러한 게임 중독 현상이 일상생활에 부정적인 영향을 끼치기도 하고, 폭력적인 행동으로 이어져 게임에 중독된 당사자뿐 아니라 주변인에게 해악을 끼치는 사례가 매체를 통해 알려지기도 한다. 2006년에 개발된 인터넷게임 중독진단 척도는 유아동 관찰자용, 아동 자기진단용, 청소년 자기진단용으로 나누어 활용되고 있으며, 총 18~20문항으로 구성되어 있다([참고자료 9]).

G-척도는 리커트 4점 척도의 자기보고식 검사이며, 검사를 통해 산출되는 총점이 높을수록 인터넷게임 중독의 고위험군으로 분류될 수 있다. 도출된 점수를 근거로 고위험 사용자군, 잠재적 위험 사용자군, 일반 사용자군의 3유형으로 진단하고 있다.

(3) 스마트폰 중독(과의존)진단 척도: S-척도

스마트폰이란 휴대전화에 인터넷 통신과 정보검색 등 컴퓨터 지원 기능을 추가한 지능형 단말기로서 사용자가 원하는 애플리케이션을 설치할 수 있는 것이 특징이며, 이동 중 인터넷 통신, 팩스 전송 등이 가능한 기기를 지칭한다. 스마트폰 의존은 일상생활을 방해할 정도로 스마트폰을 과도하게 사용하는 증상을 의미한다.

스마트폰에 대한 과의존 현상은 청소년뿐 아니라 전 연령대에 공통적으로 대두된 문제라고 해도 과언이 아닐 것이다. 이에 한국정보화진흥원은 스마트폰 과의존 척도(S-척도)를 개발하여 매년 스마트폰 과의존 실태를 진단하고 있다. S-척도는 연령대별 산출을 위해 청소년용 및 성인용 각 15문항으로 구분하여 사용되고 있다([참고자료 10]).

S-척도는 리커트 4점 척도의 자기보고식 검사이며, 검사를 통해 산출되는 총점의 범위는 15~60점이다. 척도에 대한 총점을 산출한 후 각 대상별 기준점수에 따라 스마트폰 과의존 수준을 고위험 사용자군, 잠재적 위험 사용자군, 일반 사용자군의 3개의 유형으로 분류하게 된다.

[참고자료 8] 청소년 인터넷 중독 자가진단 척도(K-척도)

※ 해당되는 곳에 ○표 하세요.

	문항	전혀 그렇지 않다	때때로 그렇다	자주 그렇다	항상 그렇다
1	인터넷 사용으로 건강이 이전보다 나빠진 것 같다.				
2	오프라인보다 온라인에서 나를 인정해 주는 사람이 더 많다.				
3	인터넷을 하지 못하면 생활이 지루하고 재미가 없다.				
4	인터넷을 하다가 그만 두면 또 하고 싶다.				
5	인터넷을 너무 사용해서 머리가 아프다.				
6	실제보다 인터넷에서 만난 사람들을 더 잘 이해하게 된다.				
7	인터넷을 하지 못하면 안절부절못하고 초조해진다.				
8	인터넷 사용 시간을 줄이려고 해 보았지만 실패한다.				
9	인터넷을 하다가 계획한 일들을 제대로 못한 적이 있다.				
10	인터넷을 하지 못해도 불안하지 않다.				
11	인터넷 사용을 줄여야 한다는 생각이 끊임없이 들곤 한다.				
12	인터넷 사용시간을 속이려고 한 적이 있다.				
13	인터넷을 하고 있지 않을 때는 인터넷이 생각나지 않는다.				
14	주위 사람들이 내가 인터넷을 너무 많이 한다고 지적한다.				
15	인터넷 때문에 돈을 더 많이 쓰게 된다.				

※ 10, 13번은 역채점 문항임

※ 채점표

하위요인	문항	점수
일상생활장애	1, 5, 9, 12, 15	
가상세계 지향성	2, 6	
금단	3, 7, 10, 13	
내성	4, 8, 11, 14	
총 점		

※ 진단 범위 및 해석

진단	채점 범위
고위험 사용자군	총점 44점 이상이거나, 일상생활장애요인(15점 이상) + 금단요인(13점 이상) + 내성요인(14점 이상)인 경우
잠재적 위험 사용자군	총점 41~43점이거나, 일상생활장애요인(14점 이상) + 금단요인(12점 이상) + 내성요인(12점 이상)인 경우
일반 사용자군	총점 40점 이하이거나, 일상생활장애요인(13점 이하) + 금단요인(11점 이하) + 내성요인(11점 이하)인 경우

① 고위험 사용자군

인터넷 사용으로 인하여 일상생활에서 심각한 장애를 보이면서 내성 및 금단 현상이 나타난다. 대인관계는 대부분 사이버 공간에서 이루어지며, 오프라인에서 만남보다는 온라인에서 만남을 더 편하게 여긴다. 대개 자신이 인터넷 중독이라고 느끼며 학업에 곤란을 겪는다. 또한 심리적으로 불안감 및 우울한 기분을 느끼는 경우가 흔하며, 성격적으로 충동성, 공격성도 높은 편이다. 현실세계에서 대인관계에 문제를 겪거나 외로움을 느끼는 경우도 많다.

② 잠재적 위험 사용자군

고위험 사용자에 비해 경미한 수준이지만, 일상생활에서 장애를 보이며 인터넷 사용이 아무 문제가 없다고 느낀다. 계획적이지 못하고 자기조절에 어려움을 보이며 자신감도 낮은 경향이 있다.

③ 일반 사용자군

스스로 인터넷 중독 문제가 없다고 느낀다. 심리적 정서 문제나 성격적 특성에서도 특이한 문제를 보이지 않으며 자기행동을 잘 관리한다고 생각한다. 주변 사람들과의 대인관계에서도 충분한 지원을 얻을 수 있다고 느끼며 심각한 외로움이나 곤란함을 느끼지 않는다. 인터넷의 건전한 사용에 대하여 자기점검을 지속적으로 수행하는 것이 바람직하다.

※ 출처: 한국정보화진흥원 인터넷중독대응센터.

[참고자료 9] 청소년 인터넷게임 중독 자가진단 척도(G-척도)

※ 해당되는 곳에 ○표 하세요.

	문항	전혀 그렇지 않다	때때로 그렇다	자주 그렇다	항상 그렇다
1	게임을 하는 것이 친한 친구들과 어울리는 것보다 더 좋다.				
2	게임 공간에서의 생활이 실제 생활보다 더 좋다.				
3	게임 속의 내가 실제의 나보다 더 좋다.				
4	게임에서 사귄 친구들이 실제 친구들보다 나를 더 알아준다.				
5	게임에서 사람을 사귀는 것이 더 편하고 자신 있다.				
6	밤늦게까지 게임을 하느라 시간 가는 줄 모른다.				
7	게임을 하느라 해야 할 일을 못한다.				
8	갈수록 게임을 하는 시간이 길어진다.				
9	점점 더 오랜 시간 게임을 해야 만족하게 된다.				
10	게임을 그만두어야 하는 경우 게임을 그만두는 것이 어렵다.				
11	게임하는 시간을 줄이려고 노력하였지만 실패한다.				
12	게임을 안 하겠다고 마음먹고도 다시 게임을 하게 된다.				
13	게임 생각 때문에 공부에 집중하기 어렵다.				
14	게임을 못 한다는 것은 견디기 힘든 일이다.				
15	게임을 하지 않을 때에도 게임 생각을 하게 된다.				
16	게임으로 인해 생활에 문제가 생기더라도 게임을 해야 한다.				
17	게임을 하지 못하면 불안하고 초조하다.				
18	다른 일 때문에 게임을 못 하게 될까 봐 걱정된다.				
19	누가 게임을 못 하게 하면 신경질이 난다.				
20	게임을 못 하게 되면 화가 난다.				
총 점: /80					

※ 진단 범위 및 해석

진단	채점 범위
고위험 사용자군	총점 49점 이상
잠재적 위험 사용자군	총점 38~48점
일반 사용자군	총점 37점 이하

① 고위험 사용자군

현실세계보다는 가상의 게임세계에 몰입하여 게임공간과 현실생활을 혼동하거나 게임으로 인하여 현실세계의 대인관계나 일상생활에 부적응문제를 보이며, 부정적 정서를 나타낸다. 하루 2시간 30분 이상 매일 게임을 하는 경우가 많으며, 게임을 하느라 친구와 어울리지 못하는 등 게임 행동을 적절하게 조절할 수 없는 상태이다. 일반적으로 자기통제력이 낮아 일시적인 충동이나 즉각적인 만족을 추구하며 인내력과 효율적인 문제해결능력이 부족한 경향을 보인다. 또한 공격적 성향이 높으며 자신에 대해 부정적으로 생각하는 경향이 강하다.

② 잠재적 위험 사용자군

고위험 사용자에 비해 낮은 수준이나 가상세계에 대해 더 많은 관심을 보이며 게임에 몰입하여 게임과 현실생활을 혼동하거나 게임으로 인하여 현실세계의 대인관계, 일상생활에 문제를 나타내기도 한다. 하루 2시간 이상, 주 5~6회 정도 게임을 한다. 공격적 성향을 보이며, 자기통제력이 낮고 충동적이며, 자기 위주로 생각하고 말보다는 행동이 앞서는 경향이 있다. 자신에 대해 부정적으로 생각하는 경향을 보인다.

③ 일반 사용자군

게임 습관을 스스로 조절할 수 있으며, 게임과 현실세계에 대한 구분이 명확하고 게임으로 인한 정서적인 변화를 경험하지 않는다. 하루 1시간 30분 이하, 주 1~2회 이하 게임을 하는 등 인터넷 게임 사용을 적절하게 조절할 수 있다. 자신의 욕구를 적절히 조절할 수 있으며 효율적으로 문제를 해결하는 경향을 보인다. 일시적인 충동에 의하거나 즉각적인 만족을 주는 문제행동을 회피하고 인내할 수 있는 능력이 높다. 자신에 대해 긍정적으로 생각하는 경향이 강하다.

※ 출처: 한국정보화진흥원 인터넷중독대응센터.

[참고자료 10] 청소년 스마트폰 중독 자가진단 척도(S-척도)

※ 해당되는 곳에 ○표 하세요.

	문항	전혀 그렇지 않다	때때로 그렇다	자주 그렇다	항상 그렇다
1	스마트폰의 지나친 사용으로 학교성적이 떨어졌다.				
2	가족이나 친구들과 함께 있는 것보다 스마트폰을 사용하고 있는 것이 더 즐겁다.				
3	스마트폰을 사용할 수 없게 된다면 견디기 힘들 것이다.				
4	스마트폰 사용시간을 줄이려고 해 보았지만 실패한다.				
5	스마트폰 사용으로 계획한 일(공부, 숙제 또는 학원수강 등)을 하기 어렵다.				
6	스마트폰을 사용하지 못하면 온 세상을 잃은 것 같은 생각이 든다.				
7	스마트폰이 없으면 안절부절못하고 초조해진다.				
8	스마트폰 사용시간을 스스로 조절할 수 있다.				
9	수시로 스마트폰을 사용하다가 지적을 받은 적이 있다.				
10	스마트폰이 없어도 불안하지 않다.				
11	그만해야지 하고 생각하는 동안에도 계속 스마트폰을 사용한다.				
12	스마트폰을 너무 자주 또는 오래한다고 가족이나 친구들로부터 불평을 들은 적이 있다.				
13	스마트폰 사용이 지금 하고 있는 공부에 방해가 되지 않는다.				
14	스마트폰을 사용할 수 없을 때 패닉상태에 빠진다.				
15	스마트폰 사용에 많은 시간을 보내는 것이 습관화되었다.				

※ 8, 10, 13번은 역채점 문항임

※ 채점표

하위요인	문항	점수
일상생활장애	1, 5, 9, 12, 13	
가상세계 지향성	2, 6	
금단	3, 7, 10, 14	
내성	4, 8, 11, 15	
총 점		

※ 진단 범위 및 해석

진단	채점 범위
고위험 사용자군	총점 45점 이상이거나, 일상생활장애요인(16점 이상) + 금단요인(13점 이상) + 내성요인(14점 이상)인 경우
잠재적 위험 사용자군	총점 41~44점이거나, 일상생활장애요인(14점 이상) + 금단요인(12점 이상) + 내성요인(12점 이상)인 경우
일반 사용자군	총점 40점 이하이거나, 일상생활장애요인(13점 이하) + 금단요인(11점 이하) + 내성요인(11점 이하)인 경우

① 고위험 사용자군

스마트폰 사용으로 인하여 일상생활에서 심각한 장애를 보이면서 내성 및 금단 현상이 나타난다. 스마트폰으로 이루어지는 대인관계가 대부분이며, 비도덕적 행위와 막연한 긍정적 기대가 있고 특정 앱이나 기능에 집착하는 특성을 보이기도 한다. 현실생활에서도 습관적으로 사용하게 되며 스마트폰 없이는 한순간도 견디기 힘들다고 느낀다. 따라서, 스마트폰 사용으로 인하여 학업이나 대인관계를 제대로 수행할 수 없으며 자신이 스마트폰 중독이라고 느낀다. 또한, 심리적으로 불안감 및 대인관계 곤란감, 우울한 기분 등이 흔하게 느끼며, 성격적으로 자기조절에 심각한 어려움을 보이고 무계획적인 충동성도 높은 편이다. 현실세계에서 사회적 관계에 문제가 있으며 외로움을 느끼는 경우도 많다.

② 잠재적 위험 사용자군

고위험 사용자군에 비해 경미한 수준이지만 일상생활에서 장애를 보이며, 필요 이상으로 스마트폰 사용시간이 늘어나고 집착하게 된다. 학업에 어려움이 나타날 수 있으며, 심리적 불안정감을 보이지만 절반 정도는 자신이 아무 문제가 없다고 느낀다. 다분히 계획적이지 못하고 자기조절에 어려움을 보이며 자신감도 낮아진다.

③ 일반 사용자군

대부분이 스마트폰 중독 문제가 없다고 느낀다. 심리적 정서 문제나 성격적 특성에서도 특이한 문제를 보이지 않으며, 자기행동을 관리한다고 생각한다. 주변 사람들과의 대인관계에서도 자신이 충분한 지원을 얻을 수 있다고 느끼며, 심각한 외로움이나 곤란감을 느끼지 않는다.

※ 출처: 한국정보화진흥원 인터넷중독대응센터.

6. 정서 · 행동장애

최근 들어 아동 및 청소년들의 정서 · 행동문제가 다소 심각하게 나타나고 있다고 보고되면서 우리 사회는 아동 · 청소년들의 문제행동과 관련하여 예방과 조기중재에 관심을 두기 시작하였다. 아동 · 청소년기의 문제행동은 그들이 성인이 된 이후, 즉 일생 동안 지속되는 문제와 연관이 되기 때문에 아동 · 청소년기의 정서 · 행동장애에 대한 조기 선별과 예방적 개입의 필요성이 커지고 있다.

1) 정서 · 행동장애의 이해

정서 · 행동장애(Emotional and Behavioral Disorders: EBD)에 대해 명확하게 합의된 정의가 미흡하고, 그 명칭도 정서장애(Emotional Disorder: ED), 행동장애(Behavioral Disorder: BD) 등의 다양한 용어가 혼용되고 있는 상황이다. 이에 정서 · 행동장애에 대한 다양하고 심층적인 이해를 도모하고자 현재 통용되고 있는 법적, 임상적, 교육적 측면의 정서 · 행동장애의 정의를 살펴보고자 한다.

일반적으로 관련 문헌들에서는 정서 · 행동장애를 미국의 「장애인교육법」이나 우리나라의 「장애인 등에 대한 특수교육법」의 '특수교육 대상자 선정 기준' 등을 인용하여 법적 정의(legal definition)로 제시하고 있다(이승희, 2012). 이는 정서 및 행동이 또래집단의 규준 혹은 기대 수준을 심하게 벗어나 일반적인 환경에서 사회적 관계, 감정조절, 활동 수준, 주의집중력 등의 곤란으로 자신 및 타인의 기능을 방해하며, 학업, 대인관계, 일상생활에 부정적인 영향을 미치는 상태를 일컫는다. 이러한 법적 정의는 국가가 특수교육 대상자 선정이라는 행정적 목적을 가지고 특수교육 관련법에 명시한 것이다.

반면에, 정서 · 행동장애에 대한 임상적 정의(clinical definition)는 정신건강전문가들이 정신장애의 진단이라는 암묵적 목적을 가지고 정신장애 진단체계에 제시하였다. 대표적으로 정신장애 진단 및 통계편람(Diagnostic and Statistical Manual of Mental Disorders: DSM-5)에는 200개 이상의 정신장애를 소개하고 정의하였다. 여기서 정신장애는 개인에게 나타나서 현재의 고통 또는 한 가지 이상의 중요한 기능이 손상되는 장애를 가져오거나 죽음, 통증 혹은 중요한 자유 상실의 위험을 증가시키는 임상적으로 유의미한 행동적 또는 심리적 증후군이나 양상이라고 하였다.

한편, 교육전문가들이 정서 · 행동장애의 중재와 예방이라는 교육적 목적을 가지고 사용하고 있는 교육적 정의(educational definition)는 앞에서 언급된 법적 정의나 임상적 정의처럼 명문화되어 있지 않고 비공식적으로 사용된다. 하지만 근래 문제행동의 예방과 조기중재가 강조되는 경향을 고려하여 관련 문헌들에서 제시하고 있는 의미를 종합해 보면, 다음과 같이 정의할 수 있다. 정서 · 행동장애란 자신의 발달이나 타인의 생활 혹은 양자 모두를 뚜렷이 방해하여 특수교육이 필요하거나 향후 필요할 가능성이 있는 부정적인 정서와 행동을 말한다. 교육적 정의에서 주목할 점은 현재는 장애가 없지만 향후 장애를 보일 가능성이 보통 이상인 위험(at-rick) 상황을 포함하고 있다는 것이다. 따라서 교육적 정의는 앞서 살펴본 법적 정의나 임상적 정의보다 더 광범위하다고 할 수 있다.

상황에 맞지 않은 행동을 포함하여 빈도나 강도, 형태 등이 사회적으로 수용될 수 없는 행동을 하는 아동 및 청소년들의 정서 · 행동문제 유형은 매우 다양하다. 이와 같은 다양한 유형의 정서 · 행동문제를 아켄바흐(Achenbach)와 에델브락(Edelbrock)이 행동평정 척도를 가지고 내재화 증후군(internalizing syndromes)과 외현화 증후군(externalizing syndromes)으로 분류하여 보편화시켰다. 내재화 증후군은 개인의 정서 및 행동상의 어려움이 외적으로 표출되기보다는 내면적인 어려움을 야기하는 상태이며, 불안과 우울, 신체적 호소 등을 포함하며 사회적으로 미성숙하거나 위축되는 등의 문제를 보인다. 반면, 외현화 증후군은 개인의 정서 및 행동상의 어려움이 타인이나 환경을 향해 표출되는 상태이며, 공격과 비행행동, 때때로 주의력 문제 및 과잉행동 등을 포함하며 반항장애나 품행장애의 형태로 드러난다(이성봉 외, 2010).

정서 · 행동장애의 원인은 명확히 밝혀지지 않았으나 알려진 요인들은 생물학적 요인, 환경적 요인, 그리고 학교요인 등이 관련 있는 것으로 추정되고 있다. 정서 · 행동장애 학생들은 정상 범주의 지능 발달을 보이지만, 일반 아동 및 청소년에 비하여 약간 떨어지는 IQ 90 정도인 것으로 나타난다. 또한, 그들은 자신의 잠재적인 지적 능력과는 상관없이 학교에서 낮은 학업성취를 보이며 교실에서 수업 참여에 어려움을 겪는다. 이와 더불어 불안장애, 기분장애, 반항장애, 품행장애, 조현병 등의 증상을 나타내기도 한다.

2) 정서 · 행동장애 관련 검사

성인은 정서문제를 경험할 때 스스로 정신과 병원에 내원하여 자신의 증상과 문제를 설명하는 것이 가능하다. 하지만 아동 및 청소년의 경우는 주로 부모나 교사의 권유에 의해서 병원을 찾고, 인지적 · 사회적으로 성인에 비해 미성숙하므로 증상을 잘 표현하지 못하여 자신의 문제나 어려움을 적절하게 이야기하는 것이 어렵다. 따라서 아동과 청소년의 정서와 행동 상태를 파악하는 데에 부모나 교사에 의한 평정이 보편적으로 사용된다. 대표적인 검사로는 아동 · 청소년 행동평가 척도(Child Behavior Check List: CBCL)와 아동 · 청소년용 문제행동 선별 설문지(Child Problem-behavior Screening Questionnaire: CPSQ)를 들 수 있다.

(1) 아동 · 청소년 행동평가 척도

미국의 심리학자인 아켄바흐와 에델브락에 의해 1983년에 개발 · 제작된 CBCL은 아동과 청소년의 사회적 적응 및 정서 · 행동문제를 부모 혹은 주 양육자가 평정하는 척도이다. CBCL은 다수의 임상집단 자료를 요인분석하여 문제행동 증후군(syndrome)을 구성하는 방식으로 제작되었으며, 성별과 연령집단에 따른 T점수 규준이 제시되어 있다. 때문에 발달의 연속선상에 있는 아동과 청소년을 진단하기에 적합하므로 현재 세계의 30여개 나라에서 표준화하여 사용되고 있다.

아켄바흐(1991)는 아동 · 청소년의 정서 · 행동문제는 간혹 부모가 발견하지 못한 측면이 학교상황에서 발견되기도 하므로 이를 평가할 때 한 가지의 보고나 관찰만으로 평가하는 것은 위험하다고 지적하였다. 그는 1991년의 개정판에 다양한 장면에서 아동 및 청소년과 관계 있는 사람들이 평가한 자료를 통합적으로 활용하는 것을 강조하며, 교사 보고식 행동평가 척도(Teachers Report Form: TRF)와 11~18세의 청소년을 위한 청소년 자기보고식 행동평가 척도(Youth Self Report: YSR)도 개발하였다.

우리나라에서는 미국의 아켄바흐와 에델브락이 1983년에 개발한 CBCL(4~18세용)을 토대로 하여 한국판 부모보고형 아동 · 청소년 행동평가 척도(Korean-Child

Behavior Check List: K-CBCL)를 표준화하였다(오경자 외, 1997). 우리나라의 18세는 특수상황인 고3의 연령이기 때문에 K-CBCL 표준화에 어려움이 있어 이를 제외하고, 4~17세를 대상으로 하였다. 이에 4~11세 및 12~17세 연령과 성별에 따라 총 4개 그룹으로 T점수 규준이 제시되었다.

2010년에는 CBCL 개정에 따라 K-CBCL도 개정되었다(오경자, 김영아, 2010). 이후 아동 · 청소년의 연령대가 6~18세로 변경되었으며, 이 시기의 문제행동을 측정하는 데 적합하지 않은 일부 문항은 삭제하고 이를 대체하는 새로운 문항들이 포함되었다.

K-CBCL은 크게 사회능력 척도(Social Competence Scale)와 문제행동 증후군 척도(Behavior Problem Scale)로 구성되어 있다. 먼저, 사회능력 척도의 하위 척도는 사회성 척도(Social Scale)와 학업수행 척도(School Scale), 그리고 사회성 척도와 학업수행 척도의 합으로 산출하는 '총 사회능력 척도(Total Social Competence Scale)'가 있다. 사회성 척도의 경우는 친구나 또래와 어울리는 정도, 부모와의 관계 등의 사회성을 평가한다. 그리고 학업수행 척도는 교과목 수행 정도, 학업수행 상의 문제 여부 등을 평가한다.

문제행동 증후군 척도는 위축, 신체증상, 불안/우울, 사회적 미성숙, 사고문제, 주의집중문제, 비행, 공격성의 8개 하위 척도가 있다. 그리고 위축, 신체증상, 불안/우울 척도의 합으로 산출하는 내재화 문제 척도(Internalizing Problems Scale)와 주의집중문제, 비행 및 공격성 척도의 합으로 산출하는 외현화 문제 척도(Externalizing Problems Scale)가 있으며, 전체 117개 문항에 대한 점수의 합계로 산출하는 '총 문제행동 척도(Total Behavior Problems Scale)'를 포함하여 11개의 하위 척도로 구성되어 있다. 여기에 더불어 4~11세에만 적용되는 특수 척도인 성문제 척도, 우리나라 특유의 정서불안정 척도가 있다. K-CBCL 척도의 구성은 다음 〈표 7-11〉과 같다.

〈표 7-11〉 K-CBCL 척도의 구성

<table>
<tr><th>척도</th><th colspan="3">하위 척도</th></tr>
<tr><td rowspan="2">사회능력 척도</td><td>사회성 척도</td><td colspan="2" rowspan="2">총 사회능력 척도</td></tr>
<tr><td>학업수행 척도</td></tr>
<tr><td rowspan="10">문제행동 증후군 척도</td><td>위축 척도</td><td rowspan="3">내재화 문제 척도</td><td rowspan="8">총 문제행동 척도</td></tr>
<tr><td>신체증상 척도</td></tr>
<tr><td>불안/우울 척도</td></tr>
<tr><td colspan="2">사회적 미성숙 척도</td></tr>
<tr><td colspan="2">사고문제 척도</td></tr>
<tr><td>주의집중문제 척도</td><td rowspan="3">외현화 문제 척도</td></tr>
<tr><td>비행 척도</td></tr>
<tr><td>공격성 척도</td></tr>
<tr><td colspan="2">성문제 척도</td><td>-</td></tr>
<tr><td colspan="2">정서불안정 척도</td><td>-</td></tr>
</table>

문제행동 증후군 척도에 따른 문항 항목은 0점(전혀 없다), 1점(가끔 보이거나 정도가 심하지 않은 경우), 2점(자주 있거나 심한 경우)의 3점 척도로 평가하도록 되어 있다. 모든 소척도의 점수는 T점수로 환산되고, 환산된 점수가 높을수록 피검사자의 문제행동 성향이 높은 것을 의미한다.

아동 · 청소년기의 발달 특성상 자신의 상태에 대해 명확한 언어적 보고가 어렵고 때로는 객관성의 문제가 있으므로 K-CBCL은 이러한 문제를 해결하기 위해 아동 · 청소년을 가까이에서 관찰할 수 있는 기회가 가장 많은 부모나 주 양육자가 평가한다. 때문에 아동 · 청소년의 정서 및 행동을 정확하게 검사할 수 있고 비교적 사용이 간편하여 다수에게 쉽게 적용될 수 있다는 장점이 있다. K-CBCL을 실시할 때 아동 · 청소년의 부모가 평정하는 것이 원칙이지만, 만약에 부모가 부재하는 경우 함께 거주하는 사람이 평정하도록 한다. 개인검사의 경우 소요시간은 평균 15~20분이다. 집단으로 실시할 경우에는 배부하고 난 다음 날 회수하는 방식으로 실시할 수 있다.

K-CBCL의 특징은 다음과 같다. 첫째, 다수의 임상집단의 자료를 요인분석하여 경험적 방법으로 구성된 임상 척도를 통해 행동평가 자료를 요약하도록 되어 있다.

둘째, 광범위한 정상집단의 자료를 체계적으로 수집 · 분석하여 규준을 작성함으로써 아동을 평가하는 데에 중요한 지침을 마련해 주고 있다. 셋째, 정서 · 행동문제의 평가와 동시에 사회능력 척도를 제작하여 정서 · 행동문제뿐만 아니라 아동의 적응능력의 평가도 병행하고 있다. 넷째, 경험에 기초한 다면적 평가를 전제로 하고 있다. 즉, 부모에 의한 정보뿐만 아니라 다양한 상황, 장면에서 다른 관련된 사람들이 아동을 평가한 자료도 함께 사용할 것을 전제로 하고 있다.

(2) 아동 · 청소년 문제행동 선별 설문지

우리나라에서 가장 많이 활용되고 있는 K-CBCL은 아동 · 청소년의 정신병리 등 임상에서 중요한 정신지체, 자폐성장애, 언어장애, 학습장애 등의 인지 및 발달장애와 관련된 내용이 포함되지 못하였다는 한계가 지적되었다(허윤석, 2003). 이러한 한계를 극복하기 위하여 허윤석(2003)은 일반 아동 및 청소년을 대상으로 한 문제행동 및 정신병리를 선별해 내기 위해 CPSQ를 개발하여 표준화하였다. 그는 먼저 소아과 증상 체크리스트(Pediatric Symptoms Checklist)와 한국아동인성검사(Korean Personality Inventory for Children: KPI-C), K-CBCL, 국립특수교육원 특수교육 대상자 조사설문지, DSM-IV 진단 중 핵심 증상 등을 검토하여 소아에게 빈도가 높고 변별도가 높다고 판단되는 28개 문항을 선별하였다.

이후 요인분석을 통해 외현화 문제, 내재화 문제, 인지적 문제, 신체건강문제, 물질남용의 5개의 CPSQ 하위 척도를 구성하였다. 이와 같이 개발된 CPSQ는 주의력결핍 과잉행동장애(Attention-Deficit Hyperactivity Disorder: ADHD) 영역의 3문항, 반항장애(Oppositional Defiant Disorder: ODD) 영역의 4문항, 품행장애(Conduct Disorder: CD) 영역 3문항을 포함한 외현화 문제 척도 10개 문항과 내재화 문제 척도 5개 문항, 인지적 문제 척도 3개 문항, 신체건강문제 척도 6개 문항, 물질남용 척도 2개 문항의 총 26개 문항으로 구성되었다.

그리고 각 문항마다 '전혀 없음' '약간 있음' '상당히 있음' '아주 심함'의 4점 평정 척도로 응답하게 되어 있고 채점은 문항별로 0~3점으로 한다. 평정 결과에 따른 선별하는 절단점(cut-off score)을 제시하여 이를 초과한 경우는 관심군으로, 그렇지 않으면 정상군으로 분류한다. CPSQ 하위 척도 및 문항의 구성은 다음 〈표 7-12〉와 같다.

〈표 7-12〉 CPSQ 하위 척도 및 문항의 구성

하위 척도		문항 수	문항의 예시	절단점
외현화 문제	ADHD	3	꼼지락거리거나 가만히 앉아있지 못한다	8점
	ODD	4	불만이 많고 쉽게 화를 낸다	
	CD	3	도벽이 있거나 거짓말을 자주 한다	
내재화 문제		5	우울한 기분으로 생활하는 일이 많다	3점
인지적 문제		3	또래에 비해 읽기, 쓰기, 셈하기를 잘하지 못한다	1점
신체건강문제		6	너무 말랐거나 혹은 너무 뚱뚱하다	2점
물질남용		2	컴퓨터(혹은 인터넷)를 너무 사용하여 생활에 문제가 있다	1점
전체		26		13점

2012년에 교육부에서는 허윤석(2003)이 개발한 것을 일부 수정하여 초등학생을 대상으로 CPSQ를 전수조사를 실시하였다. 이를 계기로 그 명칭이 학생 정서 · 행동발달 선별검사(CPSQ)로 변경되었고, 그 이후 매년 교육부에서는 CPSQ를 통해 정서 · 행동장애가 있는 아동 · 청소년을 선별하여 정서 · 행동장애 예방 및 교육적 중재를 하고 있다(진홍신, 2013).

》 참고문헌

권석만(1997). 불안장애의 정신병리 평가. 정신병리학, 6(1), 37-51.

권석만(2013). 현대이상심리학. 서울: 학지사.

권석만(2016). 우울증: 침체와 절망의 늪. 서울: 학지사.

김문주(1991). 우리나라 학생들의 시험불안 진단을 위한 도구 개발과정. 소아 청소년 정신의학, 2, 32-42.

김명숙(2001) 통합적 창의성 모형의 구성. 교육심리연구, 15(3), 5-27.

김명식, 이임순, 이창선(2007). 한국판 BDI-II의 타당화 연구 I : 여대생을 대산으로. 한국심리학회지: 임상, 26(4), 997-1014.

김명선, 하은혜, 오경자(2014). 심리장애 진단아동의 K-CBCL 아동 청소년 행동평가 척도 군집분석. 한국심리학회지: 임상, 33(4), 675-693.

김선민(2012). 인지행동치료 프로그램이 저소득층 아동의 우울과 자동적 사고 및 또래관계에 미치는 영향. 서울여자대학교 석사학위논문.

김정택(1978). 특성불안과 사회성과의 관계. 고려대학교 석사학위논문.

김정택, 김명준, 심혜숙(2004). 한국 스트롱 직업흥미검사 표준화 연구. 한국심리학회지: 상담 및 심리치료, 16(3), 383-405.

김정호, 조용래, 박상학, 김학렬, 김상훈, 표경식(2002). 한국판 Beck Depression Inventory (BDI)의 요인구조: 임상표본을 대상으로 한 확인적 요인분석 적용. 한국심리학회지: 임상, 21(1), 247-258.

김청택, 김동일, 박중규, 이수진(2002). 인터넷 중독 예방상담 및 예방 프로그램 개발. 서울: 한국정보문화센터.

김춘경, 이수연, 이윤주, 정종진, 최웅용(2016). 상담학 사전. 서울: 학지사.

김현주, 김혜숙, 박숙희(2009). 심리검사의 이해. 경기: 교육과학사.

민성길(2015). 최신정신의약. 서울: 일조각.

박병선, 허만세(2016). 청소년 대상 한국판 BAI의 요인구조 및 측정불변성 검증. 정신보건과 사회사업, 44(3), 150-179.

박상규(2009), 중독의 이해와 실제. 서울: 학지사.

박순환(1986). 시험불안, 성공-실패 경험 및 자기지향적 주의가 과제수행에 미치는 효과. 서울대학교 석사학위논문.

백순근(2007). 교육측정의 이론과 실제. 경기: 교육과학사.

신석기, 최태진, 박성미, 이은영, 김유미(2007). 심리검사의 이론과 실제. 경기: 서현사.

신수경, 조성희(2015). 중독과 동기면담의 실제. 서울: 시그마프레스.

양재곤(1982). 정신과 환자의 자기평가 우울 척도에 관한 조사. 신경정신의학, 21(2), 217-227.

오경자, 김영아(2010). 아동 청소년 행동평가 척도 매뉴얼. 미간행 출판물.

오경자, 이혜련, 홍강의, 하은혜(1997). K-CBCL 아동 청소년 행동평가 척도. 서울: 중앙적성출판사.

오윤선(2008). 청소년의 인터넷 게임 중독이 우울, 공격성, 자아존중감에 미치는 영향. 청소년시설환경, 6(4), 3-15.

이건석, 배활립, 김대호(2008). 불안장애 환자를 대상으로 한 한국판 상태불안척도의 요인분석. 대한불안의학회지, 4(2), 37-58.

이민규, 이영호, 박세현, 손창호, 정영조, 홍성국, 이병관. 장필립, 윤애리(1995). 한국판 Beck 우울척도의 표준화 연구 I: 신뢰도 및 요인분석. 정신병리학, 4(1), 77-95.

이상로, 변창진(1972). 학습흥미진단검사 실시요강. 서울: 중앙적성연구소.

이성봉, 방명애, 김은경, 박지연(2010). 정서 및 행동장애. 서울: 학지사.

이승희(2012). 정서행동장애에 정의와 출현율의 개념 및 관계에 대한 체계적 고찰. 정서·행동장애연구, 28(3), 89-119.

이영호, 송종용(1991). BDI, SDS, MMPI-D 척도의 신뢰도 및 타당도에 관한 연구. 한국심리학회: 임상, 10(1), 98-113.

이중훈(1995). 한국형 자가평가 우울척도의 개발. 영남의대학술지, 12(2), 292-305.

전혜진, 이경현(2017). 숨은그림찾기 그림책에 의한 창의력 효과 연구-초등학교 저학년을. 커뮤니케이션 디자인학연구, 58, 164-178.

전겸구, 최상진, 양병찬(2001). 통합적 한국판 CES-D 개발. 한국심리학회지: 건강, 6(1), 59-76.

조연순, 성진숙, 이혜주(2008). 창의성 교육. 서울: 이화여자대학교출판부.

조용래(2008). 걱정의 통제 불능성/위험에 대한 부정적 심념과 시험불안의 관계: 경험회피의 매개 역할. 한국심리학회지: 임상, 27, 891-909.

진홍신(2013). 초등학생 정서·행동발달 선별검사(CPSQ)에 의한 정서·행동문제 특성 연구. 정서·행동장애연구, 29(4), 89-119.

한덕웅, 이창호, 탁진국(1993). Spielberger 상태-특성불안 검사의 표준화. 학생지도연구, 10(1), 214-222.

한선관, 이철현(2013). 교사를 위한 게임 중독 힐링 가이드. 경기: 이담.

한은경, 조용래, 박상한, 김학렬, 김상훈(2003). 한국판 Beck Anxiety Inventory의 요인구조: 정신과 환자를 대상으로 한 확인적 요인분석의 적용. 한국심리학회지: 임상, 22(1), 261-270.

한홍무, 염태호, 신영우, 김교헌, 윤도준, 정근제(1986). Beck Depression Inventory의 표준화 연구: 정상 집단을 중심으로(I). 신경정신의학, 25(3), 487-502.

허만세, 박병선, 배성우(2015). 한국어판 축약형 CES-D 척도의 측정불변성 검증. 정신보건 사회사업, 43(2), 313-339.

허만세, 이순희, 김영숙(2017). 한국어판 CES-D 11의 개발. 정신보건과 사회사업, 45(1),

255-285.

허윤석(2003). 아동용 문제행동 선별 질문지의 신뢰도와 타당도 검증. 한양대학교 석사학위논문.

Achenbach, T. M. (1991). *Manual for the Child Behavior Checklist / 4-18 and 1991 Profile*. Burlington, VT: University of Vermont.

Achenbach, T. M., & Edelbrock, C. S. (1983). *Manual for the Child Behavior Checklist and Revised Child Behavior Profile*. Burlington, VT: University of Vermont.

Beck, A. T. (1967). *Depression: Clinical, experimental and theoretical aspects*. New York: Harper & Row.

Beck, A. T. (1976). *Cognitive therapy and the emotional disorders*. New York: International University Press.

Beck, A. T., Epstein, N., Brown, G., & Steer, R. A. (1988). An inventory for measuring clinical anxiety: Psychometric properties. *Journal of Consulting and Clinical Psychology*, *56*(6), 893-897.

Beck, A. T., Steer, R. A., & Brown, G. K. (1996). *Beck Depression Inventory-II*(2nd. Manual). San Antonio, TX: The Psychological Corporation.

Beck, A. T., Rush A, J., Show, B. F., & Emery, G. (1979). *Cognitive therapy of depression*. New York: Guilford Press.

Beck, A. T., Ward, C. H., Mendelson, M., Mock, j., & Erbaugh, J. (1961). An inventory for measuring depression. *Archives of General Psychiatry*, *4*, 53-63.

Benson, J., & EI-Zahhar, N. (1994). Further refinement and validation of the Revised Test Anxiety Scale. *Structural Equation Modelling*, *1*, 203-221.

Bleuler, E. (1930). *Textbook of psychology*. New York: Macmillan.

Campbell, D. P., & Borgen, F. H. (1999). Holland's theory and the development of interest inventories. *Journal of Vocational Behavior*, *55*, 86-101.

Cole, J. C., Rabin, A. S., Smith, T. L., & Kaufman, A. S. (2004). Development and validation of a Rasch-derived CES-D short form. *Psychological Assessment*, *16*, 360-372.

Grzywacz, J. G., Hovey, J. D., Seligman, L. D., Arcury, T. A., & Quandt, S. A. (2006). Evaluating Short-Form Versions of the CES-D for Measuring Depressive Symptoms Among Immigrants Form Mexico. *Hispanic Journal of Behavioral Sciences*, *28*(3), 404-424.

Guilford, J. P. (1967). Creativity: yesterday, today and tomorrow. *Journal of Creative Behavior*, *1*, 3-14.

Kohout, F. L., Berkman, L. F., Evans, D. A., & Cornoni-Huntley, J. (1993). Two shorter forms of the CES-D depression symptoms index. *Journal of Aging and Health, 5*, 179-193.

Mandler, B., & Sarason, S. B. (1952). A study of anxiety and learning. *Journal of Abnormal and Social Psychology, 47*, 1166-1173.

Moran, P. W., & Lambert, M. I. (1983). A review of current assessment tools for monitoring changes in depression. In M. S. Lambert, E. R. Christensen, & S. Dejulio (Eds.). *The assessment of psychotherapy outcome* (pp. 263-303). New York: Wiley.

Radloff, L. S. (1977). The CES-D Scale: a self-report depression scale for research in the general population. *Applied Psychological Measurement, 1*(3), 385-401.

Sarason, I. G. (1978). The Test Anxiety Scale: Concept and research. In C. D. Spielberger & I. G. Sarason (Eds.). *Stress and anxiety.* V. Washington, DC: Hemisphee.

Sarason, I. G. (1984). Stress, anxiety and cognitive interference: Reactions to tests. *Journal of Personality and Social Psychology, 46*, 929-938.

Seligman, M. E. P. (1975). *Helplessness: On depression, development and death.* San Francisco: W. H, Freeman.

Spielberger, C. D. (1966). Theory and research on anxiety. In C. D. Spielberger (Ed.), *Anxiety and behavior.* New York: Academic Press.

Spielberger, C. D. (1972). Anxiety as an emotional state. In C. D. Spielberger (Ed.), *Anxiety: Current trend in theory and research*, I, 23-49. New York: Academic Press.

Spielberger, C. D. et al. (1980). *Preliminary Professional Manual for the Test Anxiety Inventory.* Palo Alto, California: Consulting Psychologist Press.

Spielberger, C. D., & Diaz-Guerrero, R. (1976). *Cross-cultural anxiety.* New York: Halsted Press.

Spielberger, C. D., Gorsuch, R. L., & Lushene, R. E. (1970). *Manual for the state-trait anxiety inventory.* Palo Alto, California: Consulting Psychologist Press.

Strong, E. K. (1943). *Vocational Interests of Man and Women.* Palo Alto: Stanford Univ. Press.

Taylor, J. A. (1953). A personality scale of manifest anxiety. *Journal of Abnormal and Social Psychology, 48*, 285-290.

Torrance, E. P. (1966). *Torrance tests of creative thinking: norma-technical manual.* Princeton, New Jersey: Personnel press.

Young, K. S. (1997). *What makes the internet addictive: Potential explanations for pathological internet use*, 105th annual conference of the American Psychological Association.

Zung, W. W. K. (1965). A self-rating depression scale. *Archives of General Psychiatry, 12*, 63-70.

Zytowski. D. G. (1977). The effects of being interest-inventoried. *Journal of Vocational Behavior, 11*, 153-157.

국민일보(2018. 08. 09.). 국민 10명 중 6명 삼성 스마트폰 쓴다. http://news.kmib.co.kr/article/view.asp?arcid=0012588835, (2018. 8. 17. 인출).

서울대학교병원 홈페이지. http://www.snuh.org, (2018. 8. 7. 인출).

어세스타 홈페이지. http://www.career4u.net/Tester/STRONG_Intro.asp, (2018. 06. 06. 인출).

창의력 한국 FPSP, www.fpsp.or.kr. (2018. 6. 26. 인출).

한국가이던스(2018). 창의성 검사, www.guidancepro.co.kr. (2018. 11. 21. 인출).

한국적성연구소(2018) 초등학생용 심리검사팸플릿. http://www.kipat.kr/(2018. 07. 27. 인출).

한국정보화진흥원 인터넷중독대응센터(2018). K-척도, G-척도, S-척도 개발현황. http://www.iapc.or.kr/(2018. 08. 20. 인출).

제8장

심리평가 보고서

1. 심리평가의 이해
   1) 심리평가의 개념
   2) 심리평가의 진행 과정
   3) 전문가의 역할과 태도
2. 심리평가 보고서 작성
   1) 심리평가 보고서의 양식
   2) 심리평가 보고서 작성의 일반적 지침
   3) 심리평가 보고서의 구성

1. 심리평가의 이해

우리는 심리검사 전반에 대해 이해하고 지능, 성격, 학습, 적성 등의 다양한 영역에서 활용되는 심리검사의 종류와 그 활용 방법 등을 살펴보았다. 이를 토대로 심리검사 이후의 피검사자의 요구나 문제에 대한 의사결정을 위해 통합적 평가를 하는 심리평가의 개념과 그 진행 과정, 이를 시행하는 전문가의 역할 등에 대해 이 절에서 이야기하고자 한다.

1) 심리평가의 개념

심리평가(psychological assessment)에 대한 가장 보편적인 정의는 다음과 같다. 심리평가는 심리검사뿐 아니라 개인에 관한 사회적, 교육적, 직업적, 과거력 정보 등을 다양한 방식으로 취합하여 통합하는 과정을 의미한다(AERA, APA, & NCME, 1985).

위의 정의에서 나타나듯이 심리평가는 성격, 지능 및 적성을 비롯한 인간의 다양한 심리적 특성을 이해하고자 하는 목적을 가지고 수행하며, 이를 위해 다양한 도구와 방법으로 양적 혹은 질적으로 측정하고 평가하는 일련의 절차이다. 이러한 절차에는 이해하고자 하는 개인의 특성을 명확하게 측정할 수 있도록 개발된 검사를 사용하여 실시하는 심리검사, 내담자의 주 호소문제와 증상, 개인 및 사회적 영역에서의 발달사, 정신 상태에 대한 평가 등이 포함된 면담, 내담자의 다양한 행동적 특성에 대한 관찰을 통해 작성하는 행동 관찰 자료가 포함된다. 심리평가의 구성을 표현하면 다음과 같다.

심리평가 = 심리검사 + 면담 + 행동 관찰 + 기타 작업

이와 같이 심리평가는 심리검사, 면담, 행동 관찰, 기타 작업으로 구성되며, 이를 통합할 때에는 정신병리나 진단에 대한 이해 등 전문 심리학적 지식이 요구된다. 이 중 어느 하나라도 간과하면 각 자료와 해석이 따로 이루어지게 되므로 한 개

인에 대한 정확한 평가가 이루어지기가 어렵다. 따라서 심리평가를 통해 한 개인을 이해하고자 하는 전문가는 평소 심리검사에 대한 이론과 지식 이외에도 면담 및 행동 관찰 기법을 공부해야 하며, 정신병리와 진단에 대한 전문 지식을 쌓아야 한다.

심리평가는 심리검사를 시행하고 그 결과를 기술적(technical)으로 해석하는 데에만 머무르지 않고, 다양한 방식으로 수집한 자료들을 바탕으로 통합적인 해석을 내리는 보다 전문적인 작업이다(박영숙 외, 2010). 즉, 심리검사는 지능, 성격, 적성 등 인간의 다양한 특성을 표준화된 실시 방법과 절차를 거쳐 결과물을 얻는 것인 반면에, 심리평가는 숙련된 전문가가 이 결과물들을 통합해 종합적으로 해석하는 과정을 거치는 것이다.

이처럼 심리평가는 단순하게 심리검사 결과만을 제시하는 것이 아니라 심리검사를 포함한 다양한 정보와 자료들을 종합함으로써 문제해결에 실질적으로 도움을 주고자 한다는 면에서 전문적 활동이라고 할 수 있다. 심리평가에 의한 문제해결은, 첫째, 문제를 인식하기, 둘째, 문제를 정의하고 분석하기, 셋째, 중재 계획 세우기, 넷째, 실행된 중재 결과를 평가하기의 4단계로 진행된다(Beutler & Berren, 1994).

따라서 심리평가 시행과정 자체가 문제해결 과정이라고 할 수 있다. 예컨대 심리평가는 심리검사 의뢰 목적, 검사를 받는 피검사자나 문제 상황이 가지고 있는 독특한 조건을 고려하여 적절한 심리검사를 선택하고, 평가 방식이나 과정도 이러한 조건에 맞추어 진행된다. 이러한 점에서 심리평가 과정은 본질적으로 가변적이라는 특징을 가진다. 예를 들어, 심리검사 시행 과정에서 피검사자의 저항이 너무 심할 때는 표준절차에 따르기보다는 저항을 완화시키기 위해 면담을 실시하거나, 검사에 적극 참여할 수 있도록 자세한 설명을 해 주어야 한다. 즉, 해당 심리검사의 표준절차에 무조건 따르기보다는 상황에 적절하게 대처한 후에 검사를 시행하는 것이 바람직하다. 특히 면담이나 행동 관찰에서도 이와 같은 상황에 따른 대처가 더욱 요구된다. 또한, 심리평가 과정에는 의뢰된 문제에 따라 평가도구가 달라지며, 검사를 받는 대상자에 따라 적절한 심리검사를 선택하여야 한다. 이처럼 심리평가는 진행 과정 자체가 문제해결을 요구하고, 상황에 따라 적절한 의사결정을 하면서 진행되어야 한다는 점에서 문제해결 과정이라고 정리할 수 있다.

2) 심리평가의 진행 과정

심리검사와 면담, 행동 관찰 등의 다양한 작업으로 이루어지는 심리평가를 구체적으로 이해하기 위해서는 심리평가의 진행 과정을 살펴보는 것이 필요하다. 먼저 심리평가의 진행 과정을 그림으로 제시하면 [그림 8-1]과 같다.

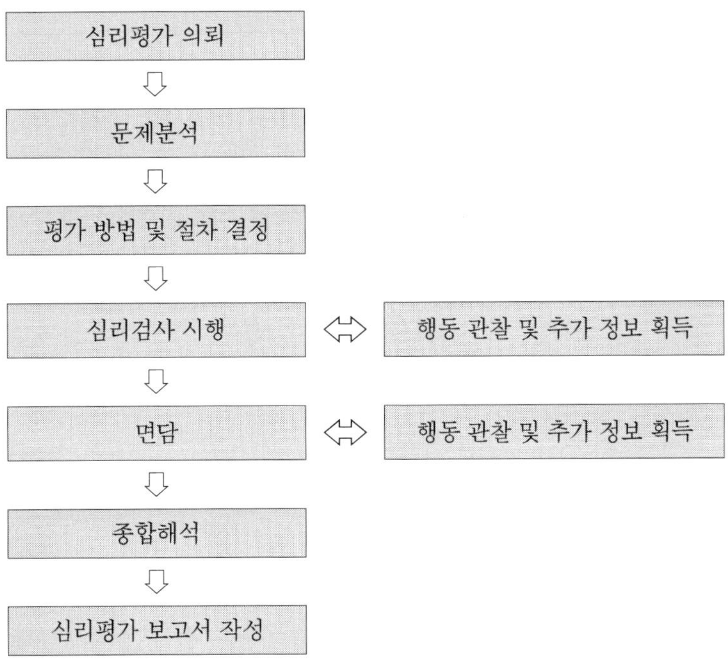

[그림 8-1] 심리평가의 진행 과정

심리평가는 심리검사가 의뢰되거나 문제해결에 대한 요청이 있을 때 시작된다. 때문에 첫 번째 과정에서는 심리평가를 통해 해답을 제공해야 할 문제가 어떤 것인지를 정확하게 파악하고 그 문제해결에 도움을 줄 수 있는 심리검사를 선택하게 된다. 즉, 심리검사의 종류 및 절차에 대해 선택하게 된다. 두 번째 과정에서는 선택된 심리검사를 표준절차에 따라 시행한다. 세 번째 과정에서는 심리검사를 마친 다음 면담을 통해 정보들을 수집한다. 이러한 상황에서 중요한 점은 심리검사를 시행하면서나 면담을 하면서 행동 관찰을 해야 한다는 것이다. 이 외에도 필요하다면 피검사자에 대한 정보를 얻기 위해 가족 면담을 한다거나 피검사자에 대한 추가 정보를 수집하기도 한다. 네 번째 과정에서는 심리검사, 행동 관찰, 면담, 기타 방법 등에 의해 수집된 정보와 자료들을 연결하여, 종합하는 과정을 거친다. 그리고 이와 같이 종합된 정보를 토대로 심리평가 보고서를 작성한다.

이처럼 수집된 정보를 재구성하여 심리평가 보고서를 작성하는 작업이 요구되는 이유는 다양한 방법으로 얻은 각각의 정보와 자료들은 원자료(raw data)일 뿐 정보 및 자료의 해석적 가치를 담고 있지는 않기 때문이다(이정흠, 1999). 심리평가 보고서는 이러한 원자료가 지니고 있는 의미를 상호 연결해 보고 종합하여 정리해 보는 과정을 통해 체계적으로 재구성하기 때문에 보고서를 작성하는 이의 전문적 역량이 중요하다. 심리평가 보고서를 작성한 다음에는 마지막 과정으로 심리평가 보고서에 대해서 피검사자나 그의 가족, 의뢰자인 의사 등과 의사소통을 하게 된다. 즉, 심리평가를 의뢰한 이에게 심리평가 보고서를 보내면서 심리평가 결과를 이해할 수 있도록 설명해 주는 것이다.

3) 전문가의 역할과 태도

심리검사도 전문적인 훈련을 받은 사람을 통해 이루어져야 하지만 이 검사 결과를 해석하는 것은 보다 높은 전문성을 요하는 과정이다. 심리평가를 수행하는 전문가의 주요 역할은 내담자의 특정한 문제를 밝히고 이와 관련된 의사결정, 예를 들어 어떠한 치료가 피검사자에게 적합한지 등을 알아내고 결정에 도움을 주는 것이다. 이와 같은 역할을 충실하게 수행하기 위해서는 다양한 영역에서 축적된 지식과 함께 광범위한 자료를 통합할 수 있는 역량을 갖추어야 한다. 따라서 심리평가를 수행하는 전문가의 역할은 단순히 검사를 실시하고 채점하는 것에 머무르지 않는다.

심리평가를 수행하는 전문가는 얻어진 정보를 통해 문제 상황에 처해 있는 피검사자에게 도움을 주는 데 초점을 두며, 이를 위해 심리평가를 실시한다. 일반적인 심리평가의 목적은 성격을 비롯한 개인의 다양한 측면에 대해 살펴보고 문제해결을 위한 도움을 제공하는 데 있다. 이와 같은 목적에 이르기 위해 심리평가를 수행하는 전문가는 자료의 수집뿐만 아니라 문제해결과 의사결정에 초점을 두고 수집한 자료를 다양하고 폭넓은 관점에서 살펴볼 필요가 있다. 이를 통해 피검사자에 대해 보다 깊고 포괄적으로 이해함으로써 가장 적합한 도움이 무엇인지를 결정하고 방향을 제시할 수 있다. 따라서 심리평가를 수행하는 전문가가 갖추어야 할 기본적인 태도에 대해 정리하면 다음과 같다(박경, 김혜은, 2017).

첫째, 심리평가는 보통 한 번 수행되지만 객관적인 측면에서 피검사자에 대한 다양하고 깊이 있는 정보를 제공할 수 있다. 하지만 이를 위해서는 검사의 실시, 채점 및 해석 과정을 비롯한 심리평가의 전 과정이 전문가에 의해 전문적으로 이루어져야 한다. 만약 그렇게 진행되지 못한다면 심리검사가 오남용될 수 있어 피검사자나 심리평가 의뢰자에게 잘못된 정보를 제공하게 될 가능성이 크며, 심리평가의 목적을 훼손하게 된다.

둘째, 심리평가를 수행하는 전문가는 평가의 대상인 피검사자 또한 인간으로서의 존엄성을 지니고 있으며, 심리평가의 궁극적인 목적이 개인의 복잡한 심리적 특성을 포괄적으로 이해하고, 보다 적응적이고 행복한 삶을 살아갈 수 있도록 돕는 것에 있다는 점을 명심해야 한다. 지나치게 검사점수나 결과에만 집중하여 피검사자의 문제나 병리적 측면에 주의를 기울이게 되면 한 인간으로서의 피검사자에 대한 전체적인 조망과 이해를 하기는 한계가 있을 수밖에 없다.

셋째, 심리평가의 결과는 다양한 근거를 통해 충분히 검토되어야 한다. 이러한 과정을 통해 어떠한 하나의 검사 결과에 대해 세운 가설은 다른 자료들에서 얻은 정보와 일치하는지를 확인하고, 타당성이 입증될 경우에 이를 채택할 수 있어야 한다. 만약 그렇지 않다면 결과에 대해 의문이 제기될 수 있다는 점을 인정해야 한다.

넷째, 심리평가는 피검사자의 현실을 잘 보여 준다는 점에서 매우 유용하다. 그러나 피검사자의 현실을 다각적인 측면에서 객관적이고 심층적으로 이해하기 위해서는 무엇보다 평가자의 전문성이 필수적이다. 특히 인간의 심리적·정서적 영역의 추상적인 개념을 정확하게 평가하는 것은 매우 어렵고 복잡한 과정이므로 전문가는 여러 선행연구와 문헌에 대한 고찰, 임상장면에서의 경험과 축적된 다양한 지식을 통해 검사 결과에서 세운 가설을 검증하고 객관성을 유지하면서 전문적인 소견을 제시할 수 있도록 노력해야 한다.

2. 심리평가 보고서 작성

심리평가의 마지막 단계는 심리평가 보고서를 작성하는 것이다. 이 단계는 수집된 다양한 자료를 통합해 피검사자의 문제를 종합적으로 이해하고 의뢰 사유에 답하는 과정이라는 측면에서 심리평가 작업의 최종 결실이다. 면담과 행동 관찰, 최적의 심리검사를 통해 양질의 자료가 도출되었다 하더라도 그것을 적절하고 명확하게 통합하지 못했거나, 의뢰 사유에 정확한 답이 제공되지 않았거나, 피검사자의 핵심 욕구를 간과하였다면 그간 투입된 평가자의 노력은 무용지물이 될 수밖에 없다. 심리평가 보고서의 작성은 피검사자 또는 심리평가 의뢰인에게 단순히 검사 결과를 전달하는 수준에 그쳐서는 안 된다. 심리평가 의뢰 사유에 유용한 답을 제공함으로써 피검사자의 문제를 해결하고 의뢰인의 의사결정을 도울 수 있도록 보고서의 내용과 조직 구성에 신중할 필요가 있다.

1) 심리평가 보고서의 양식

심리평가 보고서의 양식 혹은 형식은 합의된 단일한 양식이 존재하지 않는다. 하지만 평가자는 보고서를 작성하기 위해 일반적, 임상적, 과학적 심리평가 보고서 접근법 중 하나를 선택할 수 있다(Ownby, 1997). 각각의 양식은 저마다 독특한 강점을 갖고 있으며 몇 가지 책임을 수반한다.

첫째, 일반적 접근으로 작성된 보고서의 경우는 일상 언어를 주로 사용하며 풍부한 해석적 견지를 강조하기도 해 보고서를 읽는 이들이 어렵게 느끼지 않게 평가 내용을 서술하고 풍부한 설명을 제공한다. 그러나 이러한 보고서는 때로는 개인의 특징에 대해 과장할 가능성이 높고, 정확치 않거나 모호하다는 단점이 있다.

둘째, 임상적 접근으로 작성된 보고서는 한 사람의 병리적인 측면에 초점을 맞추는 것이다. 이것은 피검사자의 부적응과 관련이 있는 역동, 방어기제, 비정상적 특징, 스트레스에 대한 전형적인 반응을 기술한다. 이 보고서의 강점은 변화가 필요한 영역에 대한 정보를 제공하고 치료 과정에서 발생할 수 있는 어려움을 잠재적 치료자에게 알려 준다는 점이다. 그러나 이런 보고서는 한쪽 측면에 주의를 기울이다가 개인에 대한 중요한 강점들을 누락시킬 수 있다. 임상적 보고서는 대부분 개인의 병리적인 측면이나 문제 영역에 대해 강조하여 기술해야 하지만, 그럼에도 불구하고 그 문제 영역은 피검사자의 장점 및 자원과 관련 있는 맥락에서 적절히 강조되어야 한다.

셋째, 과학적 접근으로 작성되는 보고서는 보통 개인의 특이하고 드문 성격구조가 타인과 구분되는 점에 관해 자세히 언급하고 이에 대한 관점을 기술한다. 따라서 피검사자의 인지, 지각, 동기적 영역들을 관련 지어 보기보다는 각각 따로 기술하게 된다. 하지만 이러한 기술이 객관적이고 사실적이라 할지라도, 개인의 특성이 각 부분으로 분석되었을 뿐 이를 어떻게 통합하여 이해할 것인가에 대한 설명은 부족하다는 비판도 있다. 반면에 과학적 접근은 규준과의 비교를 강조하고, 학술적인 경향을 띠고, 피검사자의 병리적 특성에 대해서는 다른 입장에 비해 덜 언급한다. 과학적 접근으로 작성된 보고서는 검사 결과를 객관적이고 사실에 입각한 시선으로 기술하기 때문에 검사자료, 규준과의 비교 그리고 의사결정을 내리기 위한 기준점에 대한 언급이 많다.

실제 상황에서 일반적, 임상적, 과학적 심리평가 보고서의 각각의 예를 찾기가 쉽지 않은 이유는 심리평가 보고서를 작성할 때 이 세 가지 접근을 모두 사용하면서 그 중 한 가지 접근을 강조하기 때문이다. 효과적인 보고서 작성의 중요한 요소는 각 보고서 양식의 한계점과 강점을 잘 파악하여 이를 활용할 수 있는 유연성을 유지하는 것이다. 너무 한 가지 특정 양식만을 따라 쓰는 경우는 전문적인 보고서로서 비판받을 여지가 많다.

오운비(Ownby, 1997)는 전문적 양식(professional style)으로 심리평가 보고서를 작성하는 방법을 다음과 같이 추천하였다.

- 정확한 의미를 담아 표현할 수 있도록 관용적인 표현은 간명하고 짧게 사용할 것
- 문법적으로 정확한 표현을 사용할 것
- 읽는 사람이 흥미를 유지할 수 있도록 다양하고 풍부하게 문장을 구성할 것
- 여러 단락에 걸쳐 비슷한 개념이나 내용을 반복하지 말 것
- 문단은 중요하고 단일한 개념에 초점을 맞추어 짧게 기술할 것
- 비슷한 개념은 서로 비슷한 영역에 위치시킬 것

이와 같은 전문적 양식의 심리평가 보고서 작성법에 유념하며, 이어서 심리평가 보고서 작성의 일반 사항에 대해 구체적으로 살펴보고자 한다.

2) 심리평가 보고서 작성의 일반 사항

심리평가 보고서는 의뢰인이 개괄적으로 서술한 특정한 문제에 초점을 맞추어야 한다. 보고서는 과도하게 이론이나 검사 결과에만 초점을 둔 관습적으로 작성되어서는 안 되며, 한 개인으로서 피검사자만의 독특한 측면을 드러내고 구체적이면서 정확한 묘사를 제공할 수 있어야 한다. 그뿐만 아니라 치료나 문제해결에 대한 제언은 명확하면서도 실제적이어야 한다.

(1) 심리평가 보고서의 목적

심리평가 보고서가 어떠한 목적으로 사용되는가에 대해 여러 의견이 있지만, 일반적인 목적을 제시하면 다음 네 가지로 정리할 수 있다.

- 심리평가 의뢰 사유에 대해 명확한 답을 제공한다.
- 피검사자 개인에 대해 광범위하고 정확하게 설명해 준다.
- 수집된 다양한 자료를 조직화하여 통합한다.
- 치료적 개입 방법에 대한 제언을 한다.

(2) 심리평가 보고서의 주안점

심리평가 보고서의 일반적 목적은 위와 같지만, 보고서를 최종적으로 읽는 사람이 누구냐에 따라 보고서 작성은 달라질 수 있다. 최근에는 병원, 대학상담센터, 지역사회센터 등의 정신건강 서비스를 제공하는 곳에서 일하는 임상심리학자는 주로 정신건강의학과 의사, 간호사, 사회복지사 등 다른 정신건강 전문가와 팀을 이루어 일하는 경우가 많다. 따라서 심리평가 보고서는 그들과의 의사소통 수단이 된다. 정신건강의학과 의사의 경우는 주로 성격적 구성, 진단적 도움을 받기 위해, 그 외에 신경과, 응급의학과, 재활의학과, 소아과 등 다양한 의학장면에서도 심리학적 서비스에 대한 요구가 높아지고 있는데, 이때 심리평가의 의뢰자는 담당의사가 된다. 학교장면에서는 담임교사나 상담교사가, 기업의 경우는 인사 담당자가, 법적 장면에서는 판사와 변호사 등이 심리평가 보고서를 읽는 대상이 되기도 한다. 최근에는 개인정보 보호 차원에서 보호자나 혹은 피검사자 당사자가 직접 심리평가 보고서를 읽는 경우도 증가하고 있다. 따라서 의뢰자와 의뢰 사유에 따라 심리평가 보고서의 주안점이 다르게 작성될 수는 있지만, 그 내용을 충분히 이해할 수 있도록 쉽게 작성해야 한다.

그리고 또 한 가지 중요한 점은 심리평가 보고서의 내용이 피검사자 개인과 의뢰된 문제에 초점을 두고 작성되어야 한다는 것이다. 예컨대, 학생의 학교부적응문제와 관련해서 심리평가가 의뢰되었다고 하자. 이럴 경우에는 학교적응에 어려움을 일으키는 학업문제, 발달문제, 인지・정서문제 등에 대해 그 이유를 분명하게 기술해야 하며, 적응에 도움이 되는 피검사자 개인의 강점 및 향후 필요한 개입 방법에 대한 설명 등이 심리평가 보고서에 작성되어야 한다. 이는 매우 당연하게 보이지만, 실제 심리평가 보고서를 작성하는 초보자는 평가 상황에서 수집된 수많은 검사 자료의 결과를 단순히 나열하거나 단편적인 결과 하나하나에 지나치게 많은 의미를 부여하는 실수를 종종 저지르곤 한다. 하지만 심리평가 보고서를 작성할 때에는 수집된 자료들이 피검사자 개인에게 어떠한 해석적 의미를 갖는지, 의뢰된 문제를 어떻게 설명할 것인지와 향후 개입 방법 등을 고려하는 것이 중요하다.

(3) 심리평가 보고서의 조직화

심리평가 보고서는 각 영역의 내용들을 전체적 흐름과 맥락에 따라 통합하여 일관성 있게 구성하여야 한다. 이를 위해 사용되는 조직화 방법에는 영역별 조직화, 기능별 조직화, 검사별 조직화의 세 가지 방법이 있다.

▮ 영역별 조직화

도출된 여러 자료를 개인의 인지능력, 정서 상태 및 대처 방안, 성격특성, 대인관계 및 사회적 능력 등 구체적 영역별로 잘 분석하여 재구성하여 작성한다. 이러한 방식은 읽는 이가 보고서 내용을 더 잘 이해할 수 있도록 해 주기 때문에 선호되지만, 반면에 너무 많은 정보가 제공되어 읽는 이에게 부담을 줄 수 있으므로 주의가 필요하다.

■ 기능별 조직화

신경심리평가, 학습장애평가 등에서 많이 사용되는 보고서의 조직화 방법이다. 예를 들어, 종합 신경심리평가에서는 주의력 및 집중력, 언어능력, 기억력, 일상생활 기능 등 인지기능별로 보고서를 작성한다. 각 기능별로 일목요연하게 확인할 수 있지만, 여러 기능 간 상호작용 결과가 간과될 수 있으므로 주의가 요구된다.

■ 검사별 조직화

이 방식은 시행된 검사별로 보고서를 작성하는 것이다. 예를 들어, 지능검사, MMPI, HTP, SCT, 로르샤흐, TAT 순으로 결과를 기술할 수 있다. 영역별 조직화를 하는 데 어려움이 있는 초심자의 경우 심리평가 보고서를 비교적 수월하게 작성할 수 있고, 보고서를 읽는 사람 역시 평가자가 어떤 자료를 가지고 작성했는지를 명확히 알 수 있다는 장점이 있다. 반면에 읽는 사람이 특정 검사점수에 지나치게 의존하여 피검사자에 대해 한 개인으로 이해하는 것을 방해할 수 있다.

어떤 방식으로 심리평가 보고서를 조직화하여 작성할지는 사례마다 다를 수 있지만, 일반적으로 영역별로 조직화하여 작성하는 방법을 선호한다. 이 외에 추가적으로 심리평가 보고서 작성에 있어 효과적으로 정보를 조직화하는 방안을 제시하면 다음과 같다.

- 각 해당 영역에 부제(subhead)를 사용하면 조직화하는 데 도움이 될 수 있다.
- 일반적이고 포괄적인 정보를 먼저 기술하고 그와 관련된 세부적인 내용을 다루면 내용을 보다 명확하게 전달할 수 있다.
- 상이한 두 수행을 비교하는 방식 등과 같이 대비를 사용하는 것도 정보를 효과적으로 조직화할 수 있다.

(4) 검사 결과의 일치성

심리평가 보고서의 작성 내용은 여러 가지 자료를 기초로 한다. 평가자는 자신의 가설을 지지해 줄 수 있는 근거를 확보하고 공통 주제를 도출해 내기 위해 배경 정보, 행동 관찰, 검사점수, 과거 평가자료 등 수집된 다양한 자료 간에 일치하는 점을 찾도록 노력해야 한다.

그러나 수집된 다양한 자료가 항상 일치하는 것은 아니다. 검사점수와 교사 및 부모의 평정 내용 간이나 검사점수와 행동 관찰 사이에 불일치가 나타나기도 하며 때로는 모순을 보이기도 한다. 뿐만 아니라 동일한 심리적 속성을 측정하는 두 검사점수 결과가 불일치할 수도 있다.

평가자는 자신의 가설을 지지하는 정보들만 편향되게 주의를 기울이고 이 부분만 부각시켜 심리평가 보고서를 기술하지 않도록 해야 한다. 그리고 자신의 가설에 불일치하는 점에 대해서도 간과하지 않고 주목하여 그 이유를 기술할 수 있어야 한다.

(5) 심리평가 보고서의 강조 사항

보고서에는 명확하고 적절하게 강조점을 두고서 피검사자의 증상 및 행동의 상대적 강도를 나타내야 한다. 이를 위해 현재 증상 및 행동이 다른 행동이나 일상생활 기능에 어떠한 영향을 미치는지에 대해 구체적으로 기술할 필요가 있다.

수집된 다양한 자료를 통해 결론을 내릴 때에도 그 결론의 확실성에 대해 상대적 정도를 표현해야 한다. 즉, 작성된 결론이 객관적 사실에 근거한 것인지, 아니면 추론한 것인지를 분명히 기술해야 한다. 또한 피검사자의 현재 행동과 예상되는 행동을 구분하여 기술하는 것이 필요할 수도 있다. 예컨대, 약물남용으로 인해 법적인 장면에서 평가가 의뢰되었다면 일반적으로 피검사자의 향후 재발 가능성이 의뢰 사유에 포함된다. 이런 경우는 객관적인 사실이 아닌 추론을 토대로 보고서 내용이 작성될 수밖에 없다. 이때는 추론의 근거를 충분히 밝혀 기술해야 한다.

심리평가 보고서에 어떠한 부분을 강조하여 기술할지를 결정하기 위해서는 평가의 목적을 평가자와 의뢰자가 명확하게 설정하고 이에 동의해야 한다. 이를 통해 평가자가 어떠한 정보를 더 정교화하고 강조할지, 간단하게 언급하거나 생략할지를 결정할 수 있다. 평가 결과에는 어떠한 식으로든 의뢰 사유에 대한 답이 포함되어야 한다. 그러나 만약 평가 결과가 의뢰 사유에 대한 명확한 답을 줄 수 없다고 해서 이를 임의로 생략하지 말고, 현재 결과가 충분한 정보를 제공할 수 없다는 점을 밝히고 추후 조치 등에 대해 언급해야 한다.

(6) 심리평가 보고서 작성의 기본 지침

심리평가 보고서 작성 방법은 작성자의 수련 및 교육 배경, 슈퍼바이저의 지향점, 평소 글 쓰는 스타일 등에 영향을 받는다. 그러나 중요한 것은 읽는 사람이 흥미를 갖고 숙독할 수 있으며 그 내용이 쉽게 전달될 수 있어야 한다. 이를 위하여 구체적으로 다음의 몇 가지 사항을 기본적으로 숙지할 필요가 있다.

▮ 보고서 분량

심리평가 보고서는 의뢰 기관 및 의뢰자의 기대치나 맥락, 보고서의 목적에 따라 그 분량은 상당히 다양할 수 있다. 선별검사 혹은 치료 경과에 대한 평가 등은 A4용지 1~2장 분량으로 간단하게 작성할 수 있다. 이와 대조적으로 법적인 상황에 대해서는 좀 더 많은 7~20장의 분량으로 길게 작성하기도 한다. 이는 광범위한 의뢰 질문이나 자세한 의뢰 사유에 대한 구체적이고 자세한 내용을 보고서 안에 담아야 하고 증빙해야 하기 때문이다. 일반적으로 정신건강의학장면에서 진단적 목적이거나 심리적, 교육적, 직업적 장면에서 필요로 하는 심리평가 보고서의 분량은 6~7장 정도가 적당하다.

▮ 자연스러운 문장 연결

평가자가 피검사자를 평가하는 과정에서 현재의 주요한 문제나 정신병리에 관해 평가할 뿐 아니라 향후의 예후 등에 관해서도 자료에 근거하여 언급하고, 요약과 제언을 마지막에 첨부하는 것이 보편적이다. 따라서 보고서의 내용이 의뢰자나 피검사자에게 응집력 있게 전달되도록 작성하려면 일관성 있는 텍스트를 사용해야 한다. 그리고 문맥에 맞는 접속어를 활용하면 문장을 자연스럽게 연결하는 데 도움이 된다.

▮ 간결한 글쓰기

심리평가 보고서를 작성할 때는 간결한 문장이 중요한 시사점을 전달하는 데 효과적이다. 간명하게 전달될 수 있는 보고서를 위해서는, 첫째, 중복된 말의 사용이나 장황한 표현 등을 지양해야 한다. 둘째, 문장 길이의 균형을 맞추도록 한다. 지나치게 길고 복잡한 문장으로 이루어진 보고서는 내용 전달을 어렵게 한다. 하지만 단편적인 내용을 단문 형태로 계속 나열하는 것은 가독성을 떨어뜨릴 수 있다. 따라서 반복되는 단어나 문구, 불필요한 어휘 사용을 피하되, 문장의 핵심적인 내용을 연결하여 보고서 작성이 이루어져야 한다. 셋째, 문단의 길이도 해당 페이지의 1/4 이상이 넘지 않도록 하는 것이 좋다. 한 문단이 지나치게 길면 핵심 내용을 이해하기 어렵기 때문이다.

명확하고 정확한 글쓰기

심리평가 보고서에는 보편적이고 일반적인 심리적 특성을 기술하기보다 피검사자의 독특한 특성을 담으려고 노력해야 한다. 심리평가 해석이 평가자의 추론을 바탕으로 하지만 객관적으로 관찰된 정보나 사실에 대해서까지 모호하게 표현하는 것은 피해야 한다. 쉽고 명확하게 전달하되 객관적이고 분명한 표현을 사용해야 한다.

이러한 측면에서 구체적인 의뢰 사유에 초점을 맞춘 사례 중심의 심리평가 보고서 작성을 권장한다. 이는 곧 행동언어(action language)를 강조하는 것이다. 행동언어를 사용한 보고서는 피검사자의 독특한 특성이나 행동과 연관 지어 문제를 구체적으로 기술하는 것이다. 피검사자의 진단과 관련해서도 과거 병인보다 현재의 특징을 강조하며, 치료적 권고를 할 때도 개별 피검사자에 대해 특정한 상황에서 구체적으로 적용할 수 있도록 기술해야 한다.

상투적인 전문 용어나 기술적인 용어의 사용, 무분별한 영어 표현 등은 피하는 것이 좋다. 평균 수준의 지식을 가진 사람이 보고서를 읽는다고 가정하고 이해하기 어려운 특수한 용어 사용은 피하도록 한다. 그리고 임상장면이나 교육장면에서 보편적으로 알려진 ADHD, WAIS와 같은 용어라도 처음에는 본래의 용어를 풀어서 기술하고 약어를 밝히도록 한다.

피검사자의 과거 병력, 과거 검사 결과 등을 기술할 때는 과거 시제를 사용한다. 그리고 성별과 연령, 신체 특징처럼 지속되는 특성과 현재의 검사 결과는 현재 시제를 사용한다.

평가자료의 사용

심리평가 보고서에 수집된 자료 중에 어떤 것을 포함시킬지를 결정할 때는 기본적으로 의뢰 사유와 심리평가의 목적 및 평가에 대한 기대, 수집된 자료의 상대적 유용성, 보고서를 읽는 사람의 배경 등을 고려해야 한다. 그리고 보고서 작성 시 원자료에 대해 어느 수준으로 언급할 것인가도 고민되는 부분이다. 검사점수 자체를 포함하는 보고서이거나 법적 장면에서 요구하는 특정 유형의 보고서에서는 원자료를 포함하는 것이 유용할 수 있다. 하지만 원자료, 특히 검사점수에 지나치게 초점을 맞춰 보고서를 작성하면, 해당 피검사자에게 그 자료가 갖는 해석적 의미가 간과될 수 있다. 그러므로 일반적으로 원자료는 그대로 인용하지 않도록 한다(Groth-Marnat, 2009). 또한 피검사자에 대한 이해를 돕기 위해 원자료를 인용하더라도 단순한 인용이나 재진술에 그쳐서는 안 되며, 그 자료가 의미하는 바에 대해 구체적이고 명확한 설명과 피검사자의 일반화된 행동으로 연결시킬 수 있는 해석 등이 포함되어야 한다.

▮ 보고서 점검하기

심리평가 보고서를 작성할 때는 해당 사례에 대한 개요를 작성하는 것부터 시작하는 것이 좋다. 이 개요를 토대로 의뢰 사유, 평가자의 행동 관찰 자료, 검사 결과 등을 검토하면서 부족한 자료를 보충하고 해석의 요지를 찾아 가는 것이 도움이 될 것이다. 이렇게 만들어진 초안을 다듬고 수정하는 과정을 거쳐 보고서를 완성한 후에는 잘못된 내용이나 미흡한 점은 없는지 다시 한번 점검한다. 이때 오탈자 검토, 페이지 번호, 편집, 서명 등도 반드시 확인하도록 한다.

(7) 심리평가 보고서의 피드백

과거에는 피검사자들이 이해하기에 너무 전문적이고 복잡하다고 여겨 심리평가 보고서를 피검사자에게 직접 전달하는 것을 금기시하였다. 그러나 최근에는 사회 전반에 걸쳐 소비자 권리가 향상되면서 피검사자에게 심리평가 결과에 대해 명확하고 직접적이며 정확한 피드백을 제공하는 경우가 늘어나고 있다.

피검사자가 자신의 이해를 돕기 위해 심리평가를 자발적으로 의뢰하기도 하며, 상담이나 심리치료장면에서는 피검사자에게 심리평가 결과를 설명해 줌으로써 피검사자가 자신의 문제와 특성을 더 잘 이해할 수 있고, 치료효과를 높일 수 있기 때문이다. 심리평가와 관련된 윤리 강령에도 특별한 경우를 제외하고는 피검사자에게 심리평가 결과를 설명해 주도록 규정하고 있다(이우경, 이원혜, 2012).

피검사자에게 심리평가 결과를 설명할 경우에는 모든 결과를 다 열거하기보다 피검사자에게 가장 중요하고 핵심적인 정보 서너 가지를 선택하여 전달하는 것이 바람직하다. 또한 전문 용어나 상투적인 용어보다 피검사자가 분명히 이해할 수 있는 일상적인 언어로 표현하여야 한다. 지나치게 예민한 성향의 피검사자에게는 보고서의 용어를 순화해서 표현하는 것이 필요하다. 이 경우는 직접적이고 단언적으로 표현하기보다 간접적이고 부드러운 언어로 우회적으로 설명해 주어야 한다.

보고서를 작성하는 처음부터 피검사자와의 의사소통을 목적으로 심리평가에서 얻은 정보를 기술하는 것이 도움이 된다. 심리평가 결과를 중립적으로 전달하는 수준에 그쳐서는 안 되며, 피검사자에게 새로운 관점과 대안을 제공하고, 문제해결을 도울 수 있는 임상적 개입으로 연계되어야 한다. 이를 위해서는 피검사자의 병리적 측면에 지나치게 초점을 두기보다 변화의 긍정적 면에 더 강조점을 두고 제언 역시 분명하게 강조하는 것이 필요하다.

3) 심리평가 보고서의 구성

일반적으로 심리평가 보고서는 다음과 같은 항목으로 구성되어 작성된다. 각 항목은 별개의 독립적인 것이 아니며 보고서 전체에 걸쳐 통합되어야 한다. 이를 위해 몇 가지 유의해야 할 점이 있다.

첫째, 심리평가 보고서 앞부분 항목에 기술된 내용이 뒷부분에 통합되어 작성될 수는 있지만, 뒷부분에 기술된 내용이 앞부분에 통합되어 작성되어서는 안 된다. 예컨대, 수검 태도에서는 검사 결과를 기술하지 않아야 하지만, 검사 결과에서는 의뢰 사유 및 배경 정보, 수검 태도의 내용을 검사자료와 종합하여 제시할 수 있다.

둘째, 심리평가 보고서는 항상 평가의 의뢰 사유나 목적을 염두에 두고 작성해야 한다. 수집된 자료만으로 질문에 답하기 불충분하다고 해서 이를 생략하기보다는 이 결과는 확정적이지 않다거나 단정할 수 없음을 밝히고 추후 조치 등에 대해 언급하는 것이 바람직하다.

- 제목 및 머리글
- 피검사자 신상 정보
  - 성명, 성별, 연령, 교육 연한, 직업, 결혼 상태 등
- 의뢰 사유 및 배경 정보
- 실시한 검사 및 평가 절차
- 행동 관찰 및 수검 태도
- 검사 결과 및 해석
  - 지적 능력
  - 사고 조직화 능력
  - 정서 및 성격특성
- 요약 및 제언
- 검사점수 요약

(1) 피검사자의 신상 정보

심리평가 보고서의 작성은 전형적으로 피검사자의 이름과 나이, 성별 등과 같은 인구학적 정보를 기술하는 것으로 시작된다. 이러한 인구학적 정보는 평가해야 할 대상자가 누구인지를 명확히 하고, 진단을 하는 적절한 기본 정보를 제공한다. 의뢰자와 피검사자 간의 관계도 중요한 작성 항목이다.

(2) 의뢰 사유 및 배경 정보

이 부분은 문제가 어떤 유형인지, 보고서의 내용에 무엇이 다루어질 것인지를 알게 해 준다. 피검사자의 배경 정보, 문제의 특징 등을 간단히 기술하고 평가를 의뢰하게 된 사유를 언급한다. 예를 들어, 'A씨는 20세의 여자 대학생으로 우울과 불안을 경험하고 있다.'와 같이 피검사자에게 관심을 두게 하는 간단한 문장으로 시작하는 것이다. 그 이후에는 의뢰 사유와 관련된 내용이 진술된다.

의뢰 사유와 배경 정보는 같이 기술하는 경우도 있지만 별도의 영역으로 분리하여 작성하기도 한다. 배경 정보에는 피검사자의 발달력, 의학력, 교육력, 가족 구조, 직업력 등의 개인사가 포함되기도 하는데, 대체로 연대기 순으로 요약하여 기술한다. 이 내용은 심리평가가 실시되기 전의 기록, 면담 정보 등에 기초하여 작성

한다. 이때 피검사자의 모든 과거력을 포함시키기보다는 현재 의뢰 사유 및 상황과 관련된 내용으로 작성한다.

■ **의뢰 사유 및 배경 정보 (작성 예시)**

A는 초등학교 졸업을 앞둔 여학생이다. 지난 여름, ○○상담센터에서 심리평가를 받고 아동은 6개월 정도의 심리 상담을, 어머니는 8회의 부모 교육을 받았다고 한다. 당시 심리평가 결과 최근 나타난 행동문제나 정서적 부적응 외에도 주의집중력, 처리속도 등의 문제 가능성에 대해 설명을 들었다고 한다. 상담을 받으면서 부모 및 교사와의 관계, 반항하는 행동 등은 만족스러울 만큼 개선되었으나, 아동, 부모, 교사 모두 학교와 학원 수업 시간에 주의집중이 어렵다는 호소를 하고 있어 상담센터로부터 전문적인 진료를 권유받았다고 한다. 주치의의 첫 진료 후 주의력결핍 과잉행동장애 가능성이 의심되었으며, 이에 대해 보다 객관적인 평가를 위해 주의력 평가를 의뢰하였다.

※ 출처: 이우경, 이원혜(2012). 심리평가의 최신 흐름.

(3) 실시한 검사 및 평가 절차

이 부분에는 실시한 검사 항목을 기술한다. 만약 실시된 검사의 순서가 중요하다면 이를 함께 기술한다.

(4) 행동 관찰 및 수검 태도

심리검사를 실시하는 동안 피검사자의 외모, 일반적인 행동 관찰 혹은 검사자와 피검사자 사이의 상호작용에서 나타난 행동을 기술한다. 행동 관찰은 피검사자의 문제에 대한 통찰을 제공할 수 있고 검사와 관련된 해석에 대한 자료가 된다.

피검사자의 신체적 외모에 대한 부분은 표정, 옷, 체구, 독특한 버릇, 동작 등 일반적이지 않은 특징에 중점을 두고 기술한다. 검사 과제 및 검사자에 대한 피검사자의 반응과 행동은 피검사자가 검사 동안 느끼는 감정과 검사 태도를 반영한다. 검사 태도를 기술할 때는 명백하게 나타나는 불안감, 우울감을 나타내는 표현, 적대감의 정도를 반영하는 행동도 포함하여 기술한다. 이때는 추론이나 해석에 의한 표현은 피하고 행동과 관련된 용어로 명백히 표현해야 한다.

검사 결과에 영향을 미칠 수 있는 피검사자의 행동 특성에 대해서는 자세히 관찰하여 기술해야 한다. 체계적으로 검사를 수행하는 것부터 충동적이고 흐트러진 모습까지 피검사자의 다양한 행동 양상이 관찰될 수 있다. 이처럼 검사 결과에 영향을 미치는 요인들에 대해서는 이 부분에서 기술하되, 검사점수에 구체적으로 어떤 영향을 미쳤는지에 대해서는 검사 결과 부분에서 이야기한다.

행동 관찰은 간결·명확하고 적절해야 한다. 피검사자의 구체적이고 독특한 인상에 초점을 맞추어야 하며, 만약 행동 관찰에 대한 기술이 피검사자에 대한 통찰이나 그의 독특성을 설명하지 못한다면 기술하지 않는 것이 좋다. 행동 관찰에 대한 기술은 대략 한 단락을 넘지 않도록 한다. 그러나 다양한 행동 특성이 관찰되었다면 두세 단락에 걸쳐 기술할 수도 있다.

■ **행동 관찰 및 수검 태도 (작성 예시)**

B는 보통 키, 보통 체격의 남학생으로 아버지, 어머니, 남동생과 함께 방문하였다. 평가 초반에는 다소 경직된 표정이었으나 평가자의 지시에는 협조적으로 응하였고, 시간이 경과될수록 미소를 짓는 횟수가 증가하였다. 부모님과의 면담 동안 B의 남동생이 평가실의 문을 열고 빨리 끝나지 않는다며 화를 내고 어머니에게 휴대폰, 돈 등을 달라는 요구가 빈번했다. B가 동생을 제지하며 데리고 나가면서 투덜거렸는데, 이에 대해 아버지는 B가 동생에게 친절하게 굴지 않는다고 불만스러워하였다.

※ 출처: 이우경, 이원혜(2012). 심리평가의 최신 흐름.

(5) 검사 결과 및 해석

검사 결과에 대해서는 다양한 검사의 점수가 열거된다. 검사점수는 보고서의 본문 가운데 문장으로 제시되거나 표로 제시된다. 이 부분은 대체로 지적 능력, 사고 조직화 능력, 정서 및 성격 영역의 순으로 기술한다.

▌지적 능력

지적 능력은 성격 변인의 다양성에 대해 추론하는 일반적인 형식을 제공하므로 심리평가 보고서 결과를 기술할 때 첫 부분에 제시한다. 지적 능력을 기술할 때에는 IQ 점수를 근거로 개인의 지적 능력에 대한 일반적인 추정과 더 구체적인 능력에 대해 자세히 기술한다. 더불어 피검사자의 인지적 강점과 약점에 대한 기술을 포함하는 것이 일반적이다.

▮ 사고 조직화 능력

이 영역은 사고능력, 사고 형식 및 조직화 능력, 사고 내용 등을 기술한다. 사고능력을 기술할 때에는 단순히 사고장애가 '있다' '없다'는 식으로 이분법적으로 작성하는 것이 아니라, 피검사자가 가지고 있는 사고능력의 본질에 대해 다양하게 기술할 필요가 있다. 또한, 사고의 장애증상을 떠나 원래의 사고 양상이 어떠한지를 기술할 필요가 있다. 예를 들어, 우울증 환자라면 현재 우울증상으로 인해 나타나는 사고 양상, 즉 사고가 느리고 내용이 빈약한 정도에 초점을 두어야 한다.

▮ 정서 및 성격특성

이 영역에서는 피검사자가 현재 경험하고 있는 정서, 정서인식능력, 정서표현의 강도, 정서조절능력 등을 포함시켜 작성한다. 성격 부분에는 평소의 피검사자 욕구, 관심사, 행동 특성, 대처 방식 등을 기술하는데, 현재 나타나고 있는 문제가 일시적이거나 상황적 유발요인에 의한 증상인지 또는 장기간 지속되어 고질적으로 만성화된 성격특성의 영향인지를 구분해서 기술할 필요가 있다. 이 외에도 검사 맥락, 의뢰된 기관과 피검사자의 욕구에 따라서 유연하게 조직화할 필요가 있다.

▮ 해석

심리평가 보고서에서 해석을 다루는 것이 가장 어려운 부분이다. 그러나 이 영역은 보고서에서 가장 의미 있고 유용한 부분으로, 보고서를 읽는 독자에게 피검사자에 대한 전반적인 이해를 제공하는 동시에 구체적인 심리평가 의뢰 사유에 대한 답을 제공한다.

해석을 어떤 방식으로 작성할지는 평가자의 개인적 태도, 검사의 목적, 피검사자, 실시된 검사 유형에 따라 다양할 수 있다. 어떤 방식이든 검사 하나하나를 언급하기보다는 통합된 주제, 예를 들어 인지적 영역, 정서 및 대인관계 영역에서 자료를 해석하는 것이 바람직하다. 이러한 방식이 좀 더 응집된 정보를 제시할 수 있기 때문이다.

(6) 요약 및 제언

이 부분에서는 지금까지 작성된 보고서의 주요 내용, 즉 의뢰 사유(제기된 문제), 심리평가 방법, 심리검사 결과 및 해석에 대한 주된 결론을 간단명료하게 다시 진술하는 것이다. 지능, 사고, 정서, 성격, 대인관계, 자존감 등 영역별로 핵심적인 내용을 간결하게 요약하되 앞에 나온 문장을 단순히 반복하여 다시 나열하기보다는 바꾸어 서술하는 것이 좋다. 요약에서도 의뢰된 문제에 대한 심리학적 평가 결과를 한 번 더 강조할 필요가 있으며, 마지막 부분에는 진단적 제안과 치료적 개입에 대한 방법을 제시한다. 또한 보고서의 제한점에 대해서 언급하는 것도 바람직하다. 하지만 보고서에 언급되지 않은 새로운 내용이 여기에 추가되어서는 안 된다.

제언은 일반적인 경우보다 구체적일 때 유용하다고 평가된다. 예를 들면, 'A는 심리치료가 필요하다.'라는 식으로 막연하게 기술하기보다는 'A는 자기표현력이 부족하므로 자기주장 훈련이 도움이 될 수 있다.'라거나 '불안감에 영향을 미치는 역기능적 사고와 회피 행동의 수정을 위해 인지행동 치료가 도움이 될 것이다.'라고 구체적이고 명확하게 작성하는 것이 바람직하다. 피검사자에 대한 분석이 매우 잘 되어 있는 보고서라도 제언이 피검사자의 문제를 해결하는 데 구체적이고 실질적인 도움을 줄 수 없다면 그 유용성은 크게 떨어진다.

》 참고문헌

박경, 김혜은(2017). 심리평가의 이해와 활용. 서울: 학지사.

박영숙, 박기환, 오현숙, 하은혜, 최윤경, 이순묵, 김은주(2010). 최신심리평가. 서울: 하나의학사.

이우경, 이원혜(2012). 심리 평가의 최신 흐름. 서울: 학지사.

이정흠(1999). 심리평가1. 한국임상심리학회. 정신보건임상심리사 공동교육 자료집, 32-52.

American Education Research Association, American Psychological Association, & National Council on Measurement Education. (1999). *Standard for Educational and Psychological Testing*. Washington, DC: American Psychological Association.

Beuther, L. E., & Berren, M. (1994). *Integrative assessment of adult personality*. New York: Guilford Press.

Groth-Marnat, G. (2009). *Handbook of Psychological Association* (5th ed.). Hoboken, NJ: John Wiley & Sons.

Ownby, R. L. (1997). *Psychological reports: A guide to report writing in professional psychology* (3rd ed.). New York: Wiley.

찾아보기

〈인명〉

〈내용〉

저자 소개

윤명희(Yun Myunghee)
미국 University of Iowa 대학원 석사, 박사(교육측정 · 평가 · 통계 전공)
현 동의대학교 평생교육 · 청소년상담학과 교수

〈저서 및 주요 논문〉
『교육조사방법론』(공저, 학지사, 2016)
『청소년 생활역량』(공저, 집문당, 2013)
「청소년 생활역량 진단검사의 표준화연구」(공동, 교육평가연구, 2015)

서희정(Seo Heejung)
부산대학교 대학원 교육학과 석사(교육심리 전공)
동의대학교 대학원 교육학과 박사(평생교육 전공)
현 동의대학교 평생교육 · 청소년상담학과 조교수

〈저서 및 주요 논문〉
『전공탐색과 생애설계』(공저, 학지사, 2018)
「청소년지도사의 활동역량모델 개발 및 타당화 연구」(청소년문화포럼, 2018)
「전공전환 전후의 진로준비행동이 대학생활적응에 미치는 영향」(공동, 교육혁신연구, 2018)

김경희(Kim Keunghee)
경북대학교 대학원 문학치료학과 석사(문학치료 전공)
동의대학교 대학원 교육학과 박사(평생교육 전공)
현 동의대학교 교육성과관리센터 연구전담 조교수

〈주요 논문〉
「인문학 대중화사업의 BSC 성과평가모형 적용에 관한 사례연구」(공동, 평생교육학연구, 2015)
「BSC를 활용한 청소년대상 인문학 대중화사업에 관한 실행연구」(공동, 교육문제연구, 2015)
「대학평생교육원의 BSC 성과평가모형의 가중치 분석 연구」(공동, 평생학습사회, 2014)

구경희(Ku Kyunghee)
동의대학교 대학원 교육학과 석사, 박사(평생교육 전공)
현 부산가톨릭대학교 교육혁신센터 초빙교수

〈주요 논문〉
「이해당사자기반 평생교육실습 프로그램 평가척도 개발」(공동, 직업교육연구, 2018)
「초등학생용 생활역량 진단검사 개발 및 타당화 연구」(공동, 초등교육연구, 2016)
「청소년지도사의 활동역량 탐색」(공동, 청소년문화포럼, 2016)

심리검사

개발부터 활용까지

Psychological Testing

2019년 2월 15일 1판 1쇄 발행
2023년 1월 20일 1판 3쇄 발행

지은이 • 윤명희 · 서희정 · 김경희 · 구경희
펴낸이 • 김 진 환
펴낸곳 • (주) 학지사
04031 서울특별시 마포구 양화로 15길 20 마인드월드빌딩 5층
대표전화 • 02) 330-5114 팩스 • 02) 324-2345
등록번호 • 제313-2006-000265호
홈페이지 • http://www.hakjisa.co.kr
페이스북 • https://www.facebook.com/hakjisabook

ISBN 978-89-997-9259-5 93180

정가 **18,000원**